↑2003年7月，"新教育实验"首届研讨会在江苏省昆山市玉峰实验学校举行
↑2008年，出席新教育实验第八届研讨会主题酒会

↑2015 年 1 月 21 日，出席新京报 2015 教之道思享会
↑2015 年 3 月 21 日，到芳草地国际学校富力分校做讲座

↑ 2015 年 4 月 26 日，在江苏南京给新闻出版广电局做讲座
↑ 2015 年 7 月 12 日，在成都金堂参加全国新教育实验第十五届研讨会

↑ 2015 年 10 月，朱永新（左二）参加广东中山家庭教育国际论坛期间与外国教育人士交流
↑ 2018 年 11 月 30 日，朱永新（左四）出席杨东莼教育思想研讨会

朱永新教育作品

九四龄童南怀瑾

我的写作观

——写作创造美好生活

朱永新·著

漓江出版社

·桂林·

图书在版编目（CIP）数据

我的写作观：写作创造美好生活 / 朱永新著. --
桂林：漓江出版社，2023.11
ISBN 978-7-5407-9489-7

Ⅰ.①我… Ⅱ.①朱… Ⅲ.①写作学 Ⅳ.① H05

中国国家版本馆 CIP 数据核字（2023）第 125368 号

我的写作观——写作创造美好生活
朱永新　著

出 版 人　刘迪才
策划统筹　文龙玉
责任编辑　宗珊珊
书籍设计　石绍康
营销编辑　俞方远
责任监印　黄菲菲

出版发行　漓江出版社有限公司
社址　广西桂林市南环路 22 号
邮编　541002
发行电话　010-85891290　0773-2582200
邮购热线　0773-2582200
网址　www.lijiangbooks.com
微信公众号　lijiangpress

印制　天津嘉恒印务有限公司
开本　710 mm × 1000 mm　1/16
印张　22
字数　350 千字
版次　2024 年 1 月第 1 版
印次　2024 年 1 月第 1 次印刷
书号　ISBN 978-7-5407-9489-7
定价　79.80 元

总　序

　　朱永新教授的作品集出版在即，他要我写一篇序，大概是因为他看到我对教育也很关注，又不时地发表点看法的缘故吧，或者因为他和我都是马叙伦、周建人、叶圣陶、雷洁琼等民进前辈的后来人——我们是中国民主促进会的成员。不管他是怎么想的，我出于对他学术成就的敬佩，也出于对比我年轻些的学者的喜爱和对教育事业的兴趣，便答应了，尽管我不是这个领域的专家。不过这样也好，以一个时时关心业内情况的外行人眼光说说对这套作品集和作者的看法，或许能更冷静些，更客观些。

　　我曾经说过，中国的教育人人可得而道之。因为教育问题太复杂，中国的教育问题尤甚。且不说中国以一个发展中国家不强的实力在办着世界上最大的教育，单是中国处于转型期，城乡、东西部间严重的不平衡和几个时代思想观念的相互摩擦、激荡，就可以说是当今世界绝无仅有的了。随着教育普及率的提高，对教育发表评论的人当然也越来越多，多到几乎家家户户都会时常议论。这样就给有关教育的研究提出了许多也许在别的国家并不突出的问题。我认为其中有两个问题最为要紧：一个是教育的问题牵一发而动全身，既不能就教育论教育，更不能只论教育的某一部分而不顾及其他，要区别于人们日常的谈论；另一个是教育学如何走出狭小的教育理论圈子，让更多的人理解、评论、实践，也在更大范围内检验自己的理论是否能为群众所接受，以免专家和社会难以搭界。朱永新教授的这套作品集，恰好在这两个问题上都给了我很大的欣慰。

　　在这套作品集中，他从国际国内、政治经济、文化社会、古往今来的广阔视野来考察、思索中国的教育问题；他的论述几乎遍及受教育者所经历的整个教育过程；大到教育的理念、原则，小到课程的改革、课外的活动，他都认真思考，系统调查，认真实验，随时提升到理论层面；与教育学密切关联的心理学，在研究中国教育的同时展开的对国外教育的认识和分析，也是他涉及的范围。

朱永新教授并不是一位"纯"学者，虽然教育理论研究永远是他进行多头工作时在脑子里盘旋的核心。他集教师、官员和研究者三种角色于一身，随着自己孩子的出生和成长，他又多了一个家长的身份。这就使他不可能只观察研究教育体系中的某一段或某一方面，而必须做全方位、多角度、分层次的研究。他是中国民主促进会中央委员会副主席，作为同事，我见过他极度疲劳时的状况，心里曾经想过，这是天将降大任于是人的考验，还是他"命"当如此，不得不然？其实，这正是给他提供了他人很难得到的绝好的研究环境和条件：时时转换角色，就需要时时转换思维的角度和方法，宏观与微观自然而然地结合，积以时日，于是造就了他独特的研究方法和风格。

我们对任何事物的研究，如果只有理性的驱动，而没有基于对事物深刻认识所生发出来的极大热情，换言之，没有最博大的挚爱，是难以创造性地把事情做得出色的。朱永新教授对教育进行研究的特点之一就是全身心地投入。身，有那三种角色和一种身份，自然占据了他所有的时间和精力；心，是不可见的，但贯穿在他所有工作、表现在他所有论著中的鲜明爱心，则是最好的证明。

他说"教育是一首诗"。他常用诗一般的语言讴歌教育，表达他的教育思想：

教育是一首诗／诗的名字叫热爱／在每个孩子的瞳孔里／有一颗母亲的心

教育是一首诗／诗的名字叫未来／在传承文明的长河里／有一条破浪的船

如果是纯理性的，没有充沛的、不可抑制的感情，怎么能迸发出诗的情思？但他不是浪漫派。他本来已经够忙的了，却又率先自费开通了教育在线网站，开通了教育博客和微博，成了四面八方奋斗在教育改革前沿的众多网民的朋友。每天，当他拖着疲乏的脚步回到家后，还要逐篇浏览网站上的帖子和来信，并且要一一回应。有人说，这是自找苦吃。但他认为，这是"诗性伴理想同行"，是"享受与幸福"。他曾经工作生活在被颂为"人间天堂"的苏州，那里早已普及了十二年义务教育，现在正朝着普及大学教育的目标前进，但这位曾经主持全市文教工作的副市长，却心系西部，为如何缩小东西部教育的差距苦苦思索，不断地呼吁……他何以能够长期如此？我想，最大的动力就是那伟大的爱。

情与理的无缝衔接，正是和把从事教育工作及理论研究单纯当作职业的最大区别，而且是他不断获得佳绩、不断前进的要素。

教育是人类社会得以延续发展的根本保障。人之所以为人，区别于其他动物，从某种意义上讲，就是因为通过不同渠道，接受了不同程度和内容的教育。就一个国家而言，教育则是保障发展壮大的基础性工程。这些，都已经成为人们的共识。但是，教育又是极其复杂庞大的体系，需要大批教育理论专家、管理专家。身在其中者固然自得其乐，但是，在局外人看来，教育理论的研究是枯燥的、艰难的，有许多的教育学著作也确实强化了人们的这种感觉；管理工作给人的印象则是繁杂的、细碎的。这种感觉和印象往往是理论工作者、管理工作者和广大的教育参与者（包括家长、学生和旁观者）之间产生隔膜的原因之一。社会需要集理论研究和管理于一身，而且能把自己对教育的挚爱传达出去的学者，与人们一起共享徜徉在教育海洋里的愉快和幸福。但是，现在这样的学者太少了。是我们对像教育理论这样的人文社会科学的所谓"学问"产生了误解，以为只有用特定的行业语言，包括成堆成堆的术语和需要读者反复琢磨才能弄清楚的句子才是学术？还是善于用最明了的语言表达复杂事物的人还不多？抑或是教育理论的确深奥难测，必须用"超越"社会习惯的语言才能说得清楚？而我是坚信真理总是十分朴实、十分简单这样一个道理的。真正的大家应该有能力把深刻的思考、复杂的规律用浅显生动的语言表述出来，历史上不乏其例。

作为一名教育理论家，朱永新教授正在朝这一目标努力着，而且开始形成了自己的风格：论述、抒情、问答并举，逻辑严密的理性语言、老百姓习惯于说和听的大白话、思维跳跃富于激情的诗句兼而有之，依思之所至、情之所在、文之所需而施之。有的文章读时需正襟危坐，有的则令人不禁击节而赏，有的还需反复品味。可贵的是，这些并非他刻意为之，而是本性如此，自然流露。这本性，就是他对教育事业的爱，归根结底是对人民的爱。

在某一种风格已经弥漫于社会，许多人已经习惯甚至渗透到潜意识里的时候，有另外一种风格出现，开始总是要被视为"异类"（我姑且不用"异端"一词）。我不知道朱永新教授是不是也有过这样的经验。我倒是极为希望他能坚持下去，即使被认为"这不是论文"也不为所动，因为学术生命的强弱最后是要由人民来判断，而不是仅仅由小小的学术圈子认定的。我还希望他在这方面不断提高锤炼，让这股教育理论界的清风持续地吹下去。

教育，和一切与人民生活紧密相连的事物一样，都要敏感地紧跟时代的步伐，紧贴人民的需求，依时而变，因地制宜。如今朱永新教授的作品集改版并增补，主要收录了他从踏入教育学领域至 2023 年的论著。这从一个侧面反映了我国改革开放以来教育领域理论研究与实践的过程。"战斗正未有穷期"，在过去和未来的日子里，有层出不穷的教育问题需要解决，因而需要不停顿地观察、思考、研究。我们的教育学，就在这个过程中发展成长；有中国特色的教育学，也许就将在这一时期内形成。朱永新教授富于创造——"永新"自当永远常新，他一定会抓住这百年难逢的机遇，深化、拓展自己的研究，为中国教育事业、为中国的教育理论多奉献自己的才干和智慧，再写出更多更好的篇章。

我们期待着。

兹忝为序。

许嘉璐

写于 2010 年 12 月 14 日

修改于 2023 年 4 月 29 日

于日读一卷书屋

（作者为第九届、第十届全国人大常委会副委员长，著名语言文字学家）

三尺讲台（卷首诗）

一个不大的地方，
安放了三尺讲台，
也就安放了我的灵魂。

一个不大的地方，
聚集了一群孩子，
也就聚集了我的梦想。

从这个港湾出发，
可以抵达遥远的地方。
从此我心无旁骛，
为了梦想飞翔。

目 录／Contents

上编　新写作教育论纲

002／　第一章　写作与新教育写作

029／　第二章　新教育写作的意义与价值

059／　第三章　新教育写作的理论构建

076／　第四章　新教育写作的实践探索

下编　儿童读写的对话

170／　第一章　读钱伯斯《打造儿童阅读环境》

195／　第二章　读钱伯斯《说来听听：儿童、阅读与讨论》

202／　第三章　读莫兰《复杂性理论与教育问题》（上）

219／　第四章　读莫兰《复杂性理论与教育问题》（中）

264／　第五章　读莫兰《复杂性理论与教育问题》（下）

327／　参考文献

332／　主题索引

337／　后　记

338／　"朱永新教育作品"后记

上编

新写作教育论纲

第一章　写作与新教育写作

当今社会，随着现代信息技术与社交媒体的迅速发展，写作成为越来越大众化的一种生活方式，成为缔造更加美好的生活的一种现实需要。纵观古今，没有哪一个时代能像今天这样令人类如此需要写作、依赖写作，人类社会已经进入"人人都是写作者"的"全民写作时代"。[①]写作已经不再是部分人的职业和专长，而逐步成为每个公民适应社会变化和终身发展的核心素养。在今天，每天都有数亿中国人在微信等即时通信工具上敲击文字，在媒体上发出自己的声音，讲述个人、家庭、职场、社会、国家乃至人类的故事。写作呈现出了前所未有的私人化、平民化、普遍化、即时化、自主化和交互化等特点。

互联网写作消解了文本传播的时空障碍，打破了传统写作中读者和作者各自的身份壁垒，消除了读者和作者之间的身份界限，[②]呈现出大众化、多元化、个性化、小型化、多媒化、交互化和娱乐化等特色。全民写作时代的到来，让原来垄断话语权的精英写作转变为普及的、草根的、人人都可以参与的大众写作。可以说，当今时代，文盲早已不仅仅是指不识字的人，还包括没有写作能力的人。

不管我们是否承认，写作正在大大改善我们语言表达的话语环境与审美情趣，周遭的日常生活因这种表达而充满诗情画意。我们正在朝向一个点亮写作之梦的时代高歌猛进，传统平面媒体正与互联网新媒体联手创造一个人类的新神话。写作，正全方位影响着人们的日常生活、学习与工作，也深刻地影响着各行各业的发展。

---

① 欧本珍：《当代写作学学科述评》，《社会科学家》2006 年第 S1 期。

② 丁松虎、马武林：《教育传播学视野下的电脑写作概念厘定》，《电化教育研究》2009 年第 9 期。

20 年前，新教育在第一所实验学校启动了"师生共写随笔"和"培养卓越口才"等项目，正式开始了新教育写作的理论研究和实践探索。

20 年后，在全民写作、互联网写作的时代洪流中，在国家建设高质量教育体系的背景下，我们重申写作的价值，系统总结新教育写作的理论与实践，有着特别重要的意义。

一、什么是写作

（一）写作的概念

"写作"是一个常常被误解的概念。

写作常常被认为是专业人士尤其是作家才能做的事情。这无疑是不全面的，因为它对丰富多元的写作主体做了过于简单化、狭义化的界定。其实，从某种意义上说，每一个人都是写作者。

《义务教育语文课程标准（2011 年版）》认为："写作是运用语言文字进行表达和交流的重要方式，是认识世界、认识自我、进行创造性表述的过程。写作能力是语文素养的综合体现。"[①]从这里可以看出，写作是一种以语言符号为主要载体，富有文采地表情达意、交流思想的行为。写作并不局限于文字或文章书写，也包括口语写作，以及利用其他媒介辅助语言文字表达的行为。

其实，古文字的"写作"最初并没有今天我们熟悉的含义，也没有文字、文章写作的意思。写作的"写"不见甲骨文、金文，是一个比较晚出的战国文字，本义为"移置""放置"，后来指操笔写字，不过最初也不叫"写"，而称作"书"，汉代以后才"书写"并称。"写"后来演变延伸为摹画、描摹、模仿、倾泻（"写"古同"泻"）、抒发等含义，才与今天的写作有了一定的意义关联。"写作"的"作"甲骨文和金文本作"乍"，与今天的写作也没有语源学的关系。"乍"字下从刀，上从卜。《仪礼》有"卜人坐，作龟"之语，是占卜之人用刀刮削、钻刻龟甲，然后灼烧，视其裂兆

---

① 中华人民共和国教育部制定《义务教育语文课程标准（2011 年版）》，北京师范大学出版社，2012。

进行占卜的意思。"作"后来有了"起立""起始""兴起""制造"等衍生义，逐渐与写作所表达的"创作"含义发生了联系。因此，"写""作"二字并举，从延伸的意义讲，也并非专指文字、文章的书写，主要是指描摹外物、抒发情感的创造性活动。倒是与书面意义上的"写作"相近的另一个词语"作文"和语言文字表达或文章书写有一定的关系。不过，作文之"文"专指文字、文章，也是后来的事情。它在甲骨文里起初是一个表示纹理纵横交错的象形字，本义为花纹，所以《说文》说："文，错画也。象交文。今字作纹。"如今与"文"并举的"章"本义也是花纹。有一个成语叫"黼黻文章"，四个字的意思差不多，都表示华美的花纹与色彩。《周礼·考工记·画缋》上说："青与赤谓之文，赤与白谓之章，白与黑谓之黼，黑与青谓之黻，五采备谓之绣。"后来写作或作文强调文采或辞采之美，就是从"文""章"的初始意义延伸而来。《荀子·非相》说："观人以言，美于黼黻文章。"就是这个意思。总之，写作或作文在古代，就其内涵而言，人们特别在意的，并非它使用的是口语还是文字，抑或其他载体，而是强调如何描摹外物，抒发情感，并且富有文采。这一点，在今天仍然是很重要的。

《义务教育语文课程标准（2011年版）》的定义更多是从语文学科教育的角度而言的。语文学科的写作是人们关注最多的领域。当然，写作不局限于语文学科，越来越多的学科领域都在关注写作，只是不同学科关注写作的侧重点有所不同。

从写作学的角度看，"写作的实质，就是客观事物通过作者的主观意识在恰当的文字形式中的正确反映"，[①]是人类特有的一种高级精神活动和社会实践活动。

从文章学的角度看，写作即"写文章"，"凡是为着一定目的，运用书面语言表达一定思想内容的实践，都可以称为'写作'"[②]。

从文学的角度看，任何写作活动都是写作者对社会生活、物质世界的认识的再现。写作是以语言文字为记述工具，形象化地反映物质世界和精

---

① 徐振宗、李保初、桂青山编著《汉语写作学》，北京师范大学出版社，1995，第6页。

② 管金麟主编《文章写作原理》，河南大学出版社，1986，第1页。

神世界的艺术，强调的是文辞的变换、个性的抒发。

从文化人类学的角度看，写作是对各民族及有关群体的文化发展过程和人类文化行为的记录、描述和分析。写作记载了不同时期、不同地域、不同群体的行为规范、生活方式和文化模式，反映了人类进步、社会变迁与文化发展的过程，揭示了人类文化的本质。

从语言学的角度看，写作是对语言的重组，是以语言文字作为符号来传达意义的过程。写作关注语言的本质、语言的结构、语言的运用、语言的社会功能和语言的发展规律，强调通过积词成句、积句成段、积段成篇的技能训练来提高写作能力。

从心理学的角度看，写作是信息在系统内流动、变换、处理、输入、输出的过程。在写作的过程中，写作者被看作一个信息加工系统，写作者采用信息加工的观点和方法，学会自我认知、自我了解和自我控制。

从人文教育的角度看，写作把人文精神具象化在文字当中，写作承继了人文精神的终极关怀，展现出历史性的批判气质和教育意义，个人由此实现自我的完善。

写作在日常生活、各行各业越来越普遍。写作大致有两种类型：一种是随意性写作，一种是相对正式的写作。前者大多是为了交流沟通，很多是即兴的，谈不上经过深思熟虑。后者是人根据特定目的，以语言文字为主要符号，通过一定的谋篇布局，反映客观事物、表达主观感情或观念、传递知识信息、创造新知、传承文化。

新教育重视阅读，取得了一系列令人瞩目的成绩，早已众所周知，去年年会，我们又对新教育阅读做了更加深入的研究并达成新的共识。"一个人的精神发育史就是他的阅读史"，"一个民族的精神境界取决于这个民族的阅读水平"，"一座书香充盈的城市才能成为美丽的精神家园"，"一所没有阅读的学校永远不可能有真正的教育"，"共读、共写、共同生活才能拥有共同的愿景、共同的语言、共同的密码和共同的价值"，"阅读是推进社会公平、加强民族凝聚力、提高国民素质最有效、最直接、最便宜的路径"[①]，所有这些新教育的阅读理念，更加深入人心了。

---

① 朱永新：《阅读搭建精神的天梯——新教育实验 2021 年度主报告（演讲版）》。

　　阅读与写作相辅相成，像重视阅读一样重视写作，天经地义，尤其是在文化大众化、传媒信息化、交往全球化的今天，写作已成为每个人须臾不可或缺的精神生活之必需。

　　当然，写作不同于阅读。阅读是输入，主要是读者与文本的关系；写作是输出，则涉及写作主体（作者）、客体（生活）、受体（读者）、载体（媒介）等之间复杂得多的关系。写作者的个人素养，他对现实生活的积累与感悟，对读者心理的预期与认知，对写作过程的运思与表达，等等，都会影响到写作。因此，相对而言，写作遇到的困惑更多，难度更大。"文章千古事，得失寸心知。"（杜甫《偶题》）美国作家库尔特·冯内古特甚至说："我在写作时，感觉自己就像是个四肢全无、只能用嘴叼着蜡笔画线的人。"不少人对阅读乐此不疲，却对写作望而生畏。但写作与读书又仿佛一对孪生兄弟，如果只有阅读而没有写作，只有输入而没有输出，只有吸收而没有表达，就没有办法检验我们心灵感悟的品质，展示我们精神成长的力量。民谚说得好："好记性不如烂笔头。"明代文学家张溥少时嗜学、"七录七焚"的故事就是对这句话的生动阐释。据《明史·张溥传》记载：张溥读书必抄写，朗诵一遍，就将抄写烧掉，从头再来，如此反复，终至才思敏捷，即兴挥毫，立就诗文，成为著述宏富的一代大家。这种抄写实际上是阅读的延续，写作的开端。曾国藩在家训中提出"看、读、写、作四者，每日不可缺一"[①]的要求。现代教育家徐特立先生也说过："不动笔墨不读书。"古人强调读书"三到"，即"眼到""口到""心到"，但由于读书写作密不可分，应该再加一个"手到"，合为"四到"，就能实现读书与写作、动脑与动笔齐头并进，融为一体，每个人既成长为博览群书、学养厚重、文质彬彬的读书人，又发展为表现自我、讴歌人生、传承文明的写作者。

　　根据写作的上述定义，结合中国写作传统，此处我提出几个写作至今仍然值得我们思考与借鉴的重要特点。

　　其一，写作的价值指向，追求"立言不朽"。 写作在终极追求的意义上讲就是"立言"。我国古人曾精辟地总结出"三不朽"的人生理想，也即"太上有立德，其次有立功，其次有立言"（《左传·襄公二十四年》）。用今天

---

① 曾国藩著，张天杰译注《曾国藩家训译注（上）》，上海古籍出版社，2019，第26页。

的话来说，就是做人、做事、做文章，三者水乳交融，不管做什么，都要做出格局，做出品位，做出境界，为自己树立标杆，也为后人树立表率。在先秦时期，人们极为重视"立言"传世的功用。诸子百家时代的所谓"百家争鸣"，实际上就是要通过问政、论辩、游说、著书等多种"立言"策略，来宣示与传播各自的价值主张。在"立言不朽"的写作文化传统中最有价值的当然是曹丕在《典论·论文》中提出的文章为"不朽之盛事"的观念。在曹丕看来，文章可以超越一切时空的限制，而产生永久的魅力："年寿有时而尽，荣乐止乎其身，二者必至之常期，未若文章之无穷。是以古之作者，寄身于翰墨，见意于篇籍，不假良史之辞，不托飞驰之势，而声名自传于后。"（《典论·论文》）这一立言不朽的思想，一直绵延流转，影响至今。

其二，写作的源流定位，突出"以读促写"。古代写作理论不乏强调外物、生活对于写作的源泉地位与作用，例如孔子提出诗的"兴观群怨"说（《论语·阳货》），就突出了诗"观风俗之盛衰""考见得失""怨刺上政"等现实意义。① 墨子提出的"三表法"也指出立言要"上本之于古者圣王之事""下原察百姓耳目之实"等。（《墨子·非命上》）刘勰提出文与自然天地并生的"原道"说，指出："至于林籁结响，调如竽瑟；泉石激韵，和若球锽。故形立则章成矣，声发则文生矣。夫以无识之物，郁然有采；有心之器，其无文欤？"（《文心雕龙·原道》）他还阐发了陆机提出的"感物"说，指出"岁有其物，物有其容；情以物迁，辞以情发"。"是以诗人感物，联类不穷；流连万象之际，沉吟视听之区。写气图貌，既随物以宛转；属采附声，亦与心而徘徊。"不过，由于传统文化更注重"述而不作""我注六经"，强调"宗经""载道"，突出"文必秦汉，诗必盛唐"，因此，写作也更着力于写作与读书之间的传承、诠释与还原关系。"以读促写""读写结合"，成为中国写作的一个重要传统。诸如"不学诗，无以言""读书破万卷，下笔如有神""熟读唐诗三百首，不会吟诗也会吟"等揭示个体成功读写经验的警策之言一直被奉为写作的金科玉律。古代不少关于读书作文的著作如元代程端礼《程氏家塾读书分年日程》、清代唐彪《读书作文谱》、清代崔学古《学海津梁》等都十分重视读写结合。到了近现代，"读写结合"更被视为提高

---

① 程树德撰，程俊英、蒋见元点校《论语集释》，中华书局，2017，第 1561 页。

写作水平的不二法门。尽管对这一观点也一直存有争议，尤其是八股考试无限依赖经籍写作的偏向，遭到尖锐的批评。但总体而言，中国古代的"以读促写""读写结合"的传统还是给我们留下了宝贵的财富。

其三，写作的目的诉求，强调"人文合一"。所谓"人文合一"，是指"人"的自我觉醒与"文"的形式追求的有机统一。它有这样几层含义：一是"修辞立诚"。写作是以语言为主要载体反映和表现生活的活动，从这个意义讲，写作就是修辞。中外写作都有源远流长的修辞学传统。《易经·乾卦·文言》说："君子进德修业。忠信，所以进德也；修辞立其诚，所以居业也。"大意是君子忠于使命，言而有信，可以增进美德，修行功业。在这里，修辞为功德的修为服务，就涉及修辞的人文伦理问题，实际上与上面的"立言不朽"有关，因为立言与立功、立德密切相关。叶圣陶提出被誉为"在国语教育史上划了一个时代"的"立诚"作文观，就源于这一古老的修辞学传统。二是"情动辞发"。古代文论信奉情感为本的写作观念，认为写作的根本动因在于情感的驱动，所谓"情动于中而形于言"（《毛诗序》）。刘勰说："夫缀文者情动而辞发，观文者披文以入情，沿波讨源，虽幽必显。"（《文心雕龙·知音》）在谈到情与文的关系时，刘勰更加明确地指出："文采所以饰言，而辩丽本于情性。故情者，文之经；辞者，理之纬。经正而后纬成，理定而后辞畅：此立文之本源也。"（《文心雕龙·情采》）他既反对"为情而造文"，也反对"为文而造情"，而是强调"文附质"与"质待文"的情采相依，文质彬彬。三是"文以载道"。宋代学者周敦颐说："文所以载道也。"（《通书·文辞》）意即文章写作要言之有物，以文济世，通过一定的语言形式表达思想道理，文与道如车与车上所载货物，二者不可偏废。曾国藩说："周濂溪氏称文以载道，而以虚车讥俗儒。夫虚车诚不可，无车又可以行远乎？"（《致刘孟容书》）就是这个意思。四是"文如其人"。包括文品与人品的一致，以及文品与气质的一致。如陆游说的："人之邪正，至观其文则尽矣、决矣，不可复隐矣。"（《上辛给事书》）指的就是文品与人品的一致。又如宋濂说："凝重之人，其诗典以则；俊逸之人，其诗藻而丽；躁易之人，其诗浮以靡；苛刻之人，其诗峭厉而不平；严庄温雅之人，其诗自然从容，而超乎事物之表。如斯者，盖不能尽数之也。"（《林伯恭诗集序》）讲的就是文品与气质的一致。

其四，写作的运思过程，重视"以气为主"。写作是一个过程，这个过程是怎样的，如怎样感物起兴，怎样谋篇布局，怎样锤字炼句，古人有许多说法，其中最有代表性也最有影响力的是曹丕的"文气"论，他说："文以气为主，气之清浊有体，不可力强而致。"（《典论·论文》）文气有很丰富深刻的内容，不单纯指作家的气质、才气或作品的气势，它本质上强调的是反对写作运思过程中过分地刀刻斧凿、推敲斟酌，倡导在"养气"的前提下气定神闲，畅通思路，从容命笔，进退自如。正如刘勰在《文心雕龙·养气》中所说的那样："是以吐纳文艺，务在节宣，清和其心，调畅其气；烦而即舍，勿使壅滞。意得则舒怀以命笔，理伏则投笔以卷怀。逍遥以针劳，谈笑以药倦，常弄闲于才锋，贾余于文勇。"古代道家十分重视"养气"，"气"是一种浑然天成的生命状态，把握"气"的方法就是庄子所说的"心斋"，这是一种凝神聚气、摒弃杂念、物我两忘、心境纯一的状态。"气也者，虚而待物者也。唯道集虚。虚者，心斋也。"（《庄子·人间世》）写作"以气为主"，就是在悉心构思与豁然直觉之间会心会意，追求浑然天成的妙境。这对我们今天思考写作过程到底是构思的，还是非构思的，抑或整体联动的，是有深刻启示的，这一点，后面还要谈到。

其五，写作的表现策略，主张"辞达而已"。孔子有一句千古名言："辞达而已矣。"（《论语·卫灵公》）清朝学者潘德舆在《养一斋诗话》中称："'辞达而已矣'，千古文章之大法也。"这一点，至今也不过时。不过，"辞达"究竟是何意，说法很多。朱熹在《论语集注》中提出的影响深远的"达意"说，也即所谓"辞，取达意而止"，未必是确解。有专家曾整理了历代注疏家、文学家、语言学家等对"辞达"的理解，归纳为 8 种观点：（1）辞达即只需达意，无烦华藻；（2）辞达要繁简适中，事辞相称；（3）辞达要能够达理；（4）辞达要在情真意切，可歌可咏；（5）辞达要根据写作需要而定修辞手法；（6）辞达要工于文而又不溺于文；（7）辞达要对物象能了然于口与手；（8）辞达要行文中有磅礴的气势。[①]这些理解从不同的侧面揭示了"辞达"的丰富含义，其中不乏创造性的解读，值得我们细细咀嚼和思考，并提炼出对今天仍有价值的精华。不过，对于"辞达而已"，我觉得仍然有很大的

---

① 蔡育曙：《历代学人论"辞达"》，《黄冈师范学院学报》1990 年第 4 期。

解释空间，后面阐述新教育写作的基本理念时还会提及。

（二）写作的历史

写作与阅读一样，也与人类的历史文化进程同步。如果说人类的精神发展史就是人类的阅读史，那么同样可以说，人类的精神发展史也是人类的写作史。

写作的发展伴随着人类文明的发展，其间先后经历了从口头写作、书面写作、互联网写作再到 AI 写作的不同阶段。

1. 口头写作

回望人类历史，写作最早可追溯到人类社会未有文字之前。在文字书写符号出现以前，就已经产生了口语化的"写作"。人类早期的英雄史诗、民间故事等就是通过这样的"口语创作"和"口承文化"而记录、保存和流传下来的。

儿童最初表达诉求和喜怒的"天籁"、劳动者伴随劳动发出的情绪宣泄，都可以从广义上称为写作。可以说，写作的起源和人类的起源一样，有了人类，就有了写作。鲁迅先生称之为"杭育杭育派"，他说："假如那时大家抬木头，都觉得吃力了，却想不到发表，其中有一个叫道'杭育杭育'，那么，这就是创作；大家也要佩服，应用的，这就等于出版；倘若用什么记号留存了下来，这就是文学；他当然就是作家，也是文学家，是'杭育杭育派'。"[1]

从西方写作历史背景来看，在古代希腊的交流文化中，口头交谈的重要意义远远超过书写著作。书写和口传在柏拉图的著作中尽显其张力。[2]柏拉图以对话录的形式书写下来的著作具有独特的价值，它不仅促成了柏拉图哲学更为广泛的传播，更在相当的程度上模仿着真实的口头交流。《荷马史诗》以扬抑格六音步写成，集古希腊口述文学之大成，它是古希腊最伟大的作品，也是西方文学中最伟大的作品。

这种口头创作的传统并没有因为后来的书面写作占据主流而消失，而

---

① 鲁迅：《鲁迅全集（第六卷）》，人民文学出版社，2005，第 96 页。

② 先刚：《书写与口传的张力——柏拉图哲学的独特表达方式》，《学术月刊》2010 年第 7 期。

是与文字写作并驾齐驱，相互影响，经历了同样波澜壮阔的发展历程，至今仍然在影响我们的写作与生活。新教育的"卓越口才行动"就是在这个领域独树一帜的探索，我们将在明年的年会上专门与大家进行深入的研讨。

2. 书面写作

写作也与阅读一样，与人类的传播史相伴随。在经历了美国传播学家A. 哈特所说的以"示现的媒介系统"，也即以口语表达和交流为主要媒介的时代之后，人类进入了以"再现的媒介系统"，也即文字书写、印刷文本为主导媒介的信息传播时代，文字写作与传播对人们的精神生活产生了极为深远的影响，也留下十分丰富的写作文化遗产。人类历史上那些伟大的经典正是通过写作而流传至今。

约公元前 14 世纪的殷商后期，中国出现最早的定型文字——甲骨文。约公元前 3200 年，底格里斯河和幼发拉底河流域出现古苏美尔文字。自从有了文字，人类开始了真正的书面写作活动。文字的发明及应用于文献记录（写作），引导人类由"野蛮时代"迈入了"文明时代"。从口语到书面语，写作渐渐复杂起来。五千多年来，人类正是通过写作积淀经验、创造知识，促进文化的进步，推动文明的进程。

在我国，先秦时期，诗文的写作已较为发达，《春秋》《左传》等史传散文和《孟子》《庄子》等诸子散文将写作推向了高峰。"经世致用"是当时写作的主要目的，"诗言志"是写作的本质，强调"心合于道，说合于心，辞合于说"①，开"立诚""求真""文以载道"等写作观之先河。两汉魏晋南北朝时期，曹丕的《典论·论文》、陆机的《文赋》、刘勰的《文心雕龙》把我国的写作研究推向又一个高峰。写作的目的向"修身以求进"转变，写作成为立身扬名、功垂万世的手段。隋唐时期，随着科举的兴起，写作成为科举考试的主要手段，"求功名"成为写作的主要目的，写作在官学中得到全面重视。明清时期，经科举的强化，能写出规范的"八股文"是写作的基本要求和主要目的，"代圣贤立言"是写作的出发点。五四运动之后，写作的目的发生划时代的转变，写作从千百年来的"求功名"向日常语言文字的应用和实用转变，白话文写作开始替代文言文写作。这标志着古典

① 《荀子·正名》。

写作日益衰微，现代写作真正开启。

在以文字书写、印刷文本为主导媒介传播信息的"再现的媒介系统"时代，写作与读书一样，毕竟是少数人的专利，而且以"学以成圣""学而优则仕"为目标，多少具有精英主义的性质。"万般皆下品，唯有读书高"，文言写作代表的官方文化在古代是一种整体垄断的稀缺资源，对大部分平民而言是另一个世界。甚至一直到民国时期，我国的文盲率仍然在90%以上；在新中国成立初期，国家仍有两亿文盲。要拥有写作的权利首先要确保识字的权利，当识字的权利都无法保障时，写作几乎只属于极少部分人。随着经济的发展、社会的进步、教育的普及，文字的掌握和使用才渐渐成为越来越多的人，直至每个人的基本权利。

3. 互联网写作

进入信息化社会后，人类通过电邮、电话、电影、广播、电视、电脑等手段来传递信息。由于网络时代追求极速传播和大众接受，口语成为新媒体写作最频繁的语言，我们仿佛又在更高的阶梯上回到口语化写作的时代，随之而来的是写作理念、模式和面貌翻天覆地的变化。互联网时代的阅读和写作能力越来越引起专家学者的关注。

在新教育阅读年会上，我曾引用全美英语教师协会（National Council of Teachers of English，NCTE）和国际阅读协会（International Reading Association，IRA）2013年发出的倡议书告诉大家：倡议提出"要想全面参与和融入21世纪全球化社会，孩子需要更复杂的读写技巧和能力"。专家们认为，在21世纪想要成为一个有读写能力的人，需要掌握多种读写技能，要能够理解通过多种形式呈现的信息，能够创造、批判和分析通过多种媒介呈现的文本。学生需要理解视频、数据库或者计算机网络中的信息，以便更好了解世界其他地区、其他语言和文化。这是经济全球化提出的新的挑战。他们把这种技能称为"21世纪读写技能"[①]。这既是对阅读的忠告，也是对写作的召唤。

从20世纪90年代起，互联网开始普及，随着网络社交媒体的迅速发展，人类进入"泛写作时代"，写作逐渐"去精英化"。今天，以移动互联

---

① 朱永新：《阅读搭建精神的天梯——新教育实验2021年度主报告（演讲版）》。

网为代表的信息技术迅猛发展，互联网写作成为主要潮流。人们利用手机和电脑记录所见、所闻、所思、所感，随时随地与世界各地的人交流对话，写作正在逐渐成为一种大众化的工作方式、学习方式和生活方式，成为编织生命意义、提升生活境界、建设美好生活、推动人类文明进程的现实需要。

我国网络写作已有 20 多年的发展历史，它以强烈的大众化、多元化、个性化、小型化、散文化、连续化、多媒化、交互化、娱乐化等写作特色，利用网站论坛、板块，博客、博客圈，微博，微信等新载体，讲述个人、家庭、职场、社会、国家乃至人类的故事，涌现出包括安妮宝贝、尚爱兰、菊开那夜、塞壬、阿舍、李娟、马伯庸、十年砍柴、苏枕书、欧阳杏蓬、燕山飘雪、郭敏、纳兰妙殊等在内的一大批优秀网络作家，与主流文化、精英写作相映成趣，相互补充，堪称我国大众文化的一大奇观。对此，我们应当积极面对，积极回应，积极创造。

网络写作生态激发了"Z 世代"的崛起。"Z 世代"也称"网生代""互联网世代""二次元世代""数媒土著"，是指继所谓"X 世代"（1965—1979 年间出生）、"Y 世代"（1980—1994 年间出生）之后 1995—2009 年间出生的一代人。如果说 Y 世代是伴随着游戏机、电脑、互联网成长起来的，那么，Z 世代则是伴随移动互联网、手游、动漫等成长的。其实，"Y 世代"与"Z 世代"有很多共同之处，都是与网络时代无缝对接的，最初，"Z 世代"就是指更早出生的"80 后"青年。①我们这里也在宽泛的意义上使用这个概念，它还可以涵盖"00 后"作者群体。很多研究者认为，"Z 世代"的年轻人个性鲜明、视野开阔、理性务实、独立包容，其生活方式、消费（包括阅读）取向也有独特的品质、模态和品位。"Z 世代"的独特之处还在于，他们是写作和阅读的双重主体，写作与阅读在这一代的作家和读者群体中的占比都很高。中国社会科学院发布的《2021 中国网络文学发展研究报告》显示，"Z 世代""95 后"是网络文学阅读的绝对主体，截至 2021 年的 12 月底，我国网络文学的用户总规模达到 5.02 亿，以某阅读 APP 年度新增用户量来看，"95 后"占比超过 60%。我国网络作家数量达到惊人的 1750 万

---

① 《最新人群——"Z 世代"的生存状态》，《中国青年研究》1999 年第 3 期。

人。"这个数字说明网络文学唤醒了大众的阅读梦和写作梦",其中"80后"和"90后"同样是绝对的主体,尤其是"95后"作家年龄段均衡覆盖,已经成为一支推动网络写作与阅读高品质发展、影响更加深远的生力军！①在多媒体写作时代,每个人都可以借助这个智能化平台,利用它的传播特点,采用多样化的表达手法,书写精彩人生。

进入互联网时代,许多人,包括儿童成为新型的数字原住民,网络写作与网络阅读同时给予人们巨大的吸引力。正如罗兰·巴特所说的那样,文本是开放的,阅读者可以加入文本的创造,所以在纸质阅读过程中也会发生人与文本之间的对话与互动,读者也会在某种程度上参与到文本的创作与最终的完成中,从而打破了我们所认为的阅读与写作之间的森严壁垒。网络传播更加突出的开放性、交互性、快捷性、高效性和当下性使阅读与写作的边界更加模糊,阅读者可以以更加积极的身份参与到文本创作中去。在这一过程中阅读者与写作者之间的角色转换可以随时发生,这会最大限度地刺激阅读者参与写作乃至自主写作的强烈冲动,最终使阅读者直接参与作品的创作,改变原作者的主题、情节、结构、语言等,成为网络世界众多文本互联为一个更大文本这一活动中的创造成员。被写的作品处于动态的无限开放状态,阅读者也呈现出千姿百态的多样性和丰富性。

尽管网络读写不会取代纸质读写,但它毕竟在极大地改变我们的读写方式和习惯,并造就全新的读写能力。网络写作以数字技术为支撑,经过机读处理可将数字符号转化为可识别的文字、图像、声音、动态视频等,并将人机界面从键盘屏幕体制发展到超文本的视窗体制；网络作品也从单一的线性文本结构扩充为多维的立体文本结构,与多媒体的感官通道相连接,产生前所未有的视听冲击力。一旦写作者熟练掌握了多媒体手段的运用,将极大地提升网络作品的拟真效果,达到纸质写作无法企及的"真实的想象"和"想象的真实"的网络写作不仅成为纸质写作的强有力补充,而且与之并驾齐驱,甚至后来居上开创一个写作新世界。

4.AI 写作

在人工智能化的今天,AI写作是继网络写作对传统写作发起的又一波

---

① 中国社会科学院文学所"网络文学发展研究报告"课题组:《2021中国网络文学发展研究报告》。

新的冲击，也是更加严峻的挑战。随着人工智能的发展，与以往写作形式完全不同的 AI 写作横空出世，这种"以人工智能程序为写作主体，模仿人类写作的行为和机制，自动或者半自动地生成文学作品"①的写作方式，完全颠覆了我们对写作的理解，开启了一个神奇而富有魅力的写作新纪元。

随着技术进步，人工智能已从运算人工智能、感知人工智能逐渐过渡到认知人工智能阶段，与此同时，计算机自然语言处理技术也与日俱进，从而为 AI 写作奠定了技术基础。AI 写作已经形成一种新的景观。随着众多 AI 写作软件上线，越来越多的具有强烈写作欲望的潜在作者得以在人工智能的辅助下实现写作梦想，人类正在进入一个全民写作的新时代。

起初是 AI 新闻写作闪亮登场。如 2009 年，美国西北大学智能信息实验室研发的 StatsMonkey 系统就撰写了一篇关于美国职业棒球大联盟季后赛的新闻稿件。从 2015 年开始，AI 新闻写作开始爆发性增长，如《纽约时报》利用 Blossomblot 系统筛选文章向社交网站等平台推送，《华盛顿邮报》使用 Heliograf 程序核实新闻的准确性，《洛杉矶时报》的智能系统专注处理地震等突发事件的新闻，路透社用 OpenCalais 智能解决方案协助编辑审稿，谷歌投资了英国新闻机构报业协会的一个项目以支持开发自动化新闻编写软件，韩国《金融新闻》编辑部使用机器人写稿——只需要 0.3 秒就能完成一篇关于股市行情的新闻报道，如此等等。我国的腾讯财经频道 2015 年 9 月推出自动化新闻写作机器人 Dreamwriter 投入新闻写作，开国内 AI 新闻写作的先河。之后新华社推出 AI 写作项目"快笔小新"，阿里巴巴联合第一财经推出"DT 稿王"，今日头条推出"xiaomingbot"，南方报业推出"小南"，人民日报推出"小融"，等等。AI 新闻写作利用大数据和人工智能技术规模化、高效化处理巨量信息，充分表现了多、准、快、全的巨大优势，资讯产量极其惊人，引发了全球网民的热烈关注与青睐。②

不仅是新闻写作，AI 写作在科技著作方面也初露锋芒。2019 年 4 月，致力于为全球科研界提供最佳服务的出版机构施普林格·自然（Springer Nature）集团迎来了 AI 应用上的一个重要里程碑。它携手麦克米伦出版有

---

① 陶锋:《人工智能推动文学新发展》。
② 耿磊:《机器人写稿的现状与前景》。

限公司的下属部门数字科学（Digital Science）以及德国法兰克福歌德大学合作开发了一种算法，并用这种算法自动编写了一本有关锂离子电池最新研究进展的图书《锂离子电池：机器生成的目前研究摘要》（*Lithium-Ion Batteries: A Machine-Generated Summary of Current Research*），对大量现有研究论文进行跨语料自动摘要。这是第一本"没有人类作者"，而由计算机生成的图书。它在内容上与传统图书没有什么不同，一样有序言、目录和参考书目等，但它 100% 由计算机自动生成，没有改动哪怕一个标点符号。这本书赢得媒体的大量正面报道和肯定，当时有报道称之为"本周地球上最酷的事情之一"[①]。2020 年 7 月中旬，Open AI 公司发布了最新的GPT-3 人工智能系统，它能根据描述自动写代码、自动生成新闻，还可以写诗、写曲子，甚至还可以自动生成图像。2021 年，人工智能系统 GPT-3在接受指令后，为《人类简史》出版 10 周年写一篇新序，它收集了《人类简史》作者尤瓦尔·赫拉利写过的书和文章、做过的访谈，以及在网上找到的几十亿个句子，使用这些原材料生产出了一篇新序。[②]这篇新的序言让作者都感到惊愕、警觉。

　　AI 写作还不局限于新闻科技这类实用性、实证性作品的创作。随着人工智能技术的不断进步，它的拟人化、情感化学习技能也在不断增强，抒发人的微妙至深的情感的文学 AI 写作也在令人难以置信地纷纷"试镜"。早在 2008 年，俄罗斯就出版了有史以来第一部 AI 创作的长篇小说《真爱》。人物名借自《安娜·卡列尼娜》里面的安娜、沃伦斯基、列文、吉蒂，情节来自 17 本经典小说组成的情节库，行文风格则模仿村上春树。据说 PC Writer 2008 这位特殊的"作家"只花了三天就写完了这部 320 页的小说。AI 诗歌写作也是如此。微软的"小冰"、清华的"九歌"所"创作"的诗歌几乎以假乱真，被认为是真人所写。"小冰"还出版了"世界上第一本人工智能创作的诗集"——《阳光失了玻璃窗》。这个被誉为"具有少女情怀的诗人"，仅用 100 小时，学习了 1920 年以来中国 519 位诗人的几万首现代诗，并创作了 70928 首诗，比《全唐诗》收录的 2529 位唐代诗人的 42863

---

① 施普林格·自然集团：《AI 将如何改变写书与读书的方式？》。

② 尤瓦尔·赫拉利：《人类简史：从动物到上帝》，林俊宏译，中信出版社，2022。

首诗作还多两万多首!

2017 年，国务院印发《新一代人工智能发展规划》，提出了面向 2030 年我国新一代人工智能发展的指导思想、战略目标、重点任务和保障措施，对经济社会各个领域的智能化发展提出要求。《规划》明确支持人工智能的普及与推广，实施全民智能教育项目，全面提高全社会对人工智能的整体认知和应用水平。这对人工智能写作无疑也有积极而深远的战略指导意义。

人工智能写作尚在初级阶段，良莠不齐，是以对其众说纷纭、歧见丛生，但它的发展势不可当，能量也远远超过人们的想象。我们认为，应当走出将人工智能写作与人的写作人为对立的怪圈，从人机协同的立场看待 AI 写作。这是正确认识人工智能写作的价值与意义，并做出正确的战略抉择必须恪守的一个基本立场。

首先，AI 写作既属"人工"，又在"人化"。人工智能写作出自写作机器人，无疑具有机器的性质。既然是机器，自然就有"可控"的可能乃至必要，这属于人工智能的伦理和技术问题，始终值得我们关注，以免除我们对人工智能可能因为技术的日益强大而抛弃人的担忧。当然，人的行为本身也始终存在"可控"问题，这与机器在本质上并无二致。更重要的是，人工智能的生产基于人的学习原理，虚拟写作者（比如"小冰"）写作的对象、过程、作品等，与人的写作学习过程从认知到情感、从陌生到成熟、从谬误到正确、从逻辑到情感、从经验到思想、从知识到文化、从个体到社会等并无两样。可以说，人工智能写作的学习过程是人的写作过程的一个极速化"缩影"。随着我们对人的学习原理的认识深度不断提高，机器本身也会得到不断改造，进而更具"属人"的本质，或实现它的"人化"。在这个过程中，机器人和真人不是敌人，而是崭新的伙伴；两者的关系不是对抗，而是相互映照和借镜。不仅人的写作可以成为人工智能写作的镜子，人工智能写作也可以成为人的写作的镜子，双向映射出彼此的优势与劣势、长处与局限，进而促进人机并存共生，相互协作，取长补短，在日益强大的技术支持下共同实现写作的进步。因此，把 AI 写作归为非人类或异人类的操作并不合理。况且，人虽然不能完全归结为哲学家梅特里在《人是机器》中所说的"机器"，但人的机体组织和行为又具有一定的机器性质，不过是宇宙间最精细、最巧妙和最有活力的"机器"罢了①。既然如此，"人工"写作与"人化"写作就可以实现相互转化。

其次，AI写作既系"模仿"，又有"创造"。AI输出的文字，是以计算机语言实现对人的自然语言的模拟，写作机器人在学习过程中始终是"模仿"或"复制"人的写作学习过程的，这种模仿以大数据为基础，通过复杂而快速的运算产生情感反应、思想推演、技艺习得。但由此得出AI写作纯粹是模仿而没有创造的结论，并不符合事实。其实，人的写作也模仿前人或他人的优秀作品，但在大量模仿积累的基础上必然会产生质的变化，爆发惊人的创造力，AI写作也是如此。施普林格·自然集团全球图书业务总裁暨大中华区总裁汤恩平（Niels Peter Thomas）在回应人工智能作品《锂离子电池：机器生成的目前研究摘要》一书究竟是模仿还是创造的问题时认为："答案是既是，也不是。算法并不产生新的成果，但它不偏不倚地总结了差不多所有已知的事实，由此带来一个新的视角。研究人员告诉我们说，这个视角是新的和有意义的，我们不会有这样的视角。算法所生成的这个目录完全不同于以往人类作者带来的目录，我们认为这是呈现研究的一个有意义的方式。"②我们相信，随着技术的进步，AI写作在不远的将来会在各个领域表现出更加非凡的创造性，不仅能给我们带来惊喜，而且也能给我们自身的写作带来启迪。

再次，AI写作既是手段，也是目的。AI写作首先是一种工具和手段，一种对人的写作的某些环节能够起到完美替代作用的高级工具，之所以如此，是因为我们可以充分利用它实现某些写作的高速化、高效化、高产化。比如新闻写作，机器人可以瞬间完成海量阅读、分析，并根据互联网活跃点击量数据，及时筛选出新闻热点，然后通过后台算法快速合成新闻作品。在这方面，机器人具有绝对的优势。随着机器拟人化、情感化的技能不断增强，它在抒情等方面的某些表现也有可能超越甚至代替真人写作。但即使如此，AI写作还是完全不能取代人的写作的，因为人的世界的复杂性，尤其是人脑或人的精神的复杂性与潜在力量还远远没有被我们自己认识到，

---

① 拉·梅特里：《人是机器》，顾寿观译，商务印书馆，2011，第17页。

② 施普林格·自然集团：《AI将如何改变写书与读书的方式？》。

机器人更不可能做到。写作，不管是实用性、科技性还是文学性的写作，都是一项极具个性化和创造性的自由活动，人类在这些领域还具有无限广袤的创造空间。AI 写作以其令人难以置信的高效快捷为我们的写作及写作指导、评价等，提供了种种技术支持和巨大便利，这加速了写作进程，提高了写作效率，同时也在很大程度上驱使我们反思自身写作存在的大量问题，重新审视我们不可估量的写作潜能，"倒逼"我们极大地改善写作。AI 写作在很多领域替代了我们，同时也解放了我们，它让我们得以腾出更多的时间和精力专注于更细微、更复杂、更多样、更卓异的创造领域，全面绽放和伸展我们伟大的生命力量，创造出真正无愧于我们高贵、神圣、自由人性的作品。到了这个时候，人工智能作为手段也就不再只是手段，作为工具也就不再只是工具，而是同时也成为人的自我实现的目的本身。

过去，我们几乎从来没有在写作层面想过人工智能的运用，它听起来像是科幻电影。然而今天，AI 写作已经向我们展示，人工智能甚至能比我们更加了解自己。当然，写作的精髓在于独特的精神创造，而且每一个写作者永远是唯一的，在人工智能写作的时代，我们尤其应该记住这一点。技术的目的从来不是先天确定的，我们仍有能力去决定人工智能的发展和用途。我们在感慨 AI 写作之神奇的同时，也需要明确，只有人类能够使用人工智能创造一个新世界。AI 写作是用来造天堂还是建地狱，全看我们如何选择。

二、什么是新教育写作

全民阅读已经成为全球的广泛共识和实际行动，也成为我国建设文化强国的有机组成部分。二十多年来，新教育阅读在推动全民阅读方面一直不遗余力，贡献了一批影响很大的成果。我作为国家阅读形象大使，也在倡导建立国家阅读节、建立全民阅读基金、推进整个国家阅读工程等方面，努力为我国全民阅读的伟大事业鼓与呼。

我们进一步认识到，全民阅读应当也必然与全民写作结伴而行。网络时代的来临和网络技术的日新月异，揭开了人类传播文化的新纪元，传统平面媒体正与新媒体联手制造一个人类的新神话。我们满怀信心地看到，一个"人人都是写作者，人人都可能成为优秀写作者"的全民写作时代正在风姿绰约地向我们走来。它使原来垄断话语权的精英写作转变为人人都能借助互联网平台率性表达自我的大众写作，即使是精英写作，也常常以大众写作的姿态加入这个行列。网络的实时更新和交互性，充分调动了创作者和阅读者的热情与积极性，形成"全民写作"和"全民阅读"相互依存、共生共荣的现象。全民写作正在改变写作的概念，改变我们的生活方式，任何人都不能错过这个时代赋予自己的表达机会！

（一）新教育写作的溯源

著名的苏联教育家苏霍姆林斯基在《给教师的建议》一书中写道："凡是引起你的注意的，甚至引起你一些模糊的猜想的每一个事实，你都把它记入记事簿里。积累事实，善于从具体事物中看出共性的东西——这是一种智力基础，有了这个基础，就必然会有那么一个时刻，你会顿然醒悟，那长久躲闪着你的真理的实质，会突然在你面前打开。"[①]他建议每位教师都应该以教育日记的形式开展教育写作。

关于教育写作这一概念，最早可以追溯至20世纪70年代，当时西方教育研究领域兴起了鼓励教师进行教育叙事研究的热潮。在教育叙事研究中，教师可以将叙事和研究等同为一体，将教育教学研究视为教师叙事写作的目的，将叙事写作作为教育教学研究的手段。通过教育写作的方式，教师可以在理性主义所推崇的科学研究中代入教育本身所具有的主观情感、切身体验和模糊感受，赋予教育研究以生命。

但是，由于早期的教师生命叙事带有浓厚的研究色彩，教师往往难以兼顾好以形成学术成果为目标的研究者和以真实记录生活为目标的观察者这两种角色。为了解决这一矛盾，美国学者派纳和他的学生格鲁米特在20世纪70年代创建了教师自传研究方法，鼓励教师记录个人教育生活成长历程，以教师自我作为研究对象，从而能够深化教师个人生活与专业生活的教育价值。到1992年时，美国教师教育者协会提出了"拿起镜子：教师教育者反思自身教学"的号召，要求教师应基于自身教学实践进行写作。教

---

① 苏霍姆林斯基：《给教师的建议》，周蕖等译，长江文艺出版社，2014。

师通过"自传"的方式来叙述自己的教育生活和教育故事，以自身的生命体验来观察、理解、反思教育实践，对教师的专业发展具有重要的影响和意义①。

随着教育写作不断发展，国外已经形成了许多相关的实践模式。比如教师写作小组是美国促进教师专业发展、提高教师写作和学习能力的重要组织形式，符合当下重视教师的主体地位、注重教师间分享和合作的教师发展观。1974 年詹姆斯·格雷（James Gray）和他的同事在伯克利加利福尼亚大学教育研究院建立了以大学为依托的服务于教师的海湾地区写作项目（BAWP）。通过和海湾地区学校合作，BAWP 为有兴趣提高教学写作和将写作作为学科发展有效工具的教师、学校提供了一系列职业发展服务。后来，随着写作项目的迅速发展，1991 年，美国国家写作项目（National Writing Project，NWP）成为联邦教育项目，迅速覆盖全美。②目前，由美国教育部提供主要资金，地方、州和私有资金共同资助的 NWP 已经有 200 多个网点，包括哥伦比亚地区、波多黎各和美属维尔京群岛，目前还拓展了两个国际网点。教师写作小组作为国家写作项目的实施载体，其运行包括组建教师写作小组、谈话引导写作、教师写作、分享和反馈、写作反思五个阶段，对提高教师的写作能力、培养教师的研究能力、改进教师教学能力、满足教师成就感具有重要意义③。

此外，美国历史最久、最负盛名、最有影响力和权威性的基础教育卓越教师评选奖项——"国家年度教师"，每年都邀请教师同行、学生、家长评选出公认的教育榜样，其评选流程中有一项：每位候选教师必须提交八篇反映个人教育观念、现实教育问题的论文。④可见，美国对优秀教师的评选标准也包括了教师的写作能力。

目前国内对教育写作尚没有一个完整的界定，或者对于教育写作这一概念的理解依然较为宽泛。但可以确定的是，狭义的教育写作是以教师为

① 谌启标：《比较教育与管理》，福建教育出版社，2016。

② 曾祥娟：《美国 NWP 对我国英语教师职业发展的启示》，《海外英语》2010 年第 11 期。

③ 赵珂、周成海：《教师写作小组：美国教师专业发展的重要组织形式》，《当代教师教育》2019 年第 1 期。

④ 董洁、谢超香：《美国"国家年度教师"的优秀特征与制度反思》，《教师教育论坛》2019 年第 3 期。

主体，是教师对一切有意义的教育现象和教育问题进行反思、提炼经验，从而形成文本的过程。

学者们对教师的教育写作普遍持肯定态度，并在此基础上建议教师动笔写作。从围绕课堂教学的记录，到反映教师一切专业生活的书写，再到针对教师不同的成长阶段来确定不同的写作内容，教师的教育写作正在逐步丰富拓展，并且更具层次性、条理性和操作性。一线教师们也在教育写作的实践中探索出了以阅读为基石、实践为基础、自我发展为第一动力的教育写作路径。

（二）新教育写作的概念

新教育实验从一开始就非常重视写作，从不同维度、不同层面进行了艰辛而可贵的探索。新教育十大行动的"营造书香校园""师生共写随笔""培养卓越口才""建设数码社区"等都与写作密切相关，在学生写作、教师写作、师生共写随笔、家校社共读共写、网络写作等方面开展了全方位的大胆探索，突破了单一的学生写作或单纯以教师写作为内容的"教育写作"，开创了写作的全新生态。

什么是新教育写作？我们可以给出这样一个基本界定：新教育写作不单纯是一种写作方式，而是指向以写作为载体的生活方式、成长形态和创造方法。它努力传承写作的优秀文化传统，同时积极回应写作变革的时代召唤和国际走向，立足本土教育实践和自我发展的探索，以"过一种幸福完整的教育生活"的新教育核心主张为价值取向，以学生、教师、父母为三大主体，构建起新教育写作共同体，用语言文字和其他辅助媒介，记录精彩人生，讲述生命故事，抒发美好感情，编织幸福梦想，播撒文明种子，促进新教育共同体所有个体与群体的交流分享，彼此润泽，和谐共生，借此探索一条推动全民写作，乃至人类文明进步的有效途径。

与传统的教育写作不同，立足于中国本土教育的新教育写作主体更加多元。新教育写作不再将目光局限于教师写作，而将范围拓宽至家校，以学生、教师、家长为三大主体，构建起新教育写作共同体，充分发挥每个写作者贯穿写作全程的主体作用，包括他的感受体验、想象思维、谋篇布局、遣词造句，以及积淀于写作者心理结构中的知识储备、人生历练、表达风格、审美取向、精神人格等一切心灵的积极能量，完成精彩的写作、铸就杰出的自我。新教育写作不仅能够加深师生之间的情谊，也在学生与父母之间、学校与家庭之间构筑起沟通的桥梁，有助于实现家校共育的理想目标。

如果说新教育阅读是站在大师的肩膀上前行的话，那么新教育写作就是站在自己的肩膀上攀升。无论是教师、学生还是父母，为了写得精彩，就必须做得精彩、活得精彩，而精彩的写又能反过来促使更加精彩的做。通过坚持不懈的努力，学生、教师、家长慢慢养成习惯，阅读、思考、写作便成为日常生活方式，随之终身受益。让教育中的每一个人都能成为会思考、勤表达、善沟通的人，成为更好的自己，这就是新教育写作对"过一种幸福完整的教育生活"的意义诠释。

（三）新教育写作的探索历程

新教育实验从一开始就非常重视写作，在不同时期、不同层面进行了可贵的探索。可以说，新教育每走一步，都留下了写作探索的足迹。我们将新教育写作的探索历程分为以下三个阶段。

第一阶段是新教育写作的实践探索期。

2002 年 3 月，新教育申报全国教育科学"十五"规划课题，我们明确把"师生共写随笔"作为主要实验项目之一，为此专门成立了项目研究组。同年 6 月，新教育的网络写作平台——"教育在线"网站正式开通。以教师写作为目标的"朱永新成功保险公司"正式"开张"。

"教育在线"网站以充满理想主义的教育情怀，点燃了许多校长和教师的教育激情，被誉为"中国教师的精神家园""中国教师成长的网络师范学院"。

在实践探索期，我们吸纳了全国数以万计的教师关注并参与到新教育写作中来，这为新教育写作的发展奠定了基础。

第二阶段是新教育写作的理论建构期。

2005 年 12 月，"北国之春——全国新教育实验与教师专业化成长研讨会"，即新教育实验第五届研讨会召开。在此次会议上，我们将新教育实验关于教师成长的理论和实践探索归纳整理为新教育实验的"三专"模式（"专业阅读 + 专业写作 + 专业发展共同体"，后把"专业发展共同体"修正为"专业交往")。

2007 年 7 月，新教育实验以"共读、共写、共生活"为主题，举行第七届研讨会，正式提出"晨诵、午读、暮省——新教育儿童生活方式"。其中，暮省的核心是写作，通常以"师生共写随笔"这一行动所提倡的方式方法，对一天的教育生活进行反思与总结。会议也指出"共写，是指同学之间、师生之间、亲子之间乃至于整个社会通过反复交互的书写，彼此理解，并在不断的自我反思中加深认同、体认存在的过程"，"共读共写共同生活"如今也成为新教育写作的重要特点。

2009 年 7 月，在以"书写教师的生命传奇"为主题的新教育第九届研讨会上，我们提出新教育实验的一个重要命题就是书写教师的生命传奇。生命就是书写一个故事（叙事）；教育就是让每个人有省察地书写自己的生命故事；从事教师职业就是把教育作为自己故事的主旨，并用生命最大段的篇幅来展开书写。

从 2005 年 12 月"北国之春——全国新教育实验与教师专业化成长研讨会"的召开，到 2017 年 11 月"童喜喜说写手账"系列图书的出版，我们在新教育写作的理论建构方面进行了有益的探索。我们先后提出了新教育实验教师成长的"三专"模式、"晨诵、午读、暮省——新教育儿童生活方式"和书写教师的生命传奇等命题与主张。

在理论建构期，新教育写作最重要的代表性成果便是以"专业写作"为主要内容的"三专"理论以及以"生命叙事"理论为基础的教师成长理论。这两个理论的提出不仅为新教育写作奠定了基础，也有效指导着此后新教育写作的实践探索。

第三阶段是新教育写作的深入推进期。

2018 年 7 月，新教育实验以"新科学教育"为主题，举办第十八届研讨会，提出以"做中学、读中悟、写中思"作为新科学教育的实施路径，再次连接了写作。

2019 年 1 月，苏州大学新教育研究院成立了新教育写作研究中心，继续深度推进新教育写作研究。同年 7 月，在"新人文教育"研讨会上，我们提出写作是新人文教育第三大重要方法。从新人文教育的角度来说，写作是学习以理性文明的、有教养的方式与他人交流，也是民主生活方式和公民社会所必不可少的公共说理方式，有利于促进新人文教育培养与民主生活方式相适应的有效成员。

2021 年 12 月，在"2021 新教育国际高峰论坛"上，我们提出"以写作塑造更好的自己"的主张，呼吁"让写作成为我们的一种生活方式，让生命的每一天都开出一朵花来，经由岁月的积淀，成为最好的自己"。

2022 年 3 月，新教育举办了"新教育儿童写作"线上公益专题培训，同时推出了第一套"新教育儿童写作课程"——"和漫画一样好玩的写作课"系列儿童作文读本。新教育儿童写作课程为一线教师开展写作指导提供了具体操作指南，这是新教育写作的一次全新探索。

从 2018 年 7 月的第十八届研讨会起，我们陆续将写作融入新科学教育、新人文教育，提出"以写作塑造更好的自己"，并推出了"新教育儿童写作课程"。

在深入推进期，我们将新教育写作理论向各个学科辐射，在具体实践中对新教育写作理论进行检验，并形成了若干具有新教育特色的写作课程与教材，实现了理论与实践的共同深化。

2022 年 7 月 8—10 日，我们又以"新教育写作"为主题，举办新教育实验第二十二次研讨会，进一步对此梳理总结、交流探讨。这次会议将成为新教育写作探索进程中的一个里程碑。从 2002 年到 2022 年，二十年来新教育写作从生发、萌芽到长叶、抽枝，迎着朝露、向着太阳蓬勃生长，新教育写作的探索之路从脚下伸向了远方……

（四）新教育写作的特点

新教育写作具有写作的一般特点，如主体性、创造性、反思性、教育性和综合性等，但同时又有其独特的品格。新教育以"过一种幸福完整的教育生活"为崇高使命，这一使命决定了新教育写作着力体现一种幸福品质追求的完整性，即通过完整的、全面的写作，刻画精彩、幸福、完整的人生。在这一视域和语境下的新教育写作具有如下鲜明的特点。

第一，就写作源泉而言，新教育写作是"全景观写作"。

离开了日常的教育生活，新教育写作便没有了源头活水。"全景观写作"是指通过日常化、多样化、长期化的写作全面生动地反映教育生活。新教育写作强调日常性、生活性、精神性，要求忠实于自己的生活与心灵，不夸张、不虚假，注重生命体验。新教育写作提倡每日记录教育生活、学习生活中的点点滴滴，通过这种方式在文字的世界里得以"再活一次"。真正的教育生活既富有诗意又充满挑战，并能够彰显人的意义和价值。正如张菊荣所说："这种写作在形式上是低端的，是人人可以为之的，而在精神上则是高贵的。"新教育写作倡导无门槛写作，重要的是做起来，重要的是日不间断地做起来，让写作成为一种生活，让思考成为一种状态。新教育写作强调的是其精神价值和生命状态，"全景观写作"正是强调了新教育写作的生活性、坚持性与精神性。

第二，就写作主体而言，新教育写作是"全民化写作"。

新教育写作倡导"人人参与，个个都是写作者"，以学生、教师、父母为三大主体，构建新教育写作共同体，为写作走向全民化创造条件，奠定基础。在全民化写作中，新教育凸显写作者崇高的主体角色和地位，发挥写作者的主体作用，鼓励写作共同体的每个成员用文字见证幸福完整的教育生活。全民化写作在凸显写作者个体主体性的同时，还倡导主体多元、互动交流，主张师生、亲子、生生、家校之间的共同写作，通过书信、便笺、接龙、班报等交流教育生活、工作情况与生命感受，共同编织有温度有深度的学校教育和家庭教育，通过写作成为更好的自己。新教育写作特别倡导共同体写作，认为共同体写作的价值在于相互交流、相互鼓励，在于相互取暖、相互唤醒、相互激励，从而在新教育写作中呈现出充满活力的精神文化场。正如从书香校园走向书香社会一样，今后，新教育写作也会逐步推广到教育领域之外，如机关、企事业单位等，走向全民写作。

第三，就写作心理而言，新教育写作是"全心性写作"。

写作过程中存在大量的心理活动，这是毋庸置疑的。新教育写作认为写作过程中的心理活动是复杂多元的，包括无意识冲动、兴趣、情感、直觉、感知、记忆、想象、思维和言语等，它们活跃于写作的全过程。其中，新教育格外强调情感与思维，重视写作的情感性与反思性，如果说情感是文章的血肉，那么思考则是写作的灵魂。正如没有情感的文章就没有生命一样，没有思考的写作也是苍白的写作，写作是最好的思维体操之一。新教育写作强调生命叙事，但是不满足于就事论事式的记录和罗列，而是通过充满感情的、夹叙夹议的方式，讲述生命成长循环往复、螺旋攀登的曲折历程。新教育写作倡导审辩式思维，强调在写作过程中不断地追问自己的教育经历和成长历程，自我审视、自我批判，不惧自己的成长困境；强调写作与思考的深度结合。深刻的反思并不意味着否定表达的丰富与感性，更不意味着文字的干瘪无趣。新教育认为真正的教育生活是一种深刻的生命体验，写作就要充满深情地描述这种体验，让写作所呈现的文字富有一种真诚自然的美感。

第四，就写作领域而言，新教育写作是"全学科写作"。

以前，写作似乎一直是语文学科的事，如今人们越来越深刻地意识到，它已经远远超出语文学科了。"以写促学"已经成为所有学科学习的一个重要路径。美国教育心理学家建议，应该使写作成为所有课程学习内容的一部分，尤其在中学阶段，每门课程的老师都应该要求学生为所学的课程写作。新教育的学科写作，主张结合学科知识的学习，通过学科主导写作、学科内跨界写作（如听说绘写项目）、学科间主题（或项目）综合写作等形式，训练学生的语言能力、观察能力、思维能力和想象能力，指导学生自觉运用丰富多样的文体类型，如日志、自传、小说、评论、脚本、新闻、信件、备忘录、调查报告、学科论文等，自由表达在学习各学科知识过程中的见闻与心得，全面提高学生的各科写作能力，实现各科读写能力的全面提升。

第五，就写作形式而言，新教育写作是"全体式写作"。

古人讲的"体式"，指的是文章的体裁格式，因为文章体式各不相同，语言的修辞和表达形式也很不一样，所以体式实际上不局限于文体、文类，还包括与之相关的章句、辞采等修辞技巧，是写作的形式范畴。新教育写作在高度重视写作内容（客观现实、主观情思等）的同时，也十分重视写作文体、文类、修辞等形式，尤其重视写作形式的多样化，主张通过撰写教育日记、课堂实录、教育故事、教育案例分析、教育论文、教育报告、教育论著、教育书信、学习心得，也可以是便笺、备忘录，甚至可以通过进行小说、诗歌、童话等创作，记录和反思日常生活、精神生活，分析和回顾教育和学习状况，这正是新教育积极倡导和构建的写作风貌。多年来，新教育写作在这些方面可以说是硕果累累。

第六，就写作手段而言，新教育写作是"全媒体写作"。

新教育写作从传统媒体和新媒体融合互通的意义上来理解"全媒体"，认为全媒体写作就是全面采用口语、文字、音像、动画、网络等新老媒体手段来进行的写作。新教育写作一方面不断完善传统媒体写作，另一方面又在一开始就十分重视网络写作。"教育在线"的博客写作曾催生了漫卷全国的教育阅读潮和写作潮。它使网络写作成为一种读者（主要是教师和家长）参与的积极生产行为，在积极培养读者的阅读习惯和写作兴趣的同时，也激发他们的写作冲动，完成阅读与写作的良性循环，可以说是借助网络推动全民写作的一次大型演练。

第二章　新教育写作的意义与价值

写作，是人的本质属性之一。"人之所以为人者，言也。"①

写作，是传统教育读写算三大支柱之一。

写作，更是 21 世纪最重要的生存技能。美国学校管理者协会就"什么是 21 世纪最重要的生存技能"这一问题，请教了来自教育界、企业界、政府部门、社会学等领域的 55 位杰出专家。专家们列举了"写作能力""全面阅读和理解技能""应用计算机及其他技术的技能""掌握一门以上外语的技能"等 22 条重要的技能，"写作能力"名列榜首。

在科学技术日新月异的今天，为什么人们重新发现了写作的价值？写作究竟对于我们的个人成长和社会发展具有怎样的意义？

一、写作让个体成为更好的自己

新教育认为，写作是生命存在的必要条件和基本工具。事实表明，写作（最初是口头表达）是先于阅读的，对于个体生命的存在与发展更为生死攸关。语言行为是人类特有的禀赋，语言交流是其他交流形式的源头。人在通过生产工具等中介建立与世界的物质联系的同时，也通过语言符号等中介建立与世界的精神联系，两者缺一不可。当新生命呱呱坠地发出第一声啼哭的时候，写作或语言表达就开始了。缺少或剥夺了这样的表达，生命是残缺不全的，甚至可能瞬间消逝。所以，我们应该在福楼拜所说的"阅读是为了活着"后面加上一句"写作更是为了活着"。

写作对于个人的成长具有十分重要的意义。写作是真正的思考，是个

① 徐正英、邹皓译注《春秋穀梁传》，中华书局，2016。

体终身学习的有效方式，是全球化时代个体生存和发展的重要技能，也是个体在世俗生活中能够守望精神世界的根本路径。

（一）真正的学习思考离不开写作

新教育认为，写作是促进个人全面发展的必由之路。因为写作是一种人的兴趣、动机、情感、感知、想象、思维、意志、气质、性格等都参与的全心性活动，加上写作具有比阅读更强的实践性、操作性，因而会在更大程度上训练人的心智和心性，并在这些训练的基础上促进人智识、道德、审美和自由个性的全面和谐发展。例如，写作过程离不开情感体验，所谓"情动而辞发"，在写作过程中，随着对生活的体察、感受和认识的加深，人的情感体验也会沿着情绪、情感和情操的层次不断升华，他的理智情感、道德情感和审美情感也会发展起来，最终产生更动人心魄的表达。又例如，写作与思考有着十分密切的关系，在美国心理学家乔丹·彼得森看来，写作几乎就是思考本身。在一次演讲中，他指出："教会人们批判性思维的最好方式是教他们写作。"著名播主、作家蒂姆·菲利斯（Tim Ferriss）承认自己所取得的成功，很大程度上得益于在写作上取得的成就，通过类似于"早间习作"的练习将自己的各种思考形诸笔端，并进行甄别，反复打磨，使自己的思维变得越来越准确，越来越敏捷。

培根说写作使人精确。人的真正的思考，是从写作开始的。《华东师范大学学报》有一篇对哈佛大学教育研究生院萨默斯教授的专访，题目为《写作何以成为哈佛大学唯一一门必修课程》。萨默斯在专访中说，写作是一种用文字和隐喻标记世界的方式，是一个引领学生批判地、深度地阅读和有效地、清晰地书写的过程，是一个让学生发现自己真正关心所在和写出自己所思所想的路径。"你不会真正知道你在想什么，直到你努力把它写出来。"①写作是一种清晰、简练、高效的记录方式、表达方式和传播方式。写作与每个人的存在息息相关，应当成为所有人的一种习惯。

学而不思则罔，思而不学则殆。通过写作训练思维，是有效学习的前

---

① 南希·萨默斯、赫明珠、于海琴：《写作何以成为哈佛大学唯一一门必修课程——南希·萨默斯与赫明珠、于海琴的对话》，《华东师范大学学报（教育科学版）》2022 年第 1 期。

提。因此，美国加州大学伯克利分校提出了"以写促学"（writing to learn）的理念。"写得好"（write well）也成为美国基础教育的目标。因为"写得好"是为了"学得好"。"写"然后知不足。通过写作学到的知识，比机械记忆的知识理解更深刻，记忆更牢固，效果更理想。写作是终身学习时代"抓铁留痕"的有效学习方式，这已经形成了普遍共识。

（二）职业生涯的发展离不开写作

美国学者的研究发现，获得诺贝尔奖的科学家和美国国家科学院的院士与一般科学家之间的差别，主要不是表现在智商、学历、性别上，甚至也不是在科学素养、行动力或专注力方面，而是表现在写作上。而获得诺贝尔奖的科学家的写作能力比没有获得诺贝尔奖的科学家要强二十倍以上。

其实，不仅仅高层次人才需要写作能力，即使对一般员工而言，写作也是职场竞争力的重要体现。被誉为硅谷的天使、投资界的思想家的彼得·蒂尔（Peter Thiel）说："在硅谷让我感到非常有价值的一个方面，就是写作。不管是做科学的，做技术的，还是做创新的，如果你能写出一篇好文章的话，其实你都不需要成为一个作家，或者说一个小说家，基本上比普通人好一点点的话，那你就有很好的亮点了，这在硅谷是很好的一块敲门砖。"

互联网革命以来，许多自媒体人通过写作，实现了职场和人生弯道超车，成为这个时代最大的"红利"收获者。有人说"写作是最好的自我投资"①。不会写作的人往往意识不到自己错过了多少成就自我的机会。在经济全球化的时代，在中国走向世界、参与国际交往和竞争的今天，具备写作能力的人将是人才市场最抢手的"紧缺资源"。

（三）幸福完整的生活离不开写作

我国古人精辟地总结和概括出"三不朽"的人生理想，也即"立德""立功"和"立言"。用今天的话来说，就是做人、做事、做文章，要做出品位，做出境界，为自己树立标杆，也为别人或后人树立表率。因此，立德树人，

---

① Spenser：《写作是最好的自我投资》，中信出版社，2018，第8页。

立业建功，立言传道，也就成为人们成就自我、泽被世人的人生信条。

我们今天讨论的"写作"，说到底，就是古人所说的"立言"。在"人人都是写作者"的大众化、全民化写作时代，每个人都可以做到这一点。个人不管担当或扮演什么样的社会角色，以多大的能量，以何种方式参与个人和社会历史的创造，也不管结果如何，只要他通过语言讲述诗意人生的故事，抒发至真至诚的情感，礼赞生命成长的高贵，传播科学理性的知识，咏叹天地自然的大美，讴歌坚韧不拔的意志，表达鼓舞人心的信念，阐明启人心智的真谛，不管留下的是鸿篇巨制还是片言只语，也不管影响的是千军万马还是寥寥数人，都能成就自己的生命不朽。新教育以写作作为它行动的一大主题，就是要自觉传承"立言不朽"的中国传统文化，同时在现在与未来的全新语境中返本开新，赋予它新的内涵与价值。

写作让个体从嚣杂的外部世界回到安静而丰富的精神世界，写作让个体面对自己的灵魂、拥抱自己的灵魂。写作帮助一个人成为真正完整的人。写作唤醒了人的精神自我，滋养了人的精神发育。一个习惯写作的人，他的精神世界和一个不写作的人相比，是有本质区别的。

写作的人是文字的魔术师。无论是英文的 26 个字母，还是中文的几千个方块字，它们的组合变化抵得上任何奇妙的化学反应。通过各种搭配，这些文字可以创造出世界上最神奇的东西。

写作的人是伟大的观察家。他不仅需要一颗纯洁的心灵，更需要一双善于发现的眼睛。写作的人能够看到别人无法看到的世界，发现别人无法发现的风景。

写作的人是历史的创造者。写作不仅仅记录着我们所处的时代，还记录着我们自己的生活，书写着我们自己的生命传奇。

写作的人是幸福的。人生不如意十之八九，周国平说，写作是在苦难中自救的一种方式，通过写作，我们可以把自己与苦难拉开一个距离，以这种方式超越苦难[1]。人本主义心理学大师卡尔·罗杰斯在《论人的成长》中肯定了写作在人的精神疗愈过程中的重要性，他认为写作是一种指向外在的活动，它对于内向型人格的人来说，可以起到帮助作用，帮助他们获

---

[1] 周国平：《人文精神的哲学思考》，长江文艺出版社，2015，第 138 页。

得心理的平衡，从而在沟通和表达方面得到某种意义①。写作展现着个体的精神生活，创造着我们的美好生活，具有自我辩驳、自我教育、自我塑造、自我拯救的价值，赋予错综复杂的生命以自我超越的深层次意义。写作意味着思想和灵魂的绽放，意味着自我实现与自我超越，意味着幸福完整的美好生活。

以笔为马，奔赴教育的诗和远方

湖北省松滋市实验小学　黄华斌

湖北省松滋市实验小学自 2019 年启动新教育实验，一年一个主题，走过了"寻梦"—"深耕"—"融创"的三年之旅。加入新教育三年，我们最大的收获是，做起来就有故事，写起来就有惊喜，校园因为堆满故事而充满生机。在这场始于教师专业成长的行走中，我们以笔为马，借助新教育"生命叙事"的独特方式，引导师生共同奔赴教育的诗和远方。

一、"项目驱动"，营造教师叙事场景

写作，对于绝大多数教师而言，无疑是负担；从"被逼"到"习惯"再到"自觉"，非一时之功。教师不愿写，原因在于动力不足、意义缺失。我们的策略有四，一是丰富"造景"。以项目驱动的方式，对习以为常的教育管理场景进行意义重构，制造教育写作事件，如"悦读故事""参赛故事""点灯故事""磨课心得""班级叙事""成长叙事"等项目，通过不同场景的建构，让老师们有话题可写，有故事可讲。二是升级"意义"。取消各类常规工作总结，代之以"教育叙事"或"教学案例"，先减负，再升级，推动教师从形式写作走向意义写作。三是激励"扬长"。鼓励先进，也允许落后，对于叙事要求，40 岁以下是规定作业，每月一篇，40 岁以上是选做作业，从"生命叙事"和"照亮生命"的"大小写"中自主选择其一。小写，用照片传递感动；大写，用故事彰显精神。四是注重"分享"。把生硬的会场变成了生动的故事场，用有过程、有典型、有思考和有 PPT 的要求，

① 卡尔·罗杰斯：《论人的成长（第二版）》，石孟磊等译，世界图书出版公司，2019。

推动教师将践行新教育的具体过程用生动的现场和故事演绎出来。变"教师例会"为"榜样故事会"，每月一次分享，每次一个主题，在分享交流中寻找我们自己的"英雄"。变"班主任例会"为"优秀案例叙事研修"，从教育媒体和老师的"生命叙事"中精选1—2篇进行集中主题研修，在共同学习、诊断和研究过程中学会如何撕开问题的口子，让教育的价值流出来。变"读书会"为"读思会"，相约星期二，读思结合，智慧碰撞。如在共读朱永新教授的《致教师》后，要用书中一个最有共鸣的观点，讲述自己的一个教育故事。这样的读写融合，避免了只是"翻书而已"的浅薄，"夜读"成"悦读"，变"经验交流会"为"上清故事会"，同时开展了"跨世纪巾帼教师故事会""在岗25年老班故事会""红烛先锋故事会""点灯行动故事会""我为班级讲故事"和"我为孩子讲故事"等系列活动。枯燥的会议"变脸"后，精彩故事便纷至沓来。

二、"上清走笔"，修炼教师叙事功夫

仅有思想的引领是不够的，必须解决"生命叙事"写作中的技术障碍问题。我们形成了自己的写作修炼"三字经"。一是"磨"。引入梁衡的"五字诀"，即形、事、情、理、典，作为"叙事标准"，创造性地提出思想立场、事发现场和价值收场的"叙事结构"，引导老师们反复打磨好题、好段、好细节、好故事、好观点等"叙事亮点"。例如，为了让老师们辨识"生命叙事"与一般性叙事、随笔的本质区别，我以几则关于学生矛盾的同主题故事进行面对面的研磨指导，提出"生命叙事要突出儿童立场和教育思维"，不是从学生矛盾的故事中去讲述包容与修养的重要，而是要着力书写有效解决问题矛盾的方法和智慧。二是"改"。在老师们眼里，我成了不折不扣的"编辑"，改稿点评成了我日常工作的重要内容。近三年，我亲自改稿达1000多篇，其中本校老师的达400余篇。文章不厌三回改，对于优秀的"生命叙事"，我还亲自撰写名为"旁观者言"的精彩点评，帮助老师们在一遍遍、一篇篇的改稿和点评中提升叙事功夫。三是"晒"。我的个人公众号"乐乡树人"拥有粉丝1.6万人，吸引了一批来自全国各地的教师作者，五年累计推出原创作品3600多篇。2020年春，我在其中开设"上清走笔"专栏。两年多来，推送本校老师的"生命叙事"400多篇，一大批"新教育写作"

的骨干作者迅速出圈，仅"上清走笔"专栏的累计点击量就超过 20 万人次，影响甚广。更令老师们惊喜的是，他们的文章时不时会被《中国教师报》《湖北教育》《新班主任》和"光明社教育家""名校长工作室""中国教育之声""守望新教育"等纸刊和网媒选发，50 多篇好案例在各级各类评选中获奖。

三、"故事首席"，编织教师幸福生活

我认为，校长应该擅长并做好"笔尖下的管理"。每一次的公开讲话，我都当作一次讲故事的机会，从不让人代写讲话稿。疫情期间的"女神节"，我亲自为女老师写祝词，将女老师居家隔离纷纷学做馒头、包子的生活细节一一历数。"在岗 25 年老班故事会"上，我亲自为一群老班的故事做点评，字里行间充满了敬意和体恤。观课中看到某老师为学困生付出时间并给予鼓励，我当即创作随笔《等待的温度》。我把日常观课记录的有趣细节，变成一个个有趣的教学故事。为了让老师们对"相信种子，相信岁月"的价值观形成共识，我相继写下《让教育看见每一个孩子》《看见》《孩子的世界》《五根手指》《教育的节律》《办一所让师生有回忆的学校》等近 10 篇教育叙事。近三年，我以课堂、学生、家长为对象，撰写故事、随笔、案例和评论 500 多篇，其中在国家、省市级主流刊物公开发表文章 200 多篇。我为能成为师生心目中的"首席故事官"而自豪。有人问我，作为一名校长和语文老师，坚持笔耕不辍，时间哪里来？这样忙碌是为什么？我说朱永新老师早就给出了答案：重要的事情总是有时间的。既然选择了教育，就应该像丁磊说的那样："像个傻瓜一样，为一件事坚持，为一个念头疯狂，总有一天我们会找到想要的答案。"

四、"价值共鸣"，体悟教育写作意义

写作，是一种高层次的教育生活。因此，从"沉潜"到"上岸"，必然是脱胎换骨式的成长。这三年，我们欣喜地看到，老师们以笔为马，书写生命的力量。关丹丹老师坚持每周为班级写"成长周记"，成了家长心目中会讲故事的魅力教师。张慧卉老师以"完美班级"叙事一举夺得湖北省首届班主任基本功大赛一等奖。王芳芳、张莉等老师受邀到省城学校讲述完

美班级建设和营造书香校园的好故事。令人欣喜的是，老师们在一篇篇生命叙事中流露出的对新教育的理念的理解、认同和共鸣；以智慧心，深耕教育；以仁爱心，慢度日常。

教育写作的意义在哪里？它不只是教师专业成长的"捷径"和"法宝"，还是一名教师克服职业倦怠的"慰藉"和"灵丹"，帮助自己重构新的教育景观。因此，我们倡导教师尤其是班主任做一名有故事的老师、会讲故事的老师，讲好自己的育人故事，也把自己活成一个好故事。朱永新教授曾说"和文字打交道的人是幸福的人"。今天，这种幸福感已在我们一次次的行动和碰撞中慢慢凝聚和升腾。

"生命叙事"，就是一段在"书写"中认知生命，懂得教育，相互成全和享受生活的过程。这个过程，就是我们所追求的"幸福而完整"。这些年来，普通人眼中费时费神、劳心劳力的写作，却成了我和老师们教育情怀和教育思想的源头活水。若干年后，回首过往，一个个故事自会带我们走进那些已经远去并渐渐模糊的岁月。那时，我们会欣慰地说：教过，爱过，还曾写过。

（黄华斌，中学一级教师，中共党员，现任湖北省荆州市松滋市实验小学党总支书记、校长，获评"荆州市首届十佳人民满意校长"。2020年正式加入新教育实验，深耕书香校园、生命叙事、理想课堂、卓越口才、生命教育等项目，多项经验被《湖北教育》《湖北日报》等推介。作为中国教育新闻网评论员、荆州新闻网和《荆州日报》特约评论员，公开发表评论和教育随笔500多篇。自办"乐乡树人"微信公众号，运营五年来，刊发原创作品3600余篇，大量作品被全国网媒和纸刊转载；关注用户1.6万人；获评"荆州市十佳个人双微"。）

二、写作让社会发展更加和谐

写作可以是纯个人的私事，但如果写作进入交流，那就不单纯是个体行为了，也是社会行为，它源于社会生活，又反作用于社会生活，具有强大的社会功能。孔子说："诗可以兴，可以观，可以群，可以怨。"就是强调文学艺术具有启发联想、考察得失、聚合同道、讽刺时弊等社会作用。每个人发自心灵深处的写作都能鼓舞着身边的人，由此推动人类命运共同体向善、向真、向美。

（一）写作是家庭幸福的纽带

家庭是社会的细胞。松居直先生在《幸福的种子——亲子共读图画书》中说："亲子之间交换的丰富语言，是一个家庭最大的财富。"良好的家庭教育、家风建设对于个体的健康成长、社会和谐、民族进步、国家发展具有奠基性的作用，它不仅得益于"诗书传家"的家庭阅读或亲子阅读，而且也得益于家庭成员之间"交换的丰富语言"，也即家庭写作。

家庭日记唤醒自我意识。日记是一种私人化写作，是自己与自己的心灵晤谈，它常常诞生于家庭的个人空间。日记作为近代才出现的一种文体，是人文主义复兴重视个体自由的反映，也是自我意识觉醒的重要表现。鼓励成长中的儿童在家中多写日记，记录自己的心理与行为，反观自我的心路历程和成长印记，可以有效提高个人"自我感"，促进心理的内省自觉。意大利著名作家埃迪蒙托·德·亚米契斯的《爱的教育》是一部长篇日记体小说，书名又叫《一个意大利四年级小学生的日记》，该书除了少量穿插父母、姐姐的劝诫书信和教师每月讲述的故事，主要就是小主人公安利柯撰写的 100 则家庭日记。这些日记记录了一学年发生在安利柯身边各式各样有趣而感人的小事件，以及他自己的观察、体验、思考和内心独白。日记以一个儿童视角展示了对现实生活的感性把握、深刻体验和对理想生活的深情遐想，其实就是一部安利柯个人心灵和自我意识的成长史。它忠实记录了以安利柯为代表的一群孩子在特定时代、特定家庭、特定学校和特定社会环境中精神的自我锤炼、自我考验和自我发展的过程。这本日记体小说是一部值得所有学生、老师和家长学习的写作经典。新教育主张学生、教师和家长应当多写日记，记录在师生关系、亲子关系、同侪关系和社会其他人际关系中遭遇的种种酸甜苦辣，以及在充满戏剧性的心灵体验中不断走向成熟的历程，为自身的成长留下完整的精神谱系和宝贵的精神财富。

家庭书信改善亲情交流。家庭书信即"家书"，是一种历史悠久的家庭写作形式，是亲人信息交流、心灵沟通的纽带，也是家庭教育和家风传承的重要手段。"家书抵万金",纸短情长,家书不仅传递浓浓亲情、殷殷嘱托、谆谆教诲,而且还记载历史信息,表达家国情怀,寄寓文化内涵,堪称亲情和历史的交响。家书历史悠久,人类文明早期就有口信、结绳通信、树叶通信等家书的原始形态;文字产生以后,世界各地出现了泥板家书、简牍家书、绢帛家书、布质家书、羊皮纸家书、纸质家书等文字书信,并留下了《了凡四训》《曾国藩家书》《梁启超家书》《傅雷家书》《莫扎特家书》《洛克菲勒写给儿子的 38 封信》《摩根家书》《查斯特菲尔德勋爵给儿子的信》《罗杰斯家书》《致父亲》(卡夫卡)等极为丰富的传世经典,广泛涉及亲情、修身、交往、理财、成长、文学、艺术、历史等丰富内容。这些家书如今已经成为我们的阅读对象,但我们应当能够从中强烈而深刻地感受到那些家书的写作者当年从内心思绪到外在表达的丰富个性,为如今通过家书促进亲情交往和家风建设提供想象、思维和表达的启迪。

家书,尤其是传统的家书在写作的格式、技艺、封装等方面都有一定的要求和规范,可惜在更加快捷的信息化、电子化传播时代,知道和按照传统家书形式写作的学生、教师和家长正在变得越来越少,传统家书离我们渐行渐远,甚至面临失传的危险。新教育认为,应当全力保护这一文化传统,恢复其独特的文化濡染作用,使我们紧张、浮躁的心灵得以舒缓、平复和宁静,在这种更高雅也更富有个性的亲情对话中,聆听对方的心灵律动,走进彼此的精神世界,架设真情沟通的桥梁。

(二)写作是现代社会人际交流的桥梁

写作最大的魅力,就在于将个人的所闻、所见、所悟,以文字的形式记录、表现,并在读者中产生共鸣。文字能够代表一个人智慧的结晶、思考的果实,并把它们传递给不同的读者,那些深邃的文字还能够穿越时空。这些珍贵的精神财富,在不断传播中把世界变得美好。

现代世界的人际关系充满了矛盾,一方面日益社会化、全球化,人际交流更加普遍全面;另一方面却又日益原子化、碎片化,人际交流面临种种难题。在这样的语境里,充满温情、仁爱、包容精神的写作与传播就成为化解人际困境的良药。而在信息化社会和互联网时代,写作共同体的交互性写作就这样应运而生,并成了现代社会人际交流的重要方式。

一群小伙伴的写作共同体，一个学校的写作共同体，一个区域的写作共同体……在互联网时代，全国各地乃至世界各地的教育写作者都可以在网络媒体上组合为写作共同体。写作共同体的活力在于相互交流，既可以交流写作心得，也可以交流各自的写作成品或半成品。在互联网时代，微信群、QQ 群的分享，美篇、公众号的分享，电子周报、电子月报的分享都成为现实，写作共同体是生命共同体的最佳呈现。

人类进入 21 世纪之后，自媒体的传播方式催生了全民写作时代。它使原来垄断话语权的精英写作转变为普及的、草根的大众写作，它以现代化传媒为手段，展现了前所未有的私人化、平民化、普遍化、自主化风貌。即使是精英写作，也常常以大众写作的姿态加入这个行列。网络的实时更新和交互性，极大激发了创作者和阅读者的热情与积极性，形成"全民写作"和"全民阅读"相互依存、共生共荣的现象，全民写作正在改变写作的概念，改变我们的生活方式。一方面，随着人们不断地自我完善，它正在从某个层面上引领着一个"艺术化生存"或"审美化生存"时代的悄然来临；另一方面，随着表达的即时化与便捷化，也产生了"网络暴力"等新的问题，写作伦理问题也日渐凸显。

（三）写作是社会和谐与国家稳定的利器

"鼓天下之动者存乎辞。"（《周易·系辞上》）人类社会生活的实践与变革都与写作休戚相关，如经济生活中的贸易往来、产品介绍、合同签订，公共生活中的秩序重建、公德推行、移风易俗，政治生活中的新政主张、制度变革、法规宣传，精神生活中的科学发明、技术革新、文艺创作，等等，都离不开写作的传播与推动。社会愈发展，写作的变革作用就愈突出。

"铁肩担道义，妙手著文章。"在社会生活中，写作的最大魅力，就在于作品能传递鼓舞人心的力量，产生社会共鸣与响应，共鸣与响应越积极、越强烈、越广泛，就越能把我们置身于其中的社会变得更加美好。这需要写作者的社会责任担当，通过写作弘扬正气，抵拒邪恶，礼赞光明，扫除阴暗，由此推动社会不断走向文明、和谐、公平、正义、美好。

曹丕在《典论·论文》中曾提出"盖文章，经国之大业"的著名主张，将写作提到治国安邦的战略高度，对后世产生了很大的影响。从古至今，写作一直深度参与着社会各部门的组织管理。离开了写作，社会很难实现有效的运行。

中外历史上，写作促进社会和谐、国家稳定的佳话非常之多。大学士张英的一封家书解决了宅基地纷争，留下了"六尺巷"的美谈；王阳明一封《告谕浰头巢贼》，兵不血刃收降了两股土匪；中国公民郝劲松给铁道部的一封信，改变了春运票价上浮的传统；钱学森的一封回信，推动了我国材料学的诞生及发展；在关乎人类自由和尊严的千钧一发之际，丘吉尔以其独特的雄辩鼓舞了人们的斗志……

在今天，写作不论何种文章体式，也不论文章形制大小长短，只要唱出时代之音，强化文化认同，提振民族精神，有益经世济国，写出个人风采、家国风度、时代风气，就可以成为经国大业的一员，汇入民族复兴的交响乐章。

（四）写作是人类文明传承和人类命运共同体构建的基石

《辞海》解释称：文字是"扩大语言在时间和空间上的交际功用的文化工具"，"对人类的文明起很大的促进作用"。如果说文字是人类文明的基石，那么写作者就是人类文明的播种者。正是经过写作者的文字写作，才产生了无数记载和传递人类文明的瑰丽文章。从这个意义上可以说，人类文明的发展史就是写作的发展史。但写作不是简单地记载和传递文明，它也参与了人类文明的非凡创造。

人类发展进程中每一阶段的伟大写作，都是从人类文明的巨量遗存中发掘、提炼出来的最光彩耀人的精髓，用充满诗意、史韵和哲理的语言创造性地表现出来，绘就绚丽多姿的人类文明图景，唱响情思激越的人类文明之歌。可以说，写作以语言文字独特的魅力参与创造了人类文明，而且极大增强了人类文明的力量。

习近平总书记指出："人类生活在同一个地球村里，生活在历史和现实交汇的同一个时空里，越来越成为你中有我、我中有你的命运共同体。"①

---

① 中共中央宣传部编《习近平新时代中国特色社会主义思想三十讲》，学习出版社，2018，第286页。

如今，人类文明发展已经进入了全新的时期。诚然，在我们前行的道路上还存在太多的不确定性，还横亘着太多难以突围的藩篱和跨越的沟壑，甚至人类文明本身也面临着可能被更高级的——尽管是假想出来的"三体文明"碾压的巨大忧患，但是，我们仍有理由坚信，人类文明发展壮大的进程不可阻挡，人类共同建造通往理想的"通天塔"的希望不会破灭。我们有足够的能力修补一切"文明的裂痕"，化解一切"文明的对抗"和许多人对"文明的不满"，促进人类文明继续昂首阔步，走向圆满。

在这个进程中，我们仍然相信语言的力量、文字的力量和写作的力量。人类"地球村"中不同种族、不同国家、不同行业的所有写作者，将继续以语言文字本身的独特魅力，并利用全球化、互联网给我们带来的红利，参与到新的人类价值体系的建设中来，共同谱写多样统一的人类文明华章。大家"拥抱在用言语所能照明的世界里"，让文字的光亮烛照文明的未来，让人类享有它浸润的"爱的自由和美丽"。

三、写作让教育生活更加精彩

我们经常说，没有阅读就没有教育。同样，我们也可以说，没有写作就没有教育。

美国国家写作委员会在 2003 年 4 月向国会递交了一份报告书《被忽略的 R——我们需要写作革命》。报告书指出，在教育改革的过程中，决策者与其他教育界人士都忽略了一个让上学很有趣、学习很有效、学生都能有自信又能自主学习的重要因素，那就是写作。如果学生能够自我学习、自我发展知识，就必须有能力将一堆琐碎数据消化重组，并通过语言的表达来跟别人沟通。简而言之，学生要能学习，必须学会写作。写作有助于构筑良好的教育生态，提升教育的品质，写作者在写作的同时，也在书写自己的生命传奇。

（一）写作构筑良好的教育生态

当前，家庭内部、学校内部以及家校之间都不同程度上存在着共同语言、共同价值的危机。分数成为师生之间、父母和教师之间、校长和教职员工之间、学校和社会之间的共同语言，所有的人成为分数这间房屋里的陌生人。我们认为，只有在共读共写共同生活中丰富知识、发展思维、促进精神成长，才能形成共同的语言、密码以及共同的价值观，才能构筑良好的教育生态，实现立德树人的根本目标，让所有的人一起过上幸福完整的教育生活。

以新教育家校共写为例。家校共写主要指教师、学生、父母之间通过交换书信、便笺等，彼此理解，加深认同，相互合作，共同致力于创造幸福完整的教育生活。在家校共写中，父母对教师、学校提出的合理要求，一方面可以让学校和教师重视乃至改进，另一方面可以成为优化教师教育理念、提升学校教育质量的动力，帮助弥补学校教育的不足。而教师对父母的建议与指导，也能够让父母少走弯路。父母、孩子与教师在一个共同体中，共同面对问题、分析问题、解决问题，实现共同成长。

新教育倡导全民化写作，让学校在处处弥漫书香的同时又处处涌现爱写会写、各擅其妙的写作者。总之，让整个学校在写作呈现出的语言文字中绽放璀璨夺目的生命光华。新教育写作是新教育人记录生活、呈现生命的方式。新教育写作让我们与自己经历的活生生的"生活文本"进行对话，增进我们对生活的理解，并且使我们对生活的理解与认识变得丰富多样，新教育写作成了我们改变日常生活单调平庸的重要路径。

情满心怀，花开笔尖

山东省滨州市滨城区逸夫小学　卢振芳

不知不觉间，与新教育相识已经七年有余。七年，在时间的河流里弹指一挥间，但凝聚于笔尖时却是一串幸福的足迹：习惯的培养，品质的塑造，生命的绽放。

我市新教育实验启动与《快乐日记》"坚持之星"评选促成了"师生共写"的美丽开始。这段共写成长了四批孩子，也让我自己再度焕发青春，找寻到了年轻时的模样。我将从"上路、追逐、收获"三方面讲述我们的幸福故事。

一、启航：上路

每日一记，坚持一月是"月坚持之星"，坚持一年是"年坚持之星"，这是《快乐日记》"坚持之星"的评选标准。带着无限憧憬，我们的坚持之旅开始了。任何开始都是热血沸腾的，我的"小海燕们"好像要包揽所有奖项似的。但是，理想很丰满，现实很骨感。1月、2月分别仅有4人、3人获"坚持之星"，距离目标甚远。无法想象后续会有怎样的结局……

二、激趣：追逐

引领启写。迷茫时，想起了蔡元培先生的一段话："教育是帮助被教育的人，给他能发展自己的能力，完成他的人格。"作为发起人，我不是守望而是参与。《海燕班的温暖故事》就此启程：我以"班级故事"为主题记录"小海燕们"的每一天。同时，"小海燕在翱翔"的主题帖也在"教育在线"有了一席之地。师生共写化作相互搀扶、相互切磋的力量，拥有了共同的心灵密码，一起向着明亮远方！

活动助写。生活需要发现，习作需要点燃。为了丰富"小海燕们"的习作素材，我们精心编织每一天：点亮二十四节气，探寻其价值和文化内涵；扮靓传统节日，激发写作源泉；丰富班级活动，让每天都充满新奇、期盼。活动过后，我们聊活动，聊活动中难忘的表情、令人回味的语言……让书面语言成为活动的延伸，生活有滋有味，文字自然多情温暖。

种植导写。让孩子爱上文字，给他一株花便有了娓娓道来的故事。清明前后，我们同种牵牛花。从种子种植的细心呵护到新芽露头的欣喜，从藤蔓爬墙的喜悦到花蕊绽放的雀跃，每一点变化都包含着对新生命的敬畏。在培育牵牛花的过程中，每个生命也变得更坚毅、更有担当。

故事一：有的牵牛花没有依照孩子们的期盼发芽、吐绿。佳璇的牵牛花其实早就发芽了，但孩子不断浇水反而加速了它的枯萎。她在5月18日的日记中写道：无论我怎么用棍支撑，它也不把头抬起来看我一眼，我难过得哭了。看到这里我也想哭，一株小苗的枯萎带去了多少牵挂啊！尽管如此，佳璇的花盆还是一直保留着原样，直到长出两株狗尾草……长出了穗子，她说那是牵牛花生命的延续。情有多深，爱有多真。这份真一直在孩子的心灵里徜徉，也在我的心里摇曳——这是我们师生才读得懂的交响。

渐渐地，牵牛花多次出现在学生的习作中，丰盈着他们的生命。学习到"图腾"时，我问：哪种植物或动物可以当我们班的图腾？"牵牛花！"孩子们异口同声、不假思索。《种出来的班级图腾》让我们拥有了班级愿景——向阳而生。

拓展扩写。随着时间的推移，习作领域逐渐形成了"读书日记""节日日记""活动日记""观察日记""信息日记""生活日记"六大体系。不同的视角、不同的收获、不同的主题承载着不同的任务。读书日记旨在体验语言的魅力、阅读的幸福；节日日记旨在体验不同节日中蕴含的独特文化；活动日记旨在感悟生活，发现生活中的真善美，感受大自然的美好……这些活动带来的影响如不同的支流奔向大海，最终帮助实现"提高人文素养"的大目标，让成长变得神奇美妙。

激励促写。坚持铸造信心，坚持成就梦想。师生共写，促成了"人人成为坚持之星"的童话。编辑们在此选中刊发的作品也频频而至，一霎时，海燕班成为《快乐日记》的约稿班级。梦瑶成了《快乐日记》"年坚持之星"之一，有幸成为封面人物，刊登了 4 篇日记，获得了百元稿费。

21 天养成好习惯。我们走过了无数个 21 天后爱上了写日记。"小海燕们"说，写日记已经成为生活中必不可少的一部分，没感觉是一种负担，反而觉得是种享受。岂止是"小海燕们"，我自己不也是吗。夜深人静的回眸，成为一天中最幸福的时刻。每晚 9：00 按时在班级群上传我的日记，成了一种雷打不动的习惯。有时稍微晚一些，孩子们就会问："卢老师，日记呢？""卢老师，我想看日记。"那些期待、那些关注，成为我写下去的动力。回头看看自己的记录，有时也佩服自己：坚持，实际上是在为自己积累能量和财富。经过三年的记录，《海燕班的温暖故事》已经敲击下了 58 万的文字。这些文字记录了每一个温暖的日子、每一个温暖的孩子、每一个温暖的故事，成为他们的毕业礼物。"正因为你为你的玫瑰花费了时间，这才使你的玫瑰花变得如此重要。"(《小王子》)共同守望的日子里，《海燕班的温暖故事》成为记录童年、记录生活的"史诗"。我成为孩子眼里那个"有故事的老师"，温情且诗意。

三、回响：收获

从"海燕班"到"溢彩童年班"，从"扬帆班"到"太阳花班"。改变的是学生，不变的是共写。我继续做"有故事的老师"，让学生沐浴在故事里；学生们继续他们的日记，让日子沐浴在幸福里。

四届学生均有一人被《快乐日记》杂志邀请为封面人物，在不同作文大赛中获奖无数，在不同杂志发表文章无数。在文字中奔跑，迎面吹来的风也是甜甜的味道。

共写，不仅锻炼了学生的写作水平，更磨炼了他们的意志。春季运动会上，不足一米四的小纪竟然报800米长跑，我觉得这样的项目不适合这样体质弱小的孩子，于是劝他报100米。但他却说，能坚持跑完800米就是顽强毅力的见证。当这个小小的身影在800米赛道上奔跑时，得到的不仅是掌声和呐喊，更多的是对生命的敬重。那次，小纪突破了自己，他成为最美丽的选手。同样，在200米跑道上跌倒又爬起来的佳乐、跳高伤着腿继续坚持的王鹭、坚持每日读书的鹏飞、坚持每日练字的志栋……有执着和坚毅相伴，他们想成为最想当将军的士兵；在进行课间操奶盒回收活动时，扬帆班是30天内奶盒回收至规定位置的唯一班级。他们"成功的路上不拥挤，坚持的人并不多"的发言得到了学校领导、老师的一致好评；太阳花班将流动红旗变为常驻红旗，用一份份坚持，换来了班级自信。

7年的陪伴，我的《温暖故事》也由开始的班级内公开，转移到"教育在线""简书"，经历了几次"搬家"。改变的是地点，提升的是内涵。7年的牵手同行让我的文字充满诗情画意：《温暖故事》已突破了百万字，记录了4个班级的不同故事；我还相继发表教育叙事10余篇，创下了教学生涯发表的最高峰。渐渐地，我的故事也在新教育实验内产生了一定的影响，我也成为"新教育实验榜样教师"。

一个接近半百之人，获得这样的人生成长和生命体验，是新教育激发了我的梦想和激情。请无限相信师生共写赋予一个人成长的无限力量！

"情不知所起，一往而深。"7年来，师生共写成就了我和我班上的孩子们，让我找到了诗意成长的土壤。师生共写改变了我，让我满怀信心地行走在诗意的大路上——倾心于诗意的生活，醉心于美丽的过往，找到了年轻时的幸福模样。

（卢振芳，一级教师，任教于山东省滨州市滨城区逸夫小学。2014年滨州市新教育实验启动，跟随加入新教育实验，与"小海燕们"一起缔造了一间"完美教室"，于四川金堂进行了《呵护生命的阳光》生命叙事。新教育的理念让卢振芳老师在带班中找到了教育的诗意，所带班级阳光、温暖、向上。卢振芳老师多次在区域内做班级管理分享，其师生共写课程获评卓越课程提名奖，本人也被评为新教育榜样教师、滨州市名班主任、优秀中队辅导员、滨城区领航班主任。）

（二）写作提升教育的品质

写作是一种思想劳动。因为人是精神性的存在，具有超越性和不断提升的内在需要。写作的根本关键在于提升写作者的思想认识水平，思想认识水平是在阅读、写作和生活中体认和锻造的。写作的过程是价值经历和体验的过程，需要进行价值澄清和选择，锤炼自己的理想、思想、情感和文字，所以写作的过程也是提升教育品质的过程。

写作本身就是一种有效的学习模式。写作可以作为学习的工具，也可以作为对学习的检测。"学习金字塔"理论表明：最好的学习方式就是"向别人讲授"或者"对所学内容立即运用"。而写作既是用文字"向别人讲授"，也是"对所学内容立即运用"。

新教育的学科写作激活了课堂教学知识，使学科思维可见化，提高了个体分析和应用学科知识的能力，促进了对阶段性学科学习成果的巩固发展。不同情境下的各学科写作，可以帮助学习者主动理解、吸收、加工和运用学科知识，进而建构自己的知识体系，从而实现"以写促学"（writing to learn）的目的。人们已经通过大量的实验或实践探索发现，写作本身就是一种促进学习的有力工具。例如，朗格就指出："学习一个学科的内容不仅可以通过阅读，也可以通过用该学科特有的方法写与该学科相关的内容。与阅读一样，写作也是一种学习学科知识的语言手段。"格林汉姆和佩林的元认知分析也表明："学生用新的概念和观念进行写作时，他们会学得更好。因此，写作实际上已成为一种认知上的、有效的理解策略，可用于激发学生认知，巩固新的学习，延展他们已学内容。"有专家对学科写作在学生阅读习惯与技能、学习态度、作文能力方面的作用进行跟踪研究，结果显示：对照班在实验 3 年周期的百分比数据变化不大，而实验班整体提升了 33%，其中在阅读习惯与技能方面提高了 8%，在学习态度方面提高了 11%，在记笔记和写作文方面提高了 14%。可见，学科写作在提升阅读习惯与技能、学习态度和作文能力方面都有着显著的作用。

诗意可抵岁月长，静待数学绽芬芳

江苏省南通市海门区东洲国际学校　茅雅琳

人生如逆旅，你我亦是行人，正因为我的步履匆匆，所以收获满满。我致力于"趣动数学"研究，推动学生数学学科写作，收获了许多额外的奖赏。2013 年以来，孩子们累计撰写数学小论文近千篇，我们通过对积累的小论文进行研读分析，完善了"趣动数学"教学主张，依次完成了南通市教学研究重点课题、南通市"十二五"规划课题、南通市"十三五"规划课题，江苏省"十三五"规划课题也正在进行之中。《数学大世界》《启迪与智慧》杂志介绍并推广我们的课题研究。"趣动数学"课程荣获海门市首届卓越课程特等奖。我出版了 1 本专著，论文连续 3 年被人大复印资料全文转载。近期，我的科研成果《初中数学小论文：撬动学习方式变革的实践探索》更是获得了 2021 年度江苏省教学成果（基础教育类）二等奖。

三尺讲台讲三刻，一支粉笔书一生。我在追寻，在探索，用智慧对待教学，用进取开拓未来。9 年前，开启学生数学学科写作之旅，主要基于以下两点思考。

一、对"共读共写"生活方式的期许

"共读共写"是新教育倡导的师生日常生活方式，同时聚焦学生全方位的成长。我虽是理科生，但对阅读和写作有着天然的向往和浪漫的期许。于是就有了把"共读共写"从传统的语文学科本位挣脱出来，迁移到数学学科中，创立一种全面提升学生数学素养的新方式的想法。

二、对"趣动数学"学习方式的思考

结合 30 年的一线教学经验，我提出"趣动数学"的教学主张。即针对学科特点，教师借助创设情境、设置问题、组织活动等教学手段，学生通过动手实践、动脑思考、动情体验等学习方式，实现从理解数学到热爱数

学，从学会学习到主动学习的飞跃。"趣动数学"主要关注学生学习的内在感悟和外在行为。教师除了观察学生的课堂表现、作业的正确程度，还有怎样的媒介，能够帮助了解学生对数学的真实感受，了解学生对知识和方法的掌握和理解程度呢？

在实践中探索，在行动中思考。2013年，我找寻到了一座连接文学与数学、技能与情感的桥梁——"数学小论文"写作。每月底的那个周末，对我们班学生来说，没有枯燥的练习，唯有数学的理性与文学的感性交融的特殊作业——一篇数学小论文。为了用"数学小论文"记录孩子们数学学习过程中的做法和思考，也为了反思自己在教学中到底教给了学生什么，为了和我的学生一起走一条数学学习的光明大道，也为了让成长这条河流流淌过的地方绿草如茵、鲜花盛开，我和孩子们主要做了以下三方面的工作。

（一）赏析优秀数学小论文，掌握写作方法

数学小论文跳出语文学科的写作模式，不拘泥于文体格式，也没有题材限制，更不刻意追求写作文笔，唯一的要求就是表达真情实感。

（二）探索小论文的切入口，明确写作主题

在实践中，我和学生共同研究、讨论、摸索，发现了数学小论文写作的5种切入口。

1. 一节新课的学习体会

小刘同学记录了"加权平均数"一课的探究过程：

春光明媚的早晨，我们又迎来了新学期的第一节数学课，本来对数学课有那么一点点抵触，但老师的课题让人为之一振——"今天，我来当老总"。同学们的回应自然是震耳欲聋，有权，任性，何乐而不为呢？

然后，老师就在黑板上给出了表格1。

应试者	打字	演讲	写作
甲	80	75	85
乙	87	70	80

应试者	打字	演讲	写作
甲	80	75	85
乙	70	90	80

表格1　　　　　　　　　　　　　　　表格2

老师发问了："如果你是老总，你会录取谁？"班上一片死寂，两个人的成绩都差不多，那怎么办，糊里糊涂选一个？有的同学甚至想出了石头剪刀布的歪招，老师用恨铁不成钢的眼神巡视了全班几眼，只得把智多星小崔叫起来，不愧为智多星，开口一句"用平均数"惊翻全场，顿感小学数学白学了。

看来崔总是个雇员工的高手。原来，将两人分数的平均数计算一下，会发现甲的平均分为80，而乙则是79，所以应该录取甲。但我们也不是吃素的，刚才只是一时疏忽，下面只管放马过来！老师见我们兴致挺高，便又给出了表格2，这下我们全蒙了，两人的平均分完全相同，这不录取谁都会得罪人吗？要不两个都录取，看哪个表现好？显然老师看出了我们的小九九，又继续说只能录取一个。

在我们大眼瞪小眼之时，又是崔总发话了："不是我是老总吗，我觉得哪方面能力更重要，我就更重视一些。"又是一片惊呼，我更是有了一种想哭的冲动，大权在手，我们竟为此纠结，岂不笨哉？老师的题目露出了庐山真面目，如果打字占10%，演讲占50%，写作占40%，那么你该录取谁？前面被崔总占了风头，这下同学们都斗志昂扬，一会儿就悟出了做法，将分数分别乘它的占比，再相加就可以见分晓了，这么掐指一算，甲的分数为79.5，乙为84，所以应该录取乙了！

老师终于露出满意的目光，把一个新的数学名词授予我们——加权平均数。哈哈，我记住你了！

2. 一个概念的深刻剖析

小李同学编了一个童话故事，解释了射线与角之间的联系。

在角王国中，每个居民都十分友善，他们中有些名字十分简洁，叫∠1、∠2……他们是角中的数字一派。有一天，来了一群射线，他们叫OB、OC……他们稀奇地看着角，心想：这不就是由两条射线组成的吗？我们也来试试。他们决定合体，变成角。于是，很多射线两两组合，有的组成了"人"字，有的变成了"×"，有的合成了一条新的射线，就是弄不出角的模样。

一条善于思考的射线并没有参加到组合的队伍之中，而是在一旁仔细观察着，他看了看角，又扭头看看一团乱麻的射线们。原来是这样！那条射线清了清嗓子，大声说道："同胞们，别那么急着去组合，我们之所以变不成一个标准的角，是因为表面上看起来角只不过是由两条射线组成，其实这两条射线都有一个公共端点，在角中被称为顶点，所以大家在组合时要让自己的端点与其他射线的端点重合，这样才能成为一个角。"射线们听了他的话，纷纷照做，顿时，大大小小美丽的角出现了，但是名字应该怎么叫呢？又不能与原来的角名字重复呀！正当众射线冥思苦想时，那条射线又嚷了出来："我早就想好了，分别取两条射线上的一点，记作点 D、E，把顶点 O 放在中间，所以我所在的角的名字就叫 $\angle DOE$。"

射线们很快就取好了名字，在角王国中住了下来，成了角中的字母一派。他们与数字一派和平相处，大家其乐融融。

3. 一类题型的归纳总结

小施同学总结了因式分解三个注意事项。

客户您好，欢迎使用因式分解注意事项手册。作为新入驻初二学生大脑的数学"二十强"企业，投资虽有风险，但回馈利润高，是进行投资的极佳选择。所以投资前，请务必认真阅读本手册。

注意事项一：公因式的系数应为最大公因数，指数应选择相同字母的最小指数。

例 1：$8a^3b^3-12a^2b^3+16a^2b=2a^2b（4ab^2-6b^2+8）$ 提公因式正确吗？

解析：此题看似为正常的提公因式，其实是个"南郭先生"。提公因式步骤中有一点：系数应为最大公因数。括号中的 4，6，8 还有公因数，所以正确答案应为：$8a^3b^3-12a^2b^3+16a^2b=4a^2b（2ab^2-3b^2+4）$。

例 2：分解因式 $x^m-2x^{m-1}+2x^{m-2}$

解析：我先将 x^m 作为公因式，得 $x^m-2x^{m-1}+2x^{m-2}=x^m（1-2x^{-1}+2x^{-2}）$，发现指数出现了负数，因式分解是将一个多项式分成几个整式积的形式，这里出现了负指数，不是整式。我顿时觉得无从下手，将 x^{m-2} 拆为 $x^m÷x^2$ 也没有太大作用，这可咋办？回顾提公因式的三个步骤：①系数：最大公因数；②字母：公有字母；③指数：最小指数……哦，这里最小指数应该是 $m-2$，公因式是 x^{m-2}，原式 $=x^{m-2}（x^2-2x+2）$。

注意事项二：在分解看似完成后，还要再看一遍，检查有没有分到不能再分解。

例 3：分解因式 $(a^2+1)^2-4a^2$

解：原式 $= (a^2+2a+1)(a^2-2a+1)$

解析：你认为做到这儿就做完了？错！利用完全平方公式还可以继续往下做。

原式 $= (a+1)^2(a-1)^2$

注意事项三：不能漏解。

例 4：若多项式 $4x^2+kxy+36y^2$ 是完全平方式，则 $k=$＿＿＿＿。

解析：我起先只写了 24，但经过思考后发现，口诀"首平方，尾平方，首尾两倍中间放"只描述了项的绝对值，并未描述符号，所以正确答案应为 ± 24。

数学解题的注意事项是无穷无尽的，以上仅为笔者因式分解时易犯的错误，如有其他注意事项，欢迎补充。

4. 一个规律的探寻历程

小刘详细描写了他的"刘氏代数式"的产生过程。

今天遇到这样一个问题：

有一组数：$-\dfrac{1}{2}$、$\dfrac{2}{3}$、$-\dfrac{3}{4}$、$\dfrac{4}{5}$……求第 n 个数是多少？

这题在同学们看来很简单，因为我们已经把它的规律摸清楚了，可以把它看成由三部分组成：符号、分子和分母。只要分别探寻这三部分的规律就可以了。分子是连续的正整数，第 n 个数的分子就是 n；分母比分子大 1，则第 n 个数的分母就是 $n+1$；符号规律也容易确定，就是第奇数个为"$-$"，第偶数个为"$+$"。我自信满满地把我发现的规律写在黑板上，其中符号部分的规律当然是用文字语言叙述啦。可是，老师竟然不满意，她说："用文字语言太烦琐，能否用一个简单的式子来表示第奇数个为'$-$'，第偶数个为'$+$'呢？""啥，这还可以用式子表示？不会吧？"同学们都一头雾水，我绞尽脑汁地思索着。"既然老师提了这个要求，肯定可以有这样的一个式子，到底是哪个神奇的式子呢？"我苦思冥想："我们需要根据奇偶性来确定符号，其他不能改变，那么，用什么来控制符号呢？应该与负数有关，因为正数的任何次幂都是正数，而负数的奇次幂是负数，偶次幂是正数，结果的正负性与负数的指数有关……"想到这里，我异常兴奋，看来我的思路是正确的，就用负数的乘方来控制符号。又一个问题出现了，怎样不改变数的绝对值呢？对了，可以用 -1！当 n 是奇数时，$(-1)^n$ 是负数，当 n 是偶数时，$(-1)^n$ 是正数，则这题的答案可以简单地写成 $(-1)^n \frac{n}{n+1}$。我迫不及待地报出了答案，老师向我竖起了大拇指，同学们也都赞叹我想到了这么简单的一个代数式来调控奇偶性，老师说："这个代数式非常简捷，我们就把它命名为刘氏代数式吧！"

太好了，我思考出来的式子竟然是用我的姓氏来命名！看来，上课积极思考会有额外的荣耀等着我们哦。

5. 一种方法的推广运用

小张这样介绍截长补短：

一转眼全等三角形就学完了。形形色色的图形令我有些目不暇接，与此同时我也感受到了图形的魅力。这不，又到了数学战队接受挑战的时刻了，茅老师说："今天，我给你

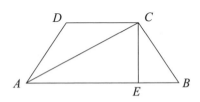

们推荐一道关于全等的好题，顺便让我看看你们的实力。""呵呵，全等啊？我在行。"我暗自得意着。"请同学们看这题：如图，在四边形 $ABCD$ 中，AC 平分 $\angle BAD$，$CE \perp AB$ 于点 E，且 $\angle ABC+ \angle ADC=180°$，求证：$AE=AD+BE$。"

"就这道题啊，看上去蛮简单的嘛！""就是就是，信不信我一会儿就搞定它！"一阵阵的窃窃私语。是吗？我抬头时，恰好听到茅老师的回应："这道题的解法我从来也没讲过哦。"似乎为了增加这道题的含金量，她又说："这题解法不止一种，看谁的方法既多又好。"

我愕然……

初接触，感到有些棘手，该怎么求证呢？我看到了已知 AC 是角平分线，想到角平分线上的点到角两边的距离相等，所以，就试着过点 C 作 $CF \perp AD$，交 AD 延长线于点 F。发现 $AF=AE$，再利用 AAS 可证得 $\triangle CDF \cong \triangle CBE$，从而得到 $DF=BE$，问题解决了。

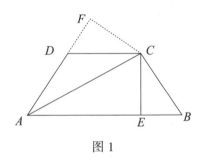

图 1

还有什么方法呢？我仔细分析了刚才的方法，发现刚才的辅助线的作用是把两条较短的线段拼接成了一条线段，能否换一种拼法呢？我又陷入了沉思……能否这样拼接呢？如图2，我延长 EB 到点 F，使 BF=AD，连接 CF。

能证得吗？我发现无法证明△ CDA ≌△ CBF，后来与同学们交流了一下，发现他们利用图2是能够证得的。原来只要把辅助线的做法修改为延长 EB 到点 F，使 EF=AE，利用线段中垂线上的点和线段两个端点的距离相等，可得 AC=CF，再利用 AAS 可证得△ CDA ≌△ CBF。

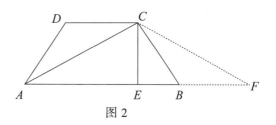

图 2

看似同样的辅助线，实则做法不同，解题的方法也不相同啊！

还有同学想到的方法是在 AB 上截取 AF=AD 或者在 EA 上截取 EF=EB，都可以证得结论。

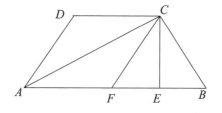

通过这次的解题，我掌握了一个新的本领——截长补短，合理地添加辅助线，可以帮助我们解决问题。

（三）采用不同方式，鼓励学生坚持数学写作

1. 逐篇阅读，中肯点评

对同学们递交的文章我都认真阅读，每篇文章都给出中肯的点评，例如："你巧妙地创设了一个童话故事，将射线、角等几何图形拟人化，借助射线想要组成角这样一个活泼轻松的场景，深刻诠释了角的定义——有公共端点的两条射线组成的图形叫作角，看得出来你已经很好地理解了概念的真谛。""将行程问题放入童话故事情境中，激发了同学们阅读的兴趣；文中还注意设置了问题，用于提醒同学们，解题时要看清题意，以免出错。文中计算到负数时能迅速认识到错误，注意及时寻找错误的原因并进行调

整，这也是解决实际问题不容忽视的步骤——检验结果是否符合实际意义，文章设计得非常巧妙。""结合具体例题，剖析了解题过程的心路历程，运用诙谐轻松的语言，梳理了因式分解的三个注意事项，对其他同学具有很好的启发和借鉴作用，佩服你的创新。"……

2. 精心修改，展示发表

我一直担任班主任工作，本届所带的 1905 班学生刚结束中考。为了给全体同学提供展示才华的平台，我专门开通了"茅雅琳学生成长工作室"班级公众号。学生优秀的数学小论文在班级公众号"趣动数学"栏目发布，对于特别突出的作品，我还鼓励作者积极参与纸质刊物的投稿发表。到目前为止，有 103 篇小论文在公众号刊登，8 篇小论文在《初中生世界》《时代学习报》刊登。

3. 细心观察，因材施教

小陈，一个活泼可爱的男生，做事马虎，表现浮躁，喜欢耍小聪明，下课喜欢和同学打闹，有时会拿听到的高中知识来向我求证，解题速度很快，正确率较低，成绩处于班级中等偏下的位置。由于他的小论文主题和其他同学类似，他的马虎又导致文章中小错误不少，班级公众号连续多次没有选登他的文章。有一次，他发给我的文章后面特意附上了一段文字："本文章由小陈同学呕心沥血而编，花了一个下午和半个晚上，令我感到最麻烦的就是写符号和画几何图形，几张几何图就花了我一个小时。本文章的数学符号全为公式编辑器所写，是标准的数学语言。但令茅雅琳大人失望的是小陈同学虽然精通 WPS 和 Word，但不会用几何画板，画出来的几何图形不精确，我用量角器量过，大体准确，不影响阅读。因时间仓促，本文章虽经过反复校验，可还是有纰漏之处，希望茅大人能加以指出。诚心希望茅大人能采纳我的文章！"这么诚心写作，我当然会认真阅读，帮助他修改了一些问题，第一时间帮他刊登。自此以后，小陈对数学的热情越来越高，数学课堂上的表现也越来越积极，自我期待也不断提升，后来顺利进入了本区最好的高中就读。

9 年来，"趣动数学"之小论文写作，赋予我和学生积极看待世界的能量，读数学、读自己、读世界，以阅读和写作，连接未来，对接成长。

"教育是一首诗，诗的名字叫未来。"是教育，让漫漫岁月充满希望和挑战；是数学，给平淡生活带来浪漫和芬芳。让我们把思考带进课堂，用写作沟通心灵，用激情照亮我们的教育人生。

（茅雅琳，中学高级教师，南通市海门区东洲国际学校办公室主任。2013年加入新教育实验，在班级管理和学科教学中努力践行新教育十大行动。自主研发的班本课程"绽放最美的自己"和学科课程"趣动数学"获海门市卓越课程特等奖，2016年获评全国新教育实验先进个人，所带雏鹰班被评为新教育实验2020年度全国十佳完美教室。致力于教学科研，倡导"趣动数学"教学主张。2019年获"领航杯"江苏省信息化教学能手大赛一等奖，2021年获江苏省教学成果奖二等奖。）

（三）写作书写教师的生命传奇

对于一个教师而言，他的写作史，在某种意义上讲就是他的教育史。美国心理学家波斯纳（Posner）对教师成长的影响因素进行研究后，提出了教师的成长公式：成长＝经验＋反思。写作有助于教师在日常教育生活实践中以一种自觉的、超越的、批判的方式，以敏锐的洞察力和高度的思辨力对教育生活和教育经验进行再叙述，从而改进自己的教育行为，提高教育的效率和品质。

加拿大学者马克斯·范梅南在《生活体验研究——人文科学视野中的教育学》中写道："写作，其实就是对教育现象的一种解释，当这种解释上升到反思阶段，形成具有一般性指导作用的价值取向并指导教师的行动时，便成了实践性知识。"范梅南提倡通过真实的叙事来研究教育，叙事者既是故事的记录人，也是故事的主人公，还是对这个故事进行反思的研究者。在这方面，儿童教育家李吉林老师堪称模范。她一生没有离开教育教学一线，却创立了情境教学、情境教育理论与学派，40年间发表文章350余篇，出版专著和相关书籍28部。李老师从一个"让学生瞧得起的老师"最终定格为一个"让历史铭记的老师"，与她经年累月的反思写作有很大的关系。江苏省特级教师管建刚每天下班后用半小时记录一天的生活，寒暑假则用来整理书稿，20年的时间居然写了20多本书。从农村中心小学的普通老师成长为国家高层次人才特殊支持计划领军人才。他深有体会地说："教育写作成就教师不是神话、不是承诺，而是一定会成为现实的精彩！"

20年20本书

江苏省苏州市吴江经济技术开发区长安实验小学副校长　管建刚

2002年暑假，那年我30岁。我在屯村中心小学教书，接触到了"教育在线"，接触到了新教育，更有意思的是，读到了时任苏州市副市长的朱永新老师的《"朱永新成功保险公司"开业启事》的帖子，说每天写一篇千字文，10年后没有不成功的，不成功可以找他"算账"。

这对我来讲太有吸引力了，因为朱老师就是我们苏州市的副市长啊，我们分管教育的副市长难道会说话不算数？我这样想着就写了起来，写了就发在"教育在线"论坛上。

我写的多是学生写作文的故事。写了一年多，2004年，"教育在线"联系我说要出一套丛书，可以出一本我的作文教学故事。这下，我的写作热情更高了。到了2004年暑假，书稿完成了；2005年1月，我的第一本书《魔法作文营》在"教育在线"丛书中出版了。

如果说"朱永新成功保险公司"点燃了我的写作热情，那么第一本书的出版就是真正燃烧了我。我当时就想，既然出版了一本书，那就能出版第二本、第三本，这辈子要完成3本书。

我没有想到，一个人的潜力居然那么大，2006年我出版了《不做教书匠》，2007年出版《我的作文教学革命》，3本书的梦想在我35岁时就实现了，2008年我又评上了特级教师。我的成长跟"教育在线"、跟新教育、跟"新教育写作"密不可分。

评上特级教师后，我的梦想变成写10本书。当时我也被自己的想法吃了一惊，身边的人可能都认为我"吹牛不打草稿"吧。朱老师有一本畅销书叫《新教育之梦》，教育要有梦想，人生要有梦想。我的梦想万一真的会实现呢？

我所在的学校16：30放学，每天17：15—17：45这半小时是我记录的时间。寒暑假则是我整理书稿的时间。2009年我出版了《一线教师》。2010年出版了"管建刚作文教学系列"的《我的作文教学主张》《我的作文教学革命》《我的作文教学故事》（也就是《魔法作文营》）3本。2011年出版了《我的作文训练系统》，2012年出版了《我的作文教学课例》，2013年出版了《我的作文评改举隅》和《教师成长的秘密》，2014年出版了《我的作文教学六讲》和《一线表扬学》……

"行动就有收获，坚持才有奇迹"，10本书的写作、出版的梦想居然在我40岁出头就完成了。要知道，我的父母是农民，我母亲不识字，我父亲上过一个学期的学，小学到初中，我们家没有一本课外书，这样的写作成果连我自己也想不到。

这个时候，我又有了新的梦想，我想，退休前我应该要完成20本书。我还是坚持每天半小时的写作和记录，在寒暑假整理书稿。2015年，我出版了《管建刚和他的阅读教学革命》。2016年出版的《和女儿谈》，是我的"新教育家庭写作"，是我写给女儿的信。这一年我还出版了《我的全程带班录》四年级版、五年级版、六年级版，共3本。2017年出版《我的语文观》和《我不是班主任》，2018年出版《一线带班》和《我的下水文》。2019年出版了《指向写作：我的9堂阅读课》《我的作文教学革命（答疑版）》。

就这样，20本书的目标又完成了。我现在不知道这辈子还能写几本书，我只知道，心有多大，舞台就有多大。我只知道，"行动就有收获，坚持才有奇迹"。

从2002年到2022年，20年里我出版了20多本书，我从一名农村中心小学的普通老师逐渐成长为特级教师、全国优秀教师、正高级教师以及国家高层次人才特殊支持计划领军人才，最令我难忘的却还是20年前那个《"朱永新成功保险公司"开业启事》的帖子。

二十年磨一剑的坚持对于个人成长是如此重要，"教育写作成就教师"不是神话、不是承诺，而是一定会成为现实的精彩！

我们工作室的老师，也都在新教育写作的感召下，行走在教育写作的路上——倪建斌和樊小园的《作文革命：你应知的12个细节》，范天蓉老师的《我的作文教育故事》《范老师教你写心理》，徐栋老师的《管建刚：作文教学12问》，潘非凡老师的《作文：教在"学"的起点》，贾凤莲老师的《画中有话：低年级作文起步探秘》，杨小飞的《作文革命：改变学生的18个教育故事》，田希城老师的《班级管理中的"经济学"》，薛卉琴老师的《你不知道的留守儿童》，山东曲阜田家炳小学桂士敏等老师的《我们不怕教作文》，还有徐栋和钱海燕即将出版《写话教学10问》，张登慧老师即将出版《下辈子还教作文》……

樊小园即将出版《教师写作与教育奇效》。她的学生说每个星期樊老师要求他们写一篇500字的作文，而她自己写一篇1000字的作文。樊老师的教师写作不只改变了学生的作文，更改变了班上一个又一个让人头疼的学生。每个星期樊老师都会写一个后进生，发现他身上的闪光点，郑重其事地刊发在《班级作文周报》上，樊老师创造了"没有家庭作业，考试依然第一"的神话，这些都跟她的教师写作分不开。

新教育写作"行动就有收获，坚持才有奇迹"，这句话道出了我20年来走过的写作路。"做得精彩才写得精彩"，这是我反复跟我们团队说的话。不知不觉中，新教育写作的思想和理念，已经如此深刻地影响了我。

（管建刚，江苏省特级教师，正高级教师，全国优秀教师，国家高层次人才特殊支持计划领军人才，吴江经济技术开发区长安实验小学副校长。2002年遇见教育在线，遇见新教育，笔耕不辍，先后出版了《家常课十讲》《家常课对谈》《一线带班》《一线表扬学》等20多本专著。目前担任新教育儿童写作研究中心副主任。）

写作不仅仅是语文老师的事情。常州星河实验小学庄惠芬校长就是通过写作成长起来的。她多年来坚持不间断写作，连续20年参加江苏省"教海探航"征文比赛，先后获得一次特等奖、七次一等奖、两次二等奖和四次三等奖，先后被评为江苏省特级教师、江苏人民教育家培养工程首批培养对象，并出版《站起来的儿童数学》等3部专著。最近她还领衔编写了新教育的数学读本《数学欢乐谷》。

总之，新教育写作改变了教师的行走方式，当写作成为教师生活中的一部分时，这也意味着他们会保持一份敏感，随时留心、充分关注生命中的故事及其细节，意味着对自身生活的不断探问、反思和意义观照成了生活的常态。一些教师通过新教育写作成为儿童文学作家或者儿童研究专家，已经成为新教育的一道美丽风景。

第三章　新教育写作的理论构建

新教育一直高度重视写作，探索写作的新路径、新策略，可以说，新教育的十大行动都与写作有关，特别是其中的两大行动"师生共写随笔""培养卓越口才"直接涉及写作，前者偏重书面语写作，后者则偏重口语写作，此外，我们提倡的教师专业写作，也是新教育的重要举措之一。在长期的实践探索中，我们已经初步构建了新教育写作的五大理论基础，即新教育写作哲学的对话存在论、新教育写作文化的多元文化论、新教育写作心理的整体联动论、新教育写作语言的语用表达论以及新教育写作成长的生命叙事论，下面逐一阐述。

一、哲学基础：对话存在论

语言具有存在论或本体论的意义。海德格尔在《语言的本质》一文中曾引用诗人斯蒂芬·格奥尔格《词语》最后一句诗警示世人："词语破碎处，无物可存在。"[①]因此，从这个意义上，我们可以说：写作即存在。就像笛卡儿说"我思故我在"一样，我们也可以从存在论的高度说"我写故我在"。

生存与存在在英文里其实是一个词，也即 existence。而哲学意义上的存在、生存与"生活"有着同质关系。生活是人置身于其中的、活生生的、有意义的特别是创造性实践的世界，这同样适用于对存在的理解。生活，或者说存在，具有作为写作源泉的本体意义。这里，我们想进一步沿着存在—交往—对话的内在逻辑，生发出新教育写作的对话存在论。

存在的本质是实践，那实践的本质是什么？是交往。一切形态的实践

---

① 马丁·海德格尔：《在通向语言的途中》，孙周兴译，商务印书馆，2015，第130页。

一开始就表现为双重关系，一是主体与客体的对象关系，二是主体间的社会关系或交往关系。即使看上去纯粹的个人行为，哪怕是精神行为，在本质上也是社会的。

交往的本质是什么？是对话。对话在语言学观点中可以解释为"两个或更多的人之间的谈话"，抑或"两方或几方之间的接触或谈判"①。对话在社会学与文化学的观点中是指："一种交往和互动、沟通和合作的文化，是与民主、平等、理解和宽容联系在一起并以之为前提的文化。"②没有对话，就没有理解，人的社会交往、交互关系就失去了彼此沟通的最基本也最重要的桥梁，进而人的社会存在与本质也无法得到确证与显现，人就成为孤独无依乃至空洞抽象的存在。可见，对话不仅揭示了语言的社会本质，也揭示了人的社会存在的本质。

海德格尔就曾经说过："人之存在建基于语言，而语言根本上唯发生于对话中。"③在哲学方法中，狭义上的反诘法也是一种盘问或反驳的对话形式。苏联著名符号学家、结构主义符号学的代表人物巴赫金在研究马克思主义存在论哲学与语言哲学思想的基础上提出了影响深远的"对话理论"。巴赫金曾深刻地指出："人的存在本身（外部的和内部的存在）就是最深刻的交际。存在就意味着交际。"④同时指出："存在就意味着进行对话的交际。"⑤

我们在讨论新教育的使命时，曾指出新教育就是"与人类的崇高精神对话"⑥。在揭示新教育阅读的本质时，我们也指出新教育阅读都是"与历史上伟大人物之间的对话"⑦。例如阅读苏格拉底，代表了与一位30岁左

---

① 中国社会科学院语言研究所词典编辑室编《现代汉语词典（第5版）》，商务印书馆，2007。

② 张增田、靳玉乐：《论新课程背景下的对话教学》，《西南师范大学学报（人文社会科学版）》2004年第5期。

③ 马丁·海德格尔：《海德格尔选集（上）》，孙周兴译.生活·读书·新知上海三联书店，1996，第315页。

④ 巴赫金：《巴赫金全集（第五卷）》，白春仁、顾亚铃译，河北教育出版社，1998，第377–378页。

⑤ 巴赫金：《陀思妥耶夫斯基诗学问题》，白春仁、顾亚铃译，生活·读书·新知三联书店，1988，第343页。

⑥ 朱永新：《新教育》，漓江出版社，2014，第46页。

⑦ 朱永新：《新教育实验二十年：回顾、总结与展望》，《华东师范大学学报（教育科学版）》2021年第9期。

右在青年人之间身影活跃的智者的对话；阅读柏拉图，代表了与一位 40 岁之后在学园中漫步沉思的长者的对话①。柏拉图曾表示过，写下来的文字和真实思想之间是有距离的。由此他推崇口传并批判书写，主要以对话录与口传的形式向学生传授他的思想。②这种游戏写作的态度在柏拉图的书写批判理论背景下形成了理解柏拉图文本的图宾根学派的"未成文说"。从图宾根学派的"未成文说"中，我们看到了对待哲学写作的一种游戏写作的态度，他们试图在文本的形式特征之外建构柏拉图的思想体系，通过思想线索追溯学园中的"奥秘"，从而完全忽视了对话文本的文学性和戏剧性。

通过上述分析，我们赋予了新教育阅读"对话"的存在论地位。可以说，新教育写作同样是一种存在论（尤其是语言存在论）意义上的对话。所不同的只是，阅读对话将物化形态的精神产品内化到我们的心理世界，而写作对话则是将我们的心理世界外化为物化形态的精神产品。

钱理群先生曾提出过写作即对话的主张。他说："作文就是对话，是与'他者'（他人、社会，以至自然）的对话，也是自己和自己对话，即所谓自言自语。"③新教育写作不局限于与自然、社会和自我对话，也有与历史、文化（特别是书籍）的对话，对话广泛涉及与生活世界中共时性的人、事、物等，以及历时性的过去、现在与未来的相遇与晤谈。新教育写作的对话是存在论意义上的，是写作者与生活世界彼此建立相互依存、观照、吸纳、应答、理解、充实、融合的对话关系或交往关系，在与天地万物的对谈和咏叹中，"让一切说出话来"（福柯语），在语言中显现人的存在意义与价值，缔造和丰富幸福完整的生活，享受它给予我们的快乐。

二、文化学基础：多元文化论

写作的载体是语言，语言是一种文化现象。20 世纪 60 年代起，一些文化学家和文化人类学家开始有意识地研究起教育与文化的关系，这催生

---

① 李若愚：《治疗灵魂的哲学方法：柏拉图对话体形式的教育内涵阐释》，硕士学位论文，山东大学，2020。

② 周采：《柏拉图的未成文学说与书写批判及其教育意义》，《清华大学教育研究》2011 年第 1 期。

③ 钱理群：《对话与发现——中小学写作教育断想》，《教师之友》2004 年第 12 期。

了教育文化学的创立。教育文化学将教育置于一个文化背景下去考察研究，把教育视为一种文化传递活动，探讨教育与文化的相互关系。在教育文化学的宏观研究视域中，包含和指向的文化现象和文化形态广泛而复杂，既包括了文化传播、文化冲突、文化整合、文化变迁等文化现象，也包含学校文化、教师文化、学生文化、课程文化、传统文化等具体的微观文化形态。①

当我们旗帜鲜明地提倡母语写作时，必须知道我们所说的"母语"究竟有怎样的文化特质。我们是否真正在亲近母语、使用母语。这其实是一个十分复杂的问题。从白话文运动兴起以来的一个多世纪里，母语及母语写作的文化之争，它所涉及的东方与西方、科学与人文、传统与现代等问题，随着全球化的进一步加剧，此起彼伏、愈演愈烈，至今仍困扰着人们。

对此我们抱持一种中道圆融的立场。这里我讲三点基本认识。

首先，母语写作要认清母语的民族特性，追求科学精神与人文精神的统一。

什么是母语？这里先以我们使用得最多的汉语为例。汉语与英语、俄语、西班牙语有很大的不同。王力先生早就说过："就句子的结构而言，西洋的语言是法治的，中国的语言是人治的。"②所谓"法治"，主要指西语的科学性，"人治"则是指汉语的人文性。汉语表达的确非常灵活而自由，语意、语用高于语法，具有重情境、重具象、重神韵、重意会、重诗趣、重虚实等人文特性。文化语言学家申小龙把人类语言分为形态语言与非形态语言。印欧系的语言是形态语言，形态变化丰富、结构规则森严。汉语则是一种非形态语言，"没有形态的曲折变化，词语块然孤立，以意相合"③。

其次，母语写作应当承担记录民族生活、书写民族文化、讴歌民族灵魂的神圣使命。

"同一个民族，就是用同一种语言书写每个生命的不同故事。""对于中

---

① 郑倩芸：《教育文化学视域下高中语文阅读教学的信息化教学设计研究》，硕士学位论文，广西师范大学，2018。

② 王力：《王力文集（第一卷）》，山东教育出版社，1984，第35页。

③ 申小龙：《语文的阐释》，辽宁教育出版社，1991，第449页。

国人而言，以汉语为主体的汉语文字以及以儒家精神为主体的文化就是我们的元语言，是我们的存在之家。我们生命的成就，取决于对这一语言的理解、接受、传承与创新。"①母语写作是一种民族身份的自我认同，是民族文化自觉的重要表现。母语写作以独特的文化观照方式和母语表达方式生动记录自己民族的人物事件、童年即景、乡土记忆、民俗风情、生活世相、历史变迁、民族精神、思想方式等，对于保护、传承和发展民族文化，具有极为重要的作用。我国现当代文学史留下鲁迅、茅盾、沈从文、丁玲、冰心、赵树理、周立波、刘绍棠、贾平凹、孙犁、莫言、汪曾祺、史铁生等作家精彩纷呈的本土文化佳作。这些作家不仅是运用母语写作的典范，而且也是本土文化灵魂的代表，应该从他们的作品中汲取母语表达和本土文化的丰富营养。

最后，母语写作需要国际多元文化认同和全球化视野。

在全球化、文化同化的背景下，母语写作的民族性与它的现代性、全球性应当并行不悖。汉语本来就有极大的包容性，在与外来文化、现代文化的交流中融汇、孳生着大量的外来词和新生词（包括网络语汇），及其承载的文化理念，应该以开放、包容和理性的姿态加以甄别、反思、抉择，融入我们的语言文化中去，用它去反映我们在现代化、全球化进程中面临的各种前所未有的矛盾、冲突、挑战（如生态破坏、物欲横流、娱乐至上、人性异化、文化殖民、信仰危机等）以及我们的命运抉择，为包括母语在内的民族文化注入新鲜血液。

三、心理学基础：整体联动论

目前，在中学生群体中存在"谈作文色变"的现象。而从教育现状来看，作文在中考和高考中占了相当高的分值，大概占了语文试卷分值的40%和总分的10%，比例之高不容我们轻视。写不出好的作文学生会得不到好成绩，语文老师也不会有高质量的教学。②

---

① 朱永新：《新教育年度主报告》，湖北教育出版社，2014，第115页。

② 杨清鹏：《基于中学生心理特点的作文教学策略研究》，硕士学位论文，西北师范大学，2013。

　　写作是一种精神活动，它的过程无疑受多种心理因素的影响和支配。关于写作过程的讨论，我国现代写作学大体经历了以"文章论"为中心，到以"构思论"为中心，再到以"非构思论"为中心的嬗变。传统以文章论为中心的写作学尽管也涉及写作的心理因素，但都是围绕文章构成因素如绪论、题材、主题、结构、表达、语言、修改和文风（俗称"八大块"）有所涉猎，并不充分。后来写作学由文章论转向文章的写作过程本身，并产生了影响很大的"构思论"写作学。它围绕写作"构思"这一中心环节描述写作过程。叶圣陶说写作绝不是无中生有。必须有了意思才动手写，有了需要才动手写。没意思，没需要，硬找些话写出来，这会养成不良的写作习惯，而且影响到思想方面。①马正平教授的"非构思"写作过程论突出了写作过程的非理性心理，如激情、兴趣、灵感、直觉、神秘感等因素的动力作用，以及写作的自然（自组织）"生长"机理，它将写作思维（构造思维）与写作行为（行文）统一起来描述写作过程。在《高等写作学引论》一书中，马正平教授提出"思维即表达，表达即思维"的命题。他指出："构思论写作学认为，构思（构造性思维）和行文传达是两个前后相续的写作环节，构思是构思，行文是行文，构思是思维，而行文传达则是语言活动。非构思写作学认为写作行文的过程就是写作思维的过程，写作思维技术及其思维成果的生成过程，也就是写作书面语言的生成过程。"

　　无论是文章中心论，还是构思中心论，抑或非构思中心论，其实都从不同维度揭示了写作过程的本质，都可以用心理学的原理来解释写作全过程——从写作发生到作品形成的内在肌理。例如认知负荷理论在写作中的运用，通过呈现样例教授认知技能的同时，需要留给学习者足够的时间独立思考问题。在这一过程中，学习者进行了更多的独立思考与自我解释活动，这有助于加深学习者的学习。写作和构思的过程也是一个独立思考与自我解释的过程，这一过程全方位地呈现了整个写作过程的心理活动，每一个心理活动都不是孤立的，而是整体联动的，所以称为写作心理的"整体联动论"。

　　《毛诗序》里说"情动于中而形于言"。说的虽然是写诗，其实适用于

---

① 石义堂主编《初中语文课堂的有效教学》，北京师范大学出版社，2007，第77页。

全部的写作过程。"情动于中而形于言"，把写作简洁清晰地分为两个不可分割的环节：一是"情动于中"的驱动阶段、发生阶段和孕育阶段；一是"形于言"的表达阶段、运思阶段、外化阶段。这是写作过程的最简单、最原始的"细胞"，也是写作过程的"逻辑起点"。它会发生在儿童最初表达诉求、喜怒的天籁之中，也表现在劳动者在劳动时发出的情绪宣泄中。

当然，在各个不同语境中的写作心理过程并非都是从"情动于中"到"形于言"这样一个单纯的先后递进过程。写作心理过程是一个充满生命活力的动态系统，就好似一个充满美学魅力与神韵的"圆锥体"，所以，我们所倡导的写作心理整体联动论，也可以形象地叫作"写作圆锥论"。

写作圆锥论揭示了新教育写作过程的两个基本事实：一是写作过程不是平面的，而是立体的；二是写作过程不是线性的，而是螺旋性的。

写作"圆锥"的横切面由上面所说的"情"与"言"这两个动态循环运行的核心元素构成，它们伴随写作过程的演进，由核心向边缘漪沦式扩展，展现写作心理不断成熟的"生长轮"，比如，"情"可扩展为无意识冲动、欲望、兴趣、需要、动机、情感、灵感等激发写作的心理驱动因素；"言"（包括说与写）则可扩展为伴随行文的感知、记忆、想象、思维、言语等推进写作的心理活动因素。这里，我们原则上认同马正平教授"非构思写作过程论"所主张的"写作行文过程就是写作思维过程"的观点，同时也吸纳"文章中心"和"构思中心"写作过程论的一些积极主张。我们认为写作过程的"情"与"言"所涉及的所有心理因素你中有我、我中有你，相互促进、相互渗透，呈现出整体联动、循环往复、螺旋行进的关系。

再来看看写作"圆锥"的纵切面。它生动展现圆锥横切面的"情"与"言"在写作过程中由低到高、拾级而上的层次与水平。例如，写作动机有不同层次，依照马斯洛的动机或需要层次理论，个体的写作动机可能出于生理的需要、安全的需要，也可能出于归属和爱的需要、尊重的需要，甚至出于更高远的自我实现的需要；情感有情绪、情操、情怀等不同层次，它们决定着写作的趣味与格调；思维有动作思维、知觉思维、逻辑思维（又有形式逻辑与辩证思维）、哲学思维等不同的层次，它们影响着写作意蕴与理趣的高度和深度；意识有无意识（潜意识、梦）、自觉意识、超意识（如神秘意识、信仰意识等），它们对于写作所表现的风韵与内涵也有不同的作用，如此等等，越朝向"锥"的顶端，写作水平就越高。

总之，在我们看来，人是天生的"符号动物"，表达与表现是人最伟大的禀赋，人的语言潜能是任何一个物种都无法比拟的。语言符号是人类所特有的，在班杜拉的社会学习理论中，被称为言语编码系统。它所遵循的内在机理是个体的心理发展在儿童期主要通过表象系统储存来观察学习，个体的言语编码能和表象系统对应，在言语符号的刺激下，视神经系统呈现在大脑中的画面便被唤醒，这维持了个体对周遭发展变化的完整性与持续性认识，并使个体产生相应的适应型、组织型等更为复杂的心理活动。言语符号是由人类的进化与劳动生产方式改变而产生的，数万年的进化产生了各个种族间系统完善并运用自如的言语编码，这种编码延长与丰富了社会活动中世代积累的智慧与成就。揭示写作过程的秘密，就是为了激活我们心灵世界中的各种语言表达潜能，使之成为绽放我们精神生命之花的美好现实。

四、语言学基础：语用表达论

写作离不开语言的使用，这个过程的本质就是古人所说的"修辞"，从这个意义上我们可以说："写作即修辞。"修辞用今天人们更为流行的一个词来讲，就是"语用"。因此我们也可以说："写作即语用。"

语用，通俗地讲，就是在一定语境中对语言的具体使用，它聚焦的不仅是"语言"，更主要是"言语"的行为。在具体的语境中使用语言时，我们必须考虑到语言的意义、意义的表达方式，以及使用语言的效果。在特定语境中使用语言，语言就不再是静止的、意义明晰的固定语词、短语、句子，而是成为遣词造句的运思与表达过程，语言使用与交际的单位，就从语词、短语与句子的表达转化为叙述、祈使、命令、抒情、论辩等有组织的系统语言行为，原先意义确定、明晰的语词、短语和句子在不同语境中就表达不同的语用意义。这样一来，写作的"修辞学"也就转向"语用学"（Pragmatics）。语用学综合修辞学、语法学、逻辑学乃至符号学、心理学、文化学、社会学、美学的知识，是一门综合性的实用学科。

语用学的概念最早在 20 世纪 30 年代由美国逻辑学家莫里斯和卡尔纳

普基于以下的事实提出：人们在交谈过程中，客观现实通过人的认知转化为主观的信息必须有一套系统的语言，才能满足交际的需要。1938年莫里斯出版的《符号理论基础》一书中，提出符号学的三个组成部分：符号关系学、符号意义学、符号实用学。语言文字则是最常见的符号系统，后人将莫里斯的符号学观点引用到语言学中，产生了句法学（语法学）（Syntactics）、语义学（Semantics）和语用学，形成"语言研究三个平面"[①]。20世纪70年代召开的以"自然语言的语用学"为主题的国际学术研讨会，使得语用学的发展取得突破性进展。1977年《语用学杂志》在荷兰创刊，标志着语用学成为一门独立学科。1986年国际语用学会成立，语用学的地位被国际学术界正式认可。

语用学的核心概念就是语境和意义。语用学所指的"意义"不单纯是传统语言学所说的语言文字本身字面的、固有的和静止的含义，而且是语言在一定的语境中使用时所蕴含的具体意义。"语境"也不单纯指狭义的"上下文"，指的是一个句子在更大的语言段落中的位置，并且也包括语言使用和交流的特定时间、特定场合、特定话题、特定情景、特定人际关系以及交流者对现实的认识和信念、过去的经验、当时的情绪等。

关于语用学的理论，目前大多数学者看法基本一致的主要包括语言环境（语境）、言语行为、语用规则、指示信息、语用预设和话语结构六个理论。新教育写作借鉴语用学理论，提出在适宜的对话语境中表达丰富生命意义的"语用表达论"。

清末启蒙思想家严复曾针对外文翻译的语言要求，提出"信""达""雅"三原则。受其启发，我们提出新教育写作的三点要求。

（1）"诚其意"：表达的伦理

《易经·乾卦·文言》上说："君子进德修业。忠信，所以进德也；修辞立其诚，所以居业也。"大意是君子忠于使命、言而有信，可以增进美德、修行功业。在这里，修辞是为功德的修为服务的。它提出了一个重要的修辞伦理问题，语言表达的基本伦理是"诚"。

亚里士多德在《修辞学》中提出说服论证的三种方法：道德（性格）感

---

① 郭晶：《语用学视野下中学鲁迅作品教学研究》，硕士学位论文，辽宁师范大学，2019。

染力、情感感染力和逻辑（理性）说服力。道德（性格）感染力包括作者的人格和善意，对论述的话题的了解和对读者的关怀。可见，西方修辞写作也有"立其诚"的伦理诉求与传统。

"诚"作为修辞伦理，同时也作为一种见证人格的道德底线、道德责任、道德操守和道德担当，表现的是诚实、诚信、诚恳、诚敬、诚恕、诚挚等价值立场与情感姿态。所以，"言必信"（《论语·子路》）、"言忠信"（《论语·卫灵公》）、"敏于事而慎于言"（《论语·学而》）、"君子耻其言而过其行"（《论语·宪问》）、"仗义执言"（冯梦龙《警世通言》卷十二）、"文所以载道"（周敦颐《通书·文辞》）、"文如其为人"（苏轼《答张文潜书》）等，都是"立其诚"的表现。叶圣陶先生在《谈文章的修改》中说："想得认真，是一层。运用相当的语言文字，把那想得认真的心思表达出来，又是一层。两层功夫合起来，就叫作'修辞立其诚'。"相反，言不由衷、夸大其词、巧言令色、口是心非、套话连篇、胡言乱语、百般狡辩、文风艳冶、粉饰太平……都是违背"修辞立其诚"的基本伦理的，应当力戒或克服。

（2）"达其辞"：表达的真谛

孔子有一句名言："辞达而已矣。"（《论语·卫灵公》）清朝学者潘德舆在《养一斋诗话》中称："'辞达而已矣'，千古文章之大法也。"新教育写作要做到"辞达"，即"达其辞"，首先，要在写作中建构特定的语境或情境，体现语言文字表达与语境的契合，因为汉语需要通过语境来传达意义；其次，要言之有物，并真实、准确、流畅地表达意义；三要合乎语法，讲究逻辑，正确选择使用各类适宜的文体及其格式。

从写作教学角度出发，可通过语用学视角建构作文教学的语用学策略，以提高学生写作的学习效率，解决学生学习写作过程中遇到的问题。[①]学生的作文考查以材料作文与话题作文为主，其难点在于怎样抓住材料的中心点并进一步深化。学生面对陌生的作文材料时，困难在于不能快速将材料与已有认知产生关联，营造出具体的言语使用环境，确立述说对象，明白表达内容。教师在这一过程中，需要训练学生"关联已有认知，构造具体的言语使用环境"的能力，使学生习得作文审题的语境策略和关联策略，

---

① 罗绍和：《中学作文教学的语用学策略研究》，硕士学位论文，重庆三峡学院，2020。

帮助其提高审题立意的水平。[①]

（3）"美其文"：写作的艺术

写文章要追求形式和内容的完美统一，做到文质兼美。朱熹在《论语集注》中说"夫子美其文而从之"。"美其文"应成为新教育写作语言美学意义上的追求。

如今，"文"的含义更加丰富了。它当然包括陈望道先生在《修辞学发凡》中总结出的各种各类的辞格，如"材料"上的譬喻、借代、映衬、双关、拈连等，"意境"上的比拟、讽喻、夸张、婉转、避讳等，"词语"上的析字、飞白、省略、警策、回文等，"章句"上的反复、对偶、排比、层递、顶真、倒装等，但"文"又不局限于此，而是包括了在极为丰富的语境中运用的声律音韵、遣词造句、谋篇布局、文章体裁、叙事模式、写作风格等在内的全部语言创造策略与技巧，我们应该学会用凝练的语言文字，或说明，或推介，或记述，或描绘，或抒情，或议论……创造出令人赏心悦目的"有意味的形式"（克莱夫·贝尔语），谱写充分反映我们幸福生活，既观点鲜明又文采斐然的文章。

五、教育学基础：生命叙事论

生命叙事一直是新教育呈现榜样力量的重要方式，在新教育年会、实验区工作会议、国际高峰论坛及各实验校区的新教育研讨会、现场会、开放活动中，生命叙事环节已成为一种惯例，一种新教育的独特话语方式。我们在这个基础上将生命叙事发展成为一种具有教育学意义的写作原理。

在国外，叙事（narrative）的含义非常丰富。它既是文学创作的一种策略，也是心理学（叙事心理学）、历史学（口述史学）、教育学（教育叙事学）等学科的一种研究范式。但不管怎样，"叙事"的一个基本含义，通俗地讲，就是"讲故事"或"写故事"。我们从孩提时代开始，就一直伴随着故事成长，人类是在"童年"时代，也是在大量的神话、传说故事中开启发展进程的，个体和人类的历史（history，拆开来就是"hi,story"，意即"嗨，

---

① 罗绍和：《中学作文教学的语用学策略研究》，硕士学位论文，重庆三峡学院，2020。

故事"）就是由许许多多生动的故事或叙事编织起来的。故事帮助我们认识生活世界，甄别是非善恶，保存历史记忆。故事是我们赖以成长的博物馆、图书馆、照相馆，我们从中提取珍贵的信息，加以整理编排，用语言文字等有序地呈现、叙述出来，这就是"叙事"，它是人类及个体展示、反思和表达自我的基本方式。

新教育提出的"生命叙事论"是一种聚焦教育场域中与学生、教师等生命成长相关的叙事或写作主张。新教育写作的生命叙事有两层含义：首先，它强调生命活动本身就是叙事性的。新教育认为："生命就是在书写一个故事（叙事）；教育就是让每个人有省察地书写自己的生命故事；从事教师职业就是把教育作为自己故事的主旨，并用生命最大段的篇幅来展开与书写。"①其次，生命叙事就是讲故事，就是写作。"故事"构成"叙述"的内容，"叙述"赋"故事"以生命的意义。新教育写作就是这样一种生命叙事，就是以语言文字为主要载体叙述自己的生命故事，包括教师的生命经历、生活经验、生命体验、生命感悟和生命追求。

新教育认为，生命叙事应包含语言密码、生命原型、生命遭遇三大要素，这些要素构成了生命叙事的内在意义和外在风格。

第一，语言密码。新教育认为，语言的选择与认同是生命叙事的基础。语言不仅具有工具性特征，同时也是文化最重要的传播载体和表现形式，是文化的一部分。语言背后实际上是价值观念、思维模式、审美取向、文化理念的集合。语言密码不仅构成了生命叙事的外在风格，同时也构成了生命叙事的内在文化特征。

第二，生命原型。生命原型是生命叙事的内在动力和精神方向。新教育认为，无论是自觉的还是无意识的，每一个人的生命叙事的背后都有其生命原型，即目标与榜样。生命有限，要想在短暂的人生旅途中撰写不一样的生命传奇，就需要从榜样身上汲取力量源泉，同时一步步以自己的脚印攀登生命高峰。生命叙事就是新教育呈现榜样力量的重要方式。

第三，生命遭遇。生命遭遇是指叙事者所经历的各种危机和困境。叙事者以何种态度、何种选择、何种方式来应对挑战，构成了生命叙事的曲

---

① 朱永新：《新教育年度主报告》，湖北教育出版社，2014，第 115 页。

折过程，决定了生命叙事的内在价值和意义。如果将生命遭遇看作人生剧本，那么叙事者则是执笔人，人生剧本如何上演，最终取决于执笔人的选择。对教育叙事者而言，教育生命如何发展，最终取决于教育叙事者对自我、对教育、对世间一切的根本信念和态度。

生命是人的基本存在形式，尊重并完善人的生命存在，是一切教育教学行为的基本价值取向。生命叙事必须指向人的生命存在，体现对人的生命存在的关注、尊重，引领"人"成为一个完整、和谐、健康的生命体，这就是生命叙事的生命性。为了演绎生命发展的历程、彰显生命的价值和意义，新教育生命叙事特别重视以下两点：

其一，生动记叙生命的历练与体验。好文章是生命的精华。新教育人的生命叙事是用生命言说的，是生命在场的言说，言说的过程中伴随着清醒、强烈、深刻、细腻、持续的生命体验，能让与文字相遇的人产生"身临其境"的感觉。新教育写作强调在生命叙事中诗意地抒发新教育人对教育的热爱、牵挂、忠贞不渝、一往情深。叙事要有故事，看得出实实在在的做、实实在在的成长和体验。有的人用文字写作，有的人用生命写作。用文字写出的是故事，用生命写出的是人生。新教育的生命叙事，是故事和人生的完整结合。

其二，深情表达对生命价值的眷注。生命体验就是情感体验。作家沈从文说："浓厚的感情，安排得恰到好处时，即一块顽石，一把线，一片淡墨，一些竹头木屑的拼合，也见出生命洋溢。"① "教育，这首先是人学"（苏霍姆林斯基语），而作为"人学"的教育，离开了人的情感就失去了生命。新教育的"缔造完美教室"，就是要让每一个生命都开出一朵花来；新教育的"研发卓越课程"，就是要让每个生命都享受适切的课程；新教育的"新生命教育"，就是要让每一个生命都成为最好的自己。新教育写作始终体现对生命情感、生命意义的深情关注，指向生命的幸福完整、指向生命的全面成长。

新教育写作的生命叙事具有这样几个鲜明的特点：

一是主体性。新教育生命叙事强调叙事主体的自我回眸、追忆和反思，

---

① 沈从文：《文学课》，四川人民出版社，2019，第87页。

叙事记述的生活、他者等都是与自己休戚相关的，是这种戏剧性交往关系在自己的生命世界中烙下的印记，以及叙事主体的生活经历、情感体验、生命感悟的个性化表达。

二是价值性。新教育生命叙事指向最高意义的生命存在，所以要通过将经历的丰富多彩的新教育生活融入完美教室、卓越课程、新生命教育等的叙事，彰显对于幸福完整生活的价值追求，表达对生命尊严、生命意义、生命和谐的深情眷注。

三是叙述性。叙事就是叙述。生命叙事就是叙述生命故事，叙述生命在成长中的丰富经验、切身体验和不断磨砺的故事。因此，新教育写作的生命叙事不主张缺乏内容和根基的"宏大叙事"，而是聚焦与个体生命水乳交融的日常学习与教育生活，回到历史的情境之中，重现历史的细节，即以小见大，让叙事具有生命的丰盈感和温情感。生命叙事也是用生命来言说，也即生命在场的言说，言说生命行走过程中酸甜苦辣的生命体验，抒发个体对学习、对教育、对生活的热爱、牵挂、一往情深。文章是写出来的，更是做出来的。叙事，就要有故事，有实实在在的成长和体验，这样的叙事才是真正的生命叙事，才能体现生命境界的高度。黄克剑先生说："有的人凭借聪明，有的人诉诸智慧，我相信我投之于文字的是生命。"

四是反思性。新教育生命叙事不仅主张感性的叙述，而且也力求通过对生命成长过程的感性叙述融入理性反思，彰显精神生命的深度。生命叙事不能满足于就事论事式的报道式记录和罗列，而要通过夹叙夹议的方式讲述生命成长循环往复、螺旋攀登的曲折历程。学生写作如此，教师写作更是如此。例如同样一个故事，把它叙述出来，是一个层次，是前科学的视角；在叙述的过程中，还能用教育教学的原理进行分析，就深了一层，是教学科学的视角；如果还善于从哲学的层面来思考，就更深了一层，是超科学的视角。这样的生命叙事就能给予人一种回肠荡气的感受。

五是教育性。新教育的生命叙事用成长故事或教育故事蕴含和显现的生命立场、生命价值、生命理想、生命意志、生命智慧等浸润、濡染受众的心灵，因而具有强烈的教育作用。又由于新教育的生命叙事凸显生命的自我观照、自我体验、自我反思、自我评价，因此，它的自我教育的作用更加明显。

遵循新教育实验的生命叙事论，我们还进一步专门提出了新教育的生命成就论和新教育生命共同体理论，分别对应生命叙事下的教师个人成长和教师共同体成长这两大问题。我想，在这里有必要进行专门的介绍。

第一，关于新教育生命成就理论。

终身学习的思想早已蕴藏在老子、孔子、柏拉图、亚里士多德等中西方教育大家的著作之中。直到 1972 年，埃德加·富尔提出了"终身学习"的概念。在联合国教科文组织等相关国际组织的推动下，终身学习的思想在全世界引起巨大反响，各个国家都开始接纳终身学习思想，并将其作为重要的指导性教育理念。1995 年《中华人民共和国教育法》提议"建立和完善终身教育体制"。2020 年中共中央、国务院印发了《深化新时代教育评价改革总体方案》，在总体要求中提到"推动构建服务全民终身学习的教育体系"。

新教育认为，最为便捷且有效的终身学习方式是阅读和写作。新教育极其重视阅读，也极其推崇写作，阅读和写作是成就人生的双翼。写作承载育人功能，能对学生进行"文德"的培养，学生的"文德"发展应纳入日常的课程之中，落实到教学过程中的每一个环节中。新教育拒绝教育的短视行为，我们着眼人的未来、民族的未来、国家的未来，构想并实施教育行动。新教育生命成就理论既注重个人成就，也注重民族成就和社会成就。一个个向上的个体的成就组合起来不就是民族和国家的成就吗？

"朱永新成功保险公司"受到一线老师们的信赖，不是真的有老师去投保和理赔，而是击中了每一位新教育人内在的"生命成就需要"。早在 1938 年，美国心理学家默里就提出了"成就需要"的概念，他认为"成就需要"是人的基本需要中最关键的一项。此后，希尔斯、勒温、麦克利兰、阿特金森等人对这一概念进行了发展延伸，强调"成就需要"是基本需要中的"高标准"，具有强烈的成就需要的人往往具有高度的内在工作动机，他们会为自己确立更高的标准，并且为了实现这一目标，他们对学习和工作都更加积极主动。

作家格拉德威尔在《异类》一书中指出一万小时定律——人们眼中的天才之所以卓越非凡，并非天资超人一等，而是付出了持续不断的努力。

一万小时的锤炼是任何人从平凡变成世界级大师的必要条件。"朱永新成功保险公司"不是机会主义，而是"一万小时定律"的中国式表达。每天在"写作"照视下的工作是有质量的工作，每天工作八小时，一周工作五天，"10 年保险"下的有质量的工作必然能够达到"一万小时"。只有教师的生命具有了人生的高度，才能更好地引领学生乃至家庭的发展。新教育一直站在成就生命的高度俯瞰写作。

"为了一切的人，为了人的一切"，新教育始终努力为教师、学生、父母创造感受生命成功、体验生命成就的条件，为每一位渴望得到理解、获得认同、追求卓越的新教育人，提供内在的心理力量和外在的人力资源，与同人一起努力克服教育人生旅途中的种种困难，以获得成功的智力、整合的智慧、高尚的德行、丰富的情感，实现人的"全面和谐的成长"。新教育写作正是在这一理念下的又一次整装出发！

第二，关于新教育生命共同体理论。

习近平总书记提出了"人类命运共同体"的概念，指出当今社会要有"共同、综合、合作、可持续的安全观"，要有"公平、开放、包容、共赢的发展观"，要"和而不同、兼收并蓄"。

"人类命运共同体"的"公平、开放、包容、共赢"是新教育走到今天的重要精神力量。新教育经常讲"石头汤"的故事，如果没有开放、没有包容、没有共赢，就没有今天的新教育。新教育倡导的"过一种幸福完整的教育生活"，其完整的表述是"帮助新教育共同体成员（包括学生、教师、父母和教育行政管理人员等）过一种幸福完整的教育生活"[①]。教育是一个大概念，教育的主体不仅是学生，还包括教师、父母等其他相关的群体。新教育强调在教师、学生、家长乃至社会之间形成相互支持、彼此激励的生命共同体。"新教育生命共同体"还可以避免恶性竞争，缓解无休无止的内卷。

不同学校、不同学科、不同学段、认识或不认识的老师所组成的"新教育教师写作共同体"，是新教育写作最亮丽的风景，也是新教育写作最有

---

① 朱永新：《新教育实验二十年：回顾、总结与展望》，《华东师范大学学报（教育科学版）》2021 年第 9 期。

生命情怀和生命动能的体现之一。同学之间、师生之间、亲子之间、同行之间、家庭之间，彼此表达、彼此沟通、彼此理解、彼此体认、彼此成长，新教育写作就是"生命共同体"的写作。《共同体与社会》的作者滕尼斯将共同体分为"血缘共同体""地缘共同体""精神共同体"①。语言是精神的器官、心灵的密码，文字将愿景一致、精神相近的人连接到了一起。新教育写作共同体就是一个精神共同体，文字、思想和心灵就是我们共同的精神家园。

新教育一直希望家庭能共同克服语言沦丧的危险，不再像克里希那穆提警示的那样，"把使孩子幸福的责任推给教师"。新教育特别呼唤家庭写作共同体，像亚米契斯《爱的教育》里记载的那样，一家人通过日记、书信等开展亲子对话，传递母语文化的密码，促进心灵的沟通。父母与孩子不仅是血缘上的一家人、血缘上的共同体，更是精神上的一家人、精神上的共同体，共同创造家庭幸福完整的生活。"家通天下"，这样的幸福完整的家庭生活，也是实现一个民族复兴的希望，实现一个拥有共同价值与理想的未来社会的希望。

---

① 斐迪南·滕尼斯：《共同体与社会》，张巍卓译，商务印书馆，2019，第 87 页。

第四章 新教育写作的实践探索

面对以泰山压顶之势扑面而来的世界"读写素养发展浪潮",我们唯一能做的是顺应它、融入它、成为它。巴金先生说:"只有写,才会写。"新教育写作的内容与方法也只有在新教育写作的行动中实现丰富和完善。我们期待着越来越多的新教育师生和新父母们听从内心的召唤,以笔为马,在精神世界里突围,寻找有意义的教育国度,相遇于幸福完整的教育生活中。

一、新教育写作的内容与方法

(一)新教育学生写作:用文字搭建成长的阶梯

一直以来,作文是很多学生最怕写、写不好甚至写不出来的"作业"。"一怕文言文,二怕写作文,三怕周树人",这一调侃下的学生写作,装载着满腹的辛酸和满腔的无奈。同时,学生习作普遍存在着"假大空"泛滥、模式化表达、思想苍白等问题,这与习作课程定位不准、目标模糊以及揠苗助长、急功近利的诸多做法有很大关系。当前学生写作的种种流弊,急切呼唤一场深层次的变革,实现作文与做人的有机结合。

1. 新教育学生写作的内容

新教育学生写作以学生为写作主体,是学生运用语言文字进行表述和交流的重要方式,是学生认识世界、认识自我、创造性表述的过程。在此过程中,它已经不单纯是一种写作方式,更指向以写作为载体的生活方式、成长形态和创造方法。

新教育学生写作与传统的学生写作相比,概念的范围更广,它不只停留在"作文""作业"的形式上，还倡导依据学生的身心发展特点，将写作融入学校和社会生活的方方面面。如"培养卓越口才"，就是通过讲故事、演讲、辩论等形式，使学生愿说、敢说、会说，从而形成终身受益的自信心、沟通能力和表达能力。"晨诵、午读、暮省"中的"暮省"，就是要求学生每天在完成学业以后，能够思考与反省自己一天的生活，并且用随笔、日记等形式记录下来。此外，新教育实验所倡导的"师生共写随笔"，既要求学生用文字记录成长的履迹，反思自己的行为，倾诉心中的秘密，也鼓励师生之间通过日记、书信、批注等手段，相互编织有意义的生活。可以说，新教育学生写作一直致力于培养学生写作兴趣、挖掘学生写作动力、激发学生写作热情、提升学生写作能力，通过写作让学生感受成长、感受幸福。

2. 新教育学生写作的意义

鼓励学生表达真我。所谓"真我"是指个体具有独立性、自主性。人类自诞生之日起就在不断地想象着"真我"，因此写作的过程，其实也是对"真我"的探求过程。华德福教育创始人鲁道夫·斯坦纳认为，每一个儿童的成长过程都是一个奇迹展开的过程，是个体独一无二的个性展现和增长的过程，"真我"是隐藏在个体内的人的体质特征。因此，不管何种写作，不管哪个阶段的写作，表达"真我"都是写作不变的底色。新教育学生写作的过程应该是内部心灵得以显现的过程，是学生个体生命意义通过书面语言展开的过程，它将内隐的情感知识外显化，唤醒隐藏在文字背后的真我。新教育学生写作尊重个性化的语言表达方式，学生用自己的话语自由地表达思想情感，自由地展现个性特征，自由地将观点、态度、看法寄托在字里行间。写作只有能够表达真实自我，学生才能享受自由、生命和成长。

促进学生人际交往。写作作为一种社会活动，是表情达意、交流信息的行为，体现着生命的交流与互动，任何人都需要这种"交流性"的写作。按叶圣陶的观点，写作是人达成与他人交流的"嘴巴之外"的又一常用工具[①]。写作是在嘴巴达不到的地方的延伸，写作是人的另一张重要的"嘴

---

① 叶圣陶：《叶圣陶集（第十五卷）》，江苏教育出版社，1993，第105页。

巴"。学生将自己的心声和观点通过文字让同伴、教师、家人，乃至更广泛的社会群体有所了解，这就是交往。学生不仅是写作者也是读者，既通过文字解释自身，又通过文字倾听他人。在双重身份互动中，学生更容易学会关心、理解和包容，这极大地促进了社会理解与交往。例如互联网时代的文字沟通、线下写作小组的支持帮助等，可以说，写作在看不见的地方帮助人们敞开彼此的心灵，超越孤独的状态，促进彼此的交谈。

帮助学生提升思维。写作是思维升级之路。写作推敲的是语言，锤炼的是思维。文章思路混乱，实质是思维混乱，写作暴露出来的所有缺陷都可以视为思维上的缺陷。新教育学生写作重视对学生个体思维能力的培养，要求学生具有一定的理性判断和辨别能力。新教育认为，写作的背后是觉察力、敏感力，写作的背后是大量的阅读，是思路的安排、道理的辨析、内涵的深化。写作是一种"文章结构、段落结构、句法结构和字词拼写，所有任务必须一气呵成"的高水平信息加工。[①]写作考验学生的信息加工能力，强调学生的知识整合能力，这背后实际上都要求思维的清晰、准确，思想的深度、广度和逻辑性。

激励学生完善自我。新教育认为，文字是一个人存在的最好见证。世界上绝大多数的科学家、文学家、政治家、思想家、军事家、艺术家等，他们的思想大都以文字的形式留存于世。德国人一生有两个追求，一是种一棵树，二是写一本书。这"一本书"就是证明自己来过这个世界，第二代、第三代、第四代都可以经由这"一本书"找到自己的先辈、了解自己的先辈，这给了写作一个足够诗意的期待。新教育追求过一种幸福完整的教育生活。这个"完整"首先是"此生"的完整，然后是"来生"的完整——要通过文字把"此生"保存到下一个世界。新教育学生写作正是见证记录学生时代，充实完善学生自我的最好方式。

3. 新教育学生写作的特点

不同阶段的学生有不同的写作。新教育小学生写作重视"真情实感""张扬主观"，新教育中学生写作强调"理性精神""独立思想"，新教育大学生

---

① 孙素英、肖丽萍:《认知心理学视域中的写作过程》,《北京师范大学学报（人文社会科学）》2002 年第 1 期。

写作关注"专业规范""学术创新"。

（1）新教育小学生写作的主要特点

我国《义务教育语文课程标准》（2022年版）小学阶段学生习作的教学目标，主要就在于培养学生对写作的兴趣，增强写作的自信心；让学生留心观察周围的事物，不拘形式地写下自己的见闻感受，传达真情实感和个人的独特观点。小学生写作不在于立意多大、思考多深，而在于"自我表达和与人交流"。"自我表达"就是说真话、讲真事、传真情。"与人交流"就是说了真话后拿出来与别人交流。新教育小学生写作的基本特点如下：

自我。每个人的成长，都从找到真实的自我开始。"找到自己的话"便是小学生写作成长的开端。新教育小学生写作提倡用"自己的话"写"自己的事"。让学生用自己独特的视角去发现这个世界，用自己稚嫩的头脑去思考这个世界，用自己真实的笔触、擅长的形式去表达对这个世界的独特感受和真切体验，进而写出新鲜活泼的文章。

感性。儿童有一项特殊的权利叫"童言无忌"。我手写我心，我言抒我情，怎么想就怎么写。小学生的作文无所谓对错，甚至无所谓好坏，因为他们的写作是感性写作，是"情绪"写作。他们的喜怒哀乐就是作文，他们的鸡毛蒜皮就是作文。新教育小学生写作，"有意思"重于"有意义"，小学生作文的"有意思"就是最大的"有意义"。

交流。写作的目的之一在于交流，而交流的目的在于让别人了解你想表达的内容。小学生爱表现，他们心中"藏不住事"，也爱与人分享自己的"小秘密"。新教育小学生写作充分利用这个特点，借助多样的形式及平台，让学生把自己的作品与伙伴、家人、老师交流分享，在交流分享中展现、激励自我。

养人。作文就是做人。"说真话、实话""不说假话、空话、套话"既是写作的要求，也是做人的要求。很多人不会写作是因为一开始就走上了说谎的路。① 这样的错不只是给孩子带来写作本身的问题，还会给他们带来终生的做人问题。除此以外，老师和家长还要善于保存学生的作文、日记

---

① 朱光潜：《谈写作》，北京教育出版社，2014，第14页。

等，让学生通过保存天使般的童年来滋养一生。

（2）新教育中学生写作的主要特点

我国《普通高中语文课程标准》（2017年版）强调中学生写作必须注重发展逻辑思维，能够辨识、分析、比较、归纳，围绕中心有理有据地表达自己的观点、阐述自己的发现，并形成自己对写作的认识，力求有个性、有创意的表达。在自主写作、自由表达、陈述观点、真情实感之外，中学阶段应该培养学生的科学理性精神和自由独立思想，突出以理性思维、驳论意识、独立精神为主导的写作。魏小娜在《真实写作教学研究》的自序《追寻理性的写作》中强调，当前作文教学最欠缺的就是理性写作，而感性写作泛滥。①新教育中学生写作要突破感性写作，关键在于拥有"求真"的勇气，在求知、悟道、明理中提升学养、见识，学会辩证分析，探求事物之间的内在矛盾关系，在写作中培养学生成为思想人、精神人、创造人。②

新教育中学生写作的基本特点如下：

自由。如果小学生写作是对真实自我的唤醒，那么中学生写作便是对自由个性的探寻。这种自由源于中学生自主意识的觉醒，源于写作题材和体裁的开放，源于独立表达的习惯和能力的培养。小学生写作强调规范，而中学生写作更需要规范之外的自由灵动。新教育中学生写作就是要还学生心灵的自由，还学生创作形式的自由，还学生思考空间的自由，让学生自出机杼、独抒新见、挥洒才情、张扬个性。

理性。如果说新教育小学生写作是情感（情绪）写作，那么新教育中学生写作就是理性写作。中学生哪怕是写故事都在思考故事背后的意蕴是什么。中学阶段一般是学生叛逆的阶段，叛逆意味着有主见，意味着独立，意味着用自己的大脑思考。教师、家长和中学生在观点观念上的冲突极易导致彼此在实际交流中发生冲突，而写作则能让彼此冷静地、理性地看待问题。

发表。写作通过发表公之于众，从而形成反馈，这又在相当程度上反过来影响并促进写作，为写作树立标准和方向。因此，写作和发表之间具

---

① 魏小娜：《真实写作教学研究》，人民出版社，2017，第1-4页。

② 潘新和：《不写作，枉为人——潘新和语文学术随笔》，福建教育出版社，2014。

有不可割裂的关系。新教育中学生写作要走向发表，用文字发表自己的看法，用文字证明自己的存在，用文字激昂自己的青春。唯有如此，中学生写作才能从"暮气沉沉"中焕发出该有的"朝气蓬勃"和"凌云壮志"。

立人。精神是一个人内在的脊梁。中学阶段是一个人精神脊梁发育的关键期。新教育认为，中学生写作必须着眼于、着力于"立人"，学好有字书、扎根无字书，在学习和生活中，欣赏、思考、吸收、升华，形成全新的自我，长出写作者的骨气。

（3）新教育大学生写作的主要特点

高等院校分科分系，学生的未来职业有了基本方向，就写作技能的训练来说也有了不同的特殊要求。比如化工专业的学生要写工艺流程说明、产品说明，法律专业的学生要写起诉书、判决书，社会学专业的学生要写调查报告，文学专业的学生要写作品研究评价。因此，高等院校的写作课不能强求一律，教学内容要符合学生的不同需要。[①]大学生写作区别于中小学生的写作，它更像是思维训练，需要在有深度的知识探索中，去尝试触碰贯穿学科之间的"底层逻辑"。它可以是对某特定科学领域中有关专业问题的研究、思考和认识，注重内容的创新性、深刻性、逻辑性，书写的规范性；它也可以是提出一个问题或者观点，进而寻找相关的素材，然后有条理地进行论证，把要表达的内容有说服力地、清晰地、优雅地呈现给不同的对象。总体而言，大学生写作不同于一般的文章写作，篇幅较长、结构复杂，对专业性、规范性、学术性和创新性要求较高，更加考验学科素养和专业能力的积累。

新教育大学生写作的基本特点如下：

专业。专业性写作必须和专业性阅读结合起来。新教育大学生写作是真正践行"学习通过写作""阅读通过写作"的关键阶段。图书馆是大学生最经常光顾的地方，摘记和写作是大学生最经常使用的学习手段。大学校园有活力四射的球场、体育馆，更有"丰富的、安静的"专业阅读和专业写作。

思辨。从思考到思想，中间有一条必经的通道叫"思辨"。大学生的思辨少了中学生的莽撞和偏执，不再执着于"小我"，而是"我爱我师，我更

---

① 叶圣陶:《叶圣陶集（第十五卷）》，江苏教育出版社，1993，第 177 页。

爱真理""我爱真理胜于爱我自己"。从狭小的个人思辨中跳出来的学生才是真正的"大学生"。

创新。新教育大学生写作既追求学习过程也追求成果体现。新教育大学生写作应该具有很强的创新意识，要将写作与现实世界接轨，将写作与大学生开创未来、大学生创业等关联在一起。

成人。小学生写作是"养人"，中学生写作是"立人"，大学生写作是"成人"。大学生写作的本质在于引导自我完成"精神成人"，即在写作中体现时代精神与责任担当。大学生作为建设中国、复兴中华的主力军，应自觉用新时代中国特色社会主义思想铸魂并武装头脑，做敢于突破学术瓶颈、敢于攀登学术高峰的写作人。

4.新教育学生写作的方式

（1）习作课程

习作课程属于最值得我们深耕细作的国家课程。系统化、阶梯式的中小学习作课程在促进学生写作素养落地方面具有无法替代的作用。我认为，当下习作课程实施主要存在以下几个方面的问题。

第一，学生的写作量不够。据了解，目前中小学生每周的写作练习一般在一次左右，绝大多数的学生每周用于写作的时间少于 2 小时。写作如同游泳一样，需要在教练的指导下进行充分练习才能形成技能。过少的写作量，很难把学生培养成优秀的写作者。

第二，教师的示范性不够。有人曾经对 300 名中学语文教师做过调查，发现教师一年中自由写作的文字量平均不足 3000 字。如果教师很少或者从来没有经历过在文字中挣扎的过程，就永远不会懂得如何去帮助学生学习写作。

第三，对现实世界的关注不够。不少教师不重视给学生提供走进自然和生活世界的机会，只一味刻意让学生去揣摩和使用一些作文技巧，甚至让学生背诵范文，导致学生作文语言干瘪、贫乏，内容千篇一律，思想严重匮乏，缺乏生机活力。

第四，写作过程中的指导弱化。不少老师把习作教学的重心放在写作前如何指导选题、构思，写作后如何进行批改、讲评上，轻视或忽略了学生写作过程中的帮助和引导。其实，"过程写作"才是真正教学生写作文，因为学生特别需要老师在其写作出现迷思时，三言两语，提醒点拨。

习作课程的实施，需要紧扣新课程标准，通过由易到难、由粗到细、由浅入深的方式，引领学生渐入佳境，甚至写作成瘾。结合古今写作思想与实践的成果，我们认为，新教育在实施中小学习作课程时应遵循以下四条原则：

一是先说后写，说写相长。儿童对语言的驯服，并不会一蹴而就，需要经历从口语到书面语的定型、整理、丰富、深化过程。我们之所以把"培养卓越口才"列为新教育十大行动之一，就是要以造句、属对、对话、讲故事、演讲、辩论等形式，让孩子愿说、敢说、会说，形成终身受益的自信心、沟通能力和表达能力，在说写良性互动中，提高口语表达能力和写作能力。

二是先放后收，收放自如。写作是人感知、探索、表达世界的独特方式，必然要经历从感性积累到理性梳理的过程，是一个从浪漫到精确的过程。"先放"是对儿童天性的解放，"后收"是对科学、艺术的理性回归。"先放后收"体现了从量变到质变的哲学意蕴。因此新教育学生习作课程应当遵循"先放后收，以放为主，放中渐收"的客观规律，走出纯技术、套路化的写作误区，追求收放自如的更高境界。

三是先实后虚，虚实相间。习作离不开生活，因此要让学生基于对客观事物的细致观察、对现实世界的人文关怀，丰富情感体验，涵养写作灵气。具体操作时，可先进行实用文训练，写好"工作与生活中使用的文章"，再进行文学文训练；先描摹客观现实，描绘、建构一个可见可触的"外部世界"，然后通过插叙回忆、联想想象、心理活动、比喻拟人等，用不在眼前的事物，创造出想象的世界。

四是先俗后雅，雅俗共赏。儿童学习语言是从模仿身边人的口语、方言开始的。他们对日常叙事、谣谚俚语有天然的亲近感。从俗语化写作起步，提倡"我手写我口""我手写我心"，可以避免写作中的畏难心理。当然，随着学生语感的提升，可以相机进行词语生动、句式灵活、善用修辞、富有意蕴方面的训练，赋予文章雅致含蓄、清丽脱俗的品质，最终达到俗中含雅、雅中有俗、雅俗共赏的境界。

（2）日记课程

日记写作是引领儿童开启写作之门的一把钥匙。一直以来，新教育特别提倡师生以写"暮省日记"的方式，抚慰心灵，激励自己，编织有意义的生活。随着新教育实验的推进，越来越多的学校自觉引导学生通过写日记"三省吾身"，让学生真正过上幸福完整的教育生活。

日记具有四个主要特性：

一是主体性。日记专属于个人，具有主体性的特征。"日记的出现本身带有浓重的个人色彩，从口语日记到 Vlog，内容通常涉及自我意识、自我表达等自我传播实践。""在日记这种自我传播过程中，具身性自我认同并非将群体态度与反馈直接内化，而是通过'客我'与'主我'的互动而形成。'客我'为他人对于人们身份的认同，而'主我'则是人们对于社会身份的主体性反思。"[①]

二是记录性。日记把所见、所闻、所思、所想等通过一定的手段保留下来，并作为信息传递开去。记录性是日记的本质属性。

三是真实性。日记所记录的内容具有客观真实、与事实相符的特性。学生通过日记记录自己日常的学习、生活经历以及对于它们的反思，从而促进自己的思考，见证自己的成长，一旦内容虚假，就违背了日记写作的初心。

四是日常性。写日记贵在坚持。新教育倡导"晨诵、午读、暮省"的生活方式。所谓日常性，并非强求每日都记，但要求经常记录，使经常性的记录反思成为一种日常的生活方式。经常花一定的时间记录、反思自己的生活，能改变一个人的行走方式，使其成为思考型的人。

新教育学生日记类型按记录媒介，可分为绘画日记、口述日记、文字日记和视频日记。绘画日记采用绘画的方式，记录自己的日常生活。绘画日记也可在绘画旁配以简练的文字，这时又称绘本日记。绘画日记一般适用于尚未写字的幼儿或识字不多的一年级孩子。口述日记指的是学生口头讲述，由家长协助记下来的日记，适合还不会写汉字和识字不多的一年级孩子。**文字日记**是以文字记录自己日常生活的日记类型。**视频日记**则以视频形式呈现创作者的日常生活，应手机、平板电脑等智能化移动终端的兴

---

① 高慧敏：《从口语日记到 Vlog：身体视域下的一种自我传播形态演变》，《中国地质大学学报（社会科学版）》2020 年第 1 期。

起而产生。

新教育学生日记类型按记录内容，可分为生活日记、学科日记、项目日记和观察日记。生活日记以创作者的日常生活作为记录的主要内容。新教育实验倡导老师、孩子及其父母一起写随笔（日记），立足于每一天的工作、学习和生活，在写随笔（日记）的过程中，体验生活、反思自己，通过交互书写相互编织有意义的生活，实现彼此润泽、共同成长。学科日记记录学生对学科学习活动的探索、理解、评价、应用、创新等，帮助学生梳理、展示自己获取知识的思维过程，归纳学习方法，总结学习规律，激发学生用"学科眼光"看世界，培育学科核心素养，培养创新意识和实践能力，为其终身学习和可持续发展奠定良好基础。项目日记指的是记录学生在项目式学习过程的一种日记类型。新教育实验倡导项目式学习。项目日记专门记载项目探究、实践的过程，反思学习经验，记录成长感悟。观察日记则专门记录学生在观察中的所见、所闻、所感、所思。

儿童的日记写作，既需要坚持不懈写起来，养成好习惯，也需要课程化指导，避免写成"流水账"。实施高质量儿童日记写作课程，需要在"五有"上下功夫，以提高儿童日记的质量。

第一，时间有保障。时间都是挤出来的，重要的事总会有时间。日记写作和读书一样，没有时间做保证，一切都会落空。中小学实行延时服务后，更有利于每天拿出整块时间用于暮省。

第二，素材有积累。学生无话可写与他们生活单调有很大关系。新教育倡导"聆听窗外的声音"，目的在于倡导学校把校园向四面八方打开，让学生拥抱丰富多彩的自然和社会生活，为包括日记在内的儿童写作储存鲜活的生活画面。

第三，样式有突破。儿童日记的内容和形式应随着时代发展的脚步，更新迭代。日记的内容可以是生活日记、学科日记、项目日记、观察日记，日记的类型可以是绘画日记、口述日记、文字日记、视频日记等。

第四，方法有指导。方法指导的重点不在于谋篇布局的技巧，而在于指导学生选择独特的角度，留心发现、细致观察周围的事物，发现日常生活中有意思、有意义的一面。在此基础上，让学生在写作之前讨论交流写什么、怎样写、用什么方式方法写。

第五，作品有展评。在尊重学生隐私的前提下，利用各种机会，开展日记赏评，展示学生日记，让学生感受到来自教师和同伴的激励，体会写日记的轻松与快乐。

用"发表"的力量生长小作家

江苏省泰州市姜堰区第二实验小学　陈冬梅

2003年，姜堰加入了新教育实验。我很幸运，在可能产生职业倦怠时遇到了新教育，并一路追随着新教育实验的步伐，带着孩子们一起沉浸在文字的世界里，共同编织幸福完整的教育生活。

因为持续不断地阅读写作，我的精神面貌改变了，我和孩子们的相处模式也改变了。去年6月，我用59封长信与陪伴了四年的"棠棣竞秀"班的孩子们作别，孩子们也以文字的方式表达对我的万般不舍。在全校"师恩难忘演讲比赛"毕业典礼上，我们班的五位选手全部斩获特等奖，他们用风格不一的文笔进行叙事，无一例外地讲述了对我的依恋之情。我知道，这是新教育"晨诵、午读、暮省"的基本生活方式带给我和孩子们的额外奖赏。

这些年，我陆续写下了几十万字的随想杂感，也屡屡有文章见诸报刊。和我相遇过的不少孩子，也渐渐地被我同化了，喜欢用阅读和写作来享受时光。我在为此感到欣慰的同时，又隐隐觉得有些不满足：仅仅是我和部分孩子在文字的世界里沉醉还不够，能不能让每个孩子经由我对他们的发现、鼓励、点化，从骨子里爱上阅读、爱上写作，形成一生有用的读写素养？

去年秋天，当我又遇见了一批三年级孩子后，我便开启了全新版的"小作家"锻造行动计划。

管建刚老师说调动学生的写作兴趣，无非就是"两块表"——表扬和发表。我告诉孩子们：老师在微信公众号上开辟了一个专栏——《小作家在生长》，只要你愿意写，哪怕写一个新鲜的句子，我就给你发表，让全世界的人都可以看到你的生花妙笔。

孩子们的眼睛亮了，他们的表现欲一下子被激发出来了。

一、约定：把美的发现写出来、发出来

我和他们约定，只要是陈老师的课，所有人都可以去寻找窗外世界，

把新发现带回来。

这些被我从作业堆里解放出来的精灵们，仿佛一下子被激活了。他们有的凝视窗外"发呆"，有的站到桂花树下闻花香，有的爬到香橼树上触摸金黄的果实，有的蹲下身子凝视草地里的虫子。

陈雨泽抱着一棵树闻了起来，说："这棵树弯弯的，像一个没有吃饱的月亮……蚯蚓蠕动着身体，挺像在闹脾气呢！"孩子是天生的诗人啊！

九月，正是秋虫最后活跃的季节。我们班的孩子因为学会了凝视生命，他们的世界被小虫塞满了，孩子们的日记也成了秋虫嘉年华（蚂蚁、蚊子都来了）。刘书瑶说："可是我在上课啊！蚊子那小曲声，让我心里很不欢。然后，我忍心地把它送上了天堂！"

孩子们的表达力、想象力出乎我的意料。我将这些稚嫩的真实表达及时捕捉，"发表"在公众号上，并转发到新父母群里。父母们发现，不是孩子们不喜欢写作，而是没有找到打开他们兴趣之门的钥匙。

二、点评：拿着"放大镜"去找亮点

在编辑孩子们的习作时，读着孩子们的生活遇见，又激起了我的表达欲望，我给每个孩子思想里生长出来的文字写上我的体悟。好孩子、好文章是被夸出来的。我拿着"放大镜"去看每个孩子的习作，哪怕只有一句鲜活的话，都不吝惜赞美之词，用"夸张"的笔法送上我的点评。

江弈辰误会了风信子，写成一篇《"洋葱"》，通篇在与花叶对话，很有诗人的情思，我在他的文后写下：诗人洛夫说，落叶在火中沉思……本文中作者连续的观察也将风信子微妙的生长变化定格。

有一天，每次习作只有只言片语的欧承阳写了一篇长文送到办公室，交到我手上，我将这篇长文在班里朗读了出来，一个孩子听了我的朗读之后认为承阳有抄袭的嫌疑并检举他。承阳昂着头说："我没有抄，只是模仿。"我知道，他需要被看见。当天晚上，我毅然将承阳的这篇习作发到公众号上。说来神奇，一个对语文向来敷衍了事的孩子，从此以后上语文课总是积极回应我，并大胆在公开场合表达自己的思想。

在公众号里点评，成了我和孩子们灵魂对话的独特方式。我认为，生活得最有意义的人，并不是年岁活得最大的人，而是对生活最有感受力的

人。孩子们在凝视生活与写作表达中逐渐培养出越来越高的感受力。到目前为止，我已经在公众号推出 30 多次学生习作集，孩子们发表了 600 来篇长长短短的习作，我的"百字点评"也同步捆绑了 600 多次。他们不停地写，我不断地点评，在频繁的师生共写中，我们找到了共同的语言密码。

三、收获："小作家"们在生长

因为持续地写作，孩子们的阅读兴趣也更浓厚了。为了进一步激励他们，每天午读，我就用镜头捕捉他们的沉浸式读书图像。在镜头的"催逼"下，越来越多的孩子把读书当作每天的"第二次午餐"。吴雅清在日记中说："老师叫停的时候，全班一阵'唉——'，极不情愿地收起书。"

李正浩在 681 字的长文里说："'陈老师，您每天看那么多书，写那么长的文，上那么多的课，站那么久……难道您不会疲倦吗？'我猜是因为书里藏着一杯杯咖啡，被眼睛吸着送到人的体内，并且只有爱读书，读得懂书的人才会有这种感觉。"这简直就是一个小思想家的智慧箴言啊。

"孩子写、我点评"的方式，让越来越多的学生对我产生了依恋。一个中午，梓翊贴近我的耳旁："老师，你可以还像以前一样看我吗？"他在为年级测试卷上因作文写了诗歌被阅卷老师扣掉 20 分而不安。

我生怕因为一次考试，让一个诗人在我的手上陨灭，善意地回应安抚了一个慌乱的小心灵，对他说："放心，不会影响我对你的专注和灵气的欣赏。"

梓翊情不自已，送我一文：

赠吾师

初见吾师，美而善，吾悦。然吾羞于言表，未敢询问。而今，师传道、授业、解惑也。吾喜文，善观书。人皆存已爱之师，而吾独爱吾师冬梅也。

写着写着我发现孩子们的作品达到可以真正公开发表的水平，于是就尝试着往《泰州晚报》投稿。没想到，竟然有几个孩子的文字见报了。短短一个学年的工夫，有 40 个孩子的文章陆续见报了。更让我惊喜的是，也许是由于我推荐发表的文章数量多质量好，《泰州晚报》竟把《小作家》专栏的整版编辑权"送"给了我。所有这些告诉我：只要上路，就会遇上庆典。

为了让小作家被更多人看见，我又将发表作品张贴到教室外墙上，引得全校一大群孩子前来欣赏。我把孩子们发表和有待发表的作品汇编成一本书《才见樱桃红》，插入全班同学的读书图，书名源于班名"樱桃园"。放假那天孩子们一人举着一本自己写的书走在回家的路上。我的关于引导学生写作的随笔，又一次有幸发表于《小学语文教师》。有人问我如此执念手持发表这块"表"图什么？我说，我是在以写作的方式拯救着自己，拯救着我的孩子们。让每个和我相遇的孩子，在读写的世界里开出属于自己的思想之花，这是我最大的心愿！

（陈冬梅，高级教师，任教于江苏省泰州市姜堰区第二实验小学，泰州市学科带头人。2003 年，陈冬梅老师随区域加入新教育实验，一路追随新教育实验的步伐，带领孩子们一起沉浸在文字的世界里。寒来暑往，她带着孩子们在书的世界里，沉醉不知归路，共同编织幸福完整的教育生活。陈冬梅老师无限相信阅读的力量，深信教师就当以阅读作为最好的修行，让写作成为思想的深根。陈冬梅老师的几十篇论文和随笔发表于省级刊物，曾荣获"新教育实验先进个人""新教育榜样教师提名奖"。）

（3）听读绘说课程

2006 年新教育实验启动了"读写绘"项目，后来经过改良又升级为"听读绘说"项目，形成了面向低龄段儿童的德智兼育、寓教于乐的儿童写作启蒙课程。"听读绘说"去掉了原来的"写"，强调了符合儿童年龄的"听""绘"与"说"，更加吻合儿童身心成长的节律。

听，是孩子专注倾听父母或老师讲述图画书等故事，理解并回答相关问题，是深度思维的训练，旨在提升专注力和理解力。

读，是孩子独立阅读，主动思考，独自深入故事情境，是对自主阅读能力的训练，旨在提升观察力和阅读力。

绘，是孩子把听过的故事或复述，或接龙，或同主题创作，用涂鸦画出来，是对创造思维的训练，旨在提升思考力和想象力。

说，是孩子以涂鸦的作品为提纲，进行丰富而完整的口头表达。这是新教育"说写课程"在低龄段的运用，是对孩子抽象思维的训练，旨在提升表达力和创造力。父母和老师可以把孩子说的内容记录下来，形成文字。

　　近年来，新教育对"听读绘说"项目开展了更多研究。有研究表明，"听读绘说"项目不仅是低龄段儿童读写素养提升的重要载体，而且对其他学龄段读写能力较差的特困生也有显著的"疗愈作用"。

图说眼里的世界　写画心中的天地

四川省广元市旺苍县东河镇第二幼儿园　季红梅

　　共读共写共同生活，是过一种幸福完整的教育生活的必由之路。可对于还没有掌握汉字这一表达工具的幼儿园孩子来说，怎样共读共写呢？

一、初识写画，懵懂前行

　　2016年9月，我有幸加入我园"班本课程"研究团队。面对生活学习习惯还未养成的小班孩子，该选择什么作为切入点呢？我很困惑。在一次美术活动中，我引导孩子"给妈妈烫发"，亲切的话题让他们特别兴奋，纷纷准备"大展身手"。可当他们拿起画笔时，有的在纸上戳洞洞，有的在手上涂指甲，还有的在脸上开染坊呢……这一幕幕让我哭笑不得。他们为什么会这样呢？该怎样克服这些困难呢？问题即课题，何不开展"写画主题"研究来解决这一问题呢？《3—6岁儿童学习与发展指南》也指出：要让孩子体会写画的方式可以记录生活、表达想法和情感，逐步提高书面表达技能。

　　儿歌游戏中写画，激发兴趣。我从激发孩子的兴趣出发，尝试将小班孩子喜欢吃的点心与儿歌融合进行写画："小手描一描，用笔画一画，线线变小草，圆圈变泡泡，撒上黑芝麻，你猜变成啥？面包、草莓、棒棒糖……"在朗朗上口的儿歌声中，孩子们与线条玩起了游戏。一幅幅童趣盎然的画作、一张张自信满足的笑脸，坚定了我开展"写画主题"研究的决心。

　　观察交流中写画，积累经验。"铃鼓是圆形的，彩笔是方形的……"孩子们兴致勃勃地说说画画身边事物的特征。可写画兰草时，繁多的叶片干扰了孩子的视线，他们无从下手：老师，我不会画。于是我就带着他们一边观察一边思考：可以先画一片叶子吗？叶片是什么形状的？为什么不一样呢？于是，或舒展或枯萎的叶片被孩子们赋予了别样的生命力。

二、引领写画，持续推进

渐渐地，太阳、花朵、蝴蝶等成了孩子们写画的最爱。这让我既为他们的进步而欣喜，又为如何打破缺乏创新的僵局而烦恼。2018 年，新教育十大行动在旺苍各个校园生根发芽，我发现"写画主题"研究正是幼儿园师生共写随笔的独有方式。朱永新教授说：要想写得精彩，就必须做得精彩，活得精彩。专业的引领让困惑中的我渐渐明白：幼儿写画的核心价值应该在于关注内心感悟、激发生活热情、书写生命成长。

多彩生活写画，丰盈生命。我从丰富孩子们的生活出发，引导他们先玩再画。爱运动的"黄咕力"深受孩子们喜爱，我们一起观察他运动时的姿态变化，一起扮演"黄咕力"玩游戏。就这样，孩子们在玩玩说说中写画了快乐的童年。课桌爬山游戏、热闹的大扫除等多彩生活丰富了孩子们的视野，激发了他们写画、表达生活的热情。

关注个体写画，激励前行。并不是每次写画每个孩子都能顺利进行。一直不爱表达的辉辉愁眉不展，原来他也想画小朋友跳绳，可不会画娃娃，也不会写数字。"你会画什么呢？""我只会画线线。""那你就用线线来表现吧！"于是，辉辉就用长短不一的线条进行了跳绳的计数写画，还眉飞色舞地说："瑶瑶跳得很多，线才特别特别长，而海海只跳了这么短的一点点。"他边说边晃脑袋的样子深深地印在了我的脑海里。那是轻松、自信、愉悦的晃动，晃出了生命的力量，晃出了成长的希望，也印证了新教育"关注个体发展，倡导成功体验"的核心理念。

家园合作写画，寻求支持。幼儿写画表达的动机天马行空，他们渴望表达，渴望得到倾听、理解、鼓励。分身乏术的我唯有争取家长的积极参与，才能让写画持续迸发活力。一个叫阳阳的孩子在爸爸陪他洗完澡后，写画了爷俩光着身子躺在浴缸的情形，睿智的爸爸并没有责备儿子画出了他们的隐秘部位，反而夸赞儿子观察仔细、表现生动，还随机给儿子讲述了男女的区别，他们一起完成了一堂生动的性教育课。阳阳和爸爸也成了亲子合作写画的榜样。

三、创作写画，润泽童心

在家园共同努力下，孩子们逐步爱上了写画。可生活的日日重复让写画失去了新意，怎样引领他们创造性地写画呢？爱听故事是孩子的天性，于是，我陪着孩子们一起阅读，一起想象，一起在创作中润泽童心、丰盈生命。

仿编绘本故事，走进阅读天地。绘本夸张离奇的图画形象、跌宕起伏的故事情节、神奇无限的超级魔力深深吸引着每个孩子。于是，我们在阅读绘本后，先思考、想象，再尝试仿编故事：云朵变身童话小屋、铁甲小宝做起美食、章鱼哥飞上太空……每个人的小故事汇集起来，就成了一本自制图书。有了仿编故事的乐趣，孩子们更喜欢阅读绘本了。

分享仿编故事，享受成功喜悦。当又一次讲故事时间来到时，我并没有像往常一样分享绘本，而是拿起他们仿编的《我爸爸》放到投影仪下，还没开始讲，涵涵就发现了：那是我和爸爸在比赛跑步呢！她的眼里闪着自豪的光芒。再翻下去时，萱萱也发现了：那是我和爸爸在逛街呢！一时间，孩子们成了讲故事的主角，每张小脸上都洋溢着自信。自制图书成了图书角里最抢手的宝贝，他们一遍又一遍地传阅、讲述自己的故事。

创编绘本故事，共话创作愿望。看得多、翻得多，自制图书变得破旧了，已经满足不了孩子们的愿望。于是，我们又讨论怎样才能有更多的图书看。他们纷纷出谋划策：要爱惜图书，可以多做几本呀……于是，孩子、老师、家长开始合作创编绘本，画画说说、听听写写、剪剪钉钉：《袁隆平爷爷的工作》《不一样的12.26》《我们的足球比赛》等自制绘本成了孩子们的最爱，也成了我们生活中一道独特的风景。

从阅读到仿编，再到分享、创编，孩子们在看、听、说、做中养成了爱阅读、爱图书的好习惯，他们的社会责任感逐步增强，家园共育的合力进一步彰显，我们在浓浓的书香氛围中同写画、共成长。

几年来，写画、阅读、思考、表达成为我们东河二园教育人一起行走的方式，我研发的与写画相关的多个班本课程成为园本课程。孩子们用独特的方式写随笔的经验在全县教师培训中多次交流，平凡而精彩的写画小故事被插上翅膀，飞向了更辽阔的天空。

（季红梅，一级教师，任教于旺苍县东河镇第二幼儿园。自2018年加入新教育实验以来，季红梅老师始终站在儿童视角，以"过一种幸福完整的教育生活"为教育理想，以"写画、阅读、思考、表达"为行走方式，努力探索幼儿园师幼共写随笔路径，研发了多个相关班本课程，多次在全县教师培训中进行交流。季红梅老师的《图说眼里的世界　写画心中的天地》获得旺苍县师生共写随笔征文、叙事一等奖，并发表于《江苏教育报》，其《幼儿专注力培养》曾获四川省教育发展改革研究成果二等奖。）

（4）说写课程

从 2010 年开始，新教育义工、作家童喜喜带领新教育一线团队，遵循说写相长的原则，探索开发了新教育儿童说写课程，取得了显著成效，得到了国内国际专家学者的广泛认可。美国叶仁敏博士在开展说写课程的 4 次实证研究中都发现：就学生的写作兴趣、自信、上课投入、写作习惯、观察思考、亲子互动这 6 个变量，实验组和对比组达到了"极其显著差异"，说写课程的成效非常显著。

说写，是以书面语言进行有逻辑体系的口头表达。说写介乎说与写之间，它的形式是说话，本质是写作。说写的方法首先是提出有逻辑、成体系的问题，然后根据这些问题进行思考，写出每个问题的关键词或者绘出自己思考的思维导图，最后以此为基础用书面语言说出自己思考的内容。

说写分为四大阶段：敢说阶段、能说阶段、会说阶段、精说阶段。为了帮助说写者实现说写能力的迅速提升，在评价说写的过程中必须遵循"绝对不批评，重复好句子"的原则。这一评价原则遵循积极心理学的原理，充分激发每个人的自信、挖掘每个人的潜能，从而实现从说到写、以说为写的跨越。

说写课程对儿童读写素养发展，具有四个方面的显著作用：

一是以说促想。说写都强调逻辑和体系，都离不开想。想，指的是思考、思维。想得精彩就会说得精彩或者写得精彩。说写课程在促进思考和思维方面的效用，是隐含的，也是最本质的。说写课程特别强调让儿童在轻松氛围里先想后说，边说边想，敢想敢说，然后进阶到会想会说。

二是以说练听。听，是儿童最重要的学习手段之一，也是交流的必备条件。说写课程因为规范了"说"，强调说书面语言，因此表达相对更加完整、简洁、有效。训练了说写，就降低了听的难度，可以帮助增进亲子关系和师生关系。同时，因为增加了儿童彼此倾听的训练，可以促进儿童相互了解，更加融洽地生活。

三是以说带读。说写课程强调"读写之间说为桥"，最简单的以说带读，莫过于讲故事。其实，阅读前的激发兴趣、阅读中的深入思考、阅读后的及时评价、孩子彼此推荐图书等，都可以用说写的方式深化。说写课程中的阅读，不仅让孩子们通过阅读汲取知识、丰富积累，养成自我反思、独立思考的自觉，还通过说写内化为思维模式。儿童在阅读中所读到的规范的书面语言，是孩子们最好的写作表达。

四是以说助写。说写，归根结底要落实到写。写作的关键就是多读多练，然而传统的写作练习速度很慢，而且低年级段的儿童无法承受长时间的写作训练。说写课程强调以书面语言进行口头表达，以达到强化练习写作的效果。

近年来，说写课程先后在许多学校落地开花，成绩非凡。海南有一位叫库亚鸽的初中语文老师，刚接手初一时，全班 54 名学生中有 27 人语文不及格、十几个作文交了白卷。库亚鸽老师带着这群孩子实施说写课程，仅用一学期的时间全班语文平均分就达到 92.31 分，每一个学生都在写作上有如神助，还有很多学生觉得试卷作文格子不够用！

（5）学科写作课程

学科写作是以学科为依托的、贯穿全课程的写作。进入新世纪，这种教学理念和模式已经成为西方不少国家写作教学的重要样式。尽管近年来我国写作教学的不少先行者也尝试将写作教学渗透到各个学科，力图让学科教学与写作教学互补共生，但很多时候写作依旧被局限在语文学科。传统的写作课程往往由语文老师负责，导致很多人容易将写作概念的内涵与外延窄化，将写作定位为文科写作。不少学科教师将自己囿于所学专业之中，只满足于本学科的教学，还未能充分通过写作来展现学科的本质和魅力。从目前我国学科写作的探索实践来看，学科写作还没有获得广泛的支持和普遍的运用。学科写作的前景的确诱人，但学科写作的有效开展必将经历一场理想和现实的博弈。

新教育学科写作的提出正是为了解决当前中小学生的学科写作问题。新教育倡导学科写作，主要是希望所有学科同心协力，学科教师不断提高自身写作水平的同时，丰富学科写作的课程形式、重视学科写作的指导和修订，让学科写作成为一种有助于学生成长的有效学习方式。

①新教育学科写作的内容

新教育学科写作就是指围绕着学科学习生活而进行的形式多样的写作，它从生活实际出发，立足学科知识背景，结合即时、共在、同场、多样的教育生活形态，多角度、多侧面、多维度、多形式地记录学科学习中的心得、感悟、体验、收获和见闻，是学生日常写作的重要形式，也是跨学科学习的重要工具，有助于实现"以学促写"和"以写促学"的双重目标。

新教育一直强调，学科可以分设、知识可以分类、学习可以分期，但人的精神成长的需求却不能分割，中小学生的精神成长特别需要学科内在知识与精神的相互融合与共同滋养。过去新教育一直致力于学科阅读书目的研制，为学生全面的、成体系的学科学习提供有力支持。事实上，从国外学科写作的经验来看，目前中小学开设的任何一门课，都可以借助跨学科的写作实现学科与学科的彼此融合，借此帮助学生真正走进各学科的知识大门，触摸到各学科的文化与精神。所以，不仅学科阅读是大趋势，学科写作也必将成为奠定未来发展的基石。甚至可以说，学科阅读本身就为学科写作提供了非常坚实可靠的背景支撑。

新教育学科写作既是一种写作方式，也是一种学习方式，特别鼓励"在写作中学习""在学习中写作"，既突出写作，也强调对学科的学习。一方面，受个人身份和过去经历的影响，学生将他们的独特身份、关键性格和思维习惯带入写作中。另一方面，学生在特定的学科语境中实现交流，有意识地、持续地适应新的学科学习，不断提高对学科知识的了解和应用。

②新教育学科写作的意义

新教育学科写作不同于小说、散文、报告文学的创作，它不仅反映了一个人的写作能力，同时也反映了一个人的学科素养和专业能力，对于个体的学科学习、社会生活、职业发展都具有重要意义。

第一，帮助实现多学科的教学融合。

《义务教育语文课程标准》（2022 年版）把《义务教育语文课程标准》（2011 年版）中的"跨学科的学习"从课程基本理念中的一个不起眼的要

素，上升为课程理念的关键指标。跨学科学习已成为《义务教育语文课程标准》（2022 年版）的核心要义。要推进和落实跨学科学习，首先要推进和落实学生基本的表达与分享能力，这种表达与分享的常态样式就是跨学科写作，就是用学科作文链接学科、提升思维，指向学生的核心素养。

新教育学科写作致力于突破单一的语文学科写作，将写作引向数学、英语、科学、历史等所有学科，体现了"淡化学科界限，实现学科教学整合"的理念，强调"学习、研究的体验"，强调"研究意识"与"课题意识"，顺应了课改新要求。①各学科的教师树立起学科写作的教学观念，在课程设计、作业建设以及团队授课等方面展开密切合作，打破学科之间森严的壁垒，沟通学科之间的联系，整合师资力量，使各学科融合为一个整体，形成教育教学的合力，实现多学科教学的合作共赢。

第二，帮助实现学习方式的新变革。

2011 年 1 月 21 日《科学》杂志上发表的一项研究表明：像写作这样的提取练习是强大的学习方法。②新教育学科写作强调通过写作实现学科知识的转化，而不是单纯的知识总结，帮助实现个体学习由被动地接受转化为主动地输出，促使学生积极积累知识、培养能力、训练思维、陶冶人格，体验创造的乐趣、成功的愉悦。这对中小学阶段的深度学习，乃至对个人的终身学习都发挥着积极的作用。

第三，帮助提高学生的课堂参与度。

新教育学科写作采取探究式的教学方式，从问题或情境开始教学，为学生提供了包容不同观点的空间，鼓励学生参与没有标准答案的对话。在学科探究和写作对话中，学生与所学知识概念建立起强烈的个人联系和现实联系，以此提高学习的兴趣和参与度。同时，新教育学科写作将多样的学科写作方式带进课堂。在课堂上，学生通过自我评估、快速写作、研究报告等方式，让低风险的、不计成绩的写作活动来支持学科学习任务。学生在课堂上练习不同的学科写作策略，灵活地进行学科交流，在实践中学

---

① 杨汭元：《整合性"学科作文"——"研究性写作"教学的新资源》，《基础教育研究》2004 年第 8 期。
② 周爱保、马小凤、李晶、崔丹：《提取练习在记忆保持中和迁移中的优势效应：基于认知负荷理论的解释》，《心理学报》2013 年第 8 期。

会反思、学会回应读者的意见和需求，不断提高对学科写作的关注和支持，从而提高学生在学科课堂上的参与度。

第四，帮助提升学生的写作兴趣和能力。

新教育学科写作通过充分发挥不同学科的优势，从而激发学生的写作兴趣。新教育学科写作能够最大限度地利用各学科的信息，使其他学科的教学为写作提供素材，解决了不知道写什么的问题。传统作文训练往往专注于一两种文体的练习，而新教育学科写作帮助学生学习不同学科独一无二的写作技巧和策略，熟悉不同类型文章的不同语体风格、结构样式和体例规范。有研究对学科写作实验成效进行问卷调查，结果显示：实验班学生无论是否认为写作文是困难的事，对于老师布置的作文题目，主观感受到的难度显著降低，而且观察能力明显提高。学生的作文能力整体上得到提高，作文能力最差的学生与作文能力最好学生的差距被拉近了。[1]学生通过实践各学科的写作形式和惯例，了解不同环境下写作的不同规范和要求，培养多元的写作能力，采取最适合自己的学科写作策略，为专业交流和专业写作打下基础。

③新教育学科写作的特点

新教育学科写作以训练学生的语言能力、观察能力、思维能力、想象能力为重点，以学科知识、学习情境、学习收获为内容，挖掘学习生活中的素材，关注学生的心灵成长历程，让学生自觉用文字自由表达他们在学习各学科知识过程中的见闻心得。新教育学科写作具有以下特点。

第一，题材多元。新教育学科写作可写的内容非常多，可以记录一次有趣的小组合作，可以记录印象深刻的解题过程，可以记录收获颇深的阅读感悟……新教育学科写作最大限度地利用各学科的信息，所有学科的教学和教学生活都为写作提供多方面、多方位的素材，能够解决多年来难以解决的"写什么"的问题。

第二，形式多样。新教育学科写作的表现形式呈现出多样化的特点。可以是摘要式，简明扼要地记录学习过程、总结学习收获、整理知识要点；可以是图表式，图文并茂地梳理学习所得、建构知识框架，学科知识

---

[1]　钟传祎：《我的第一届学科作文实验班》。

的思维导图就是典型的图表式学科写作；可以是叙述式，记录课堂生活情境以及和课堂相关的生活及学习背景内容；可以是说明式，以说明的表达方式来解说事物、阐明事理、揭示本质和规律；可以是童话式，让各种知识点用第一人称的方式"介绍"自己；可以是联想式，让课堂学习联系现实生活，让书本知识变成学生自己的知识，把知识灵活运用于实际生活，解决实际问题。①

第三，内容多变。新教育学科写作的内容主要可以分为以下四种类型。一是课堂实录型，通过拍摄课堂画面，再现课堂情境，回顾教学流程，或者回顾学习过程。二是内容整合型，由老师给出一个主题，让学生完成跨学科的整合写作。三是学科主导型，如音乐学科写作、美术学科写作、体育学科写作、数学学科写作、科学学科写作等②。四是项目研究型，让学生在项目研究的过程中，以写作的方式及时梳理总结、积累资料、思考反馈、物化成果、巩固学习，为研究寻找更多外援、宣传项目成果等。写作和项目式学习结合，会发挥"1+1＞2"的效果。

④新教育学科写作的方式

学科写作课程的实施没有一个"快速解决方案"，不仅需要师生之间持续对话、研讨与合作，也需要行政的力量在考核评价等方面加持。今年刚刚发布的《义务教育课程方案》，明确提出了"各门课程用不少于10%的课时设计跨学科主题学习"。对如何开展跨学科主题学习，一线老师普遍感到迷茫。我们认为跨学科写作完全可以成为跨学科学习的重要路径。

近年来，不少新教育实验学校深度研发学科写作课程，为新教育学科写作蹚出了一条新路。总而言之，新教育学科写作在探索中形成了全学科、全联结、全过程的"三全"学科写作模式。

全学科贯通

跨学科学习已经成为新课标的核心要义，各科教师都需要有跨学科理念、跨学科视野，共同推动学科写作，用学科写作来推进课程变革。尤其是针对学生的基础能力训练，如观察能力、思维能力、表达能力，需要各

---

① 钟传祎:《写中学——让学习更有效的学科写作教学》，江苏教育出版社，2013。

② 钟传祎:《学科作文教学的理论与实践》，语文出版社，2010，第110–121页。

科老师的通力合作，着重于学生的基础学习力、基本表达力和综合解决问题能力的培养。①文理科教师需要加强配合，以学科写作为媒介整合课程，逐步消解学科壁垒，着眼学生的核心素养和终身学习能力，实现全学科贯通。

新教育河南开封贞元学校自 2019 年创校以来，持续开展学科写作，包括科学写作、大语文写作、数学写作、英语写作和文综写作，都取得了十分明显的成效。比如他们把历史学科学习分成提取核心问题、辩论建构认知、写作表达思考三步。其中七（上）历史的教学就安排了 9 次写作，刚开始学生人均只能写出 1500 字的思考材料。经过一年多的训练，人均字数就能达到 2500 字，写 3000 字以上的"论文"对于许多同学来说已是常态。因为常态化的学科写作训练，这所学校学生的写作水平与同龄人相比，明显高出了很多。新教育河南开封贞元学校还在学校公众号上刊登学生的写作成果，帮助提升学生的写作成就感和意义感。一次次"论文"的呈现既是孩子与不同学科的对话，也是逻辑理性的层层训练与递进，更是找寻自我生命价值的呈现。

一场关于生命的超越之旅

河南开封市贞元学校　石星星

每个生命自呱呱坠地起就在通过各种方式认识世界、理解世界，科学就是这些方式中重要的一种。科学教育就是要让孩子以自我生命为主体，学会用科学的眼光观察世界，用科学的思维思考世界，用科学的语言表达世界，这也是科学学科核心素养的一般要求。

贞元科学课程自小学至初中，一直致力于培养孩子的科学素养，让孩子们像科学家一样去探究自然万物。于孩子而言，核心素养的习得过程就是用科学的方式观察世界、思考世界、表达世界的过程，是观看世界的方式。在生命成长的旅程中，人之所以为人的主体性也就在与世界互动的过程中得以挺立、彰显。其中，写作是提升儿童思维发展与生命成长最重要的通路之一，尽管不同年龄阶段儿童的认知发展不同，写作诉求与写作方

---

① 张松祥:《学科作文的教改价值与实施策略》,《教学与管理》2014 年第 2 期。

式不同，但他们无一例外都在用属于自己的方式表达自我认知、表达生命的点滴成长。

小学低段（1—2 年级）：

这一阶段，所谓"我手写我心"，孩子的表达方式是多样的——画一幅画、种一株植物、图文写绘都是他与自然互动的方式。

小学中段（3—4 年级）：

这一阶段主要以科学写绘的方式呈现认知发展。随着孩子的感官越来越敏锐，大脑也会变得越来越有"逻辑"，仅仅是丰富的感性体验已不能满足他的"欲望"，需要用更具象更科学的方式认识世界。此时引入生命科学，让孩子们去观察一朵花、一个动物，像科学家一样聚焦形态学，理性探究生物在危机四伏的自然中如何求生，最后用写绘呈现形态结构图及生存策略。此外，鼓励孩子们进行诗歌创作，将富有逻辑性的科学知识与科学思维方式融入自我生命进行编织。贞元三年级的博学完油菜后，写道："一片片黄绿海洋，昆虫变成了小鱼，我成了一座小岛，在海中吹风。"又如一个名叫轩的孩子学完泡桐后，写道："泡桐万花开，一阵起香浓，数到三十五还有九十七，轻拈几缕香，一束去他乡。"就这样，生命科学题材的诗歌创作使得感性认知与理性之思完全地浸润于孩子的生命中，我们也可以清晰地感受到孩子对生命的敏锐度与思考在这之中徐徐展开。

小学高段（5—6 年级）：

这一阶段，孩子们自然而然地会将视野投向更广阔的世界——我们周围的物质世界，此时引入天文和地理课程，目的是打开孩子们的视野、训练孩子们的科学探究思维，激发学科热情。基于此，孩子们的写作方式必然是逻辑严谨的思维导图与认知式论文。

那么思维导图如何推进与落实呢？

例如通过昼夜现象探究地球自转的规律。有人说我们都知道地球是自西向东转的，有什么可学的呢？但这样一个我们耳熟能详的"结论"，到底是如何被一步步建构出来的呢？科学没有绝对的真理，当下的结论会成为未来的神话，一切结论都只是临时性共识，发明创造的过程才是最重要的！所以，科学地描述观察到的现象，基于此提出问题、做出猜想，通过科学建模步步推理、分析、设计，去证实或证伪你的猜想，最终达成一个临时性共识，这就是科学探究思维，思维导图就是探究历程的呈现！要不断澄清思维导图的价值和意义，孩子才愿意投入其中。最后应用这个观念去解释生活中的时差、单圈环流等问题。观念只有应用才会更加灵活、更加牢固！

一个叫泽的孩子说："通过这个学期的学习，我觉得科学就是探索的过程，结论不是永恒不变的，是不可靠的，发明创造的过程才最重要！通过探索的过程，我感觉这些知识都是被我们发明出来的，非常有成就感。"

思维导图推进自然也会遇到问题，需要进行不断的课前反馈：持续反馈——榜样者引领、优秀者激励、突破者被看见。

当孩子的大脑足够清晰，他眼前的世界也愈加明亮，心自然而然就愈加敏感起来。为了顺利推进课程，打开孩子们对自然的好奇，我们在每年3月的夜晚一起仰望星空、观察天象和星座，有时甚至还躺在草地上非常放松地仰望、弹吉他，在音乐的律动中表达自己的喜悦，还有孩子自己买了专业望远镜，拍摄月相。后来，孩子们为了留住这种感觉自发地创作了3月月相表和月相日历，除了手绘月相，每一天都手绘配上一个星座的介绍。作者雅说："这些星星，每一颗都离我们那么远、那么远，那是一个也许我们终其一生都无法抵达的地方，但多么幸运，此刻我站在这里，能看到它们，赋予它们浪漫的意义。这何等神奇！"

冰说："这个学期的科学影响我至深的是持续一个月的观星活动……从前我觉得星星就是石头而已，但现在我觉得它们都是活的，是有意义的。不单是星星月亮，甚至连黎明前发出的一束光都充满生机，我被深深地吸引，这既是来自我灵魂深处的渴望，也是一种纯粹的对美和未知的追寻！"就这样一颗颗敏感的心不断被擦亮，他们生命里一扇新的大门被打开了。

天文让孩子们对大自然好奇、敏感，地理则拓宽了孩子们的视野。在世界地理课程的学习过程中，我们依次探究了亚洲、欧洲、非洲、美洲。我们对每个大洲的学习探究大致是这样的流程：一般都会先聚焦"地之理"，即这片大地到底是怎样的。通过读图我们认识它的边界线、地形地貌、山川河流。接着探究"人之文"，即早期先民会选择在哪里生活，在这里如何生活，他们会诞生怎样璀璨的文明，这些文明是如何发展的。最后结合课堂探究和自我领会，以论文的方式呈现学习成果。此时结合课前论文点评与鼓励、论文专项点评课，让孩子们能够相对清晰地把握论文的结构与对话逻辑即可，激发兴趣是最重要的。就这样，每个孩子都兴致勃勃地参与其中，达到人均论文 6 篇，人均字数 1500 左右的惊人成绩，甚至有的孩子每篇字数都达到 3—5 千，这些论文呈现出孩子们满满的真诚与思考。学期结束，宸说："虽然只是简单地讲了一下除大洋洲以外的其他 6 个洲，但这 6 个洲的学习都让我受益匪浅……我明白了文明早期的发展受制于地理环境，过程中人的创造性也极其重要，最后文明必定是人与周围世界互动的结果。总之，我觉得这学期我的收获非常大！我用'上帝视角'重新审视了一遍这个世界。虽然地球就在我们的脚下，但我从未这么仔细地看过它，在许多书中看到过的地名，从前我一直不清楚它到底为什么这样，但现在我觉得我终于不用'糊里糊涂'地读书了，我能更好、更深刻地看世界了！不知道从什么时候开始，我从只是对科学有些感兴趣，到了对科学非常感兴趣，到现在无比热爱科学。"浩说："这个学期，我足足写了 6766 字，用了 3 根笔芯，写了 6 篇论文……我的世界观变了，从动嘴变成了动手，从动手变成了动脑，从用眼去看变成了用心去看，这是一种新体验。"是的，写作为孩子们的未来生活打开一扇又一扇新的大门，让他们看到房屋之外的另一种天空。

到了六年级，孩子们会更加渴望冲破现象之迷雾，探究世界运行的规律，写作形式依然以导图和论文为主，只是此时论文从观点式论述成为探究式论文，呈现自己对于某个问题的探究历程进而进行利用得出结论的发明创造，例如探究"光的反射"专题时，从观察现象—发现问题—提出猜想—设计实验进行验证—形成结果与结论，继而应用这个结论去创造发明，思维训练愈加精确化。

小学毕业时，孩子们既充满兴奋、渴望踏入新领域，又具备了基础的学科素养，经由写作一次次超越自我之生命，自然而然地就达到了写作的新高度。以初中生物写作为例：初中生物研究整个生命现象和生命活动规律，课程始终以进化原理为暗线聚焦生态学，基于生物体结构层次揭示生物生存轨道；课程目标在于培养科学探究思维，激发学科热情；帮助孩子建立对生命内在动力系统的认知，让他去找寻自我生命的方向与意义。落实方式包括：课堂实验报告单、单元思维导图和论文写作。

课堂实验报告单。科学课实施以对话与实验探究为主，严格按照观察现象—提出问题—做出猜想—设计实验—得到结果与结论—提出新问题的方式呈现，这不仅是实验过程的记录，更有助于思维清晰化的梳理。

单元思维导图。一个单元结束后，学生会制作单元导图，旨在梳理本单元各节观念间的内在逻辑，形成一个系统化的思维网。

论文写作。周末不定期的论文挑战，既是对观念建构的梳理，又是激发潜能的新创作，更是与自我生命的链接与打通。

以教材七（下）人体消化系统的写作——《鸡蛋灌饼先生奇遇记》为具体案例呈现上述教学流程，以诙谐幽默的案件还原形式揭示消化系统内部的运行机制，《沉默的脏器——肝胆胰》以实验探究的方式呈现各个脏器的机构与功能，《干饭人的重要武器——胃》以馒头团子历险记的方式徐徐呈现胃的结构与功能，还有《小肠的独白》等。孩子们并不是天生就会写这些文章，教师可以在课余时间以闲聊等方式与孩子进行讨论，给他们建议和思路，孩子就更容易找到方向，并朝着那个方向努力。

其中，生殖系统的写作涉及青春期的话题，通过对话，要引导孩子一方面意识到青春期是生命进化无与伦比的赠予，另一方面更要意识到，站在生物性的角度，青春期仍然是偏本能、情感这个层面的问题。如果我们忘掉了人之为人的自我超越，那么就会出现问题。所以解决之道是什么？就是要超越到层次更高的理性层面或德行层面，并且在超越的过程当中，以更智慧的方式来处理青春期的问题，带着孩子层层追问，这样他就会明白，青春期于他而言到底意味着什么，他又能去做些什么，这其实已经关乎人之为人存在的意义或价值问题。

到了八（下）综合阶段的写作，聚焦生殖与发育、遗传与变异、生物技术、生态系统这些于人类而言既重要又充满争议的板块，涉及前期观念的应用，更是进一步拓宽视野、思考生命之存在意义的重要阶段。这时的写作不仅是课堂探究的梳理，更在于与孩子当下生命发展的每个困惑产生深度链接，对于生命哲学的发问与思考。如洋同学期末庆典的生物论文《一只裸虫的生命超越之旅》，从本能层到情感层到理性层，最后上升德行层，通过层层推理明确人之为人的独特与光辉，去追思自我生命存在之意义。八年级镁同学说："直到现在，我才意识到生物学科并非某种纯粹的理科与硬性的记忆，而是引向一种哲学思维。生物讨论的是对于人类而言最最基础的事物——人类自己本身。哲学永远是关于人类本身的学科，其本身就是一种引领，是需要拥有推动时代、推动精神的力量的。"

总之，论文写作既是孩子与科学学科的对话，也是逻辑理性的层层训练与递进，更重要的是借由这门学科带给孩子生命启迪与引领。它更接近生命科学，关乎生命成长、关乎人之为人的独特性彰显。借助于它，我就能够在孩子们每一个独特的成长阶段去帮助他们澄清某些问题，帮助他们去寻找生命的方向感、意义感。

（石星星，小学科学和初中生物榜样教师，任教于开封市贞元学校。2016 年 9 月，石星星老师跟随江子校长团队加入新教育实验，一直同行至今。石星星老师深刻体验到生命与科学的不凡，敬畏每一个生命，对一切未知葆有好奇，"判天地之美，析万物之理"。石星星老师研发了从小学至初中的一整套科学教学体系，含小学三到六年级科学课程、初中七到八年级生物课程，并循序渐进地扎实推进，实施效果卓越。"愿以生命科学启迪每一个与我相遇的孩子，共同仰望星空、探索创造"是石星星老师的学科教学理念。）

全方位联结

新教育学科写作注重联结学科老师。新教育学科写作的教学主体包括语文老师和语文学科以外的老师。语文老师是学科写作教学的主导者、组织者和具体指导者。语文教师以外的老师是学科写作的积极参与者、基本能力训练者和学科素材的提供者。学科教师要明确学科写作对学科学习的积极作用，共同帮助学生自觉运用学科写作来整理学习知识、复习学习内容、迁移学习成果。

新教育学科写作注重联结学科生活。学科写作始终围绕学科生活，学什么就写什么，用写作整理学习内容，借助写作提高学习效率，充分体现作文教学内容的学科化。学生在教师的指导下写道德与法治作文、数学作文、科学作文、体育作文、美术作文、音乐作文。

新教育学科写作注重联结学习情景。学科写作是写学生学习生活中的所知、所见、所闻、所感，是在教师指导下的有目标、有计划、有意识的观察、学习和表达。学生和教师都处于学习活动的情景中，习作的指导及时发生，并以此联结在场师生的情感体验、知觉收获和主题经验。①

在语文学科写作方面，青少年文学兴趣的培养与素养的形成，校园文学社团的作用不容忽视，中外很多文学巨匠的创作之路都是从校园文学社起步的。面对当下校园文学社日渐式微的实际情况，学校应发挥主导作用，通过常态化开展文学讲座、征文评比、写作经验分享等活动，编辑出版文学社团期刊，为有文学梦想的学生营造诗意栖居的空间。如新教育莒南三小就为孩子们成立了晓风文学社，创建了社团期刊《晓风文学》。孩子们将文章编辑成稿并设计封面，老师则负责电子稿的制作和美化。晓风文学社还成立了小记者团，利用寒暑假和周末组织学生参与社会实践活动。在文学社团以及各项实践活动中，孩子的写作水平得以快速提升。②

在数学学科写作方面，新教育厦门实验小学的谢淑美老师积极开展数学学科写作，基于其学科探索实践还出版了个人专著《数学写作导学法：创新数学教学方式》。新教育樊香香老师也尝试将日记迁移到数学作业中，指导学生提出问题，确立研究主题，根据主题坚持每周末写数学日记，激发学生的数学学习热情和写作热情。学科日记的写作过程对学生理解反思当天所学的内容起到了很大的促进作用。③

全过程表达

新教育学科写作认为，学科写作不仅是一项任务和表现性成果，更是一个重要的素养培养过程和自我塑造过程。④新教育学科写作的基本训练范式包括：联结、训练、表达、点评。联结是指教师需架起学科和生活的桥梁，创设生动有趣的生活情境，结合学生已有的生活经验，引导学生联系生活学习知识、形成技能。训练是指教师围绕学习内容和生活情境，指导学生观察、体验、想象、思考、讨论、总结。表达是指教师结合教学内容

---

① 钟传祎：《学科作文教学的"四化"》，《语文教学通讯》2021 年第 36 期。

② 张桐源：《莒南三小：在写作中成就最好的自己》。

③ 海门新教育：《做一个不忘初心的追梦人》。

④ 王奕婷，陈霜叶：《芬兰"现象学习"的发展与启示——访"现象学习"的创建者科丝婷·罗卡（Kirsti Lonka）教授》，《全球教育展望》2022 年第 4 期。

和学习情景，指导学生用各种方式表达自己的思考和收获、总结学习内容、梳理学习思路、提升学习效率。点评是指教师围绕写作成果中知识表达是否准确、知识关联是否恰当进行点评，或者让同伴结合自身的观察、思考、体验来点评。

联结是基础，创设情境；训练是路径，强化体验；表达是核心，总结梳理；点评是关键，凸显目标。表达与分享贯穿学科写作的始终。学科写作适时切入学科的训练，通过写作促进学习、通过写作了解学习、通过写作评价学习。

2001 年开始，钟传祎老师就围绕作文与学科的整合开展实验探索，构建了学科作文教学理论体系。目前，钟传祎老师及其团队将学科阅读与学科写作相结合，进行学科教学与作文教学的指导，已经形成了学科作文系列丛书，包括数学作文、美术作文、音乐作文、体育作文、科学作文、道德与法治作文等。钟传祎老师的学科写作实践关注学科写作的全过程，师生在"联结、训练、表达、点评"中对学科知识进行更深入的思考和探索，实现及时的表达与分享，具有全面性、开创性、前瞻性和可推广性的特征。

（二）新教育教师写作：书写自己的教育史

当前教师写作面临着一些具体的问题，比如，功利性写作导致教师丧失写作热情、表象化写作导致教师写作"流于表面"、短期性写作导致教师写作难以形成长效成果、孤立性写作导致教师写作缺少同伴精神支持……新教育倡导的教师写作，正是要在困境中突破重围，让教师自主自觉参与写作，让写作成为教师的一种生活方式，帮助教师进入去功利的写作状态，真正实现通过写作解决教育问题、揭示教育规律，从而引领教师走向专业发展的新高度。

1. 新教育教师写作的内容

教师写作一般也称教育写作，我们之所以不用这个概念，是因为它指称的写作主体不太明晰，容易引起误解。新教育教师写作是教师的专业写作，不过，教师专业写作不是要让教师成为专业作家，而是结合教育这个专业，以学科知识、教学实践为原料来写作，以此推动教师的专业成长。

新教育教师写作是新教育写作最不可缺失的一环。没有了教师对写作的理解、行动与推动，新教育学生写作和新教育共同体写作都将失去最基础的支撑。新教育将"专业写作"作为教师成长"三专"的重要内容，就是希望教师学会专业表达，站在自己的肩膀上攀升，到更高的价值层面寻找生活、生命的意义。

根据李镇西博士的总结，新教育教师写作大致可以分为八种形式。一是教育备忘，即俗称的记"流水账"或者工作日志，它的功能在于为日后写作留下记忆的线索。二是教育杂感，即对某些教育现象的即兴思考，也称教育随笔，"杂感"之"杂"更多是指思考对象非常宽泛，"杂感"之"感"则是强调了思考的特征。三是教育故事，指的是在实践中发生的、值得记录的，有情节、有寓意的一段教育经历，教育故事的特征是有意义、有趣味、相对完整，撰写教育故事时要注意保持现场情景，不要过度阐释。四是教育案例，即对一个教育（含教学）实际过程的描述和分析，侧重于对教育过程的分析。五是教学实录，即对课堂教学过程完整而详细的记录及反思，教学实录最大的特点是原汁原味的现场感。六是教育论文，即专门论证自己某一个教育观点的文章，从问题出发、用思考统率、以事实说话、让数据发言。七是教育书信，即教育过程中与学生往来的带有教育意义的信件。八是教育文学，即有关教育的诗歌、散文、小说、剧本、报告文学等。

新教育一直强调，一个人的专业写作史就是他的教育史。无数事实表明，教师专业写作可以帮助教师摆脱精神桎梏、唤醒教育灵气、实现专业突围，过一种有价值、有尊严、幸福完整的教育生活。

2. 新教育教师写作的意义

新教育教师写作的本质是为了自我成长，是为了让自己的教育教学更加有滋有味，让自己的教育生命更加有声有色。新教育教师写作不是单纯的写作，它与实践相随、与阅读同行、与思考为伴。实践是它的源泉，阅读是它的基础，思考是它的灵魂。许多新教育榜样教师的成长已经证明，坚持不懈的教师写作，能够使一个教师由普通走向卓越，由平淡走向幸福。

培养教师的反思能力。任何一位教育者同时都应该是一位思考者，反思能力是教师专业发展必须具备的能力。正如叶澜所说，没有反思的经验，只能是狭隘、片面、肤浅的经验；不会反思的教师，他的教学能力和水平至多只是经验的累积。①写作有助于教师在日常教育生活实践中以一种自觉的、超越的、批判的方式，以敏锐的洞察力和高度的思辨力对教育生活和教育经验进行再叙述。新教育教师写作对教师思维的训练，对教师逻辑的严谨性、分析的严密性、语言的准确性的训练，都有着积极且重要的作用。

教育生活由无数的碎片组成，这些碎片往往会形成破碎的、未经省察的经验，使教育教学在比较低的层面上不断重复。而通过新教育教师写作，教师将不完整的、零零散散的、未经省察的教育经验和经历进行合理有效的整合，赋予"零星的教育生活碎片"以自身理解与构想，形成独有的教育经验并融入教育生活，教师的教育实践将更加富有洞察力。新教育教师写作是一种梳理表达，是教育思考的重要途径。可以说，没有一种方式可以像新教育教师写作那么深入、那么系统、那么殚精竭虑，也没有一种方式可以像新教育教师写作那样平易近人，并给人以不一样的成功回报。

改变教师的行走方式。新教育教师写作除了在思想上帮助实现教师的自我塑造，在行动上也支持教师的积极转变。新教育教师写作的实践功能促进教师的自我觉醒，发挥对教育实践的引导和规约作用。记录失败与教训，可以提醒自己避免重犯同样的错误；描述成功与经验，则可以在暗暗得意的同时，情不自禁对自己说："下次我会做得更好！"新教育教师写作让教师停下来思考得更多更深入，以写作的方式梳理思路、澄清心理过程，以此改进教师的行动目标和行动方式。每一次经验的整理都能让成功变为可预见的明天；每一次教训的反刍都能让失败成为不会重现的过去。这就是"写十年教案不如写三年反思"的重要原因。

教师写作的过程就是增进教师知识的过程，知识的富足帮助教师自如地应用于课堂，提升教师自信。这种自信能够感染学生、感染课堂，从而改进教师行动、提升教学成效。写作和实践在这里得以良性互动。也正是在这个意义上，李镇西老师说，所有年轻教师的成长，无非就是"四个不

---

① 李再湘：《教师专业成长导引综合素质与专业素养》，国防科技大学出版社，2008，第104页。

停"——不停地实践，不停地思考，不停地阅读，不停地写作。①

引领教师的教育研究。教育离不开教师，也离不开研究，教师的教育研究则离不开写作。记录是教育研究最坚实的大地，教师是"大地"上的实践者和研究者，写作则是发挥教师双重身份优势的最重要的手段。新教育教师写作与教师的反思活动、研究活动紧密结合在一起，打破了以往传统的教育研究形式，每一位教师都有机会成为研究者，每一个教育故事都有可能成为研究对象。

事实上，教师的教育行为本身就具有研究性质，而写作就是教师开展教育研究的重要方式，不过它有别于专门的学术研究，是一种知行合一的行动研究。教师也可以为表达自己的"理论"成果而写作，这种理论与他的实践内容水乳交融，具有强烈的直观性和实践价值。这样的写作不仅可以更有效地服务于教师的教育教学实践，也可以丰富教育理论。

书写教师的生命传奇。新教育教师写作是人人可以行动的教师写作，"行动就有收获，坚持才有奇迹"，这是新教育的一贯信念。新教育教师写作最强调坚持精神。新教育实验中，很多老师从写作小菜鸟成长为写作高手，成为名师和名校长，创造了自己的生命传奇。新教育王辉霞老师在阐述写作的意义时谈道："写作带来的最大好处，就是讲话做事更有条理，阅读能力和工作效率、自我价值实现感等也随之提高。我在写作中逐渐摆脱自卑弱小心理，遇见了自信幸福的自己。"新教育王小龙老师也谈道："从实践中捕捉问题，从阅读中获取工具，经过文字梳理加工，针对问题提出解决、应对之道。这样通过写作的积累，自己拥有了一种踏实的自信心和沉甸甸的成就感，也真正体验到了职业的尊严。"新教育所倡导的教师写作，意义正在于此。

新教育教师写作凝聚着教师的心血，记录着教师教育行走的坚实脚印，见证着教师的成长历程。新教育教师写作映照着两个自己，一个是现实生活中的自己，一个是教育文字中的自己。两个"我"交相辉映，这是一种生命的成就感，也是作为教育者的尊严感。

传播教师的教育智慧。通过写作发表文章、出版著作，能让教师感受

---

① 李镇西:《李镇西教育知行录》，山西教育出版社，2019，第114页。

到一种沉甸甸的成就感，也会赢得学生的崇拜和同行的敬佩。更重要的是，这也是教师传播教育智慧、分享教育经验的最好的路径。如果自己的经验和智慧只能面对面地交流，传播的时空总是非常有限的，但是通过文字传播，其辐射和影响的范围则是无限的。尤其在互联网时代，蕴藏着教育机智的教师写作通过微博、博客或微信公众号的广泛传播，为教育者的未来工作和其他读者的未来工作提供有价值的、切实可行的方法，让远方的教师和学生共同受益。

世界上的许多东西都会烟消云散，只有文字是永恒的。从某种意义上说，生命体现于记忆，一个人失去了记忆，等于精神死亡。如果一位教师忙忙碌碌几十年，"什么文字都没留下，退休后所有曾经激动人心的故事都想不起来，记忆一片空白，你凭什么说你有过有滋有味的教育生涯，有过有声有色的青春年华"[①]？所以，新教育教师写作不仅可以"为未来留一份让自己或怦然心动或热泪盈眶的温馨记忆"，而且可以通过这些文字让自己的精神生命永在。

3. 新教育教师写作的特点

强调理解与反思。教师写作必须对教育教学现象，比如发生在课堂里的故事、发生在班级里的故事、教师自身的遭遇等进行分析，这种分析是经过教师自身的观察和思考，运用教育学、心理学以及学科理论进行的反思研究。因此，调动专业积累、理解教育教学现象非常重要。从这个意义上说，阅读是写作的前提，大量阅读以后的写作才会有深度、有高度。教师的写作也会进一步推动教师的教育阅读，促使教师丰富教育学、心理学以及学科理论的专业积累。"阅读理解—教育实践—写作反思"能让教师的"专业性"得到较快提升。

强调与实践相关联。新教育一直坚持只有做得精彩、活得精彩，才能写得精彩。教师写作建立在教育实践的基础之上，教育实践决定着教师写作的内容和水平。教师写作离不开对日常教育教学的观察、记录与反思，同时要服务教育实践、改进教育实践，写作与实践始终编织在一起，彼此促进，一起向前。

---

① 李镇西：《一线教师为什么要写文章？——教育写作微讲座（1）》。

强调真实而个性化的呈现。新教育主张教师写作要恢复最纯真的目的和最本真的样貌。教师写作需要注重学理、事实和逻辑，但应该避免千人一面，注重"个性化"。新教育教师写作注重内容的科学性、客观性和逻辑性，表达的真实性、简洁性和思考性，尽可能客观呈现，不必过分依赖文学性的语言修辞技巧。

"板凳要坐十年冷，文章不写半句空。"针对教师写作的程式化、"八股化"，新教育写作倡导写自己独特的故事，表达自己独特的见解，有自己创新的追求。吕型伟先生说："人云亦云我不云，老生常谈我不谈。"个性化写作不仅仅是对学生写作的要求，也是新教育写作的根本原则。

强调教育教学案例研究。近年来，以案例为主的质性研究也受到了前所未有的重视，质性研究成果的表达方式，如讲述"现实主义的故事""忏悔的故事""印象的故事""批判的故事""规范的故事""文学的故事""联合讲述的故事""现代主义民族志的手法"（如对话、超现实主义文本、诗歌、戏剧、小说、电影等）等，也越来越受教师青睐。教师在教育过程中会遭遇层出不穷的教育问题，其实，这些问题有很大的相似性，在一间教室里发生过的事情，在其他教室里往往也发生过，甚至在同一个教室里还会继续发生。教育实践的问题很多都是普遍性问题，问题的类型也是有限的，比如早恋问题、作弊问题、上课开小差问题、教育惩罚问题、学生竞争问题等。如果对典型问题进行集中的案例研究，可以为所有教师处理教育问题提供可供参照的珍贵资源。

4. 新教育教师写作的方式

新教育特别强调以生命叙事的话语方式，发现榜样，呈现榜样，言说榜样。在每年的新教育年会、实验区工作会议、国际高峰论坛及各实验区校的新教育研讨会、现场会、开放活动中，生命叙事环节已成为一种惯例。可以说，经过多年的实践探索，新教育生命叙事已经成为新教育教师写作的独特形式，为越来越多的新教育人所熟悉。

第一，体现生命性。新教育人的生命叙事是生命在场的言说，言说的过程即是生命体验再现的过程，而其中所展现的生命故事、生命感悟、生命价值，无一不让读者沉浸其中，形成深刻的共鸣。好的叙事绝对不是空转笔头，而是实实在在做出来的故事；好的叙事绝不是用文字游戏方式粉饰出来的，而是真实的生命在燃烧。新教育生命叙事首先是一种生命的践行，其次才是一种生命的记录、一种生命的怒放，在这之中始终流淌着对生命完整、生命成长、生命幸福的深切关注。

第二，突显故事性。生命叙事就是讲生命故事，讲生命在成长中不断形成的对生命的经验、体验和追求的故事。把教育生活作为一个有待解读的文本，让亲历过的生活本身来说话，以讲故事的形式表达自身对生命的理解与解释，克服无意识或不自觉的生命状态。讲故事，就要回到过往的情境之中，重现过往的细节，让叙事具有生命的丰盈感和血肉的温情。

第三，坚持夹叙夹议。同样一个故事，把它叙述出来，是一个最基本的层次，属于前科学的视角。在叙述的过程中，用教育教学的原理进行分析，就深了一层，属于教育科学的视角。如果还能从哲学的层面来思考，就更深了一层，属于超科学的视角。生命叙事不能满足于就事论事，应该用教育教学的原理来阐释，若能站到哲学的高度就更好了。这就需要采用夹叙夹议的表述方式，边叙述边议论，叙述与议论穿插进行。

第四，实现新教育化。新教育将生命叙事作为特色表达，其话语方式当然要求新教育化。首先要在语言表达中原汁原味地呈现"过一种幸福完整的教育生活""共读共写共生活"等新教育的特有话语。新教育许多重要的提法，是经过深思熟虑打磨出来的，承载了新教育的文化价值，不能随便改动。其次在叙事过程中，要自然地融合营造书香校园、师生共写随笔、聆听窗外声音、缔造完美教室、研发卓越课程、推进每月一事等各项行动的内容，因为新教育的行动项目都是综合性的。

在新教育生命叙事的引领下，一批又一批的新教育老师纷纷加入新教育教师写作，在持久的生命叙事中收获了惊人的成长。

新教育的侍作兵和他的夫人杨海波，十年前在海门听了一场新教育实验的报告，当场决定参加"成功保险公司"，结果不到十年的时间，夫妻双双评上了特级教师。湖北省松滋市实验小学的黄华斌老师一直专注于写作，在《语文教学通讯》《语文报》等语文报刊发表文章 300 多篇，成了多家中学语文报刊的专栏作者，教育论文获奖无数。新教育张小秦老师通过生命叙事，在《小学语文教学》《语文教学通讯》等刊物上发表文章 50 多篇、获奖 20 余篇，成为多家报纸的特约撰稿人。淄博市临淄区教研室于春祥老师坚持写教育随笔，两三年时间出版了《春祥夜话》。吉林市小学语文教师张曼凌每天给孩子讲故事，并且写下讲故事的场景、情境，出版了《小曼老师讲故事》一书。①江苏省海门实验学校附属小学的唐朝霞老师坚持写教育随笔，带领学生实践"田园作文"，最终站在了"教海探航"一等奖的领奖台。

类似的案例在新教育教师写作中数不胜数，无数成长中的草根教师的经历都在述说着新教育教师写作的意义与价值。新教育教师写作书写的不仅仅是文字，不仅仅是教育实践，不仅仅是教育思想，更是一场精彩的教育人生。

（三）新教育共同体写作：在写作大家庭绽放自我

新教育共同体写作包括新教育家庭写作、新教育家校共写、新教育师生共写、新教育教师共写和新教育网络写作。当前，家庭内部、学校内部以及家校之间都不同程度上存在着共同语言、共同价值的危机，这已经成为我们民族的一个潜在危机。我们认为，全社会的核心价值体系与共同思想基础的形成，必须从家庭、从学校开始。我们亟须重建共同的语言，亟须拥有共同的价值取向，亟须用真诚的共同行动来创造共同的未来。新教育认为，新教育共同体成员只有在共读共写中丰富知识、发展思维、促进精神成长，才能形成共同的语言、密码以及共同的价值观，一起过上幸福完整的教育生活。

1. 新教育家庭写作

（1）新教育家庭写作的内容

新教育家庭写作是新教育写作的重要内容，也是推进家庭教育发展的重要途径。"80 后""90 后"成为新一代父母后，越来越多的家庭认识到了读写的意义和价值，家庭写作正在成为一种崭新的生活方式。新教育家庭写作以家庭为背景，以亲子写作为切入点，将父母与孩子通过写作联系在一起，在长时间的写作互动中培育一种精神合力，形成良好的家庭文化氛围。新教育家庭写作的关键是父母和孩子共同参与，在写作中沟通交流，在

---

① 朱永新:《新教育实验的师生共写——从书写作品到书写人生》。

写作中了解彼此、包容彼此、共同成长。父母和孩子因为写作而紧密地联系在一起，会创造更多有质量的亲子时光、更多高效的互动沟通、更多深刻的对话思考、更多有价值的生命成长意义。新教育家庭写作已经超越了文字的实用功能，被赋予爱、家庭、共同话题、共同使命等精神价值和成长意义。

（2）新教育家庭写作的意义

提升家庭的觉察力。写作需要观察和思考，需要敏感和细腻。新教育家庭写作能有效提升家长的教育思考力和觉察力，从而有效提升家庭成员之间的相处能力。原生家庭、成长环境、依恋关系是形成一个人心理轨迹的必要条件。新教育家庭写作可以提升每一个家庭成员的思考力和觉察力，改变原生家庭的生活方式，从而改变原生家庭的成长环境乃至依恋关系。

提升家庭的沟通力。亲子通信的过程就是父母与孩子互动的过程，也是彼此更加亲近的过程。大部分中国家庭都有"爱的尴尬症"，不管是大人还是孩子都不愿意表达。在这种含蓄、内敛、矜持的传统之下，亲子通信成为家庭黏合剂，用"笔"代替"嘴"，拉近父母与孩子之间的距离。新教育家庭写作本质上是一种爱与自由、和善而坚定的陪伴方式、沟通方式。新教育家庭写作的意义之一就是通过这种沟通，让孩子感受到父母的用心和尽心，帮助建立良好的亲子关系，从而实现有效的家庭教育。

提升家庭的成长力。孩子写父母，就要观察父母，在日常对家庭小事的关注中察觉家人的爱与温暖，提升敏锐观察力的同时培养对家人的感恩之心。将情感融于家庭写作，对于孩子成长为一个心怀感恩、对自己负责、对家人关心、对朋友仗义、对社会尽责的人具有重要意义。父母写孩子，也不是单纯的记录，实际上还包括了观察、关心、陪伴、共情、反思等一系列过程。新教育家庭写作之所以让父母也成为写作主体，其中的重要原因就是希望父母以孩子为镜，在子女身上看到自己的缺点与不足，不断修正自己、完善自己、成就自己。没有父母的成长就没有孩子的发展。家长在写的过程中一定会发现自己知识的匮乏、表达的欠缺、心灵的疏忽、思考的浅陋，从而倒逼自己坚持学习。新教育家庭写作不仅关乎孩子的成长，也促进父母的成长。

提升家庭的文化力。所谓"家风"就是指家庭的作风、风气、风格与传统，是一个家庭长期培育形成的一种价值取向、性格特征和文化氛围，一般是指由父母或祖辈提倡并能身体力行，用以约束和规范家庭成员的风尚和作风。[①]当写作成为家庭的习惯和日常，对家庭成员的人格培养和行为养成具有"润物细无声"的作用和意义。在新教育家庭写作中，父母作为长辈发挥榜样作用坚持写作，孩子不仅践行、模仿，也会对父母产生更深的尊重和信任。像家族月报，在今天完全可以通过美篇、PDF 等形式来编辑和发送，从而把小家风建设提升到大家族建设中去。家庭写作看似是家庭的一小步，实际上是家风建设的一大步。

新教育家庭写作以写作为载体，提升对家庭教育意义和价值的认同感，在家庭范围内形成共同的语言、共同的价值、共同的密码，帮助每一个家庭书写自己的家庭故事，让写作成为家庭教育的一个看得见的、可操作的重要抓手和重要推手。

（3）新教育家庭写作的特点

陪伴性。家庭是人一生的港湾。孩子呱呱坠地的那一刻起，父母就成为他第一任老师，家庭就成为他最初的归属。哪怕踏进教室，步入职场，家庭永远是人们要回归的地方，它伴随着我们的一生，发挥着长久的影响。新教育家庭写作以优雅的方式——文字来陪伴孩子，这种陪伴不是一时的，而是永久的，这些文字不会因为年代的久远而暗淡，反而会因为时间的流逝而愈加闪闪发光。

示范性。写作教学是当代语文教学的难点和痛点，无数孩子一到写作文就头疼。新教育家庭写作将文字的交流视为家庭交流的日常方式，帮助孩子端正写作动机——作文不再是一份作业，而是一种心与心的交流，并且让孩子在与父母共同参与的家庭写作中感受到表达的温情和乐趣。孩子最初观察世界的方式都从父母身上习得，父母的一举一动影响着孩子的外在行动与内在人格，他们的言行决定着孩子的品行。父母的写作陪伴和写作示范，能帮助孩子消除对写作的心理阴影。

教育性。父母日记里对孩子点滴进步的肯定，对孩子成长问题的分析就是一种教育性写作。亲子写作中对孩子的困惑的回答、对孩子的观点和看法的理解，都是教育的一部分。文字的解答能给父母充分思考和探讨的

---

① 　朱永新：《新家庭教育论纲——新教育在家庭教育上的探索与思考》，湖南教育出版社，2020，第 17 页。

时间，父母可以商讨后再做回答。新教育家庭写作的书面回答比口头回答更系统、更深入，也更正式。

及时性。新教育家庭写作的及时性不是随意性。家庭写作的及时性恰恰是对时机的把握。今天发生有价值的事情再忙也要记录，因为这是教育的时机来了。亲子通信中，孩子提出了困惑和迷惘，父母再忙也要拿起笔来回答。新教育家庭写作具有教育性，教育讲究时机，时机把握得好就能事半功倍。

（4）新教育家庭写作的方式

新教育家庭写作主要有以下三种形式。

第一，父母日记。家喻户晓的《哈佛女孩刘亦婷》出版至今销量破千万，这本书是刘亦婷妈妈的育儿日记，她孜孜不倦记录下女儿十八年的成长。尹建莉的育儿手记《好妈妈胜过好老师》销量破七百万，记录了一个教育专家与孩子十六年的共同进步。父母通过日记的形式记录孩子的成长历程，甚至可以影响千千万万普通家庭，唤起千千万万父母对家庭教育的关注。父母日记既是记录儿女成长历程、留下宝贵成长历史的重要方式，更是父母通过文字反思自己的家庭教育、反思孩子的成长状况、不断调整自己的教育方式的过程。事实上，早在1774年，教育大家裴斯泰洛齐在《一个父亲的日记》中就已使用日记描述的方法来记录孩子的成长。他通过跟踪观察，写下观察记录，将它称为"教育3岁孩子的日记"。教育家陈鹤琴、叶圣陶也都做过这样的工作。家庭日记的价值远远超乎我们想象，它不只是家庭教育研究的起点，甚至可以成为教育研究的起点。

第二，亲子通信。"亲子沟通，从'信'开始。"亲子通信作为亲子沟通的重要形式越来越得到人们的关注，但大多停留在简单的节日祝福、家庭作业层面。新教育家庭写作倡导的亲子通信希望这种信件的交流能够成为一种家庭日常，真正成为有效沟通的工具。父母和孩子作为写信人主动参与"通信"，用"信"构建父母与孩子的共同语言和密码，让"信"成为他们共同的精神家园。作为日常的亲子通信，使"信"更具教育意义。这里的信，既可以是手写的信，也可以是通过电子邮件、微信和QQ传送的电子信。电子信本质上不同于随手随意的短信，称呼、问候语、祝福语、署名、时间等写信要素俱全，信的形式感决定了仪式感。亲子通信尤其适合出差时间多、跟孩子见面时间少，以及工作繁忙没有时间跟孩子进行心与心交流的家长。

中国青年报前记者谢湘的母亲谢慕兰，从 20 世纪 70 年代到 21 世纪之初，30 年间保留家人之间的往来书信近 2000 封，后由女儿整理出版为《慕兰家书》。[①]60 多年前，傅雷以信传情，把教育儿子的话写成一封封书信，漂洋过海，传送给大洋彼岸的傅聪。这不仅是一封封简单的书信，更是一个个等待拆封的人生锦囊。[②]家庭的家书作品，让人体味到见字如面、纸短情长的挚爱亲情。

第三，家庭月报。家庭月报是以家庭（家族）为单位，每月出版文化报的家庭活动。在信息和交通越来越发达的今天，家庭（家族）成员聚在一起的时间却越来越少，得到的家庭（家族）信息也往往越来越碎片化。亲人之间、家庭之间有温暖、有计划、有内涵的交流显得弥足珍贵。家庭成员共同参与写作、编辑家族月报，每月发表家庭趣事、糗事、好事，有利于形成彼此关心、增进理解、共同成长的家庭（家族）氛围。家庭月报可以以微信公众号的形式呈现。创办家庭月报不仅是一项家庭活动，更是一个关心彼此、陪伴彼此、共同理解、共同成长的过程，家庭、家教、家风、家族建设在潜移默化之中构建起来。

2. 新教育家校共写

（1）新教育家校共写的内容

新教育家校共写主要指师生之间、教师与学生父母之间通过交互书信、便笺等，让教师、孩子与父母共处一个生命场中，共同创造意义与价值。新教育家校共写是家校合作共育的重要内容，它建立起家校之间及时交流与分享信息的沟通渠道，以多种方式邀请教师、学生、学生父母参与到共写中来，创造性地开展形式多样的共写活动，增进互信、促进合作，让共写成为家校的日常教育行动。

（2）新教育家校共写的意义

缓和家校矛盾。新教育家校共写重视学校与家庭的互动。父母与教师

---

① 新华网:《传扬优秀家风"清风北京·廉洁齐家"家风作品征集活动持续开展》。

② 宋仕杰妈妈:《莒南五中:亲子共读〈傅雷家书〉有感》。

之间的沟通能帮助缓和家校矛盾，增进彼此的理解，提高父母对教师和学校教育的满意度，形成一种友好的家校氛围，共同携手助力孩子的成长。在家校共写中，父母对教师、学校提出的合理要求，一方面可以让学校和教师得以重视乃至改进，另一方面可以成为优化教师教育理念、提升学校教育质量的动力，帮助修正学校教育的不足。从父母（社会）注入学校的改良要求，往往比学校行政提出的要求更易付诸行动。

优化家庭关系。 "家校共写"可以成为"父母学校"的"回家作业"。学校和教师可以通过共写活动向家庭传递科学的教育观念和教育方式，帮助家庭成员在教育问题上形成一致的、正确的教育目标，从而有效避免家庭成员之间因为教育问题而产生的矛盾，缓和紧张的家庭关系，形成尊重、有爱、可亲的家庭氛围，推动家庭、家风的建设与发展。

促进共同成长。 新教育倡导的家校共写将教师、孩子与父母联系在一起。大部分父母需要具有专业知识的教师的引领才能少走弯路。共读共写共同生活，会形成一种相互激励的力量，让父母在共同体中，共同面对问题、分析问题、解决问题，坚持不懈地深度卷入教育中来。[1]新教育家校共写的过程是教师更加了解孩子的过程，教师与父母的沟通在某种程度上也是为了更好地了解孩子、帮助孩子、教育孩子，不断积累教育经验、改进教育方法、提升教学能力。家与校、教师与父母最关键的联系就是孩子。有了用心的父母和用心的老师，孩子的进步和成长是必然的。

破解写作难题。 写作在大多数孩子眼里是一根"硬骨头"，一提到写作就愁眉不展。在新教育家校共写中，教师在写、父母在写，写作成为一种生活的需要，一种有价值、有意义的生活方式，孩子的写作观就能得到根本扭转。根据新教育实验的生命叙事理论，每个人都是自己生命故事的主人翁，也是自己生命故事的作者，能否把自己的生命写成一部伟大的传奇，很大程度上取决于我们能否为自己寻找人生的榜样。[2]教师和父母在场的家校共写，给孩子带来了"双保险"的写作榜样，加上教师和父母有意的鼓舞和激励，孩子的写作畏惧感会得到有效根除。

---

[1][2] 朱永新:《家校合作激活教育磁场——新教育实验"家校合作共育"的理论与实践》,《教育研究》2017年第11期。

（3）新教育家校共写的特点

在"过一种幸福完整的教育生活"的引领之下，新教育家校共写呈现出以下特点。

平等性。教师、孩子、父母作为新教育家校共写的共同参与者，应当具有平等的主体地位。教师不能漠视孩子，不能压制父母；父母不能忽视孩子，不能轻视教师；孩子对教师、对父母应当给予应有的尊重。只有在三方保持平等独立，又相互联系的前提下，才能使家校共写有效运转。

合作性。新教育家校共写的一致目标是共同致力于幸福完整的教育生活。教师、孩子、父母为了这一共同目标，可以协商完成家校共写协议书，突出强调合作理念。不仅是教师与学生之间，教师与父母之间也应当保证教育思想和步调的一致性。家校共写呼吁三方合作，实现对家校生活的共同书写。

理解性。为了尽可能避免矛盾冲突，家校共写必须坚持理解原则。以理解为基础，才能使交流更加畅通。在新教育家校共写的各种计划中，无论是教师、学生还是父母都应该多一分理解，多一分宽容。只有愿意倾听、表达尊重，才可能达成家校共写的理想效果。

坚持性。新教育家校共写强调坚持性原则。将家校共写常态化、制度化，基于不同社区、不同学校、不同家庭的基本情况，制订新教育家校共写总计划，积极构建并落实家校共写的保障机制，确保家校共写为孩子的成长保驾护航。

发展性。新教育家校共写的目的是发展孩子、发展教师、发展父母，没有发展就没有必要进行家校共写。没有发展的家校共写就是流于形式、浪费生命的家校共写。在"过一种幸福完整的教育生活"的大方向下，新教育家校共写可以没有明确的阶段性目标预设，但一定要有内隐的价值和意义的期待。

（4）新教育家校共写的方式

一般来说，新教育家校共写主要有四种形式：

第一，家校信。家校信通常每周一封，具体频率和发起主体由教师与父母协商，但要做到坚持通信，避免半途中止，影响家校沟通效果以及家校关系。教师每周总结日常教育生活，把全班集中表现的、需要父母共同关注的问题，在周末向全班父母进行介绍，父母们回复后，双方及时沟通。

这是由教师发起的面向全体的家校信。面对一些特殊家庭、特殊学生也可以由教师发起"点对点"的家校信。家校信当然也可以由父母发起，父母可以总结孩子在家的表现，也可以提出自己在教育上的困惑，由教师利用网络家长会集中答疑。

在新教育榜样教师飓风出版的《各就各位准备飞：郭明晓＆致三四年级学生家长的每周一信》中，通过书中的78封信，我们可以看到师生怎样走过三、四年级的历程，怎样从容完成从浪漫阶段到精确阶段的过渡，从而让孩子们的生命和心灵日渐丰盈润泽的过程。新教育的顾舟群老师，两年四个学期，73封每周一信，一封封每周一信成为架在顾老师和家长、孩子之间的心灵沟通的桥梁，让爱和智慧迅速地传递、汇聚，让孩子们成长为自信而快乐的少年。顾老师将这些家校信进行整理，出版了《改变，从习惯开始：顾舟群＆致一二年级学生家长的每周一信》。新教育张小琴老师坚持与学生父母通信，开学时写《请你跟我一起来》、妇女节写《做个不唠叨的好妈妈》、父亲节写《爸爸要做家庭中的定海神针》、期末复习期间告诉学生父母《除了分数，我们还能有很多》，六年的家校通信中，张小琴老师收获的不仅是家长的理解，还有个人的成长与教育的幸福。

江苏省新沂市行知学校的任敬华老师带领弘毅班的学生、父母一起开展家校共写。弘毅班的孩子和新父母们在家校共写中改变巨大，其间发生了许多温暖的故事。

在家校共写中遇见更好的自己

江苏省新沂市行知学校　任敬华

新教育认为："共读共写共同生活，是过一种幸福完整的教育生活的必由之路。"2016年，我初识新教育，也就是从那个时候起，我带着弘毅班的孩子们、新父母们开启了共写之旅。都说一起看过风景，才能抵达内心，在相互激励、一起书写中，我们不仅感受到了教育生活的美好，还遇见了更好的自己！

一、家校信：架起心的桥梁

我认为只要有文字，只要有互动，都可以称为共写。比如，我之前一直采用写信的方式给孩子送生日祝福。结识了新教育以后，我的方式就多了起来，写诗、写祝福语等。我喜欢用文字的形式和孩子们交流。

甜甜的爸爸是名警察，对她陪伴极少，她一直觉得爸爸不爱自己。生日那天，我给她写了一封信，她的爸爸听从我的建议也给她写了一封信。她妈妈跟我说："任老师，女儿回来就主动拥抱了爸爸。您的方法真好！我们以后会经常给孩子写信。"第二天我接到了甜甜的回信。信里说感谢我把她变成了一个爱写作的女孩，还在信的末尾给我写了一首小诗。语文课上，甜甜主动地走到台前和同学们分享自己的感受。

书信的力量真的很强大，甜甜在那天的随笔里写道："我终于知道爸爸是爱我的，他给我的爱也许不完美，但却最美。"

初三那年，孩子们学习压力很大。我买来一个本子，决定用文字和孩子们交流，给他们减压。没想到他们特别喜欢这种方式。小萱写道："在18岁之前一定要做一件到了80岁想起来都会微笑的事，在这个年纪，能遇见同学们，遇见任老师，并且一起写这个本子，哪怕到了80岁想起来也会微笑。"我对孩子们说，这是我给他们写的书，因为封面上有"我们不一样"这几个字，这本书就叫《我们不一样》。爱是双向的奔赴，三月份我生病住院，孩子们也给我写了一本"书"，他们也给这本书起了个名字，叫《因为遇见你》。在病房里，我边看边哭，除了感动，更多的是作为一名教师的幸福。

文字的互动让我们越来越亲密，孩子们在慢慢地成长着，新父母们也在慢慢地改变着。家校的紧密合作让我们的心紧紧地连在了一起。

二、真情诗：传递爱的力量

五月，我们共读了《汪国真诗选》。交流课那天正好是母亲节，孩子们模仿汪国真给妈妈们写诗，一首首小诗发到了班级群里，新父母们很受感动。雅楠的妈妈没有忍住，创作了一首《感谢有你》。涵桥的妈妈紧跟着写了《爱，是一场修行》。然后是陆翔妈妈、柏乔妈妈……群里一下子热闹了起来。

根据新父母的特点，使他们的潜能得到充分发挥，会弥补学校课堂教学资源的不足，将孩子们学习的范围、内涵和资源不断地扩大。趁着这个机会我邀请新父母们和孩子们举行了一场主题为"遇见"的诗歌创作比赛。

　　我班新父母们来自各行各业，他们写的诗不是很专业，但是每一首都是爱的表达。我突然觉得很幸运，因为能够遇见这些孩子，能够走进他们的生命，陪伴他们一起成长，是一件多么神奇又美好的事情。我拿起笔，也写了一首《遇见》。

　　　　遇见

是风吹过了树荫

遇见你多么幸运

午后伴着声声蝉鸣

是冥冥之中的约定

每一个熟悉的样子

未来的梦多憧憬

依旧漫步在这里

每一步都学会靠近

是云飘荡了心情

遇见你多么幸运

时光是一场练习

是我今生最美的际遇

我们画上的每一笔

孤单不会再来临

青春该有的美丽

让爱温暖了彼此

温暖了彼此的心灵

因为有一个名字

我将会放在心底

沿途的风景

只有弘毅

将伴着我走过四季

　　后来新教育昌明基金会聘请志愿者为这首诗谱上曲，作为我们的班歌，孩子们特别喜欢。

活动后，我把我们创作的诗编成了文集，希望孩子们珍惜生命中的每一次遇见。

三、随笔集：记录美好时光

这几年来，弘毅班的新父母们在亲子共写活动中改变巨大，其间发生了许多温暖的故事。有癌症患者张妈妈坚持带着儿子写作的故事；有杨妈妈和女儿通过共写，改善了亲子关系的故事；还有七旬老人邢爷爷写书出书的故事……

邢晨两岁时失去了父亲，跟着农村的爷爷奶奶一起生活。邢爷爷在我们亲子共写活动中表现得特别积极，说要给孙女做个榜样。《摇着轮椅上北大》的读后感，邢爷爷是第一个交来的，后来我听说，他不会打字，请教了邻居，用了一天一夜的时间敲出了这篇 3000 多字的文章。我很感动，在班级群里表扬了他，没有想到邢爷爷特别激动，他对我说："任老师，我愿意跟着孩子一起读书写作。可是我年纪大了，文化程度又不高，你能不能帮帮我。"我一口答应下来。于是每隔半个月邢爷爷都要从家里坐半个多小时的公交车到学校找我修改文章。他听从我的建议，开始记录和孙女之间的点滴生活，偶尔也写一写自己的人生经历。我真的没想到邢爷爷竟然坚持了下来，还出了三本文集。他的故事感染着我们的老师和新父母们，更感染着弘毅班的孩子们。

我们拿起笔，开始用文字记录生活中的点滴。每学年，我都会把孩子们的好文章保存下来，设计成一本本精美的文集。除了个人文集，我们还有班级文集、研学文集、新父母文集等，每一本都由我亲自写序。

这几年，我总结出了"海阅读、深思考、引诗情、宽视野、大分享"的"弘毅读写模式"。在享受诗意生活的同时，我们的写作水平也突飞猛进。孩子们在各类诗歌作文竞赛中有近 100 人获省市级奖，十几个孩子的文章被《中国家庭报》和学习强国平台选用，我也发表了班级叙事等近 30 篇。

只要上路，就会遇上庆典。很幸运遇见了新教育，它让我改变了自己，改变了教室里的孩子们，改变了许许多多的新父母。六年的新教育行走，我们以文字编织生活，用写作润泽生命。我们在书写中遇见了美好，也遇见了更好的自己。未来已来，远方不远，我会继续带着我的孩子们，我班的新父母们，用书香丰盈生命，用笔锋书写传奇！

（任敬华，一级教师，任教于江苏省新沂市行知学校。2016年新沂整体推进新教育实验，任敬华老师在自己的班级弘毅班践行新教育。任敬华老师于2018年获得全国新教育实验先进个人的称号，于2020年获得全国新教育实验十佳榜样教师的称号，所教班级于2019年被评为全国新教育实验十佳完美教室。近几年来，任敬华老师在周边县市通过讲座的形式宣传新教育，引领了一大批老师成为"擦星人"。作为新沂市缔造完美教室名师工作室领衔人，任敬华老师帮助年轻老师成长，成为新沂市新教育实验的领头雁。）

第二，家校便笺。家校便笺频率不定，一般每天不少于5人次。教师把当天班上突发的事情用便笺的方式和父母进行交流。普遍性问题可以告知全班父母，个别现象可以通知个别父母。家校便笺内容既要具体，又要言简意赅、重点突出、自然真诚、耐心恳切。家校便笺以手写为佳，如教师的手写字不佳，可以打印后签上自己的手写名字。打印便笺的好处在于方便资料保存，便于后续做系统的研究。

第三，随笔（日记）接龙。接龙可以自行约定时间。学生每天完成学业后，对一天的学习生活进行回顾，用随笔、日记等形式记录下来。父母和老师跟随其后，用日记、书信、批注等手段分别写下对话或评点，在接龙中相互激励、拉近关系。师生和父母一起参与随笔（日记）接龙，既可以以班级为单位进行接龙，也可以针对一两个特殊学生进行个性化的接龙。随笔（日记）接龙贵在坚持，它呈现的不只是日记的内容，更是教师和父母的榜样示范。比如，成都武侯区桐梓林小学从一年级开始，就要求学生每天写一句话，记录在校心情、在家表现、周末外出干了什么事等。老师和父母每天对孩子写的话加以鼓励，比如"你的写话书写真好""你特别会从身边的小事写起""你是一个特别会观察的孩子"等，引导他们从身边的事去发现、寻找乐趣。阅读、分享老师和父母的点评成了孩子最开心的事。

第四，家校共育单。新教育家校共育单主要针对重点学生，由父母、教师和学生一起记录家务、阅读、礼仪等完成情况。新教育家校共育单可以是随记式的，也可以是主题式的，即每个月都有一个"共育主题"。如九月份的"家务活动"，每周五学生写下本周所做的家务及完成质量，双休日父母写下鼓励性见证语，下周一老师写下激励性评语。新教育家校共育单可以是短期的，如一周、一个月，也可以是长期的，如一学期、一学年，"阅读习惯""作业习惯"等的共育都应该是长期的。

"共同的生活""共同的话题""共同的密码"，这三个"共同"为新教育家校共写提供了共生共长的力量源泉。

3. 新教育师生共写

最好的教育教学本该是充满着魅力的师生对话过程，这种对话包括口头和书面形式。"师生共写随笔"就是新教育师生对话的一项重要行动，也是新教育写作的一大特色，它通过教育日记、教育书信、教育故事、教育案例分析等形式，记录、反思师生的日常教育和学习生活，促进教师的专业成长和学生的自主发展。在新教育的网络平台上，无数师生的"共写"改变了以前的作业生态和写作生态，写作生机勃勃、硕果累累。在共写的师生互动中，在帮助学生的过程中，教师和学生共同成长，师生共同编织有意义的人生。这样的交互写作，对于师生之间增进理解、加深认同、消除隔阂具有重要的作用，能够帮助师生形成共同的愿景、拥抱共同的未来。

山东临淄的常丽华老师，与孩子们一起按照农历二十四节气编织属于他们自己的农历课程，边做边写，完成了《在农历的天空下》一书。2011年11月，常丽华老师赴澳大利亚学习期间坚持和学生通信，整理后出版了《教室，在书信中飞翔：常丽华 & 小蚂蚁班　中澳两地书》。[①]

南通市学科带头人龚锦辉老师坚持"共读，编写共同的语言密码""共写，记录精彩的生命轨迹"，指导"海鸥班"孩子们仿写、写心得、写博客、周练、微写作。三年里，龚老师和"海鸥班"孩子们一起，写下了500多万文字，记录了初中阶段的精彩生活。[②]

---

① 朱永新：《新教育实验的师生共写——从书写作品到书写人生》。

② 海门新教育：《师生共写随笔　心灵自由歌唱》。

　　山东省滨州市滨城区逸夫小学的卢振芳老师与学生共同开启师生共写。学生在日记本上写，教师以电子版的方式记录。从 2015 年到 2022 年，卢老师的学生在各种少年读物上发表文章。在陪伴孩子成长的过程中，卢老师自身也不断成长。她撰写的班级故事已突破 100 万字，相继发表教育叙事 10 余篇。卢老师所带的海燕班被评为"全国新教育实验完美教室"，卢老师自己也被评为全国新教育实验榜样教师。

　　成都市武侯实验小学的胡艳老师组织学生一起完成共写任务，聚焦于一个主题的集体共写将教师与学生联结在一起。除了常见的叙事性习作，胡老师还拓展了戏曲写作、新闻写作等多样化的体裁。这些作品由教师发布在公众号上，并由教师撰文点评。临近毕业，胡老师和学生一起汇编毕业文集，一本本文集的背后正是师生共同生活、成长、写作的见证。

　　新教育的师生们在师生共写中深刻印证了"一个人可以走得很快，一群人可以走得很远"。新教育师生共写催生了一批有思想、有行动的骨干教师，培养了一批有梦想、有目标的学生，提高了师生的写作兴趣，提升了师生的认知水平，改变了师生的精神面貌。过一种幸福完整的教育生活，这是新教育师生共写的根本目标。

在文字的世界里无尽地延伸

成都市武侯实验小学　　胡艳

　　加入新教育实验已经六年了，这六年对于我来说是一次圆梦的经历。我喜欢戏曲、古典文学、写作，这些在新教育实验中都找到了投射点，并不断地对其延伸。

一、写作者的延伸：从专家示范到一线师生共写

　　2017 年，我有幸成为李镇西老师研修站第二期的学员。李老师告诉我们：专业写作是教师专业发展的三大法宝之一。李老师每天都要在"镇西茶馆"公众号里发一篇文章，他用行动引领我们，让我们也自觉地开始专业写作。

　　2017 年 10 月，我也效仿着李老师开设了自己的公众号，取名为"艾弥儿的胡言胡语"。迄今，我撰写了 500 多篇文章。2020 年，《我就是课程》

一文收入了《教育的幸福：我与新教育 20 年》里，两次获得新教育行动叙事特等奖。2022 年，李老师主编的研修站老师的文集《成长比成功更可贵》，我有两篇文章入选。

专业写作的力量既然能从李老师身上传递到我的身上，那么能不能由我延伸到学生呢？新教育正是这样指引我们的：共读、共写、共同生活是过一种幸福完整的教育生活的必由之路。

于是我开始带学生一起共写，第一个主题叫双鲤记，这个名字来源于汉乐府《饮马长城窟行》，讲述的是：有客人送了两条鲤鱼，主人在鱼肚子里发现一封信，写着两句诗，上言加餐饭，下言长相忆。看似平常实则情深，就像是书信，有一种既生活化又浪漫的传统之美。现代的孩子对书信是陌生又好奇的，我们以师生通信的形式让 43 个同学在暑假都拿起笔，每封信都通过邮局寄送到对方手中。书信内容我都整理下来，发布到公众号上。

二、写作形式的延伸：从集体共写到个人创作

新教育认为：在班级建设上唯有共读共写，才有可能创造共同的话语体系，才有可能在某种程度上形成班级精神层面的凝聚力。

最大规模的"娃娃写戏"来自一次偶然的教育教学经历，我班的叶小典同学写了一篇跟妈妈去吃火锅的作文，四页纸上全是对话，我觉得这很像戏剧剧本，就跟他说："要不我教你把这个作文改成剧本？"他不仅完成了剧本，还写了一首下场诗。既然叶小典能写，其他同学也可以写。于是，"娃娃写戏"成了我们班的保留项目。从四年级上学期开始，每一学期都挑选一篇课文，以小组合作的形式把它改编为课本剧——《一枚金币》《包公审驴》《秉笔直书》《将相和》《四大名著》等，其中《秉笔直书》还被排练成了戏剧节目，搬演到了学校国旗下展示的舞台上，排练过程又被策划成为"娃娃排戏"综合实践活动，获得了区特等奖。

"娃娃写戏"先从戏剧剧本的格式、体制开始学习。西方戏剧多为四幕剧，我国的元杂剧也大多为四折。学生学习如何根据情节进行场次的划分，时间、环境的设置，人物语言与行动提示语的撰写，再逐渐加入戏曲中的上场诗、下场诗、韵白等。"娃娃写戏"从最初的话剧形式，发展到后来，学生能够写出有唱词的戏曲剧本。

并不是所有学生都能顺利完成活动任务，过程中也有学生出现畏难情绪。写《将相和》时，一小组同学出现了相互不配合、相互推脱的情况。我允许他们有消极的情绪，这说明他们需要老师的关注与指点。最后这个小组由我单独花时间进行辅导，开小组会都开了两次，拿出的作品不能说是多么优秀，但写作过程中我们是倾尽全力的。不是为写而写，而是从写中增强小组合作意识，增加班级凝聚力。

除了"娃娃写戏"，还有"娃娃说戏"，主要形式是画戏曲绘本并录制讲故事视频。"娃娃论戏"，主要写自己看戏、学戏的感受。

有一次我们编排原创戏曲校园剧，果果同学落选了，他下来以后写考试作文，把当时编排的过程写得非常完整，这就特别像昆曲的身段谱。于是我就跟果果建议把它写成属于自己的身段谱，把一次学生的失意变成了他的成长收获。

像果果这样进行个人创作的例子还有很多，我经常根据学生的即时经历进行点拨，建议他们把生活遭遇、文艺特长、兴趣爱好这些具有独特感受的事记录下来。

壮壮是一个很调皮的男生，字也写得很糟糕，但我关注到壮壮有一种类似王小波的黑色幽默。对他那些精致的淘气，我有了新办法——只要是惹了事，就给他一张纸，让他把经过写下来。有一次校长组织他们去开会，给他倒了一杯水，他就把这个纸杯子拿回来，在上课的时候玩，被科任老师批评了，于是就有了《老寇的杯子》这一篇文章，还得到了校长本人的关注。

壮壮写下他三件后悔的事情，整理、修改之后，《悔》这篇文章发表在《创意小作家》上。有一年我被学校评为了优秀老师，要学生写眼中的老师，我把这个任务交给了壮壮，他这样写道："胡老师说我像小蚂蚁，那胡老师就是法布尔。"我和壮壮的关系通过共写越来越融洽，同事抓拍的我跟壮壮手拉手去学校的背影，不知道的还以为是两母子。

三、题材的延伸：从单一习作到多文体拓展

《红楼梦》整本书阅读是我们班的一个共读项目，提炼出了两个共写主题：同是红楼梦中人，用《红楼梦》的写作方法迁移到自己的写人习作之中；

同写红楼梦中人，写《红楼梦》里让你印象深刻的人与事。

根据红楼内容编写的"红楼朋友圈""红楼群聊""红楼热搜"，这种传承加创新的读写结合，让学生既读懂了原著，又产生了自己的创意。

学校经常搞活动，需要出新闻稿，以前都是老师或家长写，我们班成立了新闻写作小组，有了活动就自己来报道。

四、评价的延伸：从常规评价到技术支持下的多元互动

一般寒暑假的作文都是在开学以后才收回来看，有了疫情时期上网课的经验，我们做了改变，每周习作在网上提交，在网上点评，学生能及时收到反馈，在下一次习作中进行改正。

在李镇西老师研修站学习期间，李老师经常转发我们的文章，并对每一篇文章都专门做点评。我也在公众号上开专题，专门发布学生的优秀习作和点评。

家长们会经常来公众号下留言，有的亲戚朋友甚至邻居也闻讯前来，这又是一种家校社互动式的评价。一些离异的家长很少见到孩子，但通过看我发布的文章，通过留言也能关注到孩子的成长。

五、时空的延伸：从小学生活到未来的人生

毕业的共写主题是编一本毕业文集，在小白同学的文集中，我们能看到她和好朋友、"死对头"之间难忘的人与事，她的文章经过修改，也发表在杂志上。

小白进入初中的最后一个六一节，要在学校表演昆曲，她从二年级时扮演林妹妹到现在终于扮演杜丽娘了。她邀请我去看，学校离我有三十几公里，我下班以后还是去了。

《从林妹妹到杜丽娘》记录的是小白学戏曲、读《红楼梦》的经历，获得了学校艺术节征文一等奖。我写的是《从老师到观众》，在最后我是这样写的："从二年级时她来当我的小观众，到现在我去当她的观众，我们验证了一种最好的师生关系：上台前是鞭策她勤学苦练的老师，上台后做台侧守候与陪伴的观众。"这一组文章是我跟小白毕业后的师生共写。

李镇西老师曾说，他把教育当作爱好，而我跟他相反，我把爱好变成

了教育。李老师为我们出版的师生原创戏曲绘本《浣花笺》作序，名字叫《把爱好与职业融为一体的人是幸福的》，无论是戏曲、《红楼梦》，还是写作，当这些我所珍视的爱好被学生传承，我觉得这样的教育生活就是幸福而完整的。

从李老师研修站毕业时，李老师在纪念证书上是这样说的："是离别，但没分手。是结束，也是开始。在未来的日子里我愿继续与你同行。"我跟我的学生们，也正是通过新教育理念的不断引领，通过共读，通过对话和相互用文字交流，实现了真正的共同生活，并让这种生活在未知的时空做无尽的延伸。

（胡艳，四川省成都市武侯实验小学教师。2017 年 4 月加入新教育，2017 年 9 月至 2021 年 7 月加入李镇西博士研修站第二期学习，在"研发卓越课程""营造书香校园""师生共写随笔"等行动中表现突出。2018 年、2021 年、2022 年先后三次参加新教育年会的叙事汇报，两次获得新教育叙事征文特等奖。2020 年，《我就是课程》一文入选《教育的幸福：我与新教育 20 年》一书，出版师生原创戏曲绘本《浣花笺》。2019 年被评为武侯区优秀教师、优秀班主任，2020 年获得新教育榜样教师称号，2021 年被评为成都市优秀青年教师。）

4. 新教育教师共写

（1）新教育教师共写的内容

实践表明，抱团成长是提高写作水平的捷径。一个有生命力的教师写作坊，应该取一个诗意的名字，找到一两个灵魂人物，招募一群尺码相同的人，策划一系列的主题活动，写出一批有质量的作品，形成一股强大的写作文化磁场。新教育教师共写指的是以组建教师写作共同体的方式，将爱写、能写、想写的教师汇聚在一起，通过经常性的写作活动，形成崇尚写作的校园风气，帮助教师在文字的雕琢中过一种幸福完整的教育生活。

（2）新教育教师共写的意义

形成雁群效应。新教育教师共写有利于形成雁群效应，借助榜样人物的行动，唤醒、鼓励其他成员，并凝聚成团队的力量，裹挟更多人卷入笔耕的行列。榜样是最好的说服，示范是最好的引领。写作成员在榜样的感召下，团结互助、协调一致、互相借力、合作共赢。对于任何一项工作，没有团队的协助配合、合力攻关，个人的力量是极其渺小的。新教育教师共写最强调团队精神，团队精神不是反对个性张扬，而是要求团队成员互相帮助、互相支持、互相配合，为集体的共同愿景而努力。

提升专业发展。 新教育教师共写有利于帮助更多的教师找到专业发展的关键路径，享受写作带来的"复利"，摆脱职业倦怠的困扰，快速提升教师团队的整体素质。写作本身是"一个人的武林"，持久的孤独会淘汰和击垮热情的参与者。新教育教师共写为教师写作构建起一个个相互激励、相互唤醒的写作共同体。教师在共同体的帮助下，获得支撑、获得滋养、获得前行的力量。写作本身就是一种学习和发展，教师日复一日地坚持写作，在共同体中收获的成长，必然能够带动教师团队的整体发展。

传播学校品牌。 新教育教师共写有利于学校品牌的传播，如果有一批教师持续不断地写作并发表文章，学校就会随着那些文章而声名远播。只要层层立标杆、人人做示范，新教育教师共写就一定能够形成头雁领航、群雁齐飞、活力四射的"头雁效应"，必然能在教育一线引领起鼓舞人心的写作潮流，从而带领一个个教师、一所所学校共同展现写作不可低估的力量。这些教师和学校最终也将成长为支撑新教育写作蓬勃向上的中坚力量。

（3）新教育教师共写的特点

一致性。 新教育教师共写意味着教师之间拥有一致的目标与愿景。新教育教师写作共同体建立在自愿、自主的基础之上，是尺码相同的人的相聚。一群教师通过阅读、通过写作、通过团队的对话，相互学习、相互帮助、相互启发，共同走向卓越。

共享性。 新教育教师共写是面向广大一线教师的写作。强调写作的开放性价值和共享性特征，实际上是为了端正教师的写作动机，焕发教师的写作动力，激励教师持久写作。目前，新教育研究院及其分支机构的自媒体以及《新教育报》、教育在线等发表平台日益丰富起来，为新教育教师共写提供了更加多元开放的交流平台。

互助性。 新教育教师共写充分发挥同伴教学的优势，为教师提供直接而具有针对性的一对一互助交流。教师可以将修改好的作品与其他小组成员分享探讨，从而激发更多的思考。教师有效地从自己和同伴的作品中找到共性的问题并进行修正，逐步培养起独立创作、独立修改的能力。

鼓舞性。新教育教师共写为教师提供精神上的激励与鼓舞。教师写作共同体通过营造相互信任、相互支持、团结融洽的氛围，帮助教师消除职业倦怠、重拾写作信心。教师通过社团打卡、课堂研讨、同伴对话和自我对话，在共同体中找到成长的榜样，获得专业的指导，不断探寻发展方向。

（4）新教育教师共写的方式

新教育认为，一所真正在乎教师成长的学校，应该为教师的专业写作搭建关键平台，让他们以专业交往的方式站在团队的肩膀上进步。

江苏省苏州市吴江区的张菊荣校长在汾湖实验小学工作期间，亲自带领老师们每天用文字记录生活，让老师们把自己教育教学生活的点点滴滴记录下来，做"探索者""思考者""写作者"。由于暂时达不到出版的要求，他们就把这些书称为"土书"。为了体现仪式感，他们每年暑假都会举行"土书发行仪式"。八年间形成了400多本"土书"，"土书"中的不少篇章还得以公开发表。因为共同体写作，这所学校的老师找到了"诗意和远方"。

一个人与一群人：思想长跑的精神意义

江苏省吴江实验小学教育集团总校长　张菊荣

2002年暑假伊始，我闯入开创不久的"教育在线"，践行"朱永新成功保险公司"，进行了长达20年的"思想长跑"。当年的这一"闯入"，对于我个人，对于之后我所在团队的精神意义无法估量。

精神意义是新教育写作的第一意义。人类开始写作或许是为了记事。但是，遥远的古人一定曾经为自己居然能用这样的符号记录生活的伟大创造而感到惊讶，这种强烈的精神自豪感，不亚于人类开始直立行走的那一刻。而对于个人来说，在我们已经淡忘的童年，第一次拿起笔来表达思想的那一刻，也一定带着深刻的精神期待：从此，我可以用这样的方式表达！

当一个人进入了写作，这个人就开始了一趟创造性的精神之旅，对于一个教师来说，尤其如此。新教育写作把写作的精神性推向了极致！"人能磨墨墨磨人"，新教育写作磨砺着人的精神。

2002年暑假开始，在教育理想的召唤下，我开始了"菊荣行思录"的写作。暑假过后，恰逢工作变动，我来到了吴江区教科室工作。于是，我开始了这样的一种生活：白天，与校长、老师们在一起，在学校里吸取实践的营养；安静的夜晚，键盘的敲击下流淌着源源不断的思想。写作，让我把自己与学校紧紧联系在了一起。当一个人与一群人联结起来的时候，精神生活会高度丰富。我的求精神、弱功利的写作取向，从那时起已扎根发芽。

我非常喜欢苏霍姆林斯基说的"日不间断"。但要做到"日不间断"谈何容易。难在坚持，所以贵在坚持。坚持难，最大的困难是你看不到"成长"。我也常常是时断时续地写作，多少次啊，写了一个月停下，写了两个月又停下了。有一次，我请教朱永新老师，我说我坚持了，却看不到自己的成长在哪。朱老师给了我五个字："坚持即成长。"

"坚持即成长"，这句话包含着多少的内涵！当一个人坚持着，他的坚持就是他的精神标识，就是他的高贵存在。2006年9月1日，我正式开通博客，宣布要做一场"思想的长跑"。这一天也许来得有些晚，可是思想的长跑，从哪里开始都不算晚。

这一"跑"，便是20年。从市教科室，到城区小学，到重返乡村办学，到主政教育集团，一路上尽管峰回路转，我却因为这"思想的长跑"，从未动摇过精神的指向。

2006年开博的当年，"思想的长跑"与"课堂观察"研究完美相遇。在课堂的现场，在文字的天地里，我完全沉迷于对"课堂观察"的琢磨之中。我的文字没有固定体裁，我的思维没有限制，我的思想扎根在大地之上。直到今天，我依然记得那种记录生活、梳理思路给我带来的精神满足，那是一种纯粹的生活。后来，我居然连续在《中国教育学刊》发表了两篇8000字长文，这背后，是30万字的原始记录；记录时我没有想到要写出几篇"鸿文"来，更没有想到后来我们还主编出版了17册的《观课议课问题诊断与解决》，我只是把我与那么一群致力于研究的人的思考记录下来而已，我享受的是这种精神成长的过程。

2008年暑假从教科室来到一所当时较为薄弱的学校时，我的心情并不好。朱老师给我的箴言是"经历就是财富"。这一次，我选择了与阅读相关的团队写作，在阅读与写作中，实现精神的多方对话。我们成立了一个沙龙组织，开展了一个名为"细水长流读专著"的活动，在学校论坛上开辟专栏，每天用文字与伟大思想作穿越时空的对话，筑起了这所学校的精神坐标。我们用"日不间断"的方式，在现实的教学中思考理论、展望理想。

这种写作在形式上是低端的，是人人可以为之的；而在精神上是高贵的。高贵的精神不需要豪华的包装，新教育写作倡导无门槛写作，重要的是行动起来，日不间断地做起来，"持续性"让写作成为一种生活，让思考成为一种状态。

2009 年，我把与苏霍姆林斯基的"对话"方式移至汾湖实验小学。以"周"为单位，通过思考近 400 个问题，学校的创始者们进行了长达一年的"读苏"之旅。老师们甚至没发现自己在写作的时候，就自然而然过上了写作生活。我们的写作涉及了教育与生活的全部。第一个学期结束前，我说要把这段"创业史"记录下来，这是学校的财富，也是每个人的财富。36 位老师，无一例外地参与了这个"土书写作行动"。每个人都在记录、思考，每个人都进入了琢磨的状态，每个人都在平常的日子里过着高贵的精神生活。当写作成为专业生活方式，学校就理所当然地成为学校该有的样子。2017 年，当我离开这所学校的时候，8 年间，老师们创作了 444 本个人"土书"。

2017 年，我把这种通过日常写作进行思考的习惯带到了吴江实小教育集团。在学校行政群里，近两年的时间，我每日不间断地发表千字文，我写给大家看，更做给大家看，让大家看到我是怎样工作与思考的，如何在学校的现场与老师们一起处理问题的，更是让大家看到学校的思想是如何一步一步从萌发到生长的。我写的是与大家共同的思考，是大家熟悉的生活，但我写出来了，我的文字就引发了大家的进一步思考……很快，一种建设学校的智慧生活的愿景扎根了，学校的学术氛围与精神气息弥漫开来，10 天一期的《积极生长者（旬刊）》记录着大家的成长故事，10 天一期的《积极生长者（学报）》创造着教室里的课程与教学论——这两份没有节假日的小刊物，以及其中不断生长的浩瀚文字，构建了一个教育集团的精神殿堂，我们对它们的珍爱甚至超过了我们发表在各类作品的报刊。

最近，我又把办"旬刊"的做法推广到了"张菊荣名校长工作室"。名校长工作室刚成立，我就与 12 位校长做了一个约定：在三年时间内，日不间断地发表"每日一语"！我的旬刊系列于是又多了一个《日知者（旬刊）》，近一个月的时间，我们已经积累了近 10 万字。我并不认为这仅仅是文字！当一个人每天都处于思考之中，这个人怎么会不成为思想者，这个人怎么会不拥有丰富的精神世界？12 位校长一起，又将带动多少人？

20 年前的一次闯入，20 年的思想长跑，我把自己与一群人维系在一起，一个人的坚持可以带来一群人的坚持，而一群人的坚持将会带动更多个体的坚持。我始终相信，写作在，你的精神就在；精神特质，就是新教育写作的第一要义。

（张菊荣，中小学高级教师，江苏省吴江实验小学教育集团总校长。2002 年 7 月通过"教育在线"论坛结识朱永新老师，践约"朱永新成功保险公司"，加入新教育实验。坚持 20 年的公开写作，带动一群又一群的人通过写作进入教育的思考。以新教育思想创办汾湖实验小学，以新教育思想推进吴江实验小学教育集团发展。创造了中小学校课堂观察的基本范式，探索了"教—学—评一致性"的课堂评价模型，形成了新建学校文化、集团化办学内涵建设的实践成果；两次获省教育成果一等奖，获评苏州市特级校长，获评第五届明远教育奖。）

江苏省南京市幕府山庄小学依托"励进百分论坛"持续推进教师写作。"励进百分论坛"提出了"参与百分百，坚持百分百，热爱百分百"的行动口号，每月至少活动一次，每次 100 分钟。幕府山庄小学共汇编了《娜写年华》《青青园地》《月下盛开》等教师文集，郭娜、张清等 30 多名老师的近百篇文章先后在省级以上刊物发表，近十年的实践探索见证了青年教师的成长。学校的教育改革行动故事也多次被央视一套、南京电视台等主流媒体深度报道。

百分论坛，满分人生

江苏省南京市栖霞区幕府山庄小学　赵仁菊

新教育实验认为："生命就是书写一个故事；教育就是让每个人有省察地书写自己的生命故事。"2013 年，南京市栖霞区加入了全国新教育实验区，我校作为实验学校之一，聚焦教师"不想写、不会写"的难题，依托"励进百分论坛"，持续推进教师写作，赋能青年教师快速成长。

"励进百分论坛"是我校青年教师专业发展共同体——"励进百分"俱乐部的一个活动平台，提出了"参与百分百，坚持百分百，热爱百分百"的行动口号，每次活动100分钟。多年来，论坛围绕"推动教师写作、促进教师发展"主题，主要做了以下三方面工作。

一、榜样引领，激发教师写的热情

新教育认为，一个好的教师在他的成长历程中都有自己的榜样。"励进百分论坛"中榜样故事的言说，化解了老师的畏难心理，激发了教师专业写作的热情。

1. 讲述名师故事

古今中外的教育家和名师，无一不是通过写作成长起来的。一次次"励进百分论坛"活动，我们介绍了苏霍姆林斯基、李镇西、李吉林等教育名家的写作故事。我们震撼于苏霍姆林斯基一生写下41部教育专著的创作史，听李镇西校长如何给学生编织童话……名师故事点燃了青年教师的写作欲望，激发了他们的写作潜能。

2. 呈现身边榜样

教育写作既要仰望星空，更要脚踏实地。2020年，学校启动"和名校牵手，与名师有约"活动，论坛延展到了名校的舞台。今年3月，"励进百分论坛"走进南京市北京东路小学，该校吴静老师的专题讲座"上出来的论文"，以自己一节上了一百多回的公开课之后"羽化成蝶"的真实经历，启发我们品悟写作要义。

我校青年骨干教师王梦云、郭娜、盛月等相继走上论坛，分别作为阶段教师代表，分享以写作助力专业成长的行动故事，让全校教师看到了身边的榜样因写作带来的蜕变，看到了写作之于成长的价值，激发更多老师进入专业反思与写作的行动之中。

二、专业研修，提升教师写的能力

写作是一种实践能力，只有在写作实践的研修中，教师写作的能力才能不断提高。

1. 共读专业书籍

"励进百分论坛"就是一座精神家园。学校首先邀请教育专家为青年教师精心选择专业书籍，线上线下同步学习，领航教师的专业写作之路。近几年，我们共同研读了《叙事教育学》《名教师是写出来的》《高效写作的秘密》《研究是一门艺术》等名著，打开了大家的写作视野，开启了专业写作的技巧之门。

2. 共研专业写作

（1）搭建研修平台

栖霞教育以不断增进社会福祉，提升教师的职业幸福感为主要宗旨。栖霞教科研云端大讲坛，借力 CCtalk 直播课堂，带领我们奔赴教育的诗和远方。"至慧十人坛"，堪称校园明星梦工厂，由十位青年骨干教师组成，定期开展专题学习、撰写学习心得，由校长亲自批阅。组建微项目研究小组，采取校内校外双导师制，引导组员关注教育生活，撰写研究报告和行动故事。"三对一"磨文小组的建立，助力青年教师专业性文章的提档升级，也成就了一批草根型专家。

（2）聆听窗外声音

基于我校省级规划课题《润泽童年生活：儿童诗校本课程开发与实践的研究》，论坛特邀著名儿童诗人巩孺萍女士进校园，开设讲座《诗意的童年，美好的一生》，让教师学会诗性的话语表达；邀请作家张帆来校和教师亲切对话，阐述教师写作的重要性；和《扬子晚报》展开友好合作，为教师提供写作咨询，邹玲娣、王佳婧等骨干教师成了《扬子晚报》的热心作者。

（3）开展专题写作

近年来，"励进百分论坛"围绕儿童成长、家校共育等主题，多次开展专题写作，引导教师在持续写作中提升能力。去年 10 月，论坛组织了"励园里的儿童故事"主题叙事，《愿化一路南风》《童心，同心》《等待"仙人掌"开花》等叙事以生动的文字把丰富多彩的教育生活定格于一瞬。论坛还通过组织现场讲述，邀请江苏教育研究杂志社金连平主编点评指导，主编讲述自己在写作中成长的励志故事，给老师们带来了智慧的启迪。

9 月，在"拿什么奉献给你——我的家长"主题演讲中，叶明生老师的叙事"家校有路　心桥可通"从"励进百分论坛"一直讲述到集团教师节表彰大会上，令台下老师、学生和家长泪目。

三、主题分享，交流教师写的收获

"励进百分论坛"的主讲固然不乏名师大家，然而更多的是教师们的闪亮登场，他们激情讲述，相互润泽。

1. 读书心得交流

《励进百分·止于至善》主题阅读分享会，每一季都有幕后的老师被请到台前，做当季的 MVP。

2020 年寒假，我们共同阅读《未来的学校》。书中对美国 200 余所学校的深度探访，给了我们更多"贴地飞行"的有趣思考。开学季，"励进百分论坛"云端开讲，吴震寰老师撰文《让更好的教育来得更快》，她说："学校不妨大胆一点，把'掌握技术'职责分配给学生，而学生培训可以交给校外团队。这和咱们的'小先生'制不谋而合，所以在思想上，幕小已经走在世界前沿。"

读《为了自由呼吸的教育》，我们知道了教育就是一腔真爱，一份宽容；读《做内心强大的教师》，我们会因青年教师也能妥善应对课堂的"意外"而欣喜……这些叙事展现了青年教师们鲜活的思想以及他们所勾勒的教育蓝图。

2. 行动叙事分享

新教育倡导生命叙事，以生命影响生命，以故事引发故事。"励进百分论坛"分享最多的是老师们的生命叙事，如家校共育故事、课程研发叙事等，这些叙事悄然引领着老师们的思维转型与生命成长。

盛月老师倾情奉上《我们班的爱情风暴》，讲述她如何应对"早恋"的育人故事。张璐老师和大家分享了"半亩方田"综合性学习项目的研究成果，展现了学校劳动育人实践的新样态。

只要行动，就有收获；只有坚持，才有奇迹。这几年，我们汇编了《娜写年华》《青青园地》《月下盛开》等一本本教师文集。30 多名老师的近百篇文章先后在省级以上刊物发表，毛善玲老师的研究报告《小课题 大文章》、郭娜老师的案例《青青园地小农夫的梦》在市区级平台交流。更重要的是，教师写作行动的持续推进，促使越来越多的老师一边思考，一边工作和生活，从而成为思想型、研究型教师。学校的办学品位不断提升，相继斩获"全国青少年校园足球特色学校""江苏省诗歌教育联盟学校""金陵书香校园"等荣誉称号，学校的教育改革行动故事多次被央视、省市电视台主流媒体深度报道。

未来的日子里，我们将继续引领学校教师以笔为桨、以文字为帆，划动生命之舟，驶向生活的明亮彼岸，创造属于我们每个人的"满分人生"。

（赵仁菊，小学一级教师，南京市栖霞区幕府山庄小学教科室主任，南京市优秀辅导员，栖霞区语文学科带头人，栖霞区特色教师。自所在学校成为新教育实验学校以来，她积极带领全校教师了解新教育、投身新教育，组织教师参加新教育 8 项评比，尤其在推进教师写作、赋能青年教师成长方面做了很多有益的尝试，2021 年入围全国新教育先进个人评选。赵仁菊老师以长期的教学实践为支撑，提出了儿童诗教学的可行性策略，主持多场"让诗歌点亮童心"系列主题研修活动，开设了多节区级以上公开课。主编校本学材《诗歌点亮童心》已公开出版并获得栖霞区卓越课程奖；主持省级"十三五"规划课题《润泽童年生活：儿童诗校本课程开发与实践的研究》已顺利结题。她以超越功利和狭隘经验的诗教方式让我们感受到梦想的力量与思想的魅力。）

5. 新教育网络写作

网络写作流行以来，经过多年的淬炼，已经形成了独特的表达风格。一是高度散文化、小型化。不追求宏大叙事，注重从周遭的小人物、小事件、小细节、小物品中挖掘有价值的题材，写出"微生活"。二是口语表达，雅俗共赏。口语化是新媒体写作语言最重要的特点，有时甚至会使用方言书写。当然，我们提倡语言规范化表达，主张使用更丰富的修辞美化我们的网文，以达到雅俗共赏的效果。三是跨文体表达，表达样式多元。可以利用网络的复制、戏仿、拼贴，视频、音频、图片、超链接等一切技术手段，形成多媒介综合作品。

网络写作是新教育共同体写作的重要内容，是通过互联网平台，采用多样化的形式书写教育生活的一种写作方式。网络写作方便快捷、传播速度快、影响面广、互动及时，在推动教师专业发展、带动学生与家长共读共写、促进师生成长方面具有独特而重要的价值。20 多年来，新教育从最初的"教育在线"网站发轫，经新教育网络教师学习中心等新教育机构深化，在网络写作方面积累了丰富的实践经验，总结出了可行的方法模式，孕育了丰硕的教育成果，产生了一定的社会效应。

（1）新教育网络写作的内容

网络写作包括朋友圈写作和微信公众号写作，以及在小打卡、简书、美篇、QQ 空间、抖音视频等平台上的写作。朋友圈写作是指师生采用比较灵活的形式，通过将自己日常的观察和对教育生活的反思进行或长或短的书写，在朋友圈进行发布。公众号写作相对于朋友圈写作来说一般篇幅更长、更正式、更规范，传播范围更广。小打卡写作是指在小打卡圈，师生围绕自己的教育生活进行写作，在完全开放的环境中相互点评、相互学习，以写作为媒介进行专业交往。抖音视频上的写作是指师生写好文字稿后，录制成音视频，通过抖音等平台发布，展现个人的教育生活和观点，将自我的教育生活带出，嵌入丰富的意义，在社交平台上与观众交流碰撞。

新教育网络写作的主要内容有：

文学作品。主要指诗歌、散文、童话、小说或剧本等。新教育的许多师生坚持在网络平台创作文学作品，日积月累，培养了写作习惯、激发了创作兴趣、提高了写作能力，陶冶了情操、丰富了生活、拥有了成就感。

教育随笔。一是指教师在教育生活中由所见、所闻、所做引发所感而创作的文章，内容包括授课反思、德育心得、阅读体会、活动感悟等。二是学生在学习生活中所书写的日记、体会等。师生通过随笔倾诉心声、沟通交流、分享意义，增进信任、减少分歧，实现情感共振、思想共鸣。

教育案例。教育教学中总会有成功的瞬间，也会有遗憾的时刻，教师将知识传授、师生互动等教育片段"剪裁"并以结构化的方式记录下来，运用理论深刻反思，让经历转化为经验，达到提升教育教学水平的目的。

生命叙事。包括"一日生命叙事"与"年度生命叙事"。"一日生命叙事"是师生对自己一天的教育生活根据表达的意义加以选择、剪裁、结构化，用讲故事的方式呈现生活的本真面目，引发深刻的反思。"年度生命叙事"是教师回顾一年走过来的生命历程，将一年中对生命产生重大影响的关键人物、关键书籍、关键事件等编织成生命故事，让思考沉淀、让生命豁亮。

（2）新教育网络写作的特点

即时性。网络写作突破了纸笔介质的局限性，改变了纸媒发表的滞后性。师生可以在教室、办公室、火车站、机场、地铁等场所随处创作。无论是只言片语还是整篇文章，都可以通过智能手机、电脑随时记录发表。

公开性。文字或文章发表在微信朋友圈、公众号等互联网平台，可以面向特定群体或全体大众公开。公开写作，让作者得到来自真实世界的反馈，赢得读者的认可和赞赏，有助于增强写作的外在动力。

交互性。发表在网络上的文章，读者可以及时点评、点赞或转发。作者和读者围绕作品相互交流、深度沟通、思辨争鸣，这种互动交流冲破个人主义屏障，促进生活的整体性和人与人之间的联系，有助于激发教育智慧、绽放灵感火花、促进共同成长。

持久性。微信公众号、QQ空间、简书、美篇、企业微信等数字媒介，既是交流空间又是储存平台。师生不间断书写，就像小溪汇入江河、江河注入大海。每一个文字在网络海洋中不仅不会蒸发，而且能够得以长期保存。经过日积月累，生命成长的印记与心路历程得以记录，丰厚的教育成果也得以积淀。

多媒性。自从造纸术与印刷术发明以来，用纸笔记录书写、用纸墨印刷书籍，是写作呈现的主要方式。互联网写作的出现，极大地丰富了文字作品的展示形式，师生不仅可以发表文字，还可以配以图片、音频、视频，以多种媒体形式呈现，丰富了读者的多种感官体验，调动了读者的阅读兴趣，扩大了读者的范围，建立起了多维度的阅读空间。

（3）新教育网络写作的意义

提升专业思维。写作是思维的外显，写作能提升思维品质。在网络上坚持写作，能增进教师对教育教学的敏感度，提升发现问题、分析问题与解决问题的专业思维，促进认知结构的完善和思维水平的提升，助推教师从经验型教师向专业型教师转变。

促进专业阅读。专业阅读是输入，专业写作是输出，输出倒逼输入，写作促进阅读。为了保持思维的灵动，写出高质量的作品，教师就必须从消遣性阅读向专业性阅读转变，增加阅读的数量，提升阅读的质量。

增进彼此信任。信任源于了解，了解需要沟通。互联网写作公开性和交互性的特点，给师生提供了展示自我、了解他人、相互沟通的机会。在彼此交互书写中增进情感、达成共识，增强人与人之间的信任感。

构筑精神家园。精神家园给个人以安全感并为其指明成长方向。师生在网络学习共同体、网络社区中，摆脱现实生活中的各种纠葛，真实表达、真诚交流，通过共读共写共同生活编织生命，构筑起值得信赖的精神家园。

（4）**新教育网络写作的方式**

新教育网络教师学习中心（简称"新网师"）是在"教育在线"的基础上发展起来，以培养教师为宗旨的在线专业学习共同体。"新网师"围绕教师职业认同与专业发展，在新教育网络写作方面，进行了长期系统化探索，积累了丰富的实践经验，形成了富有成效的新教育网络写作模式，让写作不再是额外的负担，而是师生的一种生活方式、学习方式和工作方式。

新网师的写作方式主要有：

生活型写作。指教师将写作作为一种生活方式，在教育生活中写，为了教育生活而写，写教育生活。"新网师"组织发起撰写"一日生命叙事"，倡导教师每天对当日教育生活记录、反思；发起"朋友圈"写作，鼓励教师每天在朋友圈以纯文字、文字＋图片、文字＋视频三种方式，记录教育生活中的点点滴滴；倡导微信公众号写作，鼓励教师开通微信公众号，记录班级故事、撰写班级叙事、书写家庭日记等。

学习型写作。指教师将写作作为一种学习方式，在学习中写，为学习而写，以写的方式呈现学习成果。参加"新网师"学习的教师，要完成以下写作任务：一是每天写阅读批注，二是完成课程学习中的预习作业或课后作业，三是参与课程综述的撰写，四是撰写教育教学论文，五是撰写"一日生命叙事"和"年度生命叙事"。

工作型写作。指教师将写作作为一种工作方式，在工作中写，为工作而写，用写的方式工作。主要内容有：一是参与起草方案、拟定公告、撰写总结等公文写作，提升教师交际场景中遣词造句的准确性、思考的周密性、表达的得体性；二是撰写"学校一周观察""班级一周观察"，提升教师洞悉本质、归纳演绎及逻辑思维能力；三是撰写课程综述，提升教师分析概括能力。除此之外，共同体成员每天通过微信群、钉钉群等进行文字交流，这已经成为一种习以为常的工作方式。

新网师经历了13年的稳定运行和发展壮大，取得了一系列显著的成果，研发了家校合作共育、中小学英语、中小学语文、"每日一事"等一批卓越课程，编辑了"一周观察"合集《行走在林中路》和《少有人走的路》，新教育网络教师学习中心的郝晓东老师出版了《改变教育的十二个关键词》《未来教师》《教师成长力：专业素养发展图谱》等著作，这都为新网师的持续发展奠定了基础、积蓄了力量。

网络写作：新网师促进教师专业发展的实践与启示

新教育网络教师学习中心　郝晓东

"新网师"全称新教育网络教师学习中心，是新教育实验下属的教师培训机构。新网师遵循新教育教师成长理论，用生命叙事增进职业认同，用"专业阅读、专业写作、专业交往"促进专业发展，以自主学习、自主管理、自主评价为特征，以过一种幸福完整的教育生活为愿景，是面向全国所有教育工作者的在线专业学习共同体。从2009年成立至今，累计5万余名教师参加学习，目前在册教师约1万人。

新网师借助网络组织教师写作，主要呈现三个特点：一是写作人数多——在新网师学习，每个教师都写作；二是写作数量大——一年写二三十万字，在新网师是普遍现象；三是写作质量高——不少学员的文章经常能在报刊发表。

大家都知道，教师写作普遍存在四个困难：一是不愿写，二是不会写，三是没空写，四是难久写。为什么在新网师，教师写作似乎成了家常便饭的事呢？接下来，我介绍一下新网师的具体做法。

一是开设写作课程，指导写作方法。新网师邀请全国知名教育专家李镇西老师常年开设教育写作课。同时不定期组织各种有关教育写作的培训和论坛。尤其是今年，围绕教育写作主题，还组织了多场在线论坛。

二是提倡公开写作，激发写作兴趣。公开写作指在朋友圈、公众号、小打卡、简书、抖音等互联网平台写作。相对于纸媒时代的封闭写作，公开写作让读者及时关注、轻松点赞、实时点评，扩大了作者和读者的互动交流，因而能够激发写作兴趣。

三是撰写课程作业，夯实学习过程。与其他在线培训不同，新网师每门课程都会布置课前预习或课后作业。许多学员一学期学习结束后，仅作业的字数就会达到四五万字。不少学员将作业加以修改，就能作为论文刊登在专业期刊上。

四是撰写生命叙事，增进职业认同。生命叙事分为"一日生命叙事"和"年度生命叙事"。新网师公众号每天会刊发一篇"一日生命叙事"。学员的叙事引起《中国教师报》等多家教育媒体的关注，经常被转载刊发。每年年底，新网师都会要求学员撰写年度生命叙事，并组织评选，评选出的优秀生命叙事还会结集出版。

除了以上四点，新网师还倡导书写"一周观察"，记录、总结、反思一周内学校、班级的教育故事。鼓励撰写"课程综述"，在自己授课或听了他人的课后，进行如实的记录，并加以分析、评价。由此可知，新网师之所以能克服教师不愿写、不会写、没时间写、不能长期写的难题，有三点原因。一是"写作有伴"。参与共同体写作，能够相互影响、相互激励。二是"写作有用"。这些写作不是为写而写，不是虚构故事，更不是文学创作，写作是一种工作、学习、生活方式，写作为了教育实践、源自教育实践、记录教育实践。教师通过写作促进了对教育教学的反思，也促进了自我的专业发展和学生的生命成长。三是"写作有趣"。丰富的写作内容、多元的写作形式、及时的外部反馈，让写作过程充满乐趣，不再枯燥乏味。

通过网络写作，不少新网师学员提高了写作水平，引发了深刻反思，促进了学员的专业发展，点亮了教育生活。

新网师学员鲁正群是四川省成都市第十一幼儿园教师。在新网师学习中，她每天阅读、批注、打卡：《儿童的人格教育》打卡 148 天，《静悄悄的革命》打卡 146 天，《教育学经典解读》打卡 126 天，《发展心理学》打卡 128 天，学《人是如何学习》，8 次作业累计写作近 4 万字。她说："在学习过程中，我唤醒了专业自觉，锻炼了逻辑思维。"

新网师学员智静是山西省定襄县实验小学的一名语文教师，她在微信朋友圈以"静心思语""读与思""观察随笔"为栏目书写每天的所见、所闻、所行、所思，累计写作 50 多万字。她在班级发起"班级漂流日记"和

"星空班一日叙事"，开展"师生共写随笔"。一年下来，全班60个学生已完成18万字。她说："书写随笔让知天命的我对世界充满了无限的好奇与热爱，我感觉自己比以往任何时候都热爱教育、热爱生命、热爱学习。"

在新网师，如鲁正群、智静这样的老师还有许多，比如，在旺苍县就有王宗祥、吴尧达、刘洋、何国敏、李霞、王红等老师。

总结新网师提升教师写作素养的实践，我想借用一本书《学会写作：自我进阶的高效方法》中的三个观点：

一是调整写作心态。要暂时接受"写得差"这个事实。有的老师认为"我写得如此差，怎么好意思写"，其实应调整为"我写得差，得赶紧开始写"。有的老师认为"为什么你们随随便便就能写几千字，我写几百字都困难"，其实应该调整为"没有谁能随随便便写几千字"。

二是完成比完美重要。降低目标，调低预期，从写好一段话开始，每天练习。不要等准备好了才写，不要有"准备好了，再一炮打响"的念头。好文笔是练出来的，好文章是改出来的。先写起来，就成功了一半。坚信自己会写得越来越好。

三是必须公开写作。借助外部世界，能提升写作标准。比如一个女孩子，如果待在家，可能头发都不梳，但只要出门都要洗漱化妆。写文章也是这个道理，只要公开写作，就会写得更认真。借助外部激励，驱动写作动力。读者的点赞、留言、转发都会让写作者更有动力。借助外部反馈，能提升写作技巧。阅读数、点赞数、评论数都是反馈，没有反馈也是一种反馈，说明你的文章没有打动任何人。读者的质疑帮助我们发现不足，读者的批评能引起我们更深入的思考。

（郝晓东，苏州大学高等教育学博士生，中国陶行知研究会理事，新教育网络教师学习中心执行主任，中国教育报2017年全国推动读书十大人物。2009年加入新教育实验网络师范学院至今，从学员成长为讲师、执行主任。《中国教师报》专栏作者，《教师博览》签约作者。出版专著《给青年教师的40封信》《改变教育的十二个关键词》《未来教师》《教师成长力：专业素养发展图谱》。在《国家教育行政学院学报》《人民教育》《中国教育报》等报刊发表文章60余篇。）

关于网络写作，还有几个需要强调的关键点：

第一，找到适合的网络写作平台。参与新媒体写作，选择平台十分重要。目前适合学校师生、父母写作的平台主要有微信公众号、头条号、简书、微博等。入驻一个平台，开辟一个属于自己的写作空间，就是为自己找到了一片理想栖居地。

第二，坚持在频繁更新中培养习惯。新教育认为只要坚持就有奇迹。坚持频繁更新，可以倒逼自己养成思考的习惯。经常记录，长时间积累，会提高我们对生活的敏感度、思想的深刻性，能够看见自己拔节生长的过程。

第三，增强网络写作的读者意识。面对网络读者阅读欲望、理解水平、价值判断复杂多元的实际，写作中既要坚守教育人不媚俗的写作风骨，也要学会利用网络写作超文本链接的优势，采取更加灵活的表达方式，以吸引更多读者逗留，达成把自己的认识、思想和情感传达给更多人的目的。

在这样一个全民网络写作到来的时代，新教育人特别需要运用新媒体思维，在网文 IP 的全链路开发上做足文章，推出新教育师生、父母自己的故事。同时，在"网文出海"方面拿出更完整的推进规划，在全国的师生和家长群体中培育一支高精尖的写作队伍，利用新媒体的平台，让新教育的海外传播产生更好的效应。

二、新教育写作的评价方式

近年来国家陆续出台评价改革方案、评价指南等文件，着力强调发挥好评价的"指挥棒"作用，为教育评价的专业化建设明确了路径、指明了方向。写作评价是教育评价的重要组成部分，新教育的写作评价秉承新时代教育评价改革的理念与要求，力促新教育共同体的发展。

传统意义上的"写作评价"多指对学生运用语言文字创作出来的作品进行评价，即对学生作文的评价。新教育写作从概念、内容、特点到方式，都不限于学生写作，因此，新教育写作评价的范围更为广泛，是对新教育共同体（学生、教师、父母等）写作作品的评价，既包含学生作文、"绘说"、学科写作等作品，也包含教师的教育论文、教育故事、教育书信、教育杂感等内容，还包含家庭写作、家校共写等内容。

写作评价在一线的教学过程中一直是令语文老师头疼的话题。如何能够快速、准确、一语中的地评价学生的作文？如何降低评阅作文的工作量？如何在评价后让学生的写作水平得到及时有效的提升？这些既是老师们迫切希望解决的问题，也是当下学生写作评价在实操层面需要重点攻克的难题。具体来看，当前写作评价，教师主要是依据个人教学经验对作文进行分数评价、等级评价、评语反馈等，具有极大的主观性；写作评价耗时较长，当评价结果给到孩子手中时已经过去一两周，时效性极弱；此外，学生拿到老师评价的分数、等级或评语并不知道自己该从何处去改进，只好凭感觉做出调整与修改；再者，老师遇到得分接近的学生，往往会将其划入同一类别中"一视同仁"地进行指导，难以有针对性地解决学生个体的写作问题。基于上述问题，新教育做出了一系列的探索，形成了较为客观、精确的写作评价方法。

（一）新教育写作评价的意义和价值

提升写作水平。新教育写作的评价立足于发挥评价的指挥棒作用，利用评价的诊断、激励、改进、导向功能，帮助新教育共同体成员在写作过程中更加理性地审视个人写作内容，提高学生、教师等新教育共同体成员的写作水平。

提高教育质量。新教育写作评价通过对学校主要学习者——学生的写作进行评价，对教学实践者——教师的写作进行评价，对各个学科的写作进行评价等，提高学生、教师写作能力的同时也提升学校写作教学水平，更为新教育实验学校整体教育质量的提高助力。

促进精神充实。新教育写作评价最终是希望让新教育的成员能够"所思所想，下笔皆生花"，我笔不仅是"写"我意，还能"达"我意。写作是人梳理自我内心世界的过程，或反思、或思辨、或记述、或随感，都是书写内心时在精神世界自由翱翔的享受。如若心有思绪万千，却不能恰当表达出内心的那份绚丽，才真是人生遗憾事。新教育写作通过评价来促进内心想法的输出，促进新教育的成员在书写中得到自我价值的提升与精神的充实，从而帮助新教育成员收获幸福与完整的人生。

（二）新教育写作评价的原则

诊断性原则。新教育写作评价注重通过大数据分析，在评价中甄别、诊断出写作问题所在，并针对性地提出改进与提升意见。因此，诊断性是新教育写作评价最重要的原则。诊断性的写作评价让写作时的"构思内容、搭建结构、运用语言规则、遣词造句等思考过程"一一呈现在评价者面前，基于数据化的统计与分析得出每个新教育共同体成员在写作过程中存在的优点与弱点，在诊断性评价报告中呈现出多元、多维的数据结果，并提供改进方案，促进写作者写作水平提升。

情境性原则。今年刚刚颁布的课程标准强调了实践性与情境性，学习情境要源于"日常生活、文学体验、跨学科学习三类语言文字运用情境"的真实需求，服务于解决现实生活的真实问题。新教育写作评价围绕学生、教师、父母、学校成员的日常生活、社会生活、学校生活等真实情境进行，让评价真正地扎根于新教育实践中。

发展性原则。写作能力的形成不是一蹴而就的。学生的写作能力是在由"说""绘""习作"到"写作"的过程中逐步形成的；教师的写作能力是在从无到有、从有到精的过程中发展起来的。"阶段性评价是在教学关键节点开展的过程性评价。"[1]写作能力的形成与成熟需要在写作教学过程中进行持续的评价。除了在期中、期末、学年末等节点进行评价，也要将科学、有效的评价渗透在写作教学、教师写作的每一个环节中，强调及时的反馈，以鼓励、激励的评价方式逐步提升新教育共同体成员的写作热情、兴趣与参与度，使成员的写作水平得到持续性、长远性的发展。

多元性原则。以往写作评价多由教师个人对学生作品打分，评价主体单一、评价标准单一，不能从全面发展的角度评价学生写作水平。新教育注重对写作进行多维、多元、多角度的评价，从不同侧面发掘学生优点、激励学生的发展。其一是评价主体多元化：新教育写作评价将学生、教师、父母、学校管理者等能够参与到新教育写作中的成员都纳入评价主体。在

---

① 中华人民共和国教育部：《义务教育语文课程标准（2022年版）》，北京师范大学出版集团，2022，第49页。

写作评价中不只有师评，也注重自评、互评与他评。其二是评价指标多元化：新教育写作评价将三维解析技术运用到实际的教育过程中，通过写作能力、写作技能、写作内容维度的评价指标让写作评价更加精细，让"写作"诊断更加精准。

（三）新教育写作评价的方法

新教育写作内容广泛，其写作评价也有多种方式方法。如在课堂上，学生"绘""说""写"小作文的过程中，教师及时而迅速地指出其创新之处、可提升之处，让学生迅速得到写作指导。又如，教师为学生作文写评语、学校成员为教师作品写评语、阅读体会等，直接表达对作品的态度，或鼓励，或抓亮点，或提意见，让写作者能够得到他人的反馈，从而再次审视自己的作品。再如，新网师平台中，教师们书写的生命叙事、课程综述、教学记录、读书心得打卡、作业与反思等，由讲师、点评员、组长等进行点评与打分，教师获得直接反馈；教师们也可以自由地浏览、阅读他人的作品，在互相评价的过程中提高个人思考的深度，博采众长，提升写作水平。

这些写作评价方法都在新教育土地上真真实实地使用着，是新教育成员共同参与、创造、实践、持续更新与发展的写作评价方法。除此以外，新教育也在以"学生写作"为对象的两种评价方法上做出了有益的探索。

1. 真实性写作评价

新教育的真实性写作评价借鉴了美国的真实性写作评价。与标准化测验不同，真实性写作评价"要求学生执行现实世界的任务，展示基本知识和技能的有意义的应用。学生在学习中获得的东西必须在现实情境中完成"[1]。真实性写作评价的目的是在实际情境中促进学生认知能力的发展、审辨性思维的培养，并通过多种途径来展示学习成果，获得学生发展的最直接证据。写作是在真实的学校生活、社会生活、日常生活情境中发生的活动，对其评价也应在真实情境中进行。真实性写作评价除了对最终写作作品进行评价，还评价学生在写作过程中使用的写作知识和技能、完成复

---

[1]　刘正伟、庄慧琳、陈恬妮：《美国真实写作评估的理论和实践》，《中学语文教学》2022 年第 4 期。

杂任务的程度以及思维品质提升程度。真实性写作评价不再以教师为单一的评价主体，而是倡导学生、家长、学校成员，甚至网络阅读者等都可以参与到评价中来，将自评、互评、师评的方法结合运用。

在实际操作中，真实性写作评价采用的评价工具是"评价量规"。评价量规是对写作作品及写作过程进行评价的一套标准化、规范化的评价标准，帮助评价者迅速评分、及时给学生反馈，节省评价写作作品的时间，让教师更有精力改善写作教学。评价量规的内容是公开的、标准化的，这就降低了写作评价时的主观随意性，也能够让学生知道"什么是好的作品"并朝着目标努力。

评价量规自 20 世纪六七十年代在西方发展以来，经过了多年的发展，出现了很多知名的评价标准，如美国"6+1 特色"写作评价标准、加拿大缩小差距课程的写作评价标准等。此外，NAEP、ACT、SAT、IELTS 等国际测试项目对写作作品评价也制定了规范的标准。目前写作评价标准设立的角度有文学批评、文章功能、语言学、认知领域、创造性与整体性等。我国的写作评价标准，包括一些重要考试中的写作评价标准，多数是从文章学角度设定的。

写作评价量规的最佳设定方式是由教师根据教学目标与内容初步设定，告知学生，结合学生意见对量规进行修订，最终确定一个教学阶段的评价量规。在写作教学中，教师依据评价量规对学生写作作品打分或评定等级，及时给学生反馈并进行写作指导。因写作本身的复杂性，写作的内容、文体、类型的多样性，写作评价量规也多种多样。新评价与考试研究中心依据课程标准的要求，参考国内外知名评价量规，先期研发了"通用"写作评价量规，供教师们参考使用。该通用写作评价量规从主题、情感、结构、表达、语法规范、书写与字数六个方面设定评价标准，每个方面下设多个评分点及等级分值。如"材料丰富性"满分 7 分，从一等到五等的分值分别为 7 分、6 分、4 分、2 分、0 分。另外，根据不同评分点在写作中重要性的不同，设置了不同的权重，如"文章主题"中的"中心明确"权重略高于其他两个小评分点。

表 1　写作通用评价量规

一级指标	二级指标	满分标准
文章主题	中心明确	切合题意、中心突出、立意深刻；思想健康、积极向上；漏写题目需扣分
	新颖性	选取角度、行文风格、语言特色等内容与形式新颖
	材料丰富性	内容具体，利用辅助性材料（如名言名句等）充实文章内容
思想情感	情感	感情真挚，情感细腻、充沛，富有感染力
逻辑结构	段落层次	段落结构层次清晰，有条理
	语篇衔接	正确使用过渡句／段，语篇衔接自然流畅
文采表达	修辞方法	恰当运用各种修辞方法，增加生动性、形象性
	表现手法	使用符合文体的多种表达方式，如描写、说明
语法规范	用词准确	用词准确、恰当
	语病	符合句法规范，无语病
	标点符号	正确使用标点符号
书写与字数	书写	字迹工整，无错别字
	字数	满足字数要求

2. 三维解析的写作评价

三维解析的写作评价以认知诊断理论为理论根基，将测评方法与认知心理学相结合，从写作作品的行为表象中探寻学生写作时的思考过程，并将其数据化地呈现出来。该方法依据课程标准中核心素养、课程内容与目标、学业质量等要求，参考多元智能、教育目标分类学等理论，形成评价框架与指标体系。需要指出的是，写作评价的三维解析框架与指标是对标准化的写作"评价量规"的内容与要求进行解析，以得到多元化数据，运用认知诊断统计模型进行分析与处理，形成多层级诊断报告。当前三维解析评价框架包含"写作能力、写作技能与写作内容"三个维度，其中写作能力包括"语言理解、逻辑分析、自我认识"三个指标；写作技能包括"识记、自主表达、结构分析、语言运用"四个指标；写作内容，即通用版评价量规的主要内容，包括"文章主题、思想情感、逻辑结构、文采表达、语法规范、书写与字数"六个指标。

三维解析的写作评价不但发挥了写作评价的甄别、诊断与改进的作用，而且在实际操作中也较为便利。教师只需参照评价标准对学生的写作情况进行逐项打分即可。区别于以往只给出一个总的写作评分，为了得到精准的评价结果，三维解析写作评价将评价标准分为多个评分点进行打分。多个评分点的设置其实是将"教师给作品打分时的思考过程"呈现出来，并形成了规范化、标准化的评价标准，以克服凭经验打分的主观性，让写作评价结果更加精细准确。

三维解析写作评价通过分项打分，获得代表写作情况的多项数据，运用认知诊断统计模型进行处理与分析，能够得到学生个人写作情况的诊断报告，也能够得到班级写作教学结果的班级报告，以及为学校和区域写作教研、教管提供参考的学校报告与区域报告。每种报告都含有多元、多维、多角度的数据分析，充分利用评价的诊断、激励、改进功能，促进新教育成员写作水平的提高。

表2　各级别写作评价报告介绍

报告种类	学生报告	班级报告	年级报告	区域报告
使用对象	学生个人、家长、教师	教师、学校教研组长	学校教研组	区市县教研员、教学管理人员
功能	了解学生写作达标情况、长短板、优劣势及其形成原因，进行个体辅导，提升写作水平	诊断班级写作教学情况，判断教师整体教学风格、教学素养，提升班级写作水平及教师教学水平	学校写作教学长短板、优劣势诊断，各班写作教学情况对比，供学校写作教研使用	区市县整体写作教学情况诊断及各学校（或下级区市县）写作教学情况比较，为区域教学研讨、教学管理及决策提供参考

（四）新教育写作评价的案例

写作评价目前多应用于学生写作评价中，以下侧重呈现了学生个体写作评价报告使用的案例，并对群体写作评价报告应用做出介绍。同时，需要指出的是"写作是人思想的流动"，"写作与标准化选择题最根本的不同是它更多具有主观成分，没有标准答案，而且每个学生的作文都会迥然不同"[①]。因此，写作评价的"省力"存在于部分流程及诊断过程中，而不能

① 荣天竞：《写作评价量表及其开发》，《语文教学通讯》2022年第7期。

体现在阅读、审视每一位学生作品时的思考过程中。

1. 个体写作评价案例

（1）个性化精准诊断案例

"诊断"是学生写作能力形成过程中评价的最重要功能，只有精细、准确地诊断出学生写作的长短优劣，才能更好地为学生写作能力的提高提供帮助。以往写作评价中，教师对得分相同或在同一个得分区间的学生，往往归入同一类别，用同样的教学方法指导学生。然而，实际情况是同样得分的学生，其写作习惯、写作偏好、写作类型等都有所不同，学生是需要个性化对待的。新教育的写作评价非常重视诊断性评价结果的使用，充分利用三维解析的写作评价方法，帮助教师掌握学生写作各方面的情况。

保定市曾采用三维解析的写作评价方法对学生写作情况做了摸底调查，真正做到了"没有两个完全相同的学生"的精细诊断。在这次评价中，得分相同的学生有不少，但没有任何两个学生的写作情况是完全一样的。

如王同学与杨同学得分相同，具体情况却大相径庭。两位同学这次写作评价的得分都是 91 分（百分制），都位于 A 级水平，但具体分析两位同学的评价结果（见图 1）就会发现：王同学的写作能力得分明显高于杨同学。两位同学在"逻辑分析"方面表现都很好，王同学的"结构分析""文采表达"是其长板，杨同学的"识记""书写与字数"是其长板。在最短板方面，王同学的"自我认识""识记""书写与字数"是其最短板；杨同学的"语言理解""语言运用""语法规范"是其最短板。因此，虽然两位同学都是班级中写作表现突出的优等生，但王同学写作时逻辑思路清晰、段落衔接恰当，不但有自己的思路，还能顺利地表达出来。对王同学来说，需要改进的是遇到题目后不要着急下笔，而要多思考、深入推敲、准确表达自己的观点，并且注意书写的规范性。杨同学则在文字书写的准确性、美观性上表现突出。对杨同学来说，需要在短语、句子结构、标点使用等语法规范上多加练习，同时需要多多练习运用修辞、说明、描写等表达方式提高文字的可读性与优美性。

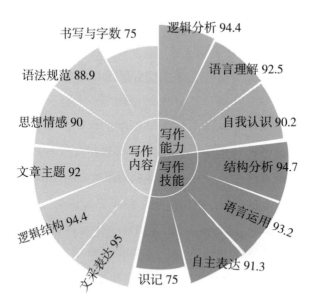

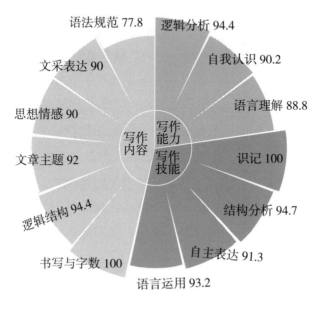

图 1　两位得分相同的学生的写作评价结果

教师运用三维解析的写作评价方法得到了学生个性化的诊断结果，继而可以运用相应的策略给学生以指导，让每个孩子都能在个人写作能力发展的轨道上实现长效的进步。

（2）学生持续成长的评价案例

在发展性评价原则的指导下，新教育采用三维解析的写作评价技术，通过对学生写作成绩数据的对比与分析，得到学生写作能力的成长图谱与发展情况。如石家庄市 2020 年连续运用三维解析写作评价方法，在诊断学生当次写作情况的基础上，呈现了学生历次成绩走势与发展轨迹。图 2、图 3 是五年级的一位唐姓同学两次写作评价的结果（评价结果部分内容）。

唐同学在写作方面处于中等水平上下浮动，整体来看没有突出的特点，也没有明显弱点。他第一次写作评价等级是 C 级，各项得分差距不大，短板在于"自我认识""语言运用""文采表达"（见图 2）。针对这三个短板，唐同学在老师的指导下，有意识地进行深入思考、挖掘自己的想法与观点，提高自己对写作材料、话题、主题的敏锐性，培养写作中的自我认识能力；在日常写日记、作文时，多尝试运用学过的修辞方法、表达方式、名人名言等，让作文内容更加立体、生动，提高语言运用的技能。这些有针对性的努力，在第二次写作评价时得到了证明，唐同学第二次写作评价等级为 B 级，第二次评价在各指标上的得分都高于或者持平于第一次写作评价（见图 2），这是其写作能力得到提高与发展的最有力证明。第一次的短板"自我认识""语言运用""文采表达"三个指标得分在第二次提高了 9.8—10.1，而且"自我认识"已经不再是唐同学的短板了。当然，为了更上一层楼，下一个阶段他还需要在"恰当使用丰富的表达方式、名言名句提升写作文采"方面继续努力，在写作结构设计、逻辑思路、段落关系把握方面（逻辑分析能力）也要着重提高。

图 3 是唐同学两次写作评价在群体中的位置变化情况。他在写作能力、写作技能、写作内容、总成绩维度上，第二次写作评价的得分都高于第一次（见图 2）；而且排名也提高了，唐同学从群体的中下游，上升到了群体的中上游（见图 2）。在第二次写作评价中高分学生增多的情况下，唐同学仍然有较好的表现，这也是他持续不断努力的结果。

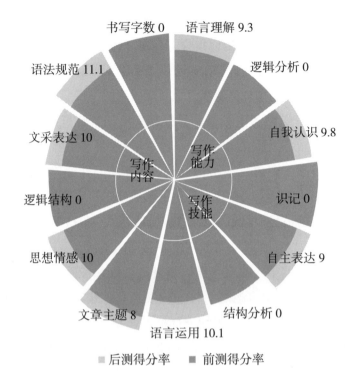

图 2　学生两次写作评价各指标进步情况

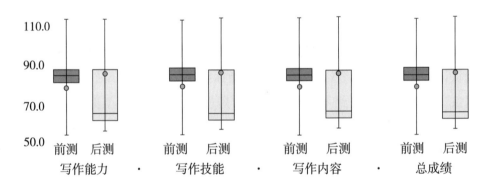

图 3　学生两次写作评价在群体中的排名变化情况

　　除了上述唐同学，参加两次写作评价的学生都得到了类似的报告反馈。有的学生一直表现优秀，在细节上不断提高，力求完善，老师可以适当指导或放手让孩子自己调整、安排。有的学生如唐同学一样，借助写作诊断报告有针对性地调整自己的写作方法，有了进步，教师需要持续关注，利用评价结果来指导学生写作。有的同学因各种原因退步了，但仍有一些指标存在进步，老师可以夸奖其进步之处，让学生找到自信心，逐步逐项去攻克写作中的难点。

2. 群体写作评价报告应用

三维解析写作评价在班级、年级、区域等群体的评价方面也发挥着重要的作用。下面以班级报告为例介绍群体写作评价报告的应用及其作用，并简要呈现年级、区域报告的内容。

班级报告内容示例 1：整体概况

班级成绩概况

维度 / 内容	班级平均得分率	年级平均得分率	班级中位数得分率	班级分化度	优秀率	良好率	不及格率
写作能力	84.8	85.6	86.3	13.0	50.0	50.0	0.0
写作技能	85.0	85.8	86.6	13.6	50.0	50.0	0.0
写作内容	84.4	85.2	85.5	14.0	50.0	45.0	5.0
总成绩	84.7	85.5	86.1	13.7	50.0	45.0	5.0

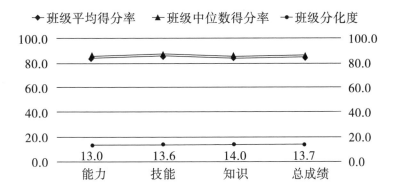

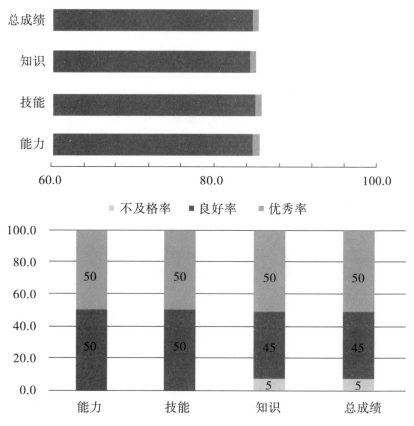

班级报告内容示例 2：写作能力维度分析

写作能力分析

维度／内容	班级平均 得分率	年级平均 得分率	差值	班级中位数 得分率	班级 分化度	满分
语言理解	84.8	85.9	−1.1	84.3	13.4	64.3
逻辑分析	<u>84.3</u>	<u>84.2</u>	0.1	<u>83.6</u>	12.4	21.4
自我认识	85.4	86.3	−0.9	87.4	16.2	14.3
小计	84.8	85.6	−0.8	86.3	13.0	100.0

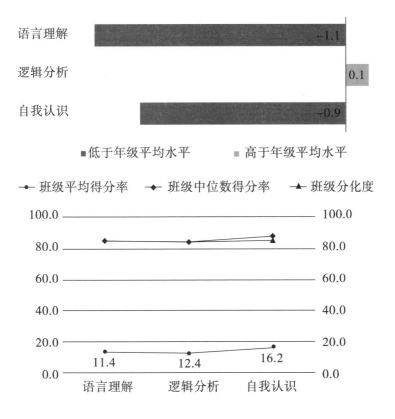

班级报告内容示例 3：关联诊断与统计

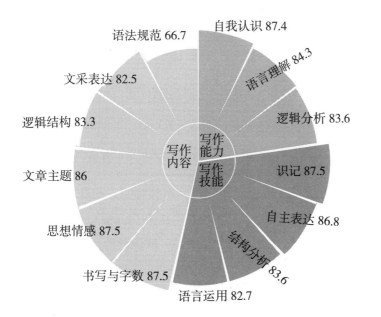

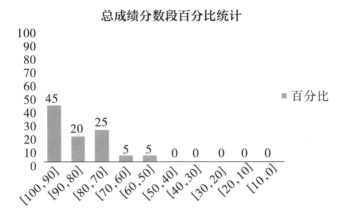

得分情况统计

题号	文章主题	思想情感	逻辑结构	文采表达	语法规范	书写与字数
错题人数（人）	12	13	18	16	12	11
平均得分率	88.4	85.5	84.2	82.3	80.6	79.4

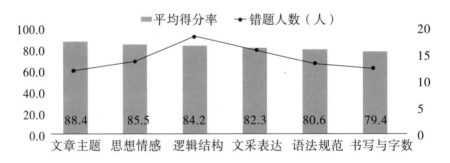

图 4　三维解析写作评价报告班级报告示例

写作评价班级报告含总成绩介绍，写作能力、写作技能、写作内容各维度及下级指标的得分情况（包括平均得分率、中位数得分率、分化度、优秀率、良好率、不及格率等统计指标），班级分数段人数统计、错题统计等信息。

具体来看，根据"班级成绩概况"（示例1）可以比较写作能力、写作技能、写作内容的得分率，能够看出本班教师写作教学偏重的类型，如示例中的班级写作教学偏重于写作技能的训练，即教师习惯于让学生多读、多看、套用优秀的写作模板，学生写作次数较多。结合玫瑰图（示例3）各指标的得分率高低以及"得分情况统计"，可以看出班级写作教学的长短板及改进方向。如示例班级的"语法规范""语言运用"指标是较为明显的短板，教师需要在语言使用规则、句法结构、标点运用等方面加强指导。

此外，对比报告中的统计指标，可以得出多元的分析结果。如班级平均得分率和中位数得分率比较，可以看出班级中大多数学生写作水平以及教师是否关注到了绝大多数学生的写作情况；班级平均得分率与年级平均得分率比较，可以看出班级写作水平与年级之间的差值；分化度是班级内部学生写作表现的差异情况，当分化度高于30时教师应着手实行分层写作教学；优秀率、良好率、不及格率结合分数段人数统计，可以看出班级写作成绩得分分布及学生的数量，便于教师针对不同水平学生调整教学策略。

班级报告还将写作能力、写作技能、写作内容维度下的各个指标一一呈现出来（示例2为写作能力维度），教师可以借助这些数据进行更精细的教学诊断。如示例班级写作能力的"逻辑分析"指标得分率最低，是最短板，且与年级趋势一致，但"逻辑分析"班级平均得分率略高于年级平均得分率，是班级的优势，另外两个作为班级长板的写作能力指标则远低于年级水平。因此该班级需要首先培养学生"语言理解""自我认识"的写作能力，以达到年级水平为目标；"逻辑分析"指标则需要与年级组共同研讨，寻找更佳的解决办法，提高学生逻辑思维水平、关系梳理与把握的能力。

年级报告（内容示例）

年级成绩概况

维度 / 内容	年级平均得分率	区域平均得分率	年级中位数得分率	年级分化度	优秀率	良好率	不及格率
写作能力	85.6	81.4	86.3	11.8	50.0	50.0	0.0
写作技能	85.8	81.6	86.6	12.0	50.0	50.0	0.0
写作内容	85.2	81.2	85.5	12.3	50.0	47.5	2.5
总成绩	85.5	81.4	86.1	12.1	50.0	47.5	2.5

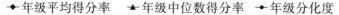

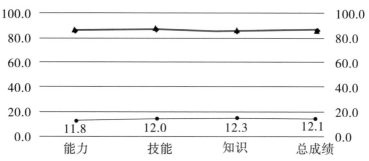

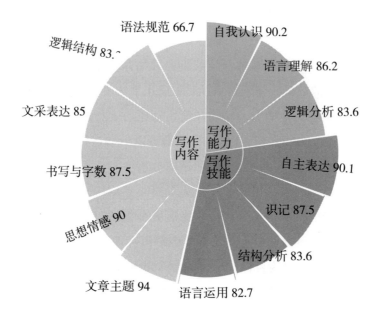

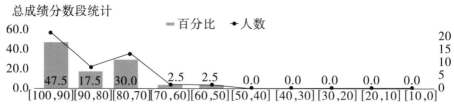

错题统计

维度 / 内容	文章主题	思想情感	逻辑结构	文采表达	语言规范	书写与字数
错题人数（人）	21	26	38	32	27	25
平均得分率	90.2	86.4	84.0	83.3	79.7	80.3

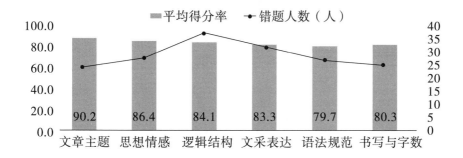

图 5　三维解析写作评价报告年级报告示例

　　写作评价年级报告中除了有整体总成绩介绍及各维度、各指标的得分情况、分数段统计等信息，还包括学校各个班级在各维度、各指标上的表现情况对比分析。学校教研组可以依据报告中的信息进行写作教学研究，探讨更佳的写作教学方法，各位教师之间可以取长补短，形成具有学校特色的教学方法。

区域报告（内容示例）

写作内容分析

维度 / 内容	区域平均得分率	区域中位数得分率	中年差级	区域分化度	满分	差年参数
文章主题	81.5	88.0	4.5	20.3	25.0	0.01
思想情感	82.1	85.0	2.9	18.5	20.0	0.02
逻辑结构	80.3	83.3	3.0	17.1	18.0	0.02
文章表达	80.5	80.0	−0.5	16.4	20.0	0
语法规范	79.0	77.8	−1.2	18.5	9.0	0.01
书写与字数	77.7	75.0	−2.7	21.7	8.0	0.04
小计	81.2	82.0	0.8	15.8	100.0	0

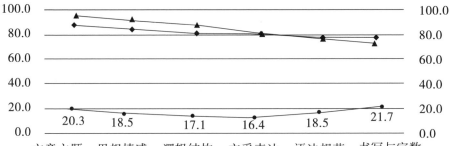

综合分析—写作能力

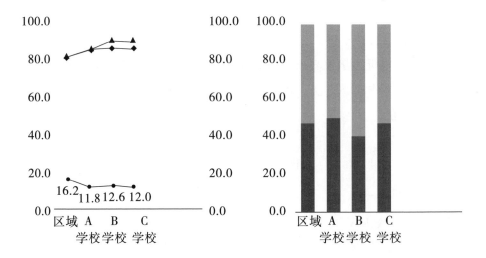

成绩 / 指标	区域	A 学校	B 学校	C 学校
人数	88	40	27	21
满分	100	100	100	100
平均分	81.4	85.6	86.6	86.3
平均得分率	81.4	85.6	86.6	86.3
中位数得分率	82.2	86.3	90.3	89.3
中参差值	0.8	0.7	3.7	3.0
分化度	16.2	11.8	12.6	12.0
优秀率	53.4	50.0	59.3	52.4
良好率	46.6	50.0	40.7	47.6
不及格率	0.0	0.0	0.0	0.0

图6 三维解析写作评价报告区域报告示例

区域写作报告中仍然有写作教学整体情况、各维度与指标的得分情况及分数段分析、错题统计等信息，能够诊断出区域写作教学情况。此外，区域报告包含两种级别：当区域下包含多所学校时，报告呈现各个学校在各指标上的表现情况；当区域下包含多个下级区、市、县时，报告呈现各区、市、县的各指标得分情况。区域的教研员可以利用报告结果，组织各学校或区、市、县进行写作教学研讨、分享优秀写作案例、探究有效的写作教学方法。区域教育教学领导及行政管理人员可以根据报告结果，了解各校或各地的教学质量及背后反映出来的生源、师资、软硬件资源等方面的情况，通过教学管理决策提升区域写作能力。

新教育写作的评价以新教育写作为对象，新教育写作的丰富性决定了评价的多样性与丰富性。当前已经实践的、数据化的、诊断化的新教育写作评价多集中于对学生写作的评价，在对教师写作的评价、共同体写作的评价等方面，还有待于进一步地研究与实践。

结语

2022 年 7 月，新教育人汇聚四川蜀苴古地、红军之城旺苍，聚焦新教育写作，回眸它 20 多年的发展历程，瞻望它在全民写作时代的新发展、新举措，达成以下新共识。

我们认为，人是天生的符号动物，是大地上唯一真正的言说者、书写者、歌咏者。唯其如此，人类才能让变动不居的时间凝固，铺陈波澜壮阔的人类历史，书写生生不息的生命传奇，留下代代相传的精彩故事与经典著作，使人成为超越肉身存在的永恒者。

我们确信，新教育写作倡导和践行全景观写作、全民化写作、全心性写作、全学科写作、全体式写作和全媒体写作，努力通过教育写作为全民写作探路，缔造一种以写作为载体的生活方式、成长形态和创造方法。它致力于传承写作的优秀文化传统，同时积极回应写作变革的时代召唤和国际走向，立足本土教育实践和自我发展的探索，以"过一种幸福完整的教育生活"的新教育核心主张为价值取向，以学生、教师、父母为三大主体，构建起新教育写作共同体，用语言文字和其他辅助媒介，记录精彩人生，讲述生命故事，抒发美好感情，编织幸福梦想，播撒文明种子，促进新教育共同体所有个体与群体的交流分享，彼此润泽，和谐共生，借此探索一条推动全民写作，乃至人类文明进步的有效途径。毫无疑问，这样的写作必将创造我们的美好生活，为个体成为更好的自己、社会发展更加和谐、教育生活更加精彩奉献自己独特的智慧。

我们主张，新教育写作应与新教育阅读并行不悖，相辅相成。如果说新教育阅读是站在大师的肩膀上前行的话，那么新教育写作就是站在自己的肩膀上攀升。新教育写作希望通过学生写作，用文字搭建成长阶梯；通过教师写作，书写自己的教育史；通过包括家庭写作、家校共写、师生共写、教师共写、网络写作等在内的共同体写作，在写作大家庭绽放自我。新教育写作鼓励每一个成员通过坚持不懈的努力，通过形式各异、多彩多姿的写作，如日记、书信、随笔、故事、案例、论文、小说、诗歌、童话、戏剧乃至便笺、备忘录等，让写作成为每个人的日常生活方式，用学生的发展、教师的成长、家庭的幸福和社会的进步精彩诠释"过一种幸福完整的教育生活"的意义。

我们深知，全球化的高歌猛进，网络技术的日新月异，以及新媒体的日渐普及，揭开了人类传播文化的新纪元，传统平面媒体正与新媒体联手创造一个人类的新神话。写作在经历了传统的口头写作、书面写作等阶段之后，一个"人人都是写作者，人人都可能成为优秀写作者"的全民写作时代正在风姿绰约地向我们走来。它使原来垄断话语权的精英写作转变为人人都能借助互联网平台率性表达自我的大众写作，展现了写作前所未有的私人化、平民化、普遍化、即时化、自主化、交互化风貌。即使是精英写作，也常常以大众写作的姿态加入这个行列。全民写作正在改变写作的概念，改变我们的生活方式，任何人都不能错过这个时代赋予自己的表达机会。新教育人要以最大的热情拥抱和推进全民写作的到来，用我们手中的笔劈山开道、修路架桥、筑基建屋、莳花艺树，创造一个新的教育理想国！

我们呼吁，在一个"即凡即圣"、人人可以成为俊杰和英雄的时代，普通大众同样可以追求立言不朽。所有的人都应当坚定地相信语言的力量、文字的力量和写作的力量。个人不管担当什么样的社会角色，以何种方式参与个人和社会历史的创造，只要他通过语言文字讲述诗意人生的故事，抒发至真至诚的情感，传播科学理性的知识，咏叹天地自然的大美，表达鼓舞人心的信念，写出个人风采、家国风度、时代风气，那么，他不管留下的是鸿篇巨制还是片言只语，都可以成为缔造"经国之大业，不朽之盛事"的一员，成为美好生活的创造者！

下编

儿童读写的对话

第一章　读钱伯斯《打造儿童阅读环境》

建立一个属于自己的"馆藏"

一位深爱阅读的读者，应该知道如何着手去选择他所想要阅读的书籍，知道该如何有效地浏览群书，该如何取得他找不到的图书信息；更应该明白如何建立一个适合自己的馆藏，它可能在公共图书馆里，可能在书店里，可能在班级书库里，甚至可能在你好友的书架上。

——[英]艾登·钱伯斯《打造儿童阅读环境》P6

钱伯斯认为，我们的阅读总是遵循着一定的循环历程。这就是从选书、阅读到回应的阅读循环。选书，是阅读的第一步。鼓励学生和孩子们阅读的首要任务，就是帮助学生和孩子学习如何选择他们所想要阅读的图书，帮助他们建立属于自己的"馆藏"。这些书的产权并不一定真正属于他们，可以在公共图书馆里，可以在学校的班级书架上，也可以在好朋友的家中。但是，学生和孩子们能够随时找到这些图书，他们知道哪些书是好书，以及在哪儿能够找到这些好书。当然，在经济条件许可的情况下，我们鼓励孩子们有真正属于自己的一个小书柜、小书架，日后可能发展成为一个小书房。一开始就能够和最好的书相遇，是一个阅读者的幸运。一辈子能够欣赏到许多人类最伟大的精神风景，是一个真正的读者的幸运。

阅读是需要时间的

在让孩子们建立愉悦的阅读经验，以及拉长他们专注于阅读的时间这个过程中，孩子花在阅读上的时间以及书本给他们的回馈，是关键因素。因此，给孩子时间阅读，并帮助他们一点一点加长阅读时间，从中品味文学带来的乐趣，是大人的一项重要工作。

——[英]艾登·钱伯斯《打造儿童阅读环境》P9

　　阅读是需要时间的。只有长时间地浸润在阅读之中，只有享受阅读的愉悦与幸福，才能真正地爱上阅读。苏霍姆林斯基曾经说过："如果一个人没有在童年时期就体验过面对书籍进行深思的激动人心的欢乐，那就很难设想会有完满的教育。"他甚至说："一个真正的人应当在灵魂深处有一份精神宝藏，这就是他通宵达旦地读过一二百本书。"所以，培养孩子的阅读力，一方面是选择的书籍要有趣、有意义，一方面是要让孩子能够有固定的时间心无旁骛地读书。钱伯斯强调要尽可能有一个"能让人专心而不被打扰的场所"，强调有属于孩子自己的阅读时间，让孩子自己建立与书籍的关系，享受书籍带给他们的快乐。这里所说的"专心而不被打扰"，不是指父母不与孩子交流沟通，而是指在孩子阅读的时候，大人们不应该有看电视、打电话等妨碍孩子阅读的行为。其实，亲子共读，为孩子讲故事，与孩子一起讨论书中的内容，是有助于培养孩子的阅读兴趣的。

让儿童体会阅读的美好

　　有两种回应对帮助孩子成为一位思考型的读者非常重要。第一种回应是在读完一本喜欢的书之后，期待能经历相同的阅读乐趣。这种感觉会驱使我们想重读这本书，或是想去看看同一作者的其他作品，或者是相同主题的更多作品。甚至，就只是单纯地想再阅读其他书籍。如此一来，我们就有动力再去选读其他的书，经历另一个阅读循环。

——[英]艾登·钱伯斯《打造儿童阅读环境》P10

　　从选书、阅读到回应，是钱伯斯的阅读循环的三个环节。如果阅读之后无动于衷，没有任何反应和回应，就不会有新的另一个阅读循环。对于任何一位读者来说，这是最为可怕也最为可惜的事情。对于儿童来说，出现上述情况的原因，或者是选择的书完全不适合他们，完全没有读懂；或者是选择的书毫无阅读的价值，读后很难引起他们的兴趣与共鸣。当儿童还缺乏自主选择图书的能力时，我们应该尽可能选择那些优秀的、曾经感动过无数孩子的经典。在儿童最初的阅读过程中，应该尽可能陪伴他们共同阅读、讨论、交流，让他们能够体会阅读的美好。就像儿童最初接触那些美食一样，美好的作品也会形成他们的精神胃口。最初的阅读的愉悦、惊奇、刺激，会给儿童留下难忘的美好的印象和再次阅读的渴望，使他们迫不及待地想再次阅读这本书或者下一本书。

分享有助于阅读的可持续发展

第二种回应则是在读完一本喜欢的书之后，迫不及待地想和人谈论自己的阅读心得，我们期待其他人，尤其是我们的好朋友，也能够和我们经历相同的喜悦。我们希望能探究出内心深处的感想，并试着整理出这本书所带给我们的意义。

——[英]艾登·钱伯斯《打造儿童阅读环境》P10—11

阅读效果的第二种表现，就是在阅读完自己喜欢的一本书之后，就迫不及待地想与人交流分享，谈论自己的阅读体会。钱伯斯认为，这样的"第二种回应"有两种方式，一种是朋友之间的漫无目的的闲聊，一种是相对正式的在教室或其他场所的交流。无论是非正式的闲谈，还是正式的分享，都会促进另外一个阅读循环——或者去阅读朋友或同学们提及的感兴趣的书籍，或者去阅读更多的我们自己觉得有趣的书籍。而且，这个循环不是简单的重复，而是能够"将阅读循环扩展为螺旋状，让阅读不断持续下去"的上升式的循环。所以，交流、讨论、分享，是培养阅读兴趣、提高阅读效果的重要方式，无论是家庭中的亲子共读，还是学校中的整本书共读，抑或是读书会的分享活动，不仅仅能够传达阅读者在阅读过程中的喜悦与幸福，而且能够通过思维的碰撞产生思想的火花，进而激发阅读欲望，推进阅读的可持续兴趣。

阅读循环的中心点是"有协助能力的大人"

　　如果我们的小读者，有一位值得信任的大人，为他提供各种协助，分享他的阅读经验，那么他将可以轻易地排除各种横亘眼前的阅读障碍。一个从不阅读或者缺乏阅读经验的大人，是难以为孩子们提供协助的，这也就是为什么我强调阅读循环的中心点是"有协助能力的大人"。

　　　　　　　　　　——[英]艾登·钱伯斯《打造儿童阅读环境》P13—14

　　儿童的阅读是离不开成人的指导的。虽然我们强调儿童的自主阅读，强调尊重儿童的阅读兴趣和阅读习惯，虽然我们也重视儿童与儿童之间的阅读互助，甚至我们也明白"儿童是成人之父"，成人也可以从儿童的阅读中学到许多东西，但是毫无疑问，如果没有有经验的大人的指导，儿童在阅读过程中遇到的各种困难就无法顺利解决。钱伯斯认为，儿童阅读的关键之一，就在于"和孩子讨论书籍的是什么样的人"。所以，具有协助能力的大人，自然就成为引领儿童阅读的关键人物。这就要求我们的教师和父母应该学习一点关于阅读的理论与实践，懂得激发孩子阅读兴趣的方法，懂得帮助孩子克服各种阅读困难的路径，这样才能真正地成为具有协助能力的大人，才能有效地为孩子打造一个良好的阅读环境，"让他们自在地遨游于阅读世界"。

阅读的心境与情境

　　如果我们是充满期待，自发地想去阅读，那么我们将很容易进入情境并乐在其中；但如果我们是百般不愿地被迫拿起书本，那么阅读将沦为一项无聊透顶的作业。

　　　　　　　　　　——[英]艾登·钱伯斯《打造儿童阅读环境》P18

　　钱伯斯在他这本书的第二章专门讨论了阅读的心境与情境的问题，虽然篇幅不大，但对我们还是很有启发的。他认为，阅读既需要一个相对安静、舒适的情境，也需要一个相对宁静、愉悦的心境，这样才可以好好地享受阅读的时光。同时，与情境相比较而言，心境更为重要。不管老师还是学生，"他们阅读的心境都将深深地影响阅读的成果"，而且，"心境的影响力比情境更为有力"。是的，再美好的食物，强迫孩子吃，他总是会反抗的。再好的书籍，强迫孩子读，他总是反感的。境由心造，良好的心境可以排除不良情境的干扰与影响，所以，帮助孩子爱上阅读，关键的一点，就是要帮助他们拥有愉悦的阅读经验，要让他们在品尝"第一口"的时候就垂涎欲滴，就印象深刻，就赞不绝口。在学校教育中，尽可能不要通过考试等方式强迫学生读书，如此"阅读将沦为一项无聊透顶的作业"。

让孩子随时找到他想看的书

我们所期待的理想状况，应该是孩子随时找到他想看的书，并在他需要的时候，可以顺利地拿到想要的书。

——[英] 艾登・钱伯斯《打造儿童阅读环境》P20

钱伯斯主张，要让孩子在想阅读的时候，可以轻而易举地拿到书，随时进入阅读的状态。这是为孩子打造阅读环境时必须考虑的问题。他主张，学校的图书室应该尽可能安排在"出入方便、空间宽敞"的地方，而不要随便找一个孩子们得"长途跋涉才能到达的偏僻角落"。尤其是对于小学生来说，图书馆的位置非常重要。我曾经去过一些学校，把图书馆安排在最高的楼层，对于小学一、二年级的学生而言，这无疑是不合适的。新教育实验较早推动班级图书馆建设，建议把适合特定的年龄、学科的书籍，直接放到班级图书馆中，学生也可以不定期把自己喜欢的书籍通过班级图书馆与其他同学分享。钱伯斯甚至提出，每个班级都可以讨论出一份他们希望学校图书馆采购的书单，学校要成立"选书委员会"，对各个班级的选书书单进行整理，定期为所选购的图书举行全校性的书展。其实，不仅仅是学校，家庭也是如此。我认识的智慧的父母，他们一般不直接命令孩子读什么书籍，而是将适合孩子的书籍放到孩子的房间、卫生间、床头，家里的客厅、沙发等孩子经常出现的地方，让孩子唾手可得，随手翻阅。总之，要尽可能为孩子创造一个随手可以找到他需要的书的环境。

让儿童学会选择适合自己的书籍

能自由自在地依自己的心境（或许欢乐，或许悲伤）选择自己想看的书，这其实是一件相当享受的事情。如果能依自己的文学品位、心境来看自己想看的书，那我们肯定能成为最快乐、最心甘情愿的读者。小孩子其实和大人一样，也需要这样的机会，自己去找适合他们的成熟度和个性的书。而浏览群书正好可以给孩子提供这样的机会。

——[英]艾登·钱伯斯《打造儿童阅读环境》P54

让儿童学会选择适合自己的书籍是非常重要的。儿童需要阅读的指导，需要阅读的经典，需要阅读的地图，需要推荐的书目，这是毋庸置疑的。但是，如果儿童只是被动地接受父母和老师交给他们的书籍，没有自己的个性化阅读，也很难真正享受阅读的快乐，形成阅读的兴趣。所以，要尽可能为他们创造浏览图书的机会。钱伯斯认为："不管是在二手书报摊上随手翻阅，还是在图书馆里随意浏览，大部分读者都可以找到他们想阅读的书。"如果没有这样的自由选择的过程，一个人就很难真正养成阅读的习惯，也很难成为真正的读者，因为，当他走向社会成为一个独立的人的时候，不可能有人将书籍交到他的手上。所以，我们可以经常带孩子到书店、公共图书馆等地方，让孩子有浏览和选择的机会，让他有书店买书和图书馆借书的经历。学校的阅读课可以在图书馆中开设，家中的书房也可以对孩子开放。在这个过程中，孩子也许会走一些弯路，选择一些不适合他们的书籍，但父母和老师可以通过与他们对话、交流等方式给他们一些建议，特别要鼓励孩子之间的分享、交流。总有一天，他们会选择适合自己的书籍。

阅读时间的长短反映学校的气质

我们可以从一个学校安排阅读时间的长短、保证阅读时间不受其他活动干扰的决心，看出这个学校的气质。

——［英］艾登·钱伯斯《打造儿童阅读环境》P70

阅读是需要时间的。根据钱伯斯的建议，"要想培养孩子成为一位读者，一定要给他时间来阅读"。7 岁左右的儿童，一次大约需要 15 分钟，一天可以安排两次；9 岁左右的儿童，一次大约可以安排 30 分钟；而 13 岁以上的孩子，一次大约 40—45 分钟。这是因为，不同年龄的儿童保持注意力集中的时间是不一样的。在很多学校，有专门的阅读时间或者课程，但是任何阅读课程都不能够替代孩子们自己的自由、独立、安静的阅读时间。阅读是需要安静的环境的。钱伯斯建议，在专门的阅读时间里，父母、老师也要尽可能不来回走动，弄出各种声音，自己也应该安静地阅读想看的书，为孩子们做榜样。那些自己看电视、玩电脑、聊天、打牌的父母，想让孩子安静地读书，养成阅读的习惯，完全是不可能的。和孩子一起读书，不仅仅会培养出一个热爱读书的人，而且会影响他的一生。而能不能、给不给学生留下足够的读书时间，也是一所学校有没有气质和品位的试金石。

你读过的书造就了今天的你

如果阅读不曾影响我们的生活，不曾改变我们些什么，不曾影响我们的处事态度，那么它很快就会成为一种过时的娱乐。我们也无须在这儿小题大做地阐述它的价值了。然而，阅读正如我一直以来所笃信的，确确实实是以各种方式深刻地影响了人们的生活。因此我们的脑子里曾放进哪些书、记得什么样的书，就有相当重大的关系。

——［英］艾登·钱伯斯《打造儿童阅读环境》P73

我们读过的书，与我们吃过的食物会对我们的身体产生作用、留下痕迹一样，也会对我们的精神产生作用、留下痕迹，会以某些特殊的方式来影响我们的生活。钱伯斯说："阅读经历所代表的绝不仅仅止于我们曾经阅读过的书，它多彩多姿地呈现了当时阅读故事时的心情，也造就了今日的自我。"很多人可能无法清晰、具体地讲出哪本书对自己产生了什么样的影响，就像很难说清楚哪种食物对自己的身体产生了什么影响一样。但是，这种影响一定是存在的。因为，人是他自己食物的产物，阅读的高度也造就了我们精神的高度。所以，一方面我们要尊重孩子们的阅读个性和阅读兴趣，但我们同时要知道，孩子们的阅读口味是我们逐步培养起来的。如果放任不管，孩子们是不可能形成阅读优秀的经典书籍的好胃口的。"确定在学年期间，到底应该给孩子们一些什么，一直是家长及政府赋予老师的一项重大责任。"我们的父母、老师，应该为孩子们精心选择每一本书，用心地去培养他们的品位和鉴赏力。

了解孩子，从他们读过的书籍开始

如果老师对班上的孩子读过的故事、诗篇、绘本或民间传说没有一点点概念的话，他又如何能好好地带领这个班级呢？

——[英]艾登·钱伯斯《打造儿童阅读环境》P73

了解孩子，从他们读过的书籍开始，是一个很好的办法。所以，父母和老师不妨为孩子建立一个阅读档案，记录他们读过的书籍。从他们读过的书籍中了解他们的精神成长历程，用书中的人物、故事与孩子对话、交流，往往会有意想不到的效果。钱伯斯说："如果孩子的阅读没有任何记录的话，老师和其他人又从何去了解孩子的阅读经历？"也就是说，如果不了解孩子们读过的书，父母与老师是很难真正地走进他们的内心世界的。的确如此，通过孩子喜欢的书籍、喜欢的书中的主人公、喜欢的故事，或者他不喜欢的书籍、不喜欢的人物和故事，我们就能够通过这些书籍、人物和故事走进他们的心灵。当然，如果能够有亲子共读与师生共读，我们与孩子之间的共同语言会更加多，交流会更加畅通，教育孩子与管理班级也就会更加应付裕如，得心应手。孩子读过的一本本书，构成了他们成长的阶梯，帮助他们进入浩瀚的精神星空。

阅读不是阅兵，不能要求所有的孩子都阅读相同的书籍

如果老师只是给孩子们一份标上号码的阅读清单，然后就依着这份清单追踪孩子们到底看了多少，那么阅读在这儿变得更像是一场阅兵。一个真正重视儿童阅读的老师应该就像某些注重文学教育的家长一样，给孩子们一个最好的阅读环境，提供许多优秀的儿童文学作品，让孩子们随时可以找到他想看的书。我们不会将这些书编号，不会填鸭式地要孩子们照单全收，更不会要求所有的孩子都阅读相同的书籍。

——[英] 艾登·钱伯斯《打造儿童阅读环境》P73—74

阅读不是阅兵。阅读不可能要求孩子们迈着整齐划一的步伐齐步走。如果教师或者父母把自己当成了检查阅兵效果的指挥官，只是查看有没有按照制定的步伐、速度、节律、仪态正步前行，只关心是否完成了任务，这样的阅读就是低效的。钱伯斯认为，取得阅读成效的关键，是要尽可能为孩子们创造一个良好的阅读环境，为他们提供充分的、可供选择的优秀书籍，让他们能够随时找到自己想读的书。教师和父母当然要有阅读的指导，也应该有推荐的书目（阅读清单），但是这些书目只是一张阅读地图，孩子们要去的是"明亮那方"，当然可以按照自己的路线行走。要相信孩子的判断力，真正的好书，总会打动他们的。孩子们与好书相遇的契机，具有一定的不确定性，孩子们之间、师生之间的阅读分享，就是相对好的契机。教师和父母要巧妙地让孩子对好书产生饥饿感，而不是把好书强加给他们。要鼓励孩子个性化的阅读，孩子的知识和个性最终都是自我建构的。

为什么阅读记录很重要

有必要将孩子们的阅读记录一年一年地，从一个班到另一个班，从一所学校到另一所学校地保存下来。即使在这中间，孩子遇上不称职的教师，或者是嫌麻烦而不认为阅读有什么必要的老师，我们还是可以帮助孩子一起回顾他们曾经记的阅读笔记，并体验阅读笔记的价值，鼓励他们不管现

在的老师怎么认为，都要继续记录下去。如果我们遇到的孩子不曾记过阅读笔记，那么，我们就得试着花上一点时间，陪着他们一起回顾曾经看过的书，并尽量把它们记下来。

——[英]艾登·钱伯斯《打造儿童阅读环境》P75—76

我们新教育网络师范学院的入学申请，最重要的内容就是要完成一个《我的阅读史》，请老师们记录分析一下自己的阅读历程，曾经阅读过的书籍和正在阅读的书籍。许多老师上交的阅读史非常苍白，有的甚至无法回忆起自己阅读的书。这让我想起钱伯斯推荐的阅读记录，他认为及时记录自己阅读过的书籍有着非常重要的意义，能够"帮助我们对书中的情节有更深刻的记忆，更增添阅读的乐趣"。对于父母和教师来说，了解孩子阅读的书籍，也有助于与他们顺利交流、沟通，走进他们的心灵。对于我们每个人自己来说，这也是一份珍贵的历史记录。一方面，阅读记录在一定程度上是我们的心灵成长历史；另一方面，阅读记录也能够帮助我们反思自我，调整自己的阅读结构，提高自己的阅读质量，改进自己的阅读行为。钱伯斯还提出了一些具体的如何记录阅读笔记的方法，如用一个坚固耐用的笔记本，在孩子会写字之前由父母帮助记录，不要强迫写读书体会，老师和父母不要在阅读笔记上写任何评语，父母和老师直接带头记录等。我们许多人往往在自己的日记中记录阅读的书籍，这当然很好，但是如果有专门的笔记，查阅会更加方便，也更有保存的价值。借由这些简单的阅读记录，往往能够把我们带到阅读时的情境中去，回忆起曾经感动过自己的书籍中的许多细节。

校园书展可以创造出更多的读者群

从各项书展的质量，可以看出一个学校对阅读的重视程度。事实上，学校里的每一栋建筑物，每一间教室，甚至户外，都一定能找出适合举办书展的地方。我们应该鼓励学校的每一位成员，都能安排设计他们自己的书展，如老师们安排的、师生合作的、不同社团的孩子所策划的、家长们参与的，或是亲子合作举办的，倘若这些书展都能随时在校园里出现，那么必定可以鼓励并创造出更多的读者群。

——[英]艾登·钱伯斯《打造儿童阅读环境》P42

为了帮助孩子随时找到他想看的书，钱伯斯在他这本书的第四章专门讲了图书的陈列与展览问题。他认为图书的陈列方式会直接影响到图书是否受到更多的关注。为了激发儿童的阅读兴趣，学校要经常举办一些"第一眼就能捉住人们的目光"的书籍展览。可以是新书的展示，也可以是专题书展，如关于大海的书籍，关于狗等动物的书籍，举办某个"本周作家""本周艺术家""本周插画家"书展，与节令与时事相关的书展，如农历24节气、新中国70年等。书展的目的，是为了唤起儿童对于书籍的注意，引起他们的阅读欲望和需求，所以要新颖、特别、生动、好玩、有趣。书展举办的地点根据学校和天气等具体情况，可以选择在孩子们最方便出入和活动的地方。举办的主体可以多元化，可以是学校图书馆，也可以是新华书店或者社会的阅读推广机构，当然更重要的应该是本校师生自己策划主办的各种书展，所以要尽可能让教师、学生、父母和其他人群参与进来。可以结合书展举办各种读书节、阅读嘉年华等活动。书展是否成功的标志，就是书展中露面亮相的图书是否引起学生浓厚的阅读兴趣，是否被购买或借阅。其实，学校图书馆本身就应该是一个永不落幕的书展。我去过一些国内外的大中小学图书馆，其中不少就经常在图书馆举办各种书展，结合学生的学科学习向学生推荐优秀书籍。

从讲故事开始爱上阅读

证据显示，让不再愿意阅读的青少年和五六岁的孩子们一样听故事，很容易让他们有重拾书本阅读的欲望。此外，也可以请他们讲故事，不管是生活上的小故事，还是自编的故事，他们将因此重拾已然遗忘的曾经对故事的百般渴求，并获得某种从不曾有的成就感。这份感觉与使命感将驱使这些大孩子再度扮演起文学世界里的读者角色，持续阅读下去。

——[英]艾登·钱伯斯《打造儿童阅读环境》P84

没有人不喜欢听故事。尤其是在儿童时代，故事更是他们的精神食粮。而且，一般情况下我们许多人是通过故事而开始接触文学作品，开始真正的阅读生活的。钱伯斯说，儿童早期听过的那些童谣、童话，给了他们无限的想象空间。"它们就像一个个装着蓝图的小盒子，储存在我们的心里，帮助我们了解故事的结构，并创造出属于我们自己的故事。"而孩子们彼此交流各自听来的童谣、童话、神话、传说、笑话、幻想故事的时候，也为他们日后成为一名读者打下了基础。故事与阅读有着天然的联系。所以，对于那些不喜欢阅读的孩子，最好的办法就是为他们讲故事，或者让他们讲故事。而对于那些不善于讲故事的孩子，则可以让他们根据提纲复述故事，也可以根据故事的内容让孩子们扮演不同的角色，讲述角色的语言。不是所有的故事都适合每一位讲故事的人，最好选择他们喜欢的故事、喜欢的角色。钱伯斯建议，要尽可能为孩子安排许多不同的人来为他们讲故事，让他们接触不同的叙事风格，寻找最适合自己的讲故事方式。同时，对于那些尚未形成阅读习惯的青少年学生（初中生、高中生等），也完全可以通过让他们讲故事的方式，把他们带到书籍的世界。他们比儿童有更多的生活经验与人生经历，因此也更有可能讲出完整、丰富、有趣的故事。故事，是离文学和阅读最近的东西。

故事让孩子成为真正的读者和作者

在聆听故事的时候，我们将阅读这个重大责任加在讲述者身上。我们可以不必管自己是否认得书本上的每一个字，只要将注意力放在讲的人身上，由他来认字就行了。在这一时刻，我们可以是没有压力而全然放松的，因为所有的责任都有人为我们担负着。在听的同时，我们熟悉了这些故事的内容，虽然未必认得书本上的印刷字，但一样能够用心去体验这些故事、诗词。等到有一天我们得自己阅读的时候，因为有了先前的经验，熟悉过这些故事的内容，对认字的工作也就很快能得心应手。

——［英］艾登·钱伯斯《打造儿童阅读环境》P99—100

儿童的认字过程往往是与父母讲故事联系在一起的。儿童最初是把字当作完整的图画来感受和认知的。在父母拿着图画书或者其他有简单文字的书籍给孩子讲故事的时候，儿童就开始对这些神奇的英文字母或者方块汉字或者其他文字产生浓厚的兴趣。正如沃特兰德在《跟着我一起阅读：阅读的方法》一书中说的那样："大人得在孩子学会认字之前，先为他们读整个故事。孩子们渐渐学会认字之后，就能慢慢学着自己阅读故事了。一开始他们或许只会跟读几个他们所熟悉的字，慢慢地，词汇累积越来越多之后，他们就能自己阅读整个故事了。在孩子们学着自己阅读的过程中，如果有他认为太难的故事或不认识的生字，大人还是要随时协助他们。"钱伯斯坚信：为孩子读故事是帮助他们成为真正的读者必须经历的过程。而且，读故事不仅仅是针对小孩子的活动，对于基础教育阶段所有年龄的学生而言，读故事都有存在的价值与必要性。他还主张，最理想的状态，是让孩子们每天都能够有机会听一段故事，如果教师实在没有时间，可以动员社会力量，邀请"故事妈妈""故事爸爸"为孩子们讲故事。在听故事的过程之中，儿童自然会慢慢发现和学习到故事阅读的方法，逐步学会复述与创作故事，成为真正的读者和作者。

故事，是进入书籍这个魔术世界的通行证

孩子们需要一个懂得如何进入这个魔术世界（朱永新注：这里说的魔术世界是指书籍）的人来引导他们走进去。问题是，我们该如何让这些既不会表演，又不会自我展示的印刷字活起来，幻化成多姿多彩的世界？读故事正好可以为孩子提供一个快捷方式，引导孩子认识这个文字幻化而成的魔术世界。

——［英］艾登·钱伯斯《打造儿童阅读环境》P102

书籍，是一个由文字幻化而成的魔术世界。这是世界上最奇妙的魔术世界。26个英文字母，几千个方块汉字，或者其他各种各样的文字，它们的变化是无穷无尽的，是充满着各种各样的可能性的，在不同的作家笔下，文字的不同组合就可以创造出无数打动人心、感人肺腑的文章。问题在于，这个奇妙的魔术世界，与那些让人震撼、惊叹的大自然的鬼斧神工，与那

些让人垂涎欲滴的美味佳肴不同，不会在瞬间引人入胜，不会直接对孩子产生诱惑力量，因为它"既不会表演，又不会自我展示"。只有真正感受过文字的美丽，感受过书籍的魅力，只有被那些看上去毫无生命的文字打动过，被那些文字背后的智慧震撼过，被那些文字里的情感熏陶过的人，才能够知道，这是如此多姿多彩的世界，这是如此变幻无穷的世界。如何把孩子带到这个魅力无穷的世界？钱伯斯依然认为，讲故事是最好的办法，故事是"认识这个文字幻化而成的魔术世界"的通行证。

图画书是进入文学世界最自然的一个渠道

可以说所有的图书都是剧本，你必须能够将文字转化成一幕幕影像，包括人物角色对话的声音、每一幕快或慢的行进步调，以及故事情节的前后发展等，才能够真正去领会这些故事、诗词的乐趣。

——[英]艾登·钱伯斯《打造儿童阅读环境》P102

善于为孩子们讲故事的人，他自己就是一位演员，一位能够把文本演绎成为孩子们能够感知、感受、理解的栩栩如生的画面和场景的演员。所以，钱伯斯说，讲故事的人要把书籍作为剧本，把上面的文字转化成一幕幕可见的人物影像，可听的对话的声音，可理解的故事情节的发展。这就是那些优秀的说书人必须具备的基本功。为了做到这一点，他建议孩子们最好手上也要有一本书。孩子们可以先听后读，在聆听故事的时候，"通过观察标点符号所传达的信息和倾听句子的高低语调如何随故事转折，来试着发现其中的诀窍"。钱伯斯特别主张，为孩子们讲故事最初可以从图画书开始，因为图画书就像一个"纸上的剧场"，插画师已经对文字进行了自己的视觉诠释，为孩子们提供了一个完整的画面。孩子们通过这些画面可以更好地理解故事的内容，在自己的头脑中形成画面感。当从图画书过渡到桥梁书，以后再发展到一般的书籍时，孩子们的想象力和阅读时获得画面感的能力已经初步形成了。所以，阅读图画书，是帮助孩子"进入文学世界最自然的一个渠道"。

帮助孩子们挑战阅读困难

聆听我们所拥有但无法理解的故事书，是一个相当重要的学习过程。在这个时候，我们是一个听众，而不是一个读者。

——[英]艾登·钱伯斯《打造儿童阅读环境》P104

挑战困难，是学习过程中不可缺少的经历，也是学生成长不可缺少的历练。根据维果斯基的最近发展区理论，学生的思维与心智，就是在挑战一个个困难的过程中成长起来的。所以，对于那些暂时听不懂故事的内容和结构的学生来说，教师和父母要有足够的耐心，因为"为孩子读一个他们还不懂的故事，正是给孩子提供一个理解这个故事的阶梯，而这也是读故事的一个重要价值所在"。在读完故事之后，可以引导孩子们讨论故事的情节，让他们领会和享受故事的内容，也可以让孩子以扮演角色的方式体验故事中不同人物的个性特点，或者干脆召开一个"答记者问"，为孩子们答疑解惑。钱伯斯之所以说，这个时候是听众而不是读者，我理解还是通过讲故事的人的绘声绘色讲解，把孩子带到故事的世界，或者通过对话的方式，解决孩子们的好奇与疑问。当然，有些书，孩子们目前确实无法理解，不妨先放一放，以后找机会再次阅读。总之，要学会帮助孩子们挑战阅读中出现的困难，并且在克服困难的过程中成长。

通过故事培养孩子的共情能力与文化认同

读故事活动中，有一个最重要也最值得注意的特点，就是它提供了一个让孩子们和谐共处的机会。一起分享阅读，一起经历那个魔幻的幻想世界，可让我们对彼此产生深刻的认同感。大伙儿像一家人似的围着在一块儿听故事，总会油然生出一种"我们是一起的"亲密感觉。

——[英]艾登·钱伯斯《打造儿童阅读环境》P108—109

2007年，新教育实验提出了"共读共写共同生活"的理念，强调师生之间、亲子之间、生生之间通过共同的阅读形成共同的语言和密码、共同的价值和愿景，这就是钱伯斯所说的文化认同。教师或父母给一群孩子讲故事，孩子们依偎在老师或者父母身旁，或者围绕他们席地而坐，或者围绕他们坐在凳子上聚精会神地聆听，讲故事的人和听故事的人被同一个内容所感动，"一起分享阅读，一起经历那个魔幻的世界"，与故事中的人物同悲共喜，不仅仅会油然生出一种"我们是一起的"亲密感觉，而且会对故事中人物的命运，故事中蕴含的哲理形成共情与共识。之后，"孩子们会喜欢将一起共享过的书中词语、点子、人物等运用在他们的日常对话中"。这样的故事分享，不仅能够帮助师生建立更加亲密的人际关系，产生"我们是一起的"认同感，也能够培养孩子的共情能力与文化认同。小到一个家庭、一个班级，大到一个区域、一个国家，共同阅读对于形成命运共同体都有着重要的意义。

故事能够"让文学为孩子们活起来"

可以说，在讲故事的活动里，主角是说故事的人；而在读故事的活动里，主角则是听故事的人。

——[英] 艾登·钱伯斯《打造儿童阅读环境》P111

其实，讲故事也好，读故事也罢，主角都应该是听故事的人。只不过，讲故事对于讲者的要求更高，会融入更多的个人色彩、个人感情，会根据讲者个人对于故事的理解来诠释、剪辑整个故事，会与听者进行眼神和言语的交流。而读故事不需要太多的会话技巧，也不需要讲者与听者之间太多的沟通，他们之间"主要是由那位隐藏于书后的作者，通过书上的文字和图画来彼此沟通"。当然，这并不意味着读故事不如讲故事重要。读故事对于发展孩子的阅读能力同样具有重要的意义，由于是基于文本的阅读，听者必须花更多的时间才能领会文意，所以读故事的时候，语速必须比讲故事要慢一些。而且，读故事的人必须事先熟悉文本，这样才能流畅地读出来，更接近讲故事的效果。钱伯斯在书中引用了弗朗西斯·克拉克·赛耶斯的一段文字，讲述了为孩子读故事的意义，认为绝对不会有任何其他的投资，或者其他领域的学习能够有与故事相同的影响力，能够"让文学为孩子们活起来"。

好书让人生不孤单

人们总是希望拥有那些对我们深具意义的书。拥有这些书，我们就可以随时重新翻阅，让我们更能牢记书中的种种。看着这些书端坐在书架上，想到随时可以掌握，它们就可以给我们带来很大的乐趣。因为这些书都是最美好的艺术品。就像一件件拥有最宜人的形态、重量、结构和味道的动态雕塑品。

——[英]艾登·钱伯斯《打造儿童阅读环境》P116

相信读到这段文字，每个爱书人都会深有同感。其实，真正的读书之人，总有几本自己的心爱之书。有些书，甚至成为影响我们的价值观、人生观、世界观和方法论的重要书籍，成为我们生命成长过程中的"重要他人"。这些书，站在我们的书架上，就像一位陪伴着我们的老朋友，让我们的精神不再孤单。需要的时候，我们可以随时与它们相拥、倾吐、聆听。这些书，也像一件件美好的艺术品，是拥有美丽的姿态、形状、重量、结构和味道的"动态雕塑品"，装点着我们的精神家园。每个人，应该有几本这样的书，就像应该有几位人生的知心朋友一样。有它们，我们的生活就会更加笃定、安宁、幸福。

在孩子们与图书之间搭起一座最好的桥梁

与作者或插画家会面，能在孩子们与图书之间搭起一座最好的桥梁，这对孩子们来说是一个相当重要的经验。

——[英]艾登·钱伯斯《打造儿童阅读环境》P134

作家进校园到底好不好？国内有媒体曾经批评作家进校园，主要理由是认为作家进校园卖书赚钱营利。其实，如果是公益性的作家进校园，为孩子们讲自己的创作故事，回答孩子们的各种问题，是应该鼓励和支持的。正如钱伯斯所说，这样的话，"能在孩子们与图书之间搭起一座最好的桥梁"。能够见到"隐藏在冰冷印刷品之后的脸庞，是一件很令人兴奋的事情"。对于孩子们来说，插画家和作家是最能够协助孩子成为读者的人，而且是其中"最具有明星风采的人"。而且，作家进校园不仅仅对于孩子成为阅读者有益处，对于作家、插画家自己也有好处。一方面，他们可以从自己孤单的创作的房间走到人群中来，呼吸新鲜的空气；另一方面，他们能够从师生那里得到反馈，"孩子们针对书中每个细节追根究底的问题，正可以给他们一个重新审视自己作品的机会"。在英国，许多学校都有"访校作家"（Writers in Schools）计划，一般是在他们的文艺学会（Arts Council，类似我们的作家协会）的统筹安排下进行的。这样的制度安排，我们也是完全可以学习借鉴的。

用孩子影响孩子阅读

花时间鼓励孩子们彼此谈论阅读过的书，就等于是帮助孩子们阅读更多的书。只要我们能够影响孩子们中间的意见领袖，或者孩子们心目中的阅读小博士，他们就可以将这份影响力传播给其他的孩子。

——[英]艾登·钱伯斯《打造儿童阅读环境》P144

美国书商协会曾经做过一个很有意思的调查，结果有了一个意外的重要发现：人们了解、选择和购买图书的信息来源，"一个最普遍的理由是从朋友处听到信息"，而居然不是通过广告。钱伯斯对这个发现很感兴趣，引申到儿童的阅读方面，他提出了要鼓励用孩子影响孩子，让孩子们经常在一起交流彼此读过的书。既然同龄伙伴推荐的书可能比老师和父母推荐的更有吸引力，更能够激发孩子们的好奇心和读书欲望，那么老师和父母不妨巧妙地借用孩子的力量，尤其是那些"孩子王"，那些孩子心目中的阅读明星的影响力，鼓励他们多和小朋友们聊自己读的书，多去影响其他孩子。学校的读书分享交流会之所以特别重要，理由也在于此。钱伯斯建议，学校不妨定期举行"你读过这本书吗"的读书交流活动，"让孩子们畅所欲言他们所阅读的书，以及他们最喜欢并希望其他同学也能去阅读的书"，活动结束以后可以把这些书在教室里展示，让更多的孩子产生阅读的渴望。钱伯斯还推荐了一种"图书涂鸦板"的方法，即由同学们把自己喜欢的封面和内容简介、与图书相关的信息、笑话等画在纸上，钉在涂鸦板上，最后再做成剪贴本。总之，以孩子影响孩子是推广阅读的重要方法。

协助孩子们组建阅读俱乐部

根据我个人和一些老师的经验，协助孩子们组建阅读俱乐部的最大问题，并不是找出发挥同事之间影响力的方法，而是找出足够的时间和资料，来满足他们因为阅读兴趣的逐渐提升而逐渐增多的对图书资料和阅读时间的需求。

——［英］艾登·钱伯斯《打造儿童阅读环境》P154

既然孩子影响孩子是推广阅读的重要路径，那么，孩子们的阅读组织，如阅读俱乐部、读书会等，对于培养阅读兴趣、提高阅读水平就有着特别重要的意义。钱伯斯说，就像各个领域的忠实拥护者和行家一样，一群同样深爱阅读的人也需要聚在一起，一个重要的目的就是期望从中得到"认同感"，并且在学校之外有更多的接触到图书的机会。作为教师，在孩子们的阅读自组织中尽可能不要冲在最前面，而是要扮演"催化剂"的角色，"集助手、资料供应者、向导、行政助理、幕后推手等身份于一身"，帮助他们得到更多的阅读资源，拥有更多的阅读时间，让孩子们能够自由自主地开展活动。当孩子们有了自己的阅读组织时，他们就会有对组织的归属感、荣誉感和文化认同感，会更加自觉地读书，更加热情地参与组织的活动。

让孩子们享受"挑战困难"的乐趣

自然而平实地调整你对孩子们阅读程度的期望，要比他们认为自己可以做到的再高一些。协助孩子们享受"挑战困难"的乐趣。比如，试着阅读比他们之前的阅读程度高一些的书，或者是他们还不懂得欣赏的故事和诗词。毕竟，教师的职责不就在于引导孩子去领略未知的一切吗？

——[英] 艾登·钱伯斯《打造儿童阅读环境》P162

儿童的阅读是有阶梯的。从图画书、桥梁书到文字书，从童谣、儿歌到诗词，从故事、文学到科学，有一个循序渐进的过程。但是，儿童往往有着对于未知世界的好奇心，有着挑战自己阅读能力的理智感，根据维果斯基的"最近发展区"理论，"跳一跳"才能吃到的果实，往往最有吸引力、最刺激，也最有挑战性。所以，父母和教师不妨找一些比他们目前的阅读程度稍高一些的书籍，提高他们的阅读期望值。记得我们自己小时候就曾经以能够读"大人读的书"而得意扬扬。孩子们读不懂的东西，他们自然会暂时放弃，但是他们也许从此永远不会忘怀，总有一天会想起来再次对这些书籍发起冲刺。

让孩子同时成为作者和读者

写作和阅读之间存在着相当错综复杂的关系，它们同是文学的过程，也是文学的出口与入口；两者都是相当富有想象力的，也同时扮演着解释的角色。而你从写作中所发现的，与你从阅读中所发现的，绝对不会完全相同。让孩子同时成为作者和读者，他将会拥有更完整的文学经历。

——[英] 艾登·钱伯斯《打造儿童阅读环境》P170

学而不思则罔，思而不学则殆。为了让阅读更有成效，写作是一个重要的路径。因为，阅读与写作本来就是密切相关、相辅相成的。"它们同是文学的过程，也是文学的出口与入口；两者都是相当富有想象力的，也同时扮演着解释的角色。"写作不仅仅会让阅读更加有趣，能够发现阅读时没有发现的东西，而且能够充分体现阅读的社会交往功能。"让自己能建构应答式的对话，能更有组织思考的能力，并逐渐加深闲谈的深度。"为此，钱伯斯提出了多种通过写作来巩固阅读、提升阅读的方法，如献给作者，即制作一本以某本书为主题的书，把孩子们对于这本书的想法、观点、猜想、配图、续写故事等编辑成书，然后寄给创作这本书的作者。对于低幼儿童，可以用图画、手工来表达他们的阅读感受。也可以用戏剧的方式呈现，孩子们根据文本改编成为戏剧，像新教育的生命叙事剧一样，在期末的庆典或者其他重要的时刻表演，可以邀请原作者光临，也可以把演出的光碟寄给作者。当然，最高的境界就是让孩子制作真正属于自己的图书，有一个完整的出版发行流程。许多新教育实验学校，以虚拟的出版社社名帮助学生印制作品，并且通过学校或班级的图书漂流、交换或义卖活动，让图书有更多的读者。一个完整的文学经历，会在孩子的心中播下一颗文学的种子。这颗种子也许有一天会长成一棵文学的参天大树。

读者也是由读者造就的

这是一个需要谨记在心的真理，因此，任务的成功与否，就看我们读了多少书，以及读了什么样的书。我们总会在不知不觉中，试着影响他人变成和我们一样的读者；我们总喜欢将自己最钟爱的书与大家分享，期待他们也一样能乐在其中；我们也会用自己的思想或谈论阅读心得的方式，引导周围的人用同样的方式来思考和谈论。不用多说，我们举手投足间就已经透露了我们生活中关于阅读的种种。

——[英] 艾登·钱伯斯《打造儿童阅读环境》P172

雅斯贝尔斯曾经说过，教育的本质意味着：一棵树摇动另一棵树，一朵云推动另一朵云，一个灵魂唤醒另一个灵魂。其实，阅读也是如此，只有真正的读者才能培养出读者。一个父母不读书的家庭很难培养出酷爱阅读的孩子，一所校长、教师不读书的学校很难培养出酷爱读书的学生。我们每个人都有自己的职业，但是读者应该是我们共同的称呼。真正的读者是有自己的"味道"，有自己的气质的。熟读诗书气自华，一个人的儒雅气质，不要开口就能够感受到。一个人的学问修养，通过言谈举止就能够感受到。所以，阅读是可以"传染"的，可以"模仿"的。记得儿子小时候，我每天早晨伏案工作，阅读写作的时候，他会拿个小板凳坐在我的边上安静地看书。一位热爱阅读的老师喜形于色地谈论自己刚刚读过的书籍，或者与学生一起讨论他们共同阅读的书籍，无疑就会潜移默化地影响学生们的阅读。我曾经说过，有三个人群是天然的阅读推广者，领导干部、教师和父母对于全社会阅读、校园阅读、家庭阅读，是最直接、最有效的推动者，他们读了多少书，读了什么书，总会在不知不觉中，影响着其他的人。所以，我们特别期待有更多的领导干部、教师和父母成为真正的读者，携起手来共同建设书香中国。

成为一位真正热爱阅读的读者永远不会太晚

成为一位真正热爱阅读的读者是永远不会太晚的，但是如果你没有阅读的习惯，或手边没有足够的可以随时取阅的书，那么要达成这样的目标就很难了。

——[英]艾登·钱伯斯《打造儿童阅读环境》P174

汉代人刘向曾经说过："少而好学，如日出之阳；壮而好学，如日中之光；老而好学，如秉烛之明。"他认为一个人少年时好学，就像早晨初升的太阳一样光辉灿烂；壮年时好学，就像中午的太阳一样光芒万丈；老年时好学，就像点燃的蜡烛一样，能够照亮黑暗的屋子。阅读也是如此。虽然我们很多人由于各种原因，错过了中小学的黄金阅读阶段，但是进了大学或者入了职场，都还可以开始阅读，甚至人到中老年，也可以像钱伯斯说的那样开始阅读生活，"成为一位真正热爱阅读的读者是永远不会太晚的"。我们这代从农村走出来的人，大部分是从大学时代才开始真正的阅读的。当然，钱伯斯还提出了两个附加的条件，一是要养成阅读的习惯，二是要有一些随时可以拿到的书籍。对于现代社会的人来说，这两个条件不是困难的事情，坚持每天拿出半小时、一小时读书，把阅读作为精神的运动，作为自己最重要的事情之一，这是每个人都能够办得到的。网上买书、图书馆借书，也是非常方便的事情。其实，最重要的还是阅读的愿望，还是精神的饥饿感，这又取决于是否真正享受过阅读带来的幸福，享受过精神风景带来的愉悦。

教师是把孩子们带到阅读世界的引路人

教师这一项工作，是一个照顾所有年轻学子的专业工作，同时也肩负着帮助孩子成为读者的责任。如果老师们进入自己的专业领域时，就对出版的儿童文学有完整而广泛的知识，也知道如何将这一切带给孩子们，那么，老师不但会在指导阅读时更有效率，也能为教学生涯的前几年建立一些图书信息的基础。

——[英]艾登·钱伯斯《打造儿童阅读环境》P177

教师，是把孩子们带到阅读世界的重要引路人。遗憾的是，我们的师范教育基本上不重视阅读科学，不重视阅读理论与实践的教学。我们的未来教师自己没有系统的阅读，也没有接受阅读方法的训练，以至于我们许多师范院校的学生根本不明白阅读对于学生精神成长和学业成就的作用，自然也不会在教育实践中开展行之有效的阅读活动。教师不成为读者，就不可能把学生们培养成为读者。教师对文学和对专业没有较高的素养，就很难把完整而广泛的知识带给学生。所以，我一直主张师范院校应该开设阅读课程，不仅仅是语言文学专业要开，所有的专业都应该开，学科阅读应该成为所有老师的基础课程。要首先让教师成为读者，未来的教师要真正热爱阅读，真正进行专业阅读，才能成为知识与学生之间的桥梁，才能成为助力学生健康成长的导师。父母在家庭中也是最好的老师，钱伯斯的上述这段文字，对于那些渴望成长的父母来说，无疑也是适用的。

阅读也要趁年华

我们总对所有即将工作的学生说：趁现在尽可能多读一些书吧，因为你不可能再有这么好的阅读机会了。

——[英]艾登·钱伯斯《打造儿童阅读环境》P177

这段文字是钱伯斯对即将走上教师工作岗位的师范生说的。我也曾经对自己的儿子说过："大学是读书的天堂。"的确，虽然读书学习是一辈子的事情，人生任何一个时期都可以读书学习，但是中小学和大学毕竟是专门的学习阶段，这个时期的主要任务就是读书学习、探索求知、创造创新。尤其是大学阶段，是课业负担相对较轻且自主时间相对较多的时期，这个时期如果能够好好规划，认真读一些著作，尤其是今后职业生涯需要的著作，是非常重要的。在经过激烈的高考竞争之后，许多学生都会有松口气、歇会儿脚的想法，加上中小学阶段没有形成良好的阅读习惯，不知不觉几年的时间就过去了，只能是"白了少年头，空悲切"。所以，钱伯斯语重心长地对正在大学学习的未来的教师们说："趁现在尽可能多读一些书吧，因为你不可能再有这么好的阅读机会了。"这是一个过来人的肺腑之言。我们每个读过大学，读过师范的人，都有同样的体会。诗酒趁年华，阅读也要趁年华。

每个孩子都只有一个童年

每个孩子都只有一个童年，也都只有一次5、6、7……岁，你第一次任教的班级是什么样子，就是什么样子，孩子们不可能等你慢慢去发掘你觉得值得介绍给他们的书，你必须在和他们相处的第一天就具备这样的专业知识。如果你的培养机构无法给你这些协助，你就应该极力去争取。同时，尽你的最大所能持续增强你的阅读专业素养，不仅是你自己的，还有那些能理解阅读多么重要的学生。随时寻求能明白你的处境的老师和图书馆员们的支持。

——[英]艾登·钱伯斯《打造儿童阅读环境》P177—178

许多事情都可以重新开始，但童年无法重新再来。每个孩子都只有一个童年，都只有一次属于他们的青春年华。作为教师，可能会面对许多孩子，但是作为孩子，他就是世界的唯一。作为教师和父母，孩子不可能耐心地等待你的成长，等你慢慢地寻找适合他们的书籍。你必须在孩子还没有出生的时候，在孩子还没有来到你的课堂的时候，就为他们做好各种准备。在你决定成为父母、成为教师的那一刻起，你就要用心地开始准备，不断地成长。如果你所处的环境和你所在的机构无法满足你准备和成长的需要，你就应该自己去寻找能够帮助你准备和成长的机构，学会自我成长的方法。阅读是一门科学，也是一门艺术，阅读推广也是一门技术，是有规律有学问的。同时，无论是阅读还是阅读推广，本身也是个人成长最好的路径。赠人玫瑰，手有余香。助人阅读，共同成长。

第二章　读钱伯斯《说来听听：儿童、阅读与讨论》

读明白才能说清楚

我相信阅读并不只是浮光掠影地扫过一排排文字，比起兴之所至的随口闲聊，阅读应当是一种更有生产力、更有价值的心智活动。尽管我将阅读的价值置于闲聊之上，我仍旧相信，"说话"是生活中不可或缺的行为。尽管多数人总在话说出口后才明白心里到底想的是什么，但除非我们确实知道如何"说清楚"，否则随口而出的话会让思绪如散弹一样去向不明。

——[英]艾登·钱伯斯《说来听听：儿童、阅读与讨论》前言 P2—3

从今天开始，我们读钱伯斯的另外一本书《说来听听：儿童、阅读与讨论》。用钱伯斯自己的话来说，这两本书本来就是一个整体，是姊妹篇。这本书讨论的是"大人如何通过环境和活动的整合，帮助儿童亲近书本，进而鼓励儿童活泼而深入地阅读"。他说，这本书主要是为那些常年与儿童、图书打交道的人而写的，特别是为那些初出茅庐的年轻教师和有心检讨、提升的资深老师准备的。也就是说，这本书其实是适合父母、教师和阅读推广人三个群体的。这段文字讲述了阅读与口头表述的内在关系。钱伯斯认为，阅读是一项重要的心智活动，与那些兴之所至的口头闲聊相比，具有更高的智力含量。但是，口头表达在现实生活之中又非常重要，是沟通交流时不可或缺的行为。人们的这种说话能力，与人们的思维能力，与人们的阅读能力，又有着密切的关系。过去我们说熟读唐诗三百首，不会作诗也会吟，就是说的阅读与表达的关系。读明白才能说清楚，表达能力需要有逻辑思维能力，需要有阅读经验的支持。

口头表达能力很重要

能够将读过的书说个清楚，本身就是一个极具价值的行为，这一行为同时也是完整表达己见的最佳演练。也就是说，在帮助儿童把阅读用口头语言表达出来时，我们同时是在训练、培养他们的表达能力。在一个健谈的时代里，还有什么比口齿清晰更能派上用场？

——[英] 艾登·钱伯斯《说来听听：儿童、阅读与讨论》前言 P3

在现代社会中，口头表达能力越来越重要了。本来，我们的语文教学，目标就是听、说、读、写的能力培养，听与说，主要是面对面的非文字沟通与表达能力，读与写，主要是运用文字进行沟通与表达的能力。由于考试评价主要集中在后者，而且更多集中在写作，所以听、说、读，尤其是听与说，基本上处于缺席的状态。其实，听与说非常重要。在日常生活中人们使用最频繁的就是听与说。听本身就是一门艺术，如何准确了解别人的真实意图，如何全面把握别人的思想观点，如何让对方觉得我们非常尊重他，非常乐意倾听他的意见，对于我们能否建立良好的人际关系具有重要意义。说当然更是一门艺术，如何清晰地表达自己的思想与意见，如何有效地说服别人接受自己的意图和观点，都能够体现说的水平。而阅读恰恰是培养听说能力的最佳路径。把读过的书说出来，把书面的阅读用口头的语言表达出来，无论是复述故事内容，还是续编新的故事，让孩子开口讲书，不仅仅能够培养他们的阅读兴趣与阅读能力，而且能够培养他们的表达与沟通能力。的确，在一个健谈的时代里，还有什么比口齿清晰更能派上用场呢？

阅读就像参与一出戏剧表演

我认为教授阅读的教师们有责任帮助儿童参与这出阅读大戏，帮助他们成为剧作家（改写文本）、导演（诠释文本）、演员（演绎文本）、观众（积极地接受文本并给予响应），甚至剧评（对文本做评论、解释与专题研讨）。

——[英] 艾登·钱伯斯《说来听听：儿童、阅读与讨论》P3

　　钱伯斯认为，阅读并不是"对字句的生吞活剥"，而更像一出由一幕幕互相关联的场景组成的戏剧表演。父母和教师们的责任就是要帮助儿童积极有效地参与到这场阅读戏剧中去。所以，对于文本的理解、诠释、演绎、对话、评论等，就是阅读的核心所在。有时候，我们要让孩子们成为剧作家，对文本进行重新创作改写，删繁就简，改写剧情；有时候，我们要让孩子们成为导演，对文本进行新的诠释，挖掘文本的时代意义和价值特征；有时候，我们要让孩子们成为演员，设身处地站在文本中人物的立场去思考问题；有时候，我们又要让孩子们成为观众，享受文本给自己带来的精神的愉悦与感动；有时候，我们还要让孩子成为剧评人，对文本进行有针对性的、个性化的评论或者专题研讨。总之，要让孩子们从不同角度、用不同方法理解文本、应用文本，让阅读主体与文本的对话更深入、更有效。

不要做井底之蛙式的阅读者

　　针对特定类型读物、特定作家做持续的重复阅读，是一种井底之蛙式的阅读，这种读者永远不会知道井外世界的广阔（更糟的是，他们压根不想知道）与多姿多彩。井底之蛙的读者安于现状，拒绝任何形式的探索；他们担心走出井底就是世界尽头，怕摔个粉身碎骨。

　　　　——[英]艾登·钱伯斯《说来听听：儿童、阅读与讨论》P3—4

　　就像偏食不利于儿童的身体成长一样，对于刚刚开启阅读旅程的儿童来说，多样化的阅读是非常重要的。广泛涉猎诗歌、散文、小说、传记，人文、社科等不同类型的作品和不同时代、不同区域、不同风格的作家，对于丰富儿童的精神世界，对于儿童在阅读过程中寻找和发现自我，对于他们拥有幸福完整的阅读生活，无疑具有重要的意义。对于研究人员来说，要系统研究某个作家、某种题材，在一定时间内集中阅读相关的作品是可以理解的，也是必要的。但是对于成长中的儿童来说，却是不利于他们成长的。我们要善于帮助那些过于痴迷某个作家的作品，只进行同质化、无挑战、重复性阅读的儿童，走出狭小的阅读圈子，尝试阅读更多的不同类型、不同作家的作品，发现一个更大的世界，进入一个更广阔的时空。对于他们来说，走出井底，不是进入世界的尽头，而是打开了一个新的世界。只有海纳百川，广泛阅读，多吃精神的复合维生素，在这个基础之上，形成自己的阅读个性，有一些自己特别喜欢的作家，才能成为一个成熟的阅读者。

为什么讨论对于阅读很重要

从阅读理论和读者反应的角度来看，研究越深入，我们越发相信"讨论"在阅读过程中确实扮演着核心角色。不论是对一位成熟的读者，还是对一个刚开始学习阅读的孩子，讨论的重要性都不容忽视。

——[英]艾登·钱伯斯《说来听听：儿童、阅读与讨论》P6

阅读，看起来是一个个体性的行为，并不需要与他人发生多少关系。但是，钱伯斯不这样认为。"讨论"，是钱伯斯阅读理论的一个关键词。他指出，虽然并不是每一次讨论都能够取得理想的效果，都能够产生火花，但是，只有讨论，才能真正分享热情、困惑和关联性。钱伯斯认为，只有把自己阅读过的书拿出来讨论，我们才能真正得出对一本书的看法。也就是说，阅读之后的讨论，对于理解这本书的内容，具有特别的意义，而一本书的意义，往往就是在讨论的过程中"你一言我一语地被逐步界定的"，不同的读者在不同时空的背景下所演绎的解读也会有所不同。孩子们之间的讨论分享，不仅仅是观点上的碰撞，情节上的互相补充，更有情感上的彼此感染。所以，孩子们在分享并解决阅读过程中遇到的困惑时，在面对各种基于自己的生活经验阐释文本的时候，他们不仅仅是与文本进行对话，也是在与他人对话，与自己对话，在对话的过程之中，发掘出那些文字对于自己而言具有什么特别的意义。

用阅读开启记忆闸门

不论是以生活经验还是阅读经验来探索文本脉络，我们所仰赖的，无非是对自己过往生活和阅读过的作品的记忆。因阅读而开启记忆闸门，正是阅读的本质和阅读之乐的源泉。

——[英]艾登·钱伯斯《说来听听：儿童、阅读与讨论》P16

之前在讲述讨论的意义和价值的时候，网友王人平先生做了一个很好的评论。他说，讨论能够让"阅读"从单纯的输入变成了一个输入、思考、提炼、表达、交流、碰撞、补充、总结的过程，这个过程不仅让孩子对阅读内容有了更深刻的理解，更会激发孩子阅读的兴趣和主动性，发展孩子的倾听意识和表达能力，丰富孩子认知问题的视角和维度，帮助孩子更好地认识自己，认识世界。为什么讨论会有如此的成效呢？这是因为讨论调动了阅读主体的生活经验、阅读经验与生命体验，孩子们把当下的文本与过往的经验结合起来了。通过讨论，孩子们被文本激发起来的想法和热情就会喷涌而出，记忆的闸门就会因此而开启。钱伯斯把自己的书定名为《说来听听》，就是基于这样的考虑。那么，如何组织孩子们的讨论呢？他指出，阅读的讨论不需要严谨的结构，也不需要固定的发问程序，而应该让孩子们像闲话家常一样自由地交流，抒发读后的心满意足或不以为然，或者畅谈读后整理出的新的想法，或者借题发挥倾吐胸中烦恼，随兴所至，天马行空，一吐为快，自得其乐。

阅读讨论的最佳模式是一对一交谈

对儿童帮助最大的谈话模式应该是一对一式的交谈，并且，与之对谈的成人提出的话题，都应是儿童有兴趣并愿意多接触的，比如他们手头正在做的事、刚完成的作业或正要去落实的计划，或者大人、小孩能够共同参与的活动。最后一点很重要，当大人小孩共同参与某项活动时，他们极可能同为某些事物所吸引，所以对当时情境的认知不至于南辕北辙。这意味着沟通过程中的误解可以降到最低，同时也比较容易达成共识，彼此理解。

——[英]艾登·钱伯斯《说来听听：儿童、阅读与讨论》P18

这是钱伯斯书中引用的一段文字。这段文字出自美国加利福尼亚大学圣克鲁斯分校教育系教授韦尔斯先生，主要讲了三层意思。第一，讨论阅读内容的最佳模式是一对一的交谈；第二，谈话的话题应该是儿童感兴趣的事情，应该以儿童为中心而不是以成人为中心；第三，谈话的时机最好是在共同活动的过程之中。为什么一对一更好？因为一对一具有唯一性，针对性强。一对一，在家庭里相对更容易做到，学校里相对比较困难。但是，对于一些特殊的孩子，仍然需要一对一的谈话交流，用一把钥匙开一把特别的锁，才能有特别的效果。为什么谈话的话题必须是孩子感兴趣的事情？人的注意力是有指向性的，讨论自己感兴趣的问题，自然就会聚精会神、全力以赴，如果是与自己无关、与当下无关、不感兴趣的话题，孩子自然就会心不在焉，没精打采，高高挂起。为什么最好是在共同活动中进行？因为共同的生活自然有共同的话题，共读共写共同生活，一起阅读、一起讨论，把阅读的文本带到相同活动的情境中来，更容易形成共同的语言、共同的密码和共同的价值，降低沟通的成本。"沟通过程中的误解可以降到最低，同时也比较容易达成共识，彼此理解。"当然，一对多的讨论，也有一对一所不具备的优势，孩子们互相影响的重要性也是不能够低估的。所以，其中第二、第三条原则，也非常适合一对多的阅读讨论。

想得明白才能说得精彩

谈话其实是思考过程的一部分。我们常听人说："我不大放厥词，但我想法可多了。""让我换个法子说服你。""你觉得这点子怎么样？"想确认自己是否真的明白心中所想，不妨试试能否畅所欲言。

——[英]艾登·钱伯斯《说来听听：儿童、阅读与讨论》P21

我曾经说过，要想写得精彩，就要做得精彩、活得精彩。同样，要想说得精彩，就要想得清楚、想得明白、想得精彩。谈话、讨论，既是检验一个人是否真正读懂了书籍，弄懂了文本，掌握了内容的重要标准，也是一个人整理自己的思维，理清自己的思绪的重要路径。所以，钱伯斯提出"把想法说出来"的动机不仅在于聆听自己的内在，同时更希望通过和听众的互动理清自己的意图，而这种事情单靠自己是做不到的。因此，无论是在家庭中还是学校里，父母和老师都要尽可能让孩子多开口说话，表达自己的观点和诉求。要尽可能与孩子平等讨论、沟通意见，鼓励孩子表达不同的观点和看法。在孩子读完某本书之后，鼓励他们讲述书中的内容，评论书中的观点，想象可能的结局。谈话、沟通、交流，不仅仅能够训练孩子们的表达能力，更能够训练他们的思维能力。

阅读能够产生"知性喜悦"

加入读书讨论本身就是一种吸引参与的动机，因为"大家一起来发言"不仅能汇集每个人对文本的理解，成就一个更完整的认知，讨论本身通常也能激荡出新的火花，深化我们对文本的认知；而这份认知在未经讨论之前，大家通常都只知其然，不知其所以然。

——[英]艾登·钱伯斯《说来听听：儿童、阅读与讨论》P27

在学校的阅读教育中，更多的是一对多的活动。各种读书会中，读书小组的讨论、交流、分享就显得非常重要。这种讨论为什么很重要？因为它是集思广益、凝聚共识、丰富认知的重要途径。正如钱伯斯所说，这样的讨论能够用来"解决那些靠单打独斗无法完成的、棘手的、复杂的问题"。在任何团队中，很少有人是全知全能的。"当团队中每个成员各尽所能、互助合作时，绝对比个人更能挖掘文本的意义。"在讨论中，原本在每个人脑中的观念图形会丰富成一幅更加完整的拼图，原本没有看到的图景出现了，原本没有想到的角度发现了，讨论不仅仅丰富、完善了我们的认识，更能够帮助我们获得新知。因为深入讨论，我们"更能体会文本丰富多元的样貌"。同时，这种思维的碰撞和情感的交融，会进一步激发阅读的兴趣，产生所谓的"知性喜悦"，形成阅读的正向循环。

第三章　读莫兰《复杂性理论与教育问题》(上)

教育，应该了解关于人的认识过程

致力于传播知识的教育对于什么是人类认识、它的机制、它的弱点、它的困难和它可能导致错误和幻觉的倾向毫无所知，毫不关心对于什么是认识加以认识，这是令人担心的。

——[法]埃德加·莫兰著，陈一壮译:《复杂性理论与教育问题》，

北京大学出版社 2004 年版，P6

今天是全国各地中小学开学的第一天。我们一起读一本新的书:《复杂性理论与教育问题》。作者埃德加·莫兰（Edgar Morin）是法国当代著名哲学家、社会学家、人类学家、政治评论家和教育家，长期担任法国国家研究中心的社会学、人类学、政治学业多学科研究中心主任，也是法国教育部的顾问。莫兰在学术上最大的贡献是提出了"复杂思维范式"，其要旨在于批判西方割裂、简化各门学科的传统思维模式，通过阐述现实的复杂性，寻求建立一种能将各种知识融通的复杂思维模式。他的著作有《反思欧洲/法国思想家新论》《迷失的范式:人性研究》《复杂性理论与教育问题》《方法:天然之天性》《复杂性思维导论》《整体性思维:人类及其世界》等。

《复杂性理论与教育问题》是埃德加·莫兰的教育代表作，包括了两篇教育学论著《未来教育所必需的七种知识》和《构造得宜的头脑》。第一篇论著是莫兰应联合国教科文组织之邀，对于教育改革和未来教育提出的思考与建议。第二篇论著的中心思想是:改革思想和改革教育密不可分、相

互促进。它们要求超越简化的、片段性的认识，这种认识看不见整体和部分之间的相互作用，把复杂性教育问题化解为简单性和遮蔽根本性的问题，还导致科学思想和人文思想的可悲的分裂。认为教育的目标与其说是造就充满知识的头脑，不如说是构造得宜的头脑。

上述文字是作者在前言中的一段。这个前言，其实就是《未来教育所必需的七种知识》的摘要，是第一章认识中的盲点：错误与幻觉的主要观点。作者认为，现在教育对于人是认识的过程研究是非常不够的，这也是我们的教育容易出现问题的原因所在。所以，他建议要加强对于元认知的研究。"在教育中需要引入和发展关于人类认识的大脑的、精神的、文化的特质的研究，关于它的过程和类型的研究，关于使它冒着犯下错误或发生幻觉的风险的心理和文化倾向的研究。"一句话，教育需要了解人的认识过程和认识规律。

善于抓住总体的和基本的问题

一个一向被忽略的关键性问题是促进形成如下一种认识能力的必要性：善于抓住总体的和基本的问题，并在这个框架内整合部分的和局部的认识。由于根据学科划分而被片段化的知识占据优势，常常使人不善于进行部分和整体之间的连接工作。上述认识应该让位于能够在其背景、复杂性、整体中把握对象的认识的模式。

——[法] 埃德加·莫兰著，陈一壮译：《复杂性理论与教育问题》，

北京大学出版社 2004 年版，P7

这是第二章《恰切的认识的原则》的内容摘要。莫兰的复杂性理论有三个重要的思维法则：两重性逻辑的法则、回归的法则和全息的法则。其中全息的法则就是这里所说的部分和整体之间的不可分割与相互决定作用。全息意味着部分也以某种特别的方式包含着整体，虽然整体包含着部分。而且，部分不是被动地单纯被决定的因素，正是它们积极的相互作用，产生了整体大于部分之和的效果。所以，他反对分科教学把知识片段化、孤立化的做法，强调"有必要教授有关的方法使得受教育者能够在一个复杂

的世界中掌握部分和整体之间的关联和相互影响"，强调全息思维的整体观。这与当代学科教学的综合化趋势，与 STEAM 教学和项目式学习（PBL）的方向是完全一致的。

人是物理、生物、心理、文化、社会、历史的统一体

人类存在同时是物理的、生物的、心理的、文化的、社会的、历史的。但是人类本性的这种复杂性的统一性在教育中由于学科的划分被完全瓦解了，因此现在已变得不可能学习人类存在的真正含义。而现在必须恢复这个含义，使得无论在何处的每一个人同时了解和意识到他的复杂的本性和他与所有其他人共有的本性。

——[法]埃德加·莫兰著，陈一壮译：《复杂性理论与教育问题》，

北京大学出版社 2004 年版，P7

这是第三章《教授人类地位》的内容摘要。人是这个世界上最复杂的生命体，他既是物理的、生物的，又是心理的、文化的，更是社会的、历史的。但是，在现代科学和教育体系之中，人往往是孤立的存在，无论是学者，还是教师、父母等教育工作者，都是从某些事实、某个学科去认识人，这就免不了产生"盲人摸象"的效果。对人的认识和研究，也需要打破学科的藩篱，用更加开放、更加多元的精神和更加综合、更加整体的视野，这是教育科学的重要任务，也是教育工作的重要出发点，因为"人类地位将应成为任何教育的基本对象"。所以，莫兰建议，要从现有的学科出发，通过"汇总和组织分散在自然科学、人类科学、文学和哲学中的知识"，重现人类复杂的统一性，并且表明"在整个人类范围内的统一性和多样性之间不可消解的关系"。

人类生活在同一命运共同体之中

人类今后的全球性的命运是被教育遗忘的另一个关键的现实。对在 21 世纪将继续增强的全球化的发展的认识，对于每个人和全体人将日益变得

不可避免地对地球本征的承认，应该成为教育的一个主要题目。

——[法]埃德加·莫兰著，陈一壮译：《复杂性理论与教育问题》，
北京大学出版社 2004 年版，P8

这是第四章《教授地球本征》的内容摘要。所谓本征，一般是指事物本身的特征，是人类实际能够观察到的事物状态的集合。莫兰认为，从 16 世纪开始，世界上所有大陆之间的交往日趋频繁，人类越来越变得"相互依存"，在 21 世纪已经形成了真正意义上的"全球化"。这是当下"地球本征"的基本事实和重要特点，但是我们的教育一直没有真正关注。他提出，我们的教育应该敏锐地关注到这一问题，这个世界已经没有孤岛，全球危机的复杂性会涉及我们每一个人，每一片土地，每一个国家，我们要深刻地认识到："全体人类今后面临同样的生死存亡的问题，大家生活在同一命运共同体之中。"教育，如何为人类命运共同体做出贡献，是一个新的重要的课题。2021 年，联合国教科文组织发布了《一起重新构想我们的未来：为教育打造新的社会契约》(*Reimagining our futures together : A new social contract for education*)。这份报告提出，我们迫切需要改变方向，因为人类的未来取决于地球的未来，而这两者都处于危险之中。迫切需要一项新的教育契约，一份旨在重建我们与彼此、与地球、与技术之间的关系的社会契约。这份报告的一个亮点，就是用莫兰的理论，重新强调了"教授地球本征"，希望发挥教育在处理生态危机中的作用。

教育应该走向迎接我们时代的不确定性的最前哨

古希腊诗人欧里庇得斯 25 个世纪前的格言现在比任何时候都更加现实："期待之事没有实现，神灵打开通往意外之事的大门。"抛弃认为可以预见我们的未来的关于人类历史的决定论的观念，审察 20 世纪的都是出乎预料的事件和变故，今后人类征途的不可知的特点应该促使我们培养准备应付不测事件而处理它们的头脑。所有身负教育之责的人们应该走向迎击我们时代的不确定性的最前哨。

——[法]埃德加·莫兰著，陈一壮译：《复杂性理论与教育问题》，
北京大学出版社 2004 年版，P8—9

　　这是第五章《迎战不确定性》的内容摘要。人类在相当长的时间内是受决定论思维支配的，我们相信所有事情的因果律，相信一切是可以预测的，相信科学的结论都是正确的、准确的、精确的。但是，正如 2500 年前古希腊诗人的格言所说，期待的事情未能实现，意外的事情却不期而至，这样的现象越来越多。所以，莫兰认为，科学曾经给予我们许多关于确定性的知识，但是 20 世纪以来越来越多的事实也同时向我们"揭示了无数的展现不确定性的领域"，所以，教育必须把这些不确定性的知识教给学生，这些知识其实就蕴含在包括物理科学、生物科学、历史科学在内的许多学科之中。莫兰特别强调要教授"策略"的原则，"是人们能够对付随机因素、意外事件和不确定性，根据在前进中获取的信息修改前进的计划"。他用了一个非常形象的比喻，即要学会"在散布着确定性的岛屿的不确定性的海洋中航行"。的确，也许知识的最大魅力不在于现成的东西，而在于它的不确定性。迎战不确定性，需要更大的勇气和智慧。我们的教育，准备好了吗？

应该重视相互理解的教育

　　相互理解既是人类交流的手段又是其目的。但是在我们的教学中还缺乏关于理解的教育。地球上在所有的方面都需要相互理解。鉴于教育理解在所有的教育层次上和对于所有年龄的受教育者都是重要的，发展理解要求改变精神状态。这应当是未来的教育的工作。

　　——[法]埃德加·莫兰著，陈一壮译：《复杂性理论与教育问题》，

北京大学出版社 2004 年版，P9

　　这是第六章《教授相互理解》的内容摘要。其实，从 20 世纪 80 年代逐步兴起的社会情感学习理论开始，教育界对于相互理解已经越来越关注了。虽然有学者倡导，也有学校探索国际理解教育（我在 20 世纪 90 年代初曾经在苏州大学主持召开了一个以"迈向 21 世纪的国际理解教育"为主题的国际研讨会）。但是，教育界的理解教育或者社会情感教育主要还是就

人际关系而言的，很少从"地球上所有的方面"去思考。莫兰在这本书中把它上升到"所有的教育层次上和对于所有年龄的受教育者"，涉及教育的价值观和方法论，并且认为这应该是未来教育重点关注的方向性的问题。为什么莫兰如此重视理解教育呢？因为它涉及社会的稳定与和谐、人类的战争与和平，涉及民族、宗教、信仰等一系列问题，对于人类"走出其互不理解的野蛮状态"是至关重要的。所以，莫兰建议，要研究"种族主义、排外心理和蔑视他人"等人类不理解现象的深层原因、类型及后果，为人类和平奠定坚实的基础。他主张在学校教育中把相互理解作为重要内容，是非常有远见卓识的。

地球是我们共同的祖国

伦理规范不能通过道德课来教授，它应该在精神中从关于人既是个人，又是社会的一部分，还是族类的一部分的意识出发来自我形成。我们每个人身上都含有这个三重的实在。因此，任何真正的人类的发展应该包含个人的自主、对共同体的参与和从属于人类的意识这三者的联合的发展。从此出发勾画出了新千年的两大伦理—政治目标：通过民主建立社会和个人之间相互控制的关系，完成人类作为全球共同体。教育应该有助于不仅形成关于"地球是我们共同的祖国"的意识，而且使得这个意识转变为实现地球公民籍的意志。

——[法]埃德加·莫兰著，陈一壮译：《复杂性理论与教育问题》，

北京大学出版社 2004 年版，P9—10

这是第七章《人类伦理学》的内容摘要。伦理学又称道德哲学，是对人类道德生活进行系统思考和研究的一门科学，是现代哲学的学科分支。伦理和道德我们经常交叉混合使用，并没有严格的区分，但是一般而言，"伦理"更侧重于社会，更强调客观方面，主要是社会性的道德规范；"道德"则侧重于个体，更强调主观方面的内在操守，主要是个体的德行和修行。这里强调的"个人的自主、对共同体的参与和从属于人类的意识"这三者的统一关系，是一个非常重要的关系，也是人类命运共同体的一个重

要诠释。也就是说，作为一个人，既是一个独立的个体，要遵守关于个体的道德操守；又是一个共同体（机构、国家、民族）的成员，要遵守共同体的规则，具有爱国主义的情怀等；同时还是人类的一分子，"人类作为全球共同体"这才是最高利益，因为没有这样的最高利益，就没有前面两者的利益。所以，莫兰提出，教育界要有这样的最高利益的觉醒，帮助学生形成"地球是我们共同的祖国"的意识。习近平总书记提出的构建人类命运共同体，以及中国政府提出的到 2030 年实现碳达峰，2060 年达到碳中和的目标，正是从整个地球、整个人类的立场出发的。

未来的教育应该正视错误和幻觉的问题

任何认识在本身都包含着产生错误和幻觉的危险。未来的教育应该正视错误和幻觉的两个面目的问题。最大的错误将是因低估错误的问题而产生的错误，而最大的幻觉将是因低估幻觉的问题而产生的幻觉。承认错误和幻觉的存在会由于错误和幻觉愈是不能实事求是地自我承认而愈加困难。

——[法] 埃德加·莫兰著，陈一壮译：《复杂性理论与教育问题》，

北京大学出版社 2004 年版，P11

今天开始一起学习第一章《认识中的盲点：错误和幻觉》。在这一章中，莫兰揭示了认识活动中存在错误与幻觉的必然性，并逐一分析了产生错误与幻觉的深层原因。莫兰认为，从人类诞生之日开始，错误和幻觉就一直如影随形，始终"干扰着人类精神"。为什么错误与幻觉具有必然性？这是由人们认识过程的特点决定的。在莫兰看来，人的认识会分别受到知觉错误、理智错误和情感错误的三重影响。从知觉错误来说，人们的认识一般都要通过自己的视觉器官，"所有的知觉都同时是从被感官截取和编码的刺激或信号出发由大脑作出的翻译和重构"，这个过程无疑会产生许多偏差和错误。从理智错误来说，人生也受到认识者的主观性、世界观等影响。从情感错误来说，"我们的激情造成的对思想的干扰，使出错误的危险倍增"。既然这样的认识上的错误与幻觉在所难免，一方面我们要找到这些错误的原因，尽可能避免不必要的错误；另一方面也要对可能发生的错误和幻觉有

足够的思想准备，教育我们的学生认识到"没有一种认识不在某种程度上收到错误和幻觉的威胁"。

情感既可能窒息认识也可能滋养认识

人们可能认为通过压制任何情感可以消除犯错误的危险。确实，感情、怨恨、爱情、友谊可能使我们盲目起来。但是也必须指出，在哺乳动物的世界里已经是，而在人类的世界里尤其是：智能的发展与情感亦即与好奇心、热情的发展不可分，它们构成哲学的或科学的研究的动力。因此情感性既可能窒息认识又可能滋养认识。在智能和情感性之间有一种紧密的关系：感情的亏损可能降低甚至摧毁推理的能力；在感情上的反应能力的削弱甚至可能是非理性行为的根源。

——[法]埃德加·莫兰著，陈一壮译：《复杂性理论与教育问题》，

北京大学出版社 2004 年版，P12

传统的认识论很少关注情感情绪在认识过程中的作用以及对于认识结果的影响。但是心理学家一直把知情意行看成是一个统一的整体。莫兰在书中指出，人们往往以为通过压制人的情感就可以防止我们在认识过程中的偏差，避免出现错误与幻觉，但是，这往往忽视了情感的正向功能，也就是情感滋养认识的作用。其实，正如列宁曾经说的那样："没有'人的感情'，就从来没有也不可能有人对于真理的追求。"人们的好奇心，人们对于探索未知的热情，与人们认识世界的过程和能力有着非常密切的关系。所以，正确的方法就是正视情感的两面性：一方面注意防止情感可能"窒息认识"的缺陷，在认识过程中尽可能做到更加清晰、客观、理智；另一方面也要发挥情感"滋养认识"的正向作用，呵护学生的好奇心与探索未知的热情。也正因为如此，莫兰提出，并不存在所谓的凌驾于情感之上的"理性的高层"，只有理性与情感互相作用的"圆环"，要正确认识到情感的积极意义。

错误和幻觉的心理学原因

大脑没有任何设施使得可能区分幻觉与知觉、梦境与清醒、想象物与现实、主观存在与客观存在。在人类身上幻觉与想象之物的重要性是闻所未闻的。鉴于把机体与外部世界连接起来的脑—神经系统的进路和出路只占总体的 2%。那么 98% 的部分的工作都关系到内部的运转，构筑起一个相对独立的心理世界，在其中需要、梦想、欲望、观念、形象、幻觉在骚动，而这个世界渗透到我们对外部世界的看法或概念中。

——[法] 埃德加·莫兰著，陈一壮译：《复杂性理论与教育问题》，

北京大学出版社 2004 年版，P13

既然错误和幻觉在人类的认识过程中不可避免，如何有效地防止错误与幻觉就是科学认识世界的一个重要内容，所以莫兰主张，"教育应该投入对错误、幻觉和盲目性的根源的探索"。据此，他从心理、理智（观念）、理性（逻辑）、范式等方面进行了深入的分析。上面这段文字，正是从心理学的角度进行的分析。在莫兰看来，人们的认识产生错误和幻觉，从心理学的角度至少有三个方面的原因，一是大脑神经系统的原因，直接感知外部世界的脑神经的进路与出路只占总体的 2%，98% 都属于内部加工系统，需要、梦想、欲望、观念等都会影响人们的认识，"构筑起一个相对独立的心理世界"。二是自我中心主义和"自欺"（self-deception）的原因。人们出于自我保护的需要，具有"把坏事的原因投射到他人身上的倾向，使得每个人自己向自己说谎而不对这个他本人是作者的谎言加以探测"。三是记忆偏差的原因。人们的记忆规律表明，一件事情如果不及时回忆，就会变得模糊不清，以后"每次回忆可能不是将其美化就是将其丑化"。我们的记忆经常是有选择性的，会不自觉地选择对我们有利的记忆，而压抑甚至抹去对我们不利的记忆。"有时存在人们确信经验过的虚假记忆，如同存在人们确信从未经验过的被压抑的记忆。"所以，我们要审视自己的认识，首先要了解心理学的规律。

错误和幻觉的理智方面的原因

我们的观念系统（理论、学说、意识形态）不仅受到错误的影响，而且还保护被纳入其内部的错误和幻觉。任何观念系统抵抗不适合它的或它不能加以吸收的信息，这是符合其组织的逻辑的。理论抵抗敌对的理论或对立的论据的进犯。虽然科学理论是唯一接受被驳倒的可能性的，但它仍趋于表现这种抵抗性。至于学说，即关闭于自身之中的和绝对信服其真理性的理论，它们是任何揭露它们错误的批评所攻不破的。

——[法]埃德加·莫兰著，陈一壮译：《复杂性理论与教育问题》，

北京大学出版社 2004 年版，P13—14

在莫兰看来，认识上的错误和幻觉第二个方面也有来自观念系统即理智上的原因。观念，一般是指人们在长期的生活和生产实践中形成的对事物的总体的、综合的认识。观念是人们对事物的主观与客观认识的系统化，它既反映了客观事物的不同属性，也有认识者主观化的理解色彩。理论，一般是指用一系列观念（概念）组织起来的知识体系，用来解释客观世界的现象和规律。学说，一般是指学术上自成系统的主张和理论，一个学说往往需要多个理论的支撑。一个人一旦形成了相应的观念、理论或学说，自然会对其他的信息、观念、理论、学说具有一定的天然抵抗倾向，正如莫兰所说："任何观念系统抵抗不适合它的或它不能加以吸收的信息，这是符合其组织的逻辑的。"但是，正是这种天然的抵抗倾向，往往限制了人们学习与成长的可能性，失去了完善理念、理论和学说的机会。理智的错误，往往在于它的封闭性和对于其他理念、理论、学说的抵御本能。而且，越是成体系的理论和学说，相对就越是"顽固"，难以真正改变。这就需要我们用更加开放、创新的心态对待各种信息、观念、理论和学说。

错误和幻觉的理性方面的原因

在本性上是开放的真正的合理性会与抵抗它的现实进行对话。它在理

论的逻辑机制和经验机制之间进行不断的穿梭运行。它是多种观念论证争辩的结果，而不是一个观念系统的私产。无视存在、主观性、情感性、生命的理性主义是不合理的。合理性应该承认情感、爱情、懊悔的领域。真正的合理性知道逻辑、决定论、机械论的极限，它知道人类精神不可能是无所不知的存在，也知道现实包含有神秘。它与非理性的东西、神秘的东西、不可理性化的东西谈判。它不仅是批评的，而且是自我批评的。人们认出真正的合理性是从后者具有发现自己不足之处的能力上。

——[法] 埃德加·莫兰著，陈一壮译：《复杂性理论与教育问题》，

北京大学出版社 2004 年版，P14—15

在哲学上，理性一般是指人们具有的能够识别、判断、评估实际理由以及使人的行为符合特定目的等方面的智能。而理性主义（rationalism）则是建立在承认人的推理可以作为知识来源的理论基础上的一种哲学方法。在莫兰看来，理性主义有两种表现形式：一种是合理性，一种是合理化。合理性，是防止认识过程出现错误与幻觉的重要方法；而合理化，则是导致认识过程出现错误与幻觉的原因所在。合理性是认识过程的"校正器"，是抵抗错误和幻觉的"最好的屏障"。这是因为，一方面，它具有"建构的合理性"，能够在和谐的理论形成时仔细地检查理论的"组织的逻辑性、形成理论的各观念之间的相容性、理论论断与它们应用于其上的经验材料的一致性"，它用开放的方式保持对于它抵触的异议进行对话。另一方面，是"批评的合理性"，它不仅是批评的，而且是自我批评的。及时改进自己的错误，不断完善自己，是它的重要特征。而合理化，则自己认为是合理的，认为自己已经"建立了一个建基于演绎或归纳之上的完美的逻辑系统"，用机械论和决定论的模式来考察世界。总而言之，"合理化是封闭的，合理性是开放的。合理化虽然汲取着与合理性同一的源泉，但是它是构成错误和幻觉的最强大的源泉之一"。所以，要防止理性导致的错误与幻觉，关键就是保持认知的开放性，保持谦卑的姿态，知道自己的局限性，知道人类精神不可能是无所不知的存在，也知道现实生活中有许多神秘与未知。

范式上的盲目导致的错误和幻觉

真理和错误的游戏不仅在理论的经验检验和逻辑和谐的范围内进行，它也在更深藏的范式的看不见的领域内进行。因此教育应该考虑到这一点。

——[法] 埃德加·莫兰著，陈一壮译：《复杂性理论与教育问题》，

北京大学出版社 2004 年版，P15—16

在认识上最容易产生的错误和幻觉的第四个原因就是"范式上的盲目"。范式（paradigm）的概念和理论是托马斯·库恩（Thomas Kuhn）在《科学革命的结构》一书中提出并系统阐述的。库恩认为，范式是指"特定的科学共同体从事某一类科学活动所必须遵循的公认的'模式'，它包括共有的世界观、基本理论、范例、方法、手段、标准等与科学研究有关的所有东西"。英国学者玛格丽特·玛斯特曼把库恩论述的范式概括为三种类型：一是作为一种信念、一种形而上学思辨，即哲学范式或元范式；二是作为一种科学习惯、一种学术传统、一个具体的科学成就，即社会学范式；三是作为一种依靠本身成功示范的工具、一个解疑难的方法、一个用来类比的图像，即人工范式或构造范式。总是，范式是作为人们认识世界的一个重要工具而存在的，"个人根据由文化纳入他们脑中的范式来认识、思想和行动"。范式是高于理性和理智的，莫兰认为，范式在任何理论、学说或意识形态中起着"既是低下的又是至高的作用"，它虽然是"无意识的"，但又是"超意识的"，因为它能够"浇灌着有意识的思想"，并且支配这种思想。范式的重要作用决定了它在认识过程中也会具有难以避免的"盲区"，正如莫兰所说："一个范式可能同时既是使人明达的又是使人糊涂的，既是起揭示作用又是起遮蔽作用的。在它的内部蜷缩的身体里躲藏着一个有关真理和错误的游戏的关键的问题。"也就是说，范式既能够帮助我们更加系统深刻地认识世界，也可能会影响我们全面真实地理解世界，如何知道并且避免范式本身的局限性，也是我们在教育过程中必须把握的关键之一。

刻印作用和标准化导致的错误和幻觉

所有特有的社会的—经济的—政治的规定性（权力、等级制、阶级区分、专业化和当代的工作中的技术—官僚主义化）和所有特有的文化的规定性会聚起来并协同动作，以便把认识束缚在一种由绝对律令、规范、禁忌、僵硬性和阻限构成的多重决定的机制之中。因此在认识的循规蹈矩下面有大大多于循规蹈矩的东西。有"文化的刻印作用"，即被深深地记录在循规蹈矩的行为中的文化模式的印迹；还有可以消除与之抵触的东西的"标准化"。

——[法] 埃德加·莫兰著，陈一壮译：《复杂性理论与教育问题》，

北京大学出版社 2004 年版，P18

莫兰所说的刻印作用，其实就是心理学所说的"刻印作用（ imprinting ）"，是指刚刚来到世间不久的小动物会追逐它们最初看到的能活动的生物，并对其产生依恋之情的现象。刻印作用首先由英国自然主义者斯波尔丁在刚孵出的小鸡身上发现的，并且还观察到这种反应不考虑所追逐的能活动的生物是不是自己的同类。后来，奥地利动物学家劳伦兹把动物的这种行为命名为刻印，并曾用鸭子做实验，验证了这一事实。劳伦兹发现，刻印现象和一般的反应不同，有所谓的"关键期"。小鸡"母亲刻印"的发生是在出生后的 10—16 小时，小狗则是在出生后的 3—7 周。在关键期内形成的刻印行为会作为动物的习性保存下来，并且是不可逆的，即一旦形成就不能修正和还原。如幼小动物的刻印过程遭到阻碍和中断，母亲与幼小动物就不会相互认识。莫兰从这种心理学的刻印现象受到启发，认为人类的文化同样也有这样的刻印现象。"文化的印刻作用从人类出生起就在他们身上留下印迹，首先是家庭文化的，然后是中小学的标记，然后一直持续到大学里或职业中。"莫兰认为，在我们的生活中那些"威严的和强制的权力与范式、正统的信仰、统治性的学说、建立起来的真理"等互相联合起来，所有确立起来的"认识的框框"会形成所谓的"文化的刻印作用"和"标准化"，它会"消除与之抵触的东西"，同时会对真理的追求"毫不宽容"。

所以，在认识世界的过程之中，我们必须要自觉地打破那些"绝对律令、规范、禁忌、僵硬性和阻限"的束缚，真正把实践作为检验真理的标准，用更加开放、更加客观、更加宽容的态度建构我们的知识体系和认知风格。

精神学原因导致的错误和幻觉

信仰和观念不仅仅是精神的产物，这也是具有生命与力量的精神存在。因此，它们可以支配我们。我们应该清楚地意识到，从人类的黎明起，精神圈已经升起，这是精神事物的领域，伴随着神话、神祇而展开。这些精神存在的惊人的崛起引起和推动智人投入在动物世界中未知的狂想、屠杀、凶残、崇拜、痴迷、圣化。自这个黎明以来，我们一直生活在使文化丰富起来的神话的丛林的中间。

——［法］埃德加·莫兰著，陈一壮译：《复杂性理论与教育问题》，

北京大学出版社 2004 年版，P19

莫兰把信仰、观念、神话等纳入了"精神圈"的范畴。"精神圈"的概念最早由法国思想家夏尔丹提出。他认为，地球上"除生物圈外，还有一个通过综合产生意识的精神圈"。人类社会之所以能够在地球生物圈内成为主宰，凭借的就是其独有的"精神圈"。

我国苏州大学学者鲁枢元教授也详细论述过"精神圈"问题，他指出，在地球之上，在人类社会的政治经济生活的上空，还悬浮着一个"圈"，一个以人的思维、判断、理想、信仰、感悟、想象、友爱、同情、意向、憧憬为内涵的"精神圈"。这个"精神圈"，从人类历史的黎明时期就已经升起，早期的创世神话、英雄崇拜等不仅是先民们认识世界和改造世界的精神力量，也逐步积淀为民族性格和价值取向。所以这个"精神圈"虽然起源于人类自身，但是同时又制约着人类的行为。用莫兰的话来说："信仰和观念不仅仅是精神的产物，这也是具有生命与力量的精神存在。因此，它们可以支配我们。"与前面提到的"合理性"与"合理化"的区别一样，人们对于观念的态度也可以分为"观念性"和"唯观念性"。前者即"观念翻译现实所必要的存在形式"，后者则是"观念对现实的占有"。在"唯观念性"

的情况下，观念完全被绝对化和"工具化"，成为观念决定论。所以，莫兰主张，观念应该被相对化和被"驯化"，"一个理论应该帮助和引导人类主体制定认识的策略"。他提出，正是观念让我们能够认识到观念的缺陷和危险，所以我们"必须进行一场反对观念的决定性的斗争，但是我们只能依靠观念的帮助来进行这一斗争"。也就是说，我们必须依靠观念来防止和杜绝观念的决定论。

意外之事导致的错误和幻觉

意外之事使我们惊讶，这是因为我们过分安心地把自己安置在我们的理论里和我们的观念中，而我们的理论和观念没有任何接待新事物的结构。但是新事物不断地涌现。人们永远不能如它们将出现的那样预见它们，但是人们应当等待它们的到来，也就是说等待意外之事（参阅第五章《迎战不确定性》）。而一旦意外之事突然发生，应当能够为之修正我们的理论和观念，而不是使用产钳把新事实、新事物拖入不能真正接待它的理论之中。

——[法]埃德加·莫兰著，陈一壮译：《复杂性理论与教育问题》，

北京大学出版社 2004 年版，P21

莫兰在他这本书的第五章引用了古希腊悲剧作家欧里庇得斯在《美狄亚》结尾中的一句话："神灵给我们创造了许多惊奇：期待之事不能完成，通向意外之事的道路被开通。"的确，在现实生活之中，这样的情况经常发生：我们期待的事情并没有如约而来，而我们没有想到的事情总是不期而至。对于这样的事情，总体来说我们是重视不够的，所以才将这些事情命名为意外。按照莫兰的说法，"我们的理论和观念没有任何接待新事物的结构"，我们的认知结构已经是一个超级稳定的体系。这个体系对各种"意外之事"并没有足够准备，所以每当"意外之事"来临，人们总是消极被动地仓促应对。当"意外之事"来临的时候，我们依然用原有的理论和观念，用原来的话语体系来解释和安顿它们，但这显然是徒劳的。因为我们不能够把这些新事实、新事物"拖入不能真正接待它的理论之中"，而必须改造我们的理论和观念大厦，让它们融入新的体系之中。所以，必须要有足够

的心理准备，迎接各种不确定的"意外之事"，才能避免上述生拉硬扯的现象，不至于因为各种"意外之事"的到来而手忙脚乱、毫无准备。

教育要关注对于认识的认识

有着多少错误和幻觉的源泉、原因啊，它们在所有的认识中各式各样，不断翻新！从而对于任何教育产生了引出对我们认识的可能性的重大探询的必要性。进行这些探询构成任何认识事业的氧气。如同氧气曾经杀死原始的生物直到生命能够利用这种腐败剂来做解毒剂，不确定性杀死简单化的认识而成为复杂认识的解毒剂。总而言之，认识永远是一种探险，教育应该向它提供不可缺少的获取成功的手段。对于认识的认识应该作为一个原则和一个经常的必要性在教育中出现，它包含着把认识者整合在他的认识之中。

——[法] 埃德加·莫兰著，陈一壮译：《复杂性理论与教育问题》，
北京大学出版社 2004 年版，P21

正是由于认识过程中会出现各种各样的错误和幻觉，而导致这些错误和幻觉的原因又是非常之多，这就需要我们对于认识过程进行反思，即对于认识的认识。在心理学中这就是所谓的"元认知"，也就是莫兰在书中提到的"元观点"。对于认识的认识，是避免错误与幻觉的重要前提，也是教育的重要使命。它是帮助我们形成复杂性思维，避免简单化的"解毒剂"。在莫兰看来，人类对于客观世界的认识永远是一个"探险"的过程，教育应该为人类的"探险"提供有效的工具，这就需要我们能够保持对自己认识过程的反思，防止各种导致错误和幻觉的因素。

教育的首要责任

错误和幻觉的可能性是多种多样的和无时不在的：那些来自文化的和社会的外部现实的错误和幻觉克制精神的自主性和禁止对真理的追求；那些来自内部的、有时是蜷缩在我们最好的认识手段的内部的错误和幻觉，使精

神自己欺骗自己、不明自己。在整个人类历史上多少痛苦和迷途由错误和幻觉而产生，而在 20 世纪这还以十分令人恐怖的形式展现出来。因此，认识问题具有人类学的、政治的、社会的和历史的重要性。如果在 21 世纪可能会有基本的进步，这将是因为男人们和女人们不再是他们的观念的和他们的自欺的谎言的无意识的玩偶。因此教育的首要责任是在争取具有清醒意识的极其重要的战斗中武装每个人。

——[法] 埃德加·莫兰著，陈一壮译:《复杂性理论与教育问题》，

北京大学出版社 2004 年版，P23

这是本章的一段总结性文字。莫兰认为，人类在认识方面的错误和幻觉表现形式多种多样，并且无时不在。其原因既有来自外部的，如文化的、社会的、经济的等因素，也有来自内部的，如前面提到的心理的、理智的、理性的、范式的等因素。这些因素，或者让我们"克制精神的自主性和禁止对真理的追求"，或者让我们的精神"自己欺骗自己、不明自己"。不要小看这些认识上的错误，人类历史上那些灾难、战争、恐怖与迷途，都是由于我们认识上的错误和幻觉造成的。这些认识上的错误导致决策上的失误，让人类蒙受浩劫。所以，认识问题不是简单的个体的心理问题，也具有"人类学的、政治的、社会的和历史的重要性"。莫兰提出，在 21 世纪的教育中，应该关注这个问题，应该让人们学会更好地面对不确定性，更好地反思自己的认识，不要成为自己的错误和幻觉的奴隶，不要成为自己的观念和自欺的谎言的"无意识的玩偶"。而教育的首要责任，就是让人学会具有"清醒意识"，拥有对认识进行认识的自觉。

第四章 读莫兰《复杂性理论与教育问题》(中)

认识的恰切性：教育的一个根本问题

全球纪元要求把任何事情都定位于全球的背景和复杂性中。对于世界作为世界的认识变成一种既是理智上的又是生存上的必要性。这是向所有新千年的公民提出的普遍的问题：怎样获取关于世界的信息和怎样把握把它们连接起来和组织起来的条件？怎样察觉和认识背景、总体（整体／部分的关系）、多维度、复杂性？为了连接和组织知识，并通过它们发现和认识关于世界的问题，必须有一个思想的改革。不过，这个改革是范式性的而不是程序性的。这是教育的一个根本问题，因为它关系到我们组织知识的能力。

——[法] 埃德加·莫兰著，陈一壮译：《复杂性理论与教育问题》，

北京大学出版社 2004 年版，P24

从今天开始我们一起学习第二章《恰切的认识的原则》。作者开宗明义就指出，在世界变得越来越复杂，不确定性越来越多，全球化导致世界的联系越来越紧密的情况下，我们对于世界的认识也需要随之发生深刻的变化，才能适应这个日新月异的世界。知识的分化，学科的细化导致我们的知识是"分离的、被肢解的、箱格化的"，而现实生活则日益呈现出"多学科性的、横向延伸的、多维度的、跨国界的、总体性的、全球化的"特征，这两者之间的不适应性变得日益宽广、深刻和严重。所以，进入新的信息化、全球化的时代，我们的教育也要进行新的变革，其中最重要的就是"必须要有一个思想的改革"，帮助人们更全面、更深刻地发现和认识这个世

界。其中，最关键的就是如何认识背景、总体与部分的关系、多维度和复杂性等问题。这涉及新的认识论和方法论，也涉及教育如何从知识的灌输走向方法的把握。

把信息和资料放置在它们的背景中

对于孤立的信息或资料的认识是不够的。必须把信息和资料放置在它们的背景中以使它们获得意义。为了获得含义，词语需要构成它们的背景的文本，而文本需要它们在其中被宣读的背景。

——[法]埃德加·莫兰著，陈一壮译：《复杂性理论与教育问题》，

北京大学出版社 2004 年版，P25

对象与背景是心理学和哲学研究的重要问题。在日常生活中，作用于我们感官的事物非常之多，但是真正能够引起我们注意的只是其中很少的部分。被我们清晰感知认识的，一般称之为知觉的对象，其他的事物则成为知觉的背景。我们经常会忽略背景的存在。在知觉过程中，对象和背景也是可以相互转换的。心理学中著名的《少女与老妇》视觉双关图，就是利用的这个原理。为了防止人们在认识过程之中对于背景的漠视和疏忽，莫兰特别强调要关注背景问题，要注意"把信息和资料放置在它们的背景中以使它们获得意义"。他在书中援引了法国思想家克劳德·巴斯蒂安的一句话："背景化是（认识运作）发挥效能的一个基本条件。"也就是说，在认识过程之中，只有全面把握对象与背景的关系，把对象置于背景的框架下审视，才能取得较好的效果。这也是教育的重要内容。

应该为了认识部分而重新构造整体

总体超过背景，它是包括不同部分的整体，这些部分以相互—反馈作用的或组织性的方式与它相连。因此，一个社会超过一个背景，它是我们构成其部分的有组织的整体。行星地球超过一个背景，它是一个我们构成其部分的既有组织又破坏组织的整体。整体具有一些性质和属性是各部分

在彼此孤立的情况下所没有的，而部分的某些性质或属性也可能被来自整体的约束所抑制。马塞尔·莫斯（Marcel Mauss）曾说："应该重新构造整体。"确实，应该为了认识部分而重新构筑整体。

——[法]埃德加·莫兰著，陈一壮译：《复杂性理论与教育问题》，

北京大学出版社 2004 年版，P25—26

和对象与背景的关系一样，整体与部分的关系，也是认识过程之中经常容易出现的错误和幻觉。我们往往面对的首先是对象和部分，容易忽略背景和整体。但是，如果不重视总体（整体与部分的关系），对于部分就不可能有真正的认识。莫兰引用了帕斯卡的一段论述："任何事物都既是结果又是原因，既受到作用又施加作用，既是通过中介而存在的又是直接存在的。所有事物，包括相距最遥远的和最不相同的事物，都被一种自然的和难以觉察的联系维系着。我认为不认识整体就不可能认识部分，同样地，不特别地认识各个部分也不可能认识整体。"也就是说，认识整体是认识部分的基础和前提，因为整体本身就存在于各个部分的内部。莫兰举例说，每个细胞都包含有一个多细胞机体的全部遗传信息，如同全息照相的每个个别的点包含了它所代表的整体的全部信息。所以，我们在教学过程中，要让学生处理好整体与部分的关系，尤其是注重把握事物的总体特征。

多维度的认识

复杂的统一体如同人类和社会都是多维度的：因此人类同时是生物的、心理的、社会的、感情的、理性的；社会包含着历史的、经济的、社会的、宗教的……方面。恰切的认识应该看到多维度性和把它获取的资讯都置入这个框架：人们不仅不能把部分孤立于整体，而且也不能使各个部分互相孤立。比如，经济方面是与人类的所有其他方面处于持续的相互—反馈作用中的；此外经济在它本身以全息的方式蕴含着人类的需要、欲望、热情，这些东西超出了唯一的经济利益。

——[法]埃德加·莫兰著，陈一壮译：《复杂性理论与教育问题》，

北京大学出版社 2004 年版，P26—27

维度，又称维数，是数学中独立参数的数目。一般来说，0 维是一点，没有长度。1 维是线，只有长度。2 维是一个平面，是由长度和宽度形成面积。3 维是 2 维加上高度形成体积面。4 维即再加上时间的因素，现代科学已经发现到 11 维甚至更多。在不同的维度，我们看到事物的不同侧面，看到不同的风景。正如苏东坡云："横看成岭侧成峰，远近高低各不同。"其实，这就是一个多维的视角，对同样的一个事物，由于看的角度不同，就会得出不同的结论。莫兰这里说的多维，也正是要求我们在看事物的时候，要用不同的角度进行观察和分析，如对于经济问题，就不能够只是从经济利益来考虑问题，它与人类的需要、欲望、热情等心理问题等也是密切相关的。人本身和人类社会都是非常"复杂的统一体"，比任何物体都要复杂得多，可以观察、分析的维度也要多得多，如人类同时是生物的、心理的、社会的、感情的、理性的，管理心理学和经济学对人有过各种假设，如经济人、社会人、理性人、成就人等，这些理论各有道理，但之所以在复杂人的假设面前都不堪一击，就是因为人的确是这个世界最为复杂的生命体。我们的教育，面对的正是世界上最复杂的生命，更需要用多维的视角去观察和思考。

恰切的认识应该正视复杂性

恰切的认识应该正视复杂性。complexus 意味着交织在一起的东西。确实，当不同的要素（比如经济的、政治的、社会的、心理的、感情的、神话的）不可分离地构成一个整体时，当在认识对象与它的背景之间、各部分与整体之间、整体与各部分之间、各部分彼此之间存在相互依存、相互作用、相互反馈作用的组织时，就存在复杂性。复杂性，由于这个原因，是统一性与多样性之间的联系。我们全球纪元特有的发展使我们愈益经常和愈益不可避免地面临复杂性的挑战。因此，教育应该促进适于参照复杂性、背景，以多维度的方式和在总体的视域中进行认识的"一般智能"（intelligengce générale）。

——[法] 埃德加·莫兰著，陈一壮译：《复杂性理论与教育问题》，

北京大学出版社 2004 年版，P27

背景、部分与整体、多维度等本身就决定了复杂性的必然性。莫兰用拉丁文 complexus，讲述了复杂性的一个重要特点，即"交织在一起"。也就是说，我们在观察和分析人类和社会现象的时候，不仅要看到对象与背景、部分与整体、多维度，还要注意到它们本身又是密不可分、彼此交织在一起的，是你中有我、我中有你的。著名的"蝴蝶效应"在一定程度上解释了这种复杂性。美国气象学家爱德华·洛伦兹（Edward N.Lorenz）曾经写道："一只南美洲亚马孙河流域热带雨林中的蝴蝶，偶尔扇动几下翅膀，可以在两周以后引起美国得克萨斯州的一场龙卷风。"为什么会出现如此不可思议的结果？他的解释是：蝴蝶扇动翅膀的运动，导致其身边的空气系统发生变化，产生了微弱的气流。微弱的气流的产生，又引起了四周空气或其他系统产生相应的变化，由此引起一个连锁反应，最终导致其他系统的极大变化。洛伦兹称之为"混沌学"。其实，教育就是一门真正的"混沌学"，研究教育现象无序中的有序，正是教育学者和一线老师的必修课程。

教育需要促进一般智能的发展

人类精神如同 H. 西蒙（Simon）所说是一个有 G.P.S 即"General Problem Setting and Solver"。与一种流传的意见相反，精神的一般能力的发展使得可能更好地发展特殊的或专业的技能。一般的智能愈是强，处理特别的问题的能力就愈是大。因此，对于特殊的资讯的理解需要启动一般智能，后者实施和组织把知识的总体调动到每一个特殊的案例中去。

——[法] 埃德加·莫兰著，陈一壮译：《复杂性理论与教育问题》，

北京大学出版社 2004 年版，P27

莫兰这里提到的西蒙（赫伯特·西蒙），是美国著名学者，人工智能之父、1975 年图灵奖和 1978 年诺贝尔经济学奖得主，研究领域涉及认知心理学、计算机科学、公共行政学、经济学、管理学和科学哲学等多个方向，在多个领域有卓越成就与贡献。著有《人类活动中的理性》《现代决策理论的基石》《管理行为》等。这里所说的 General Problem Setting and Solver,

作者翻译为"提出和解决一般问题的能力",也有人译为"通用问题求解系统"。1960 年,西蒙夫妇通过实验表明,人类解决问题的过程是一个搜索的过程,其效率取决于启发式函数(heuristic function)。在此基础上,西蒙与人合作开发了能解答 11 种类型不同问题的"GPS"。其实,所谓一般智能,就是掌握关于思维的基本规律与方法,如 GPS 就是根据人在解题中的共同思维规律编制而成的。方法比知识更重要,有了一般智能,才能够"更好地发展特殊的或专业的技能",用一般智能去解决各种特殊的问题、特殊的案例。

教育需要好奇心的自由发挥

教育应该促进精神提出和解决基本问题的自然的禀赋,而相应地刺激一般智能的充分运用。这个充分运用需要好奇心的自由发挥。好奇心是幼童和青少年的最普遍的和最活跃的特性,但是过分经常地被训导所窒息,而问题正是在于应该相反地刺激它或在它还在沉睡时把它唤醒。

——[法] 埃德加·莫兰著,陈一壮译:《复杂性理论与教育问题》,

北京大学出版社 2004 年版,P28

莫兰认为,人的一般能力的形成与发展与好奇心有着非常密切的关系,好奇心是人们提出和解决基本问题的"自然的禀赋"。为什么这样说呢?心理学的研究表明,好奇心是个体遇到新奇事物或处在新的外界条件下所产生的注意、提问和动作的心理倾向。好奇心不仅是个体学习的内在动机、个体寻求知识的动力,也是创造性人才的重要特征。哲学家培根说:"知识是一种快乐,而好奇则是知识的萌芽。"科学家爱因斯坦说:"好奇心是科学工作者产生无穷的毅力和耐心的源泉。"教育家苏霍姆林斯基则说:"求知欲,好奇心——这是人的永恒的,不可改变的特性。哪里没有求知欲,哪里便没有学校。"的确如此,由于对苹果落地的好奇,有了牛顿发现万有引力;由于对水壶上冒出的蒸汽的好奇,有了瓦特的改良蒸汽机;由于对袜子颜色争论的好奇,有了道尔顿发现色盲。人类的许多科学发现与发明,都与好奇心有关。苹果公司的首席执行官库克曾经说,他认识的所有成功人士中，几乎全部是好奇心非常旺盛的人，而乔布斯是他认识的所有人之间最具好奇心的人。"他对所有事情充满了好奇。我觉得这是一个很好的个性，它能够让你的生活充满着色彩，它能够改变你的思维方式，这也是乔布斯教给我的一点。"其实，正是由于好奇心是人的"自然的禀赋"，它也是儿童和青少年身上最普遍最活跃最可贵的特性，但是由于我们成年人的漠视，经常对孩子的各种问题觉得"幼稚"和不耐烦，许多未来的科学家和发明家也由此被扼杀在摇篮之中。问题是打开世界之门的钥匙，好奇心是学者最重要的品质。我们应该像呵护自己的眼睛一样，保护、珍惜、激发孩子的好奇心。

克服由专业化引起的矛盾

在 20 世纪的过程中，在学科的专业化的框架内，知识实现了巨大的进步，但是正是由于这个专业化经常打碎背景、总体性、复杂性，这些进步是分散的，不相连接的。由于这个问题，甚至在我们的教育系统内部，巨大的障碍被累积起来阻止恰当的知识的运行。我们的教育系统实行了人文文化与科学的分离，以及把科学划分为各个学科，这些学科变成超级专业化的，各自封闭在本身之中。因此，总体的和复杂的现实被粉碎，人类被肢解。

——[法]埃德加·莫兰著，陈一壮译：《复杂性理论与教育问题》，

北京大学出版社 2004 年版，P28

莫兰认为，人类认识世界经历了一个合—分—合的过程。在 20 世纪，学科知识的分化达到了巅峰，极大地推进了科学的进步与发展。正如恩格斯在《自然辩证法》中描述的那样："把自然界分解为各个部门，把自然界的各种过程和事物分成一定的门类，对有机体的内部按其多种多样的解剖形态进行研究，这是最近四百多年来在认识自然界方面获得巨大进步的基本条件。"但是，在学科高度分化的同时，人们也越来越发现了分化的局限性，因为这样会"打碎背景、总体性、复杂性"，而且这些进步"是分散的，不相连接的"，所以最近几十年来学科发展又开始进入到交叉融合的新

阶段。有人统计，最近 25 年，交叉性合作研究获得诺贝尔奖项的比例已接近一半（49.07%）。莫兰认为必须高度重视学科过于分化细化导致的矛盾："在促进个人的一般智能的任务中，未来的教育应该同时利用现有的知识，克服由专业化知识的进步所引起的矛盾和辨识虚假的合理性。"他批评现在的教育不仅仅文理分科（人文科学与自然科学分离），而且自然科学也进一步分化细化为许多学科，变成超级专业化的、封闭的知识。而且，这样做的结果就是人们对于"总体性的东西的觉察能力的削弱"，由此导致责任感的削弱（"每个人趋于只对他的专业化负责"）和团结精神的削弱（"每个人不再感到他与他的同胞们的关联"）。狭隘的地缘主义，甚至人类中心主义，在一定程度上都是这种思维的表现。所以，教育应该加强学科的交叉融合，加强复杂性、系统性思维的训练。

超级专业化难以解决根本的问题

事实上超级专业化阻止看到（被它分割为碎片的）总体的东西和（被它消解的）根本的东西。它甚至阻止正确地处理只能在其背景中被提出和思考的特殊的问题。但是根本的问题从来不是片段的，而总体问题愈来愈带有根本性。当一般文化包含着对力图把任何信息或任何观念放置到背景中去的做法的激励的时候，学科性的科学的和技术的文化切割、分离和箱格化知识，使它们越来越难以被纳入背景中。同时学科的剪裁也使得不可能把握"被交织在一起的东西"，亦即复杂性（依据此词原始的含义）。

——［法］埃德加·莫兰著，陈一壮译：《复杂性理论与教育问题》，

北京大学出版社 2004 年版，P29

根据莫兰的解释，所谓"超级专业化"，就是把自己关闭在自身之中的专业化，它"不允许把自身整合到关于对象的总的研究领域或整体观念中，它只是看到该对象的一个方面或一个部分"。"超级专业化"就像"盲人摸象"一样，容易以点代面、以偏概全，只关注自己关注到的那个部分，对其他的部分视而不见，更不能全面看待事物的整体。所以，应该学习"庖丁解牛"，庖丁宰牛的动作优美如舞蹈，进刀时声音合乎乐曲的节拍，他之

所以能够游刃有余，是因为他认识和掌握了牛的整体结构。其实，"超级专业化"不是一无是处，它对于解决局部的、细微的、单个的问题是很有帮助的，也具有专业、精准的优势。但是，在面对复杂的、根本的问题时，就显得心有余而力不足了。因为"超级专业化"容易使人们只看到"被它分割为碎片的"东西，而看不到总体的东西和被它消解的根本的东西，看不到事物的复杂性和那些"被交织在一起的东西"。莫兰以经济学学科为例，讲述了这个观点。他提出，作为在数学上"最先进的社会科学"，经济学同时也是从社会的和人类的角度来说"最落后的科学"，这是因为经济学在抽象的过程中除去了与经济活动密不可分的社会的、历史的、政治的、心理的、生态的条件。这导致现在的经济学家"越来越不能解释货币和股市动荡的原因和后果，预测和预言甚至是短期的经济趋势"。所以，要想看到一个真正的世界，看到事物的整体面貌和根本特征，就必须超越狭窄的专业，加强专业的开放与融合。

还原论遮蔽了随机性、新事物、创造性

还原的原则自然导致把复杂的东西化归为简单的东西。因此，它把人造机器的机械的和决定的逻辑应用于生物的和人类的复杂事物中。它还可能蒙蔽人而导致清除所有不能量化和不能测量的东西，因此从人身上消除人性，亦即情感、爱情、痛苦和幸福。同样地，在严格地遵守决定论的公设的时候，还原的原则遮蔽了随机性、新事物、创造性。

——[法] 埃德加·莫兰著，陈一壮译：《复杂性理论与教育问题》，
北京大学出版社 2004 年版，P30

在哲学上，经常把人们认识世界的方法分为还原论和整体论。还原论认为，如果想要研究一个复杂的对象，首先要将它分解成多个组成部分。比如要了解一个钟表，就要动手将它拆解成一个一个的零件，了解每一个零件的具体结构及其相互关系。整体论则认为，面对一个复杂的研究对象，首先要认识它是一个整体，才能对它进行研究，比如一个钟表怎么上发条，怎么定闹钟。在拆解它的时候，必然会丧失整体的一部分信息，因为整体

大于部分之和。有人曾经用西医和中医形象地比喻还原论与整体论，西医认为人体是由特定的器官和组织构成，通过检查某一器官、化验某一成分就能判断身体的状况。中医则认为人体是一个不可分割的整体，这个整体的细节状况可以通过望闻问切的方法判断出病人的虚寒湿热等各种不适。显然，莫兰是主张整体论而反对还原论的。他认为，还原论用于研究简单的物质现象也许还能够发挥重要作用，但是用于研究人、社会、教育这样的复杂现象的时候，就显得力有不足了。因为人不是简单的机器，人是一个充满变化无法预测的存在，人的情感、爱情、快乐、痛苦等许多东西是无法测量和细化的。还原论无法解释不确定性、随机性，也会遮蔽新事物和创造性。

防止虚假的"伪合理性"

20世纪在伪合理性的统治下度过，它自称是唯一的合理性，但是却使理解、反思和长远目光萎缩。它对于处理最严重的问题的不胜任，构成了对于人类的最严重的问题之一。从而出现了如下的悖论：20世纪在科学认识的所有领域里以及在技术的所有领域产生了宏伟无比的进步，但同时也产生了对于总体的、根本的和复杂的问题的新的盲目性。这种盲目性从科学家、技术师和专业人员开始曾经引发了无数的错误和幻觉。何以如此？因为恰切的认识的主要原则没有被认识。知识的片段化和箱格化使得不可能把握"被交织在一起的东西"。新的世纪难道不应该摆脱被肢解的和起肢解作用的合理性的控制，以使人类能够控制它？

——[法]埃德加·莫兰著，陈一壮译：《复杂性理论与教育问题》，

北京大学出版社2004年版，P33

的确，20世纪人类在科学技术方面的成就是前所未有的。从相对论到量子力学，从基因理论到核能技术，从航天技术到互联网的发明，从激光技术到微电子技术，再到克隆技术，每一个科学理论和技术的突破，都在很大程度上改变了人类的认知水平与生活方式。但是，如果我们盘点与反思一下，20世纪以来的世界灾难也是前所未有的。两次世界大战中的犹太

人大屠杀、南京大屠杀，以及伦敦烟雾事件、智利大海啸、秘鲁大雪崩、唐山大地震、切尔诺贝利核事故、孟加拉国特大洪水、印度鼠疫等，即使其中有一些属于自然灾害，但也有惨烈的后果乃人为导致。曾经获得诺贝尔奖的有机氯杀虫剂（DDT），在农业上的应用带来的生态灾难，在《寂静的春天》一书中已经淋漓尽致地展现。作者在本节的开头引用了美国作家丹·西蒙斯所著科幻小说《许珀里翁》（又译《海伯利安》）的故事，在23世纪，一个人造小型黑洞进入了地球核心并逐渐吞噬地球，人类被迫离开地球往宇宙深处迈进。到了28世纪，1600亿人类散布在两百多颗星球上，通过可瞬间传递的传送门连接起来。但是，管理这些技术的却是数百年前已经脱离人类而独立自主的AI集合体。作者意在说明，人类创造的技术（AI）反而成为主宰人类命运的东西，尽管人类"希望享受技术事物带来的好处又不从属于它"。如果人类不能够真正地理性地认识技术的双刃剑。就会不可避免地陷入这样的陷阱，"在致富中又导致贫困，在创造中又进行破坏"。这些也都表明，人类必须具有面对复杂性挑战的智慧，摆脱唯技术论，摆脱那些"被肢解的和起肢解作用的合理性的控制"，防止"对于总体的、根本的和复杂的问题的新的盲目性"。

未来的教育将应首先是关于人类地位的普遍的教育

未来的教育将应首先是关于人类地位的普遍的教育。我们处于全球纪元，共同的探险驱动着无论处于何处的人类。后者应该承认他们共同的人类性，同时又承认所有为人者固有的文化的多样性。认识人类，这首先是把他放置到宇宙里，而不是把他从那里拔离。如同我们已经看到的（在第一章），任何认识应该把它的对象背景化而成为恰切的。"我们是谁？"与"我们在哪里？""我们从哪里来？""我们到哪里去？"是不可分割的。

——[法]埃德加·莫兰著，陈一壮译：《复杂性理论与教育问题》，

北京大学出版社2004年版，P34

从今天起我们一起共读第三章《教授人类地位》，这一章讲述了人类的根基、人类之所以为人类的特征以及人类的统一性与多样性，提醒我们要

充分认识人类的复杂性。莫兰指出，要探寻我们人类的地位，首先要搞清楚我们在世界的处境。在 20 世纪，科学技术发展日新月异，宇宙学、地球科学、生态学、生物学、史前学等学科改变了人们关于宇宙、地球、生命和人类自身的许多认识。问题是这些学科本身是分离的，孤立的，"人类仍然被肢解、分割成拼图板中的板块，失去了他本来的面目"。要么把人作为一个"孤岛"来认识，要么把人"还原"成纯粹的生物来认识，人的复杂性变得不可见了，人如同沙滩上的痕迹消失了。一句话，关于人的部分的知识不断发展，而关于人的整体性，无知却不断趋于严重。因此，莫兰呼吁教育改革的过程中要重新认识人类地位，把人放到整个宇宙大背景下来认识，思考人类的前途和命运，也要基于这样的立场，"实行对来自自然诸科学的知识的大合并以便在世界中给人类的地位定位；实行对来自人类诸科学的知识的大合并以便阐明人类的多维度和复杂性"，特别是不能够忽视整合人文文化的成果，如哲学、历史学、文学、诗歌、艺术等。这是未来教育的首要任务。

我们既在自然之中又在自然之外

我们应该承认我们在物理宇宙和生物范围的双重根基，同时还有人类特有的脱离根基：我们既在自然之中又在自然之外。……我们出自宇宙、自然、生命，但是由于我们的人类性本身，又出自我们的文化、我们的精神、我们的意识，因此我们变得不异在于这个与我们仍然隐藏地具有紧密联系的宇宙。使我们认识这个物理世界的我们的思想、我们的意识，又因此使我们远离它。理性地与科学地考察宇宙这一事实本身使我们与它分开。我们发展得超越了物理世界和生物世界，而正是在这个超越中实现着人类性的充分发展。

——[法]埃德加·莫兰著，陈一壮译：《复杂性理论与教育问题》，

北京大学出版社 2004 年版，P35—37

对于那些主张"人是万物之灵"的人来说，经常容易产生"人是世界主宰"的观念，容易忽视人作为宇宙和自然的一部分，容易产生盲目自大

的人类中心主义。其实，人首先是一个"生物的自组织"，按照莫兰的说法，我们机体中的基本粒子大概在 150 亿年前宇宙产生的最初几秒钟就出现了，我们身上的碳原子是在早于我们的太阳的一个或者几个太阳中形成的，而我们身上的分子是在地球激变的最初时刻聚集起来的。所以，我们"只是宇宙散居在地上的一点草芥、太阳系中的一些碎屑、地球存在中的一颗细小的萌芽"。人类作为这个行星的生物，"我们生死攸关地依赖着地球的生物圈。我们应该承认我们的十分物理的又十分生物的地球本征"。但是，同时，人类又是自然之外的。在人进化的过程之中，人逐步"人类化"，产生了语言、文字和文化，产生了"可以代代相传的知识、本领、信仰、神话的后天获得的库藏"，这样，人就有了两个入口：一个是生物物理学的入口，一个是心理—社会—文化的入口，"两个入口互相凭借"。如果从全息的观点来看的话，在我们每个人身上都蕴含着整个人类、整个生命，乃至整个宇宙的信息，这也是蕴藏在我们"人性深处的神秘"。所以，人类应该学会谦卑，理解人类不仅是一个命运共同体，宇宙也是一个命运共同体。也只有在这个基础之上，人类才能超越物理世界和生物世界，并且在这个超越过程中实现自己的充分发展。

人是"一中有二"的存在

人类是一个既充分的生物的又充分的文化的存在，他本身包含这种原始的合二为一性。这是一个高级的和超级的生物，他以前所未有的方式发展了生命的潜能。他以过度发展的方式表现了个人的自我中心的和利他主义的品质，在痴迷和沉醉中达到生命的情绪的顶点，被求欢和纵欲的热情烧得沸腾，因此在其超强的生命力中"智人"又是"狂徒"。人因此是一个充分的生物学的存在，但是如果他不充分地拥有文化，他将是一个最低级的灵长类动物。是文化在他身上积累起那些被保存、传授、学习的东西，它们包含着后天获得的规范和原则。

——[法]埃德加·莫兰著，陈一壮译:《复杂性理论与教育问题》，

北京大学出版社 2004 年版，P38

人之所以为人，是因为人既是一个生物的存在，又是一个文化的存在，这种"一中之二"或者"合二为一"的特点，决定了人是一个生物体，但不是一个简单的低级的生物体，而是一个"高级的和超级的生物"。人之所以成为"高级的和超级的生物"，正是因为人的文化性超越了自己作为生物性的存在。如果人不能够充分地拥有文化，充其量也只是一个"最低级的灵长类动物"。正是由于拥有了文化，人类在表现出自我中心的同时，更可以表现出利他主义的品质；在表现出强烈情欲的同时，更可以控制自己的情绪与欲望；在科学和艺术的活动中可以如醉如痴，全身心地投入其中。这些都是其他的生物无法做到的。人的这种文化性，让人类以前所未有的方式发展了自己的生命潜能，通过不断地学习和传承，让自己不断地超越前人。从这个意义上说，文化性，是人类的重要特征和本质属性，也是人类得以不断成长、不断创造、不断前行的内在力量。当然，在强调这种文化性的同时，不应该忘记人的生物性的特点，在合文化性的同时，满足人的生物性需求，也是尊重这种"一中之二"特点的要求。

大脑←→精神←→文化的圆环

人类只是通过文化和在文化中实现为充分的人性的存在。没有无人类大脑（赋有行动、知觉、理解、学习的能力的生物器官）的文化，但也没有无文化的精神（mind, mente），亦即意识和思想的能力。人类精神是在大脑—文化的关系中产生和强化的一种涌现（émergence）。精神一旦涌现出来，它就干预大脑的运作和反馈作用于它。因此一个三元联立的圆环存在于大脑←→精神←→文化之间，其中每一项对于另外任一项都是必要的。精神是文化引起的大脑的涌现，而文化没有大脑也将不能存在。

——[法]埃德加·莫兰著，陈一壮译：《复杂性理论与教育问题》，

北京大学出版社 2004 年版，P38—39

在论述人的"一中之二""合二为一"的基本特点后，莫兰从三个圆环，即"大脑←→精神←→文化""理性←→感情←→冲动""个人←→社会←→族类"的角度，继续阐述他关于"人类之为人类的"主要表现。第一

个就是大脑、精神与文化的关系。他认为，人类是一个文化的存在，是通过文化并且在文化之中来实现充分的人性的存在。因此，人的大脑与人的精神也是文化的存在，是深受文化影响的大脑和精神，没有离开大脑的文化，也没有离开文化的精神。这三者之间的关系，莫兰用了双向作用、彼此影响的箭头。也就是说，人类的精神活动是在大脑与文化的关系中"产生和强化的一种涌现"，作为个体的精神发育，既依赖于社会文化的丰富与传承，也依赖于大脑活动的效率与效果。人的大脑也在个人的精神活动之中，在社会的文化运动之中成长发育。而作为个体的大脑和精神成长，也为文化的丰富和发展奠定了基础。这三者是缺一不可的"三元联立的圆环"。

理性←→感情←→冲动的圆环

同时，我们还可以在大脑←→精神←→文化的三项式之外找到另外一个生物—人类学的三项式，它出自麦克莱恩（Mac Lean）的三合一的脑的概念。……三合一的关系不遵从理性→感情→冲动的等级制，存在的是这三项之间的不稳定的、可对调位置的、转动的关系。理性因此不拥有最高权力，它只是不可分离的三联整体中与其他两项竞争和对抗的一项，它是脆弱的——它可能被情感或冲动所控制、完全占有甚至奴役。

——[法]埃德加·莫兰著，陈一壮译：《复杂性理论与教育问题》，

北京大学出版社 2004 年版，P39

莫兰认为，理性←→感情←→冲动的圆环，是人类之所以为人类的第二个圆环。这个圆环得到美国精神保健所脑进化和脑行为研究室主任保罗·麦克莱恩的启示。他根据动物演化水平和脑结构的匹配性，提出了著名的"三脑假说"，把人脑分为爬行动物脑、古哺乳动物脑和新哺乳动物脑三个部分，指出了人类特定行为与脑结构之间的联系。其中"爬行动物脑"处理诸如心跳、呼吸、睡眠这类反射性行为，是大脑的"自动控制层"；"古哺乳动物脑"则负责初级情绪、繁衍后代等早期哺乳动物所具备的行为，是大脑的"边缘系统"；"新哺乳动物脑"控制语言、推理、计划和道德判断等高级认知功能，是大脑的"新皮质"。这三个大脑，主要解决的问题与

心理学的知、情、意有着非常密切的关系。但是也有学者认为，麦克莱恩的分层模型仍然只是一种比喻，大脑虽然有不同的区域和分工，但是很难明确区分哪个部分属于哪一层，各层之间也有互相重叠的区域。而且，这三者之间也不存在循序渐进的逻辑关联，它们彼此的关系也是"不稳定的、可对调位置的、变动的"，我们经常认为理智拥有最高的权利，经常说要用理智控制情感和冲动，但是在现实生活中是很难做到的，这是由人的复杂性所决定的。"在人类性中整合了动物性（哺乳动物的和爬行动物的），在动物性中整合了人类性。这三个方面之间的关系不仅是互补的，而且也是对抗的，包含了在冲动、情感和理性之间的熟知的冲突。"认识到这一点，并不是要我们放弃理性而放纵情绪与冲动，而是要让我们对人性的另外一个方面有足够的理解和包容，同时也要更好地发挥理性的作用。

个人←→社会←→族类的圆环

我们不能把个人绝对化，使他成为这个圆环的最高目的；我们也不能对族类和社会这样做。在人类学的层面上，社会为个人而生存，而个人为社会而生存；社会与个人为族类而生存，而族类又为个人和社会而生存。这三项中的每一项都同时是手段和目的：是文化和社会使得个人可能长成，是个人之间的相互作用使得文化可能永续和社会可能自我组织。但是，我们可以认为个体—主体的自由表现的充分发展构成了我们的伦理的和政治的目的，但是不须因此认为他构成个人←→社会←→族类的三项式的目的本身。人类的复杂性在分离这些构成它的要素的情况下是不能被理解的；任何真正人类的发展意味着个人的自主性、对共同体的参与和对人类的归属感这三者的联合的发展。

——[法]埃德加·莫兰著，陈一壮译：《复杂性理论与教育问题》，

北京大学出版社 2004 年版，P40

在莫兰的三个圆环中，个人←→社会←→族类的圆环有着特别的重要性。在莫兰的其他著作中，有时候把族类理解成生物族类即人种，但是在这里他是从人类的整体来论述的。也就是说，从个人到社会再到人类，一

个不断扩大的生命共同体。在西方，长期有着个人主义的传统。个人主义作为一种生活方式、人生观和世界观，构成了西方人赖以把握人和世界关系的基本方式和存在状态。《简明不列颠百科全书》对"个人主义"的定义指出："一种政治和社会哲学，高度重视个人自由，广泛强调自我支配、自我控制、不受外来约束的个人或自我。……作为一种哲学，个人主义包含一种价值体系，一种人性理论，一种对于某些政治、经济、社会和宗教行为的总的态度。"个人主义的理念渗透在西方社会生活的方方面面，哲学上的人本主义、政治上的民主主义、经济上的自由主义以及文化上的个性主义等。这些对于强调个人的自由与尊严，无疑有着积极的意义。但是，极端个人主义的行为也导致许多社会问题，甚至威胁到社会的稳定与和谐，人类的生存与发展。所以，莫兰提出的这个圆环，是想纠正西方个人主义传统的弊端。他一方面强调社会文化因素对于个人成长的意义与价值，一方面也强调个人的发展对于文化的永续和社会的和谐具有不可忽视的作用。他认为，个人←→社会←→族类最理想的关系就是既能够保持个人的自主性，又能够保证个人对于社会的责任感，对于某个社会共同体的主动积极参与。还要体现对整个人类的归属感，对人类命运前途的整体性关照。

人类的统一性和多样性

未来的教育应该注意人类的统一性的概念并不消除人类的多样性的概念，而人类的多样性的概念也并不消除人类的统一性的概念。存在着人类的统一性，也存在着人类的多样性。统一性不仅仅存在于智人的族类的生物学特点之中，多样性也不仅仅存在于人类存在的心理的、文化的和社会的特点之中。在人类的统一性的内部也存在着生物学特有的多样性，而不仅有大脑的，而且也有精神的、心理的、感情的、理智的统一性。此外，最为不同的文化和社会也具有共同的形成的或组织的原则。正是在人类的统一性本身中蕴含着其各种各样的多样性的原则。理解人类，就是理解它在多样性中的统一性、它在统一性中的多样性。应该认识多中之一、一中之多。

——[法]埃德加·莫兰著，陈一壮译：《复杂性理论与教育问题》，

北京大学出版社 2004 年版，P41

统一性与多样性，是一对重要的哲学概念，它不仅是人类的重要特点，也是世界上所有事物的基本特点。统一性与多样性本身就是相互依存、相互促进的。统一性中具有多样性，统一性才有张力与活力；多样性中具有统一性，多样性才有整体性和凝聚力。所以，统一性不是为了减少多样性，更不是泯灭多样性，恰恰相反，统一性需要尊重多样性，包容多样性，保护多样性，促进多样性。多样性就是个性，就是差异性，就是创新，就是促进事物互相补充、互相制约、互相成长的平衡性。莫兰认为，人类的统一性与多样性也是同样的道理。统一性，不仅仅表现在人的生物学特点方面，多样性也不仅仅表现在人的社会、心理、文化的特点之中。前者同样具有多样性，后者也一样具有统一性。这就是他说的"多中之一"和"一中之多"。他分别从个人、社会、文化、心理等层面分析了统一性与多样性的表现。以个人领域为例，每个人都存在着遗传的统一性和多样性。"任何人都在他的身上通过遗传蕴含着人的族类，同时又通过遗传包含着他自己的独特性，既是解剖学上的又是生理学上的。"每个人在大脑的、精神的、心理的、感情的、理智的、主观的等各个方面，都表现出这种统一性和多样性。文化也是如此。文化表面上看起来是"关闭于自身以保护它的特殊的本征的，但是实际上它也是开放的"，文化不仅把知识和技术融合到自身，而且还融合来自他处的观念、习俗、食品和个人，所以，"一个文化对另一个文化的吸取是起丰富作用的"。事实证明，在"文化的杂交"中，往往会有重大的创造性成就。

未来的教育的基本使命之一是审视和研究人类的复杂性

教育将应表明和说明具有多重面目的人类的命运：族类的命运、个人的命运、社会的命运、历史的命运，所有命运相互纠结，不可分离。因此，未来的教育的基本使命之一是审视和研究人类的复杂性。它导向认识到从而意识到所有人类的共同的地位，个人的、民族的、文化的十分丰富和必要的多样性，以及我们作为"地球的公民"的根基……

——[法]埃德加·莫兰著，陈一壮译：《复杂性理论与教育问题》，

北京大学出版社 2004 年版，P46

　　人类的统一性与多样性决定了它的复杂性。莫兰指出："我们是幼稚的、神经症的、狂热的存在，同时也是理性的。所有这些就构成了人类特有的品质。"他认为，人类的存在既是理性的又是无理性的。人类既能够节制，也会有过激的反应；既有着强烈的和不稳定的情感，也有着理性的、客观的认识；既可能认真、精于算计，也可能随意、毫不在乎；人可能集暴力与温存、爱情和仇恨于一身；既可能被想象的事物所充满，也能够认清现实的存在；既产生神话和巫术，也产生科学和哲学。人类的这种统一性与多样性造就的复杂性，形成了"智人←→狂徒"的两重性逻辑，这个逻辑导致在人类的身上同时存在着创造性与破坏性，人类的思想、科学、艺术等就曾经被"情感的深刻力量"，被"梦想、焦虑、欲望、畏惧、期望所浇灌"，而天才也往往出现于"不可控制的事物的缺口中"，这恰恰正是"疯狂性游荡的地方"，"创造在心理——情感的幽暗的深渊和意识的耀眼的火焰的连接处迸射出来"。所以，作为教育工作者，一个非常重要的使命，就是要充分认识人的复杂性，要学会审视和研究人类的复杂性，既认识到人类作为命运共同体的统一性，学会做"地球的公民"，又能够理解作为个人、民族和文化的多样性、丰富性，学会尊重别人，尊重不同的文化和不同的民族。

世界愈来愈变成一个整体

　　世界愈来愈变成一个整体。世界的每个部分愈来愈构成世界的部分，而世界作为整体也愈来愈出现于它的各个部分之中。这一点不仅在国家和民族身上，而且也在个人身上得到证实。如同每个全息点包含它构成其一部分的整体的信息。今后每个个人也在他身上接受和消费来自整个世界的信息和物资。

　　——[法] 埃德加·莫兰著，陈一壮译：《复杂性理论与教育问题》，
北京大学出版社 2004 年版，P51

　　从今天开始，我们一起学习第四章教授地球本征。这一章主要讲述人类进入"全球化"（"全球纪元"）时代后面临的一些新的挑战。莫兰指出，

人类的历史是从在全球所有大陆上的散居开始的，所有的人种同属于一个族类，具有人类同样的基本特点，但是产生了语言、文化、命运的"异常的多样性"，也正是这种多样性，构成了"在一切领域内的革新和创造的源泉"。从 15 世纪末叶开始，不同国家与文明之间的交往、冒险和战争揭开了全球纪元的序幕。到了 20 世纪，全球化已经成为一个不可阻挡的趋势。他用一个欧洲人的生活方式来举例加以说明：这个人早晨醒来的时候，打开他的日本制造的收音机来收听关于世界各地的消息。同时，开始饮用着来自斯里兰卡、印度或者中国的茶叶，或者是埃塞俄比亚的木哈咖啡或者拉丁美洲种植的阿拉伯咖啡。他穿上了用埃及或者印度棉花做的针织衫、三角裤和衬衫，再套上了用澳大利亚的羊毛为原材料、先后在英国的曼彻斯特和法国的鲁贝－土尔昆加工的上装和长裤，或者是一件来自中国的皮夹克加上一件美国式样的牛仔裤。他戴上了瑞士或者日本造的手表，用厄瓜多尔玳瑁壳做的眼镜。他可以在冬季的餐桌上吃到阿根廷或者智利的草莓和樱桃，塞内加尔的新鲜绿菜豆，非洲的鳄梨或者菠萝，瓜德罗普岛上的甜瓜。他的酒柜里有马提尼克的朗姆酒、俄国的伏特加、墨西哥的龙舌兰酒、美国的威士忌。他可以在家里聆听由一位朝鲜人指挥的德国交响乐，或者在录像机屏幕前观看歌剧《波希米亚人》等。总而言之，无论是好是坏，每个人无论是富裕还是贫穷，是东方人还是西方人，"都在他没有意识的情况下在他身上蕴含着全球"，这种全球化、世界化同时是非常"明显的、无意识的和无所不在的"。但是，各种对立、对抗、分裂也同时出现。正如莫兰指出，民族之间、宗教之间、世俗和宗教之间、现代性和传统之间、民主与专制之间、富人和穷人之间、东方和西方之间、北方和南方之间的各种对立也在不断滋长，尤其是超级大国的战略利益与跨国公司对利润的追逐，更加加剧了这种对立。"发展本身创造的问题多于它解决的问题，它导致了深刻的文明的危机，后者也冲击着西方的繁荣社会。"为了解决好全球化带来的问题，同样需要有一个更加丰富和复杂的关于发展的概念，需要从物质的、精神的、理智的、情感的、伦理的、文化的等多个方面，来有效地加以应对。

20世纪的遗产

20世纪是两种野蛮的结合的世纪：第一种野蛮来自古老的年代，它带来战争、屠杀、放逐、狂信；第二种野蛮是冰冷的、无名的，来自理性的合理化的内部，它只知道计算而不知道个人、他们的血肉、他们的感情、他们的灵魂，它追求增长技术—工业的致死的和奴役的力量。为了走出这个野蛮的纪元，首先必须认清它的遗产。这个遗产是双重的，既有引致死亡的遗产又有导向新生的遗产。

——[法]埃德加·莫兰著，陈一壮译：《复杂性理论与教育问题》，

北京大学出版社2004年版，P53—54

我们在前面已经讨论过，20世纪的确是人类科学技术发明发现最多、最快的时期，人类在20世纪创造的知识和财富远远超过了历史上任何一个时代。但是，20世纪也存在着"两种野蛮的集合"，一种是自古以来就一直存在，从来没有灭绝，甚至愈演愈烈的战争、屠杀、放逐与狂热信仰，两次世界大战和纳粹集中营就是最典型的案例；另一种则是来自现代文明内部的"野蛮"，它们是伴随着科学技术的迅速发展而产生的，是"追求增长技术——工业的致死的和奴役的力量"。关于后者，莫兰将之称为"引致死亡的遗产"，着重分析了四个方面的表现：一个是可能造成整个人类死亡的核武器。"这个危险在公元第三个千年开始的时候并没有被消除，相反，它随着核炸弹的扩散和小型化而增长了。自我消灭的潜在可能性今后伴随着人类的前进。"第二个是生态环境的破坏和恶化。"从20世纪70年代起，我们发现了我们城市的技术——工业发展的排泄物、释放物和挥发物在恶化我们的生物圈，使我们构成其一部分的生物环境不可挽救地中毒的可能性威胁着我们——技术对于自然的无节制的统治把人类导向自杀。"第三个是艾滋病和各种病毒。"人们以为被消灭了的病菌带着对于抗生素的新的抵抗力而复归。因此，死亡的可能性随着病菌的毒性重新进入我们以为已被消过毒的我们的身体。"第四个是孤独、焦虑等心理问题。"死亡在我们的灵魂内部扩张了地盘。特别是在孤独和焦虑在扩展和增长的所有地方，潜藏

在我们之中每一个人身上的自我摧毁的力量，借助于像海洛因这样的硬毒品被激发起来。"现在看来，莫兰在 20 多年前的分析是非常有预见性的，由于俄乌冲突，我们正面临着核战争的威胁；由于生态恶化，我们正面临气候变暖、海平面升高而导致的生态环境危机；2020 年开始的全球新冠疫情，更是让我们认识到病毒来袭的恐怖；而越来越严重的精神健康问题也引起社会的广泛关注。10 月 5 日，根据美国有线电视新闻网与恺撒家庭基金会合作进行的一项最新民调显示，九成的美国人认为今天的美国存在心理健康危机。美国疾病控制和预防中心的数据则显示，2020 年，美国 12 岁至 17 岁的青少年在精神健康有关的急诊室就诊的比率上升了 31%。2021 年，近 22% 的成年人接受了心理健康治疗，美国预防自杀生命线求助服务的呼叫量增加了 45%。莫兰把这种人们对于科学技术的进步和经济发展的无条件信赖导致的后果，称为"现代性死亡"。当然，这些导致死亡的"遗产"，同样也会催生人们对于未来的思考，成为"导向新生的遗产"。

第三个千年的新创造：地球公民

如果人类——其"大脑—精神"的辩证关系不是封闭的——身上真的拥有不可穷尽的创造性的资源，那么人们可以隐约地预感到在第三个千年将出现 20 世纪已为之带来了萌芽或胚胎的新创造的可能性，这就是地球公民资格。既传承往昔又具有接受新事物的开放精神的教育处于实现这个新的任务的核心。

——[法]埃德加·莫兰著，陈一壮译：《复杂性理论与教育问题》，

北京大学出版社 2004 年版，P55

如何应对 20 世纪那些导致死亡的"遗产"？如何防止所谓的"现代性死亡"危机？其实，"危"与"机"是始终联系在一起的，"危"中有"机"。莫兰认为，在导向死亡的"遗产"中本身也孕育着导向新生的"遗产"。如在环境恶化的同时，生态运动在悄悄兴起；在追求功利化的大潮下，有着一种"投入爱情、美妙的事物、热情、节庆的诗意般的生活"的逆流。正是这些"逆流"，让人们看到了未来的可能性，努力探索并且开辟一条"把

地球文明化为人类共同的家和花园的道路", 深化和拓广为"对于作为地球——祖国的公民的人类本征的追根溯源"。在莫兰看来,20 世纪的死亡"遗产", 相当程度是人们对于民族、国家、世界、地球的认知片面化、简单化造成的, 那种以自我为中心、以邻为壑的做法, 缺乏人类命运共同体的理念, 自然最后是损人不利己。在新的世纪, 需要全世界所有的人联合起来, 需要"一种意识和一种相互归属的感情, 把我们联结于被视为最初的和最终的祖国的我们的地球"。为此, 他提出了"地球—祖国"和"地球公民资格"的概念。他希望, 通过教育在孩子们的身上培养四个重要的意识:一是人类学的意识, 在我们的多样性中看到我们的同一性;二是生态学的意识, 承认我们与生物圈的共存的联系, 滋生在地球上与万物共生的憧憬;三是地球公民的意识, 对于地球上所有孩子的责任感和相互依存性的意识;四是对于人类地位的精神意识, 具有复杂性思维, 能够互相批评、作为批评和互相理解。莫兰特别提出, 我们应该教育人们, 不能够"把普遍性与各个故土对立起来", 而是要用"同心圆的方式"把我们的家庭、社区、国家、五大洲等不同等级的故土联系起来,"整合到地球这个故土的具体的宇宙中"。在这样的格局之下, 连接将替代分离, 合作将替代对立, 用"共生学"的理论, 让人们学会在一起生活的智慧。

未来的教育应教导全球性的理解的伦理学

我们在人类的全球的范围内投入了作为对死亡的抵抗的生命的基本事业。使地球变得文明和团结, 把人种改造成真正的人类, 这变成不仅是向往着进步而且向往着人类的永存的任何教育的基本的和总体的宗旨。我们人类在这个全球纪元的意识应该引导我们达到每个人对每个人、全体对全体的相互团结和相互关怀。未来的教育将应教导全球性的理解的伦理学。

——[法] 埃德加·莫兰著, 陈一壮译:《复杂性理论与教育问题》,
北京大学出版社 2004 年版, P61

在莫兰看来, 人类的统一性和多样性是不矛盾的。"统一、杂交和多样性应该被发展以抵制均一化和封闭", 应该充分认识在全球化纪元的悲剧下我们每个人身上的多重"本征"：我们家庭的本征、地区的本征、种族的本征、祖国的本征以及我们的文明共同体的本征和地球公民的本征，只有用这样的同心圆和多元的思维方式看待我们自己和世界，才能够真正实现"每个人对每个人、全体对全体的相互团结和相互关怀"。莫兰希望在未来的教育中，要加强对于"全球性的理解的伦理学"的教育，就是希望未来的青少年能够真正建立起人类命运共同体意识，成为真正的地球公民。作为"地球公民"，并不否认他对于家庭、社区、国家的责任，而是要有更加博大的胸怀，更加开阔的视野，拥抱一个更大的世界。因为，在这样一个岛链化的时代，没有一个国家可以成为孤岛。那种在"基于规则的国际秩序"包装之下，藏着一颗"基于某国利益至上的霸权之心"，无疑是不符合这样的价值观的。其实，国家与国家之间是如此，人与人之间何尝不是如此呢？未来的"地球公民"首先要从尊重他人开始，用"同心圆"的思维看待人与人、国与国的关系。这也是国际理解教育需要解决的问题。

未来的名字是不确定性

人类历史过去是、今后仍将是一个未知的探险。理智的伟大的成功将是终于能够摆脱预言人类命运的幻想。未来保持为开放的和不可预测的。当然，在历史的进程中存在着经济的、社会的和其他的决定机制，但是这些与无数使这个进程分岔或改道的偶然事变和随机因素发生着不稳定的和不确定的关系。

——[法] 埃德加·莫兰著，陈一壮译：《复杂性理论与教育问题》，
北京大学出版社 2004 年版，P62

从今天开始我们一起学习第五章迎战不确定性。其实，从某种意义上讲，复杂性与不确定性是孪生兄弟。正因为事物的严重的复杂性才会导致其不确定性。这对于长期习惯于确定性思维的人来说，的确是一件比较痛苦的事情。我们知道，物理学上有所谓的"不确定性原理"（Uncertainty principle），是海森堡于 1927 年提出的。他认为："在因果律的陈述中，即'若确切地知道现在，就能预见未来'，所得出的并不是结论，而是前提。

我们不能知道现在的所有细节，是一种原则性的事情。"不确定性原理颠覆了牛顿引力论提出之后的宇宙"决定论"，也引发了人们从哲学的角度思考确定性与不确定性的问题。此前，人们总是习惯于用因果关系来判断事物之间的必然联系，因为"传统的文明生存于循环的时间周期的确定性中"，即使是近代文明，也曾经生活在"历史进步的确定性中"。但是，进入第三个千年之后，人们面对的世界发生了深刻的变化，这种变化带来的不确定性是我们难以想象的。"由于我们全球纪元的复杂的和随机的过程的速度和加速度所引起的所有的不确定性，它们是无论人类精神、超强电脑还是任何拉普拉斯妖都不能把握的。"莫兰这里提到的拉普拉斯妖（Démon de Laplace），是由法国数学家皮埃尔 - 西蒙·拉普拉斯于 1814 年提出的一种假想生物。此妖知道宇宙中每个原子确切的位置和动量，能够使用牛顿定律来展现宇宙事件的过去、现在和未来。莫兰用大量的历史事实来说明历史本身的不确定性，如在 1914 年春天，谁曾想到在萨拉热窝的一次谋杀居然导致了历时四年的世界大战，造成数百万人的牺牲？在 1916 年，谁又能够想到一个处于边缘地位的布尔什维克党会在 1917 年 11 月成功领导了一场社会主义革命？在 1990 年，谁曾想到会发生海湾战争？莫兰甚至断言："新事物的突然出现是不能预言的，否则它将不是新事物。一个创造的突然发生也是不能预知的，否则就将没有创造。"所以，从根本上来说，我们面对的是一个不确定性的世界，"未来的名字是不确定性"，只有不确定性才是确定的。

人类被投入一个未知的探险

如此之多的问题可悲地联系在一起，使我们想到世界不仅处于危机之中，而且处在致死的力量和求生的力量相互激烈对抗的这种可称之为"垂危"的状态之中。人类虽然是相互依存的，但仍然互为敌人，种族的、宗教的、意识形态的仇恨的泛滥一再引起战争、屠杀、暴行、仇恨、鄙视。种种过程都是对一个在这里有着数千年、在那里有数百年历史的古老世界的破坏者。人类终于还未曾达到把"人类"分娩出来。我们还不确知这到底是预告一个新世界的降生的旧世界的垂危，还是一个必死的垂危。一个新的意识开始涌现：人类被投入一个未知的探险。

——[法]埃德加·莫兰著，陈一壮译：《复杂性理论与教育问题》，

北京大学出版社 2004 年版，P67

莫兰分析了不确定性的种种表现，有大脑—精神的不确定性、逻辑的不确定性、理性的不确定性和心理学的不确定性，等等，这一系列的不确定性，导致我们生活在一个充满变化的时代，充满危机的时代。在这个时代，致死的力量与求生的力量激烈对抗，文明与野蛮、创造与破坏、创生与致死并存同在。一方面，人类生活在一个联系日益紧密、价值日益多元、相互依存度不断提高、利益交织错综复杂的世界之中；一方面，种族的、国家的、宗教的、意识形态领域的差异甚至对立，导致了各种误解、摩擦、纠纷，甚至战争、屠杀、暴行、仇恨、鄙视。第三次世界大战是否会发生？核战争的威胁是否存在？人类及其赖以生存的地球会不会毁灭？这一切的确充满了不确定性。莫兰说，人类至今仍然没有到达把真正的"人类"分娩出来，就意味着人类还没有成为真正的理性的人类命运共同体，没有真正地形成人类的共识，没有成为真正的理想境界的"人类"。如果人类对此没有清醒的意识，没有对于未知世界的敬畏和危机感，没有在不确定性中寻求确定性的能力，人类就不是"预告一个新世界的降生的旧世界的垂危"，而是一个"必死的垂危"。

做一个复杂意义上的现实主义者

现实并不是显然地清晰易辨的。观念和理论并不反映现实，而只是翻译现实，它们可能以错误的方式来进行翻译。我们的现实不过是我们对于现实的观念。因此重要的是不要做一个平常意义上的现实主义者（使自己适应直接的现实），也不要做一个平常意义上的非现实主义者（使自己逃避现实的约束），重要的是做一个复杂意义上的现实主义者：认识到现实的不确定性，知道在现实中存在着看不见的可能性。

——[法]埃德加·莫兰著，陈一壮译：《复杂性理论与教育问题》，

北京大学出版社 2004 年版，P67—68

世界的不确定性首先是由现实的不确定性决定的。莫兰提出，我们通常所说的现实，其实并不是真正意义上的现实，而是我们对于现实的观念。也就是说，我们所谓的现实，其实是我们看到的现实，是我们"理解"和"翻译"过的"现实"。所以，现实不是显而易见、清晰可辨地呈现在那里被我们原汁原味地品尝，现实中的许多东西是我们没有看见的，没有听见的，没有感知到的。这就要求我们在对待现实的时候，既不要做一个"平常意义上的现实主义者"，做一天和尚撞一天钟，简单地、直接地、消极地麻木不仁地适应现实；也不要做一个"平常意义上的非现实主义者"，对现实不看、不闻、不问、不关心，甚至故意回避躲藏，逃脱现实的制约，而是要努力做一个"复杂意义上的现实主义者"，能够认识到现实的复杂性和不确定性，知道自己认识的局限性，努力去看清生活的本质，寻找最合理的路径，把握人生的方向。在不可能中寻找可能，在不确定中发现确定。在教育的过程中，也应该把这样的思维方式和人生态度教给我们的学生，让他们学会迎战不确定性。

认识是在一个不确定的海洋里穿越一些确定性的群岛的航行

认识因此真正是一个不确定的冒险，在它本身永久地包含着幻觉和错误的危险。但是，在空论家、独断论的、褊狭的确定性中存在着最坏的幻觉；相反地，对认识行为的不确定的特点的意识构成了最终达到恰当的认识的可能条件，这种认识需要审察、检验和会聚各种征象。……我们又一次重复说：认识是在一个不确定的海洋里穿越一些确定性的群岛的航行。

——[法]埃德加·莫兰著，陈一壮译：《复杂性理论与教育问题》，

北京大学出版社 2004 年版，P68

如前所述，认识过程中的幻觉和错误是很难避免的，无非是多与少、严重与不严重的不同而已。越是怀着谦卑的心态，越是能够认识到自己认识的局限，认识到事物的复杂性与不确定性，就越是接近事物的真相，最终达到相对正确的认识。对于那些夸夸其谈的空头理论家以及自以为是、

武断专横或者片面狭隘、鼠目寸光的人来说，认识的幻觉与错误就更是严重，乃至不可救药，导致最坏的幻觉和错误。所以，莫兰主张我们在认识的过程中要学会认真地审察、仔细地检验和对各种现象进行综合分析，去伪存真，去粗取精，厘清事物之间的内在关系，把握事物的本质特征。莫兰用填字游戏举例说明，填字游戏虽然错综复杂、煞费苦心，但毕竟是有标准答案的。在一个纵横相交的格子里，根据出题者给出的只言片语的提示，以及词条相交处的一个或几个"关键字"，猜出正确的词条，然后再根据猜出的词条和制题者给出的提示去推算下一个词条，直至把空格完全填满。但是，"生活不同于填字游戏，包含着无定义的格子、虚假定义的格子，特别是缺乏一个封闭的总体框架"。也就是说，在填字游戏中，所有的一切其实是确定的，是有一个事先设计好的总体的框架以及每一个格子的具体安排的，真实生活却并非如此，虽然也有一些我们能够看见的"确定性的群岛"，但是整个海洋是充满不确定性的。认识是一种冒险。但是，用心去观察和分析，可以把冒险的风险降到最小的程度。

不确定性和行动的环境论

人们有时觉得行动是简单的，因为在有几种行动方案时，是由人来决断，由人来取舍。但是，行动是决断、是选择，但也是博弈。而在博弈的概念中，存在着对风险和不确定性的意识。在此出现了"行动的环境论"的概念。从一个人采取一个行动起，无论这个行动是什么，它都开始逃脱这个人的意向。这个行动进入了一个相互作用的天地，而最终是环境把它攫住，亦即它可能变得与原来的意向背道而驰。经常这个行动如同飞镖返回击中我们的头部。它迫使我们跟踪行动，努力纠正它（如果还来得及），有时还要销毁它，如同 NASA 的负责人在一个火箭脱离其轨道的情况下令其爆炸。行动的环境论总的来说是要考虑到它所设定的复杂性，亦即随机因素、偶然性、主动性、决断、意外之事、不可预见性、对飘移和变迁的意识。

——[法] 埃德加·莫兰著，陈一壮译：《复杂性理论与教育问题》，

北京大学出版社 2004 年版，P68—69

　　不确定性不仅仅体现在人们的认识过程之中，在人的行为之中同样存在。人们的决策过程会经历一个选择、决断甚至博弈的过程，在这个过程之中必然涉及对于风险和不确定性的评估与考量。但是，在采取行动之后，仍然存在着不确定性的风险。因为，行动的后果经常是不以人们的主观意志为转移的。有的时候，会种瓜得瓜种豆得豆，有的时候也会发生"播下的是龙种，收获的却是跳蚤"的情况。所以，对行动进行及时的调整与控制就显得非常重要。就像美国国家航空与航天管理局发射火箭一样，需要及时跟踪火箭的轨迹，在偏离轨道的时候马上纠正，如果无法纠正，可能会销毁。这个过程，莫兰称之为"行动的环境论"。他还详细论述了在这个过程之中，应该注意把握的几个原则，一是"风险←→预防的圆环"，即存在着风险与预防的双重必然性；二是"目的←→手段的圆环"，即重视目的与手段的相互作用性，既不能为了实现目的不择手段，也要有一定的灵活性。莫兰认为："卑鄙的手段为高贵的目的服务会败坏目的并最终取代目的。""但是，为一个正义的事业服务的诡计、谎言、暴力也可能拯救这个事业而不污染它，只要它们是一些非常的和临时的措施。"三是"行动←→背景的圆环"，即任何行动都可能逃脱它的作者的意志，而进入它所介入的环境中的相互间的—反馈的—作用的游戏。行动可能会出现三种意想不到的情况：逆反效果（意外的有害的效果多于所期望的有益的效果）、革新的落空（愈是促使它变化，它愈是保持为同一事物）和使既得成果陷入危境（本来希望改善社会，却失去了自由或安全）。所以，有必要在行动的过程之中，关注各种不确定性，往最坏处准备，向最好处努力。

应对长期的不可预测性：博弈与策略

　　人们肯定可以想象或预估一个行动的短期后果，但它的长期后果是不可预测的。……因此，没有一个行动被保障在初始意图的方向上继续实施。但是行动的环境论没有敦促我们无所作为，而是敦促我们进行认识到其风险的博弈和制订使得可能修改甚至取消已采取的行动的策略。

　　——[法]埃德加·莫兰著，陈一壮译：《复杂性理论与教育问题》，
北京大学出版社2004年版，P71

对于绝大多数人来说，按照因果关系的法则去预测一个行动的短期后果相对容易，但是预测长期的后果则相当困难。莫兰以1789年的法国大革命为例说，此后的一系列连锁后果都是难以预料到的，从恐怖统治到热月革命，再到第一帝国和波旁王朝复辟，乃至后来1917年的十月革命，这些都是未曾预见到的事件。几乎没有一件事情是沿着人们最初的意图的方向前行的。那么如何应对这些长期的不确定性呢？莫兰提出了两个重要的"法宝"——第一个就是博弈，即"对任何决断所包含的赌博成分的充分意识"；第二个就是策略，即"在审察形势的确定性和不确定性、大的可能性和不大的可能性的情况下制定的行动方案"。莫兰认为，博弈不是简单的赌博，而是出于信仰，是"对于一个更美好的世界的信仰、对于博爱或正义的信仰以及任何道德的决定"。而策略则具有相当的弹性与灵活性，有时候需要谨慎，有时候需要大胆，有时候需要妥协，有时候需要坚持，需要在行动的中途根据随机因素、情报、背景和变化进行及时的修改与调整，莫兰说，策略如同认识一样，永远是在一个不确定的海洋里穿越一些确定性的群岛的航行。

在不确定的世界中等待和为实现可能性不大的事而努力奋斗

放弃被"历史的规律"所保障的进步并不是抛弃进步，而是认识到后者的不确定的和脆弱的特点。放弃最美好的世界绝不意味着放弃一个较好的世界。在历史中我们经常惋惜地看到可能的东西变成不可能的，并且我们隐感到人类最丰富的潜能仍然处于不可能实现的状态。但是我们也看到意料之外的事变成可能的并实现了。我们经常看到与其说是可能性大的事不如说是可能性不大的事实现了。因此我们知道等待和为实现可能性不大的事而努力奋斗。

——[法]埃德加·莫兰著，陈一壮译：《复杂性理论与教育问题》，

北京大学出版社2004年版，P73

这一段文字是本章的画龙点睛之笔。前些天我和全国政协文化文史

与学习委员会副主任叶小文先生在全国政协委员读书漫谈群讨论莫兰的不确定性理论与不可知论的区别时谈到，以哲学家休谟、康德和生物学家T.H.赫胥黎为代表的不可知论，认为除了感觉或现象之外，世界本身是无法认识的。也就是说，人的认识能力不能超出感觉经验或现象的范围，不能认识事物的本质及发展规律。不确定性理论认为世界充满不确定性，但是并不是不可知的。认识到不确定性，是要求我们更加谦卑、更加敬畏、更加细心、更加用心、更加注重过程、更加注重把握转瞬即逝的机遇、更加注重对于美好生活的追求。"放弃最美好的世界绝不意味着放弃一个较好的世界"，历史经常是在这里关上了大门但在那里开启了一扇窗，经常是失之东隅，收之桑榆，所以，要学会耐心等待，学会抓住机遇，只要有1%的机会也要用100%的努力去争取，"为实现可能性不大的事而努力奋斗"。所以，迎战不确定性，是一种积极的人生态度。教育，应该让我们的孩子学会这种态度。

相互理解是人类的关键性问题

相互理解已变成对于人类的关键性问题。以此理由，它应该成为未来的教育的目标之一。我们要想到，从电话到互联网没有一种通信技术本身可以带来理解。理解是不能被数字化的。教育理解数学和某一门学科是一回事，教育人类的相互理解是另一回事。人们在此重新找到了教育特有的精神使命：教授人们之间的相互理解作为人类在理智上和道德上的相依共存的条件和保障。

——[法]埃德加·莫兰著，陈一壮译：《复杂性理论与教育问题》，

北京大学出版社2004年版，P74

从今天开始我们学习第六章《教授相互理解》。莫兰在这章的开头就明确指出了人类在这方面面临的困境：一方面现在的通信技术越来越发达，人们联系越来越便捷，越来越紧密，相互依存性也越来越大；另一方面，人们相互间的关系越来越冷漠，彼此的理解也越来越困难，"互不理解还是普遍的"。他认为，人类的相互理解有两个焦点问题，一个是"全球性的人类之

间的相互理解",因为不同文化背景、不同民族、不同宗教的人们交往交流日趋频繁,互相理解非常重要;一个是"亲近的人之间的私人关系",人的理解与距离没有必然关系,亲近的人之间同样会产生"误会、嫉妒、进攻性"等。问题在于这两个焦点问题,在传统教育中是没有地位的。一方面,"理解是不能被数字化的",也就是说,技术的进步和通信联系的便捷并不能增加理解,在同一个屋檐下的"陌生人"随处可见。一家人各玩各的手机,没有交流的情况非常普遍;另一方面,教授相互理解与教授数理化等学科知识不是一回事。长期以来,学校教育主要关心这些外显的知识,考试需要的知识,而对于影响人们幸福感和人类和平发展的理解问题,却漠不关心。所以,莫兰呼吁,要把教授相互理解作为教育的"特有的精神使命",作为"人类在理智上和道德上的相依共存的条件和保障"。人与人之间的理解与交往,国家与国家、民族与民族之间的理解与交往,理所当然地应该成为未来教育的重要内容。

两种理解的不同之处

存在着两种理解:一种是理智的或客观的理解,另一种是人类主体间的相互理解。理解(comprendre)意味着在理智上抓住整体,一起把握(文本及其背景、部分与整体、多样因素和一个总体)。理智的理解经由解读和说明来实现。说明(expliquer),这是考察一个必须作为对象来认识的东西和向它应用所有的客观认识的手段。说明当然对于理智的或者客观的理解是必要的。人类间的理解超越了说明。说明对于非人的和物质的事物的理智的或客观的理解是足够的。但是它对于人类间的理解是不够的。后者包含主体对主体的认识。

——[法]埃德加·莫兰著,陈一壮译:《复杂性理论与教育问题》,
北京大学出版社 2004 年版,P75

莫兰认为,人们对于世界的认识与理解主要包括两种:一种是对于人与物的关系,一种是人与人的关系。人与物的关系,莫兰称之为理智的或客观的理解,其关键在于把握认识的规律,能够处理好事物与背景、部分与整体、多样化与统一性等关系。这是一个可以厘清和言说的对象。但是，人与人的关系就远远不是如此简单。莫兰说，"联系没有带来理解"。也就是说，人与人之间发生关系与理解没有关系。人与人之间的信息沟通与理解有关，它是理解的第一个"必要的条件"，但不是"充分的条件"。因为人与人的关系是主体对于主体的认识，它需要情感的共鸣，需要同理心，需要心理换位思考。莫兰举例说，如果看到一个孩子在哭，要理解这个孩子为什么哭，不是通过测定他眼泪中含盐的浓度，而是通过"把他同化于我和把我同化于他，在我身上重新发现我孩提时的悲伤"。他认为，他人不仅仅是客观地被认识的，而是作为"另一个我们可以加以同化和我们可以被同化与他的主体来认识的"。他说，这个过程就是拉丁文 ego alter（另一个自我）到 alter ego（自我的另一个），其间包括了疫情、同化、投影等情感的过程。所以，人与人、主体与主体之间的理解，远远比认识客观世界更加复杂，需要"开放、同情和宽容"。也正是在这个意义上，有教育学家把同理心、批判性思维等作为现代人的新的技能。

两种理解中的障碍

内在于两种理解中的障碍是巨大的。它们不仅是彼此不感兴趣，而且是自我中心主义、种族中心主义和社会中心主义的，其共同的特点就是把自己放置于世界的中心，而把任何外在的或远离的东西看作次要的，无足轻重的或敌对的。

——[法] 埃德加·莫兰著，陈一壮译:《复杂性理论与教育问题》，

北京大学出版社 2004 年版，P76—77

莫兰认为，无论是对于客观事物的认识，还是对于不同主体的认识，都存在着各种各样的障碍，如干扰信息传输的噪音，同一个概念的多义性，对他人的惯例与习俗的无知，对不同文化的价值规范、道德律令、复仇律令、法律律令的无知等，经常导致以己度人，用"一种思想结构去理解另一种思想结构"，这是一种典型的自我中心主义。种族中心主义和社会中心主义只是自我中心主义的放大而已。它们共同的特点就是把自己置于世

界的中心，把任何外在的、远离的东西，把别人的利益放在一边。这与现在某些霸权主义的行径是完全相同的。莫兰提出，自我中心主义者往往把所有的坏事情的原因都推到外部或者非外部的其他人身上。"以贬抑的方式观察别人的话语和行为，选取对他们不利的东西，消除对他们有利的东西，选取使我们满意的记忆，消除或改变丢面子的记忆。"一句话，采取的是自欺欺人的做法。这样的自我中心主义，也是产生排外情绪和种族主义的根源所在，构成了改善个人、团体、民族和国家之间的关系的主要障碍。

理解的伦理学要求我们理解不理解的现象

理解的伦理学是一种生活的艺术，它首先要求我们超脱利害关系地理解。它要求做出巨大的努力，因为它不能期待任何回报：一个被狂信者以死相威胁的人理解这个狂信者为什么想杀掉他，同时知道狂信者永远也不会理解他。理解了不能理解我们的狂信者，这就是理解了人类的狂热信仰的根源、形式和表现。这就是理解了人们为什么和怎样相互仇恨、相互鄙视。理解的伦理学要求我们理解不理解的现象。

　　——[法]埃德加·莫兰著，陈一壮译：《复杂性理论与教育问题》，

北京大学出版社 2004 年版，P79—80

老子说：知人者智，自知者明。意思是说，能了解、认识别人的人是有智慧之人，而能认识、了解自己的人才是真正聪明的人。其实，自知是知人的前提。正如莫兰所说，"不理解自我是不理解他人一个十分重要的源泉"。如何超脱各种利害关系，真正地理解别人呢？莫兰提出了两种促进互相理解的路径。一是"明智地思考"，即认真思考行为的各种条件，同时理解事物的客观条件和主观条件，把握文本和背景、存在物与其环境、局部与整体等多方面的关系。二是"内省"，即通过反思自己的行为与内心来理解别人。莫兰认为，自我中心主义最大的问题是"把自己设立为任何事物的法官"，所以特别需要"经常性的自我省察的精神实践"，因为理解我们自身的弱点或缺失是理解其他人同样问题的途径，只有在这样的情况下，我们才会理解和接受别人的弱点与缺失，才能够发现我们彼此都需要理解。

理解不理解的现象，关键是从理解我们自己开始。反思现在的逆全球化现象、俄乌战争等一系列国际纷争，以及不同民族与不同国家之间的成见乃至仇恨，与缺乏上述两方面的思维方式有着密切的关系。特朗普所说的美国利益优先的实质，其实就是不择手段、不讲道义、不顾规则地实现美国利益最大化，就是不惜发动经济战、科技战乃至真正的战争的缺少"内省"的思维方式。

文学作品能够帮助我们更好地理解别人

理解别人需要一种对人类复杂性的意识。我们能够从传记文学作品和电影中吸取这种意识：人们不应把一个人化归为他自身的最小部分，或他既往的最坏的片段。在日常生活中我们仓促地把犯下一个罪行的人封闭在罪犯的概念中，同时把他的生活和人格的所有其他方面还原为这唯一的特点，而我们将在莎士比亚的强盗般的国王和黑道电影的国王般的强盗身上发现他们的许多方面。我们能够在像让·瓦尔让和拉斯柯尔尼科夫这样的人物身上看到一个罪人怎样能够转变和赎罪。我们最后能够从中学到生活中的最重大的教训，对于所有被侮辱的人的痛苦的怜悯和真正的理解。

——[法] 埃德加·莫兰著，陈一壮译：《复杂性理论与教育问题》，

北京大学出版社 2004 年版，P81

法国作家雨果说过：世界上最宽广的是海洋，比海洋更宽广的是人的心灵。其实，人的心灵世界，人的性格特征，也是世界上最复杂最难理解的。莫兰认为，要想真正理解别人，首先就要有一种对于人类复杂性的认识，不能够有刻板印象，不能够有光环效应，不能够以偏概全，不能够贴标签、概念化，不能够"把一个人划归为他自身的最小部分"，也不能够用一个人"既往的最坏的片段"来评价他，不能够认为一个罪犯就是罪大恶极，他所有的生活和人格表现都是十恶不赦。而是要看到人的复杂性、可变性和整体性。他建议，要做到这一点，不妨从文学作品和电影中去学习领悟。因为，文学作品最能够把人性淋漓尽致地表现出来，把人的各个方面充分地展示出来。他举了两个典型的例子，一个是法国作家雨果《悲惨

世界》的主人公让·瓦尔让，中文一般译为冉·阿让，一个是俄国作家陀思妥耶夫斯基《罪与罚》中的男主人公拉斯柯尔尼科夫。冉·阿让从小就成了孤儿。长大后失业，为了抚养姐姐的 7 个孩子而偷窃面包，被判苦役。出狱后被米里哀主教感化而成为一个善人，隐瞒身份并当上了市长。后因救助别人被暴露逃犯身份，重新遭到通缉，颠沛流离。虽然蒙受不白之冤，但仍然满怀仁爱之心，在孤独中度过余生。《罪与罚》的主人公拉斯柯尔尼科夫本来是一位善良悲悯的大学生，曾经主动帮助路边醉酒的女孩，对家人也有着深沉的爱。但是身无分文、走投无路的他，最后还是用斧头砍死了那个放高利贷的老太婆和她可怜的妹妹莉扎薇塔。这两个人的沦落犯罪与转变救赎，不仅让我们看到了人性的复杂性，让我们知道不能够简单给人贴标签戴帽子。在主观上建立对他人的开放性，也能够帮助我们产生同情心和怜悯心，对于所有被侮辱的人的痛苦才能够有"怜悯和真正的理解"。莫兰说："在日常生活中，我们对形体上或精神上的悲惨现象几乎无动于衷，但是在阅读小说或看影片的时候，我们会感到同情和怜悯。"所以，阅读文学作品、观看优秀影片，本身也是理解人性的教育过程。在教育过程中，我们应该重视文学作品的教育力量，重视阅读的力量。

真正的宽容

真正的宽容不是对种种观念的漠不关心或被普遍化的怀疑主义。它在以一种信念、一种信仰、一种伦理学的选择为基础的前提条件下，同时接受与我们相反的观念、信念、选择的被表达。宽容意味着接受消极的或根据我们的观点看起来是有害的观念的表达所引起的痛苦，以及承受这种痛苦的意志。

——[法] 埃德加·莫兰著，陈一壮译：《复杂性理论与教育问题》，

北京大学出版社 2004 年版，P81—82

胡适先生曾经说：聪明的极致是厚道，自由的底线是宽容。他认为"宽容是一切自由的根本，没有宽容，就没有自由"。莫兰在这本书中把宽容作为理解人的复杂性的重要方法。为什么宽容对于人类理解是如此重要？因

为只有宽容，才能够有平等的对话，才能倾听和接受那些与我们自己相反的观念、信念和选择被表达出来，才能够承受各种让我们痛苦不堪的意见与批评。莫兰认为，有四个等级的宽容：一是伏尔泰的宽容。伏尔泰有句脍炙人口的名言："我不能同意你所说的每一句话，但是我誓死捍卫你说话的权利。"这种宽容就是尊重别人说话的权利。二是民主的宽容。即尊重与自己的意见不同甚至相对立的观点的表达。莫兰说："民主的特性就是它被不同的和对立的意见所滋养。"三是尼尔斯·玻尔的宽容。玻尔是著名的量子物理学家，1922 年诺贝尔物理学奖获得者。他曾经说过：有两种真相，肤浅的真相和深刻的真相。在肤浅的真相里，真实的对立面是虚假；在深刻的真相里，真实的对立面也是真实。他认为，一个深刻的思想的对立面是另一个深刻的思想，应该尊重对立思想中存在着的真理。四是意识形态的宽容。即能够意识到"人类被神话、意识形态、观念或神祇所支配"，以及意识到"漂流把个人带到距他愿意前往之处很远的和不同的地方"。也就是说，能够尊重在不同意识形态和宗教习俗等背景下的各种观点与意见。当然，宽容并不是没有底线的。如果说自由的底线是宽容，那么，宽容的底线就是不能够有"侮辱、攻击和杀害的行为"。

理解也是不断学习和再学习

我们应该把人们之间相互理解的伦理学与全球纪元的伦理学联系起来，后者要求把相互理解世界化。将能为人类服务的唯一真正的世界化就是理解的世界化，人类在理智上和精神上的相依共存的世界化。不同的文化应该互相学习。骄傲的西方文化曾经自立为进行教导的文化，现在也应该变成进行学习的文化。理解，这也是不断学习和再学习。

——[法] 埃德加·莫兰著，陈一壮译：《复杂性理论与教育问题》，

北京大学出版社 2004 年版，P82

如何促进相互理解？在全球化的时代，人类理解已经从过去的人与人之间的相互理解发展到不同文化、不同民族、不同国家之间的全人类的相互理解。这就是莫兰所说的"相互理解的世界化"。在新的全球纪元的时代，

理解的世界化是最艰难也是最重要的世界化，是人类在理智上和精神上、情感上的相依共存的世界化，这就是习近平总书记所说的人类命运共同体意识。2017年1月17日，习近平主席在瑞士达沃斯国际会议中心出席世界经济论坛开幕式上，发表了题为"共担时代责任　共促全球发展"的主旨演讲，向世界描绘了一幅构建人类命运共同体的壮美蓝图。在十九大报告中，习近平更明确指出，世界正处于大发展大变革大调整时期，和平与发展仍然是时代主题。同时，世界面临的不稳定性不确定性突出，人类面临许多共同挑战。"没有哪个国家能够独自应对人类面临的各种挑战，也没有哪个国家能够退回到自我封闭的孤岛。"呼吁各国人民同心协力，构建人类命运共同体，建设持久和平、普遍安全、共同繁荣、开放包容、清洁美丽的世界。要建立人类命运共同体，要实现理解的世界化，关键就是要加强不同文化之间的交流交融、互学互鉴。莫兰用大量东西方文化交流的案例说明，文化只有在开放的情况下才能发展，理解只有在交流的情况下才能实现。他特别提出，要改变"骄傲的西方文化"以教师自居的角色，从"教导的文化"转变为"学习的文化"。只有不断学习和再学习，用谦卑的态度去对待这个变化的世界，才能够真正地理解这个世界。

发展理解力，应该是未来的教育的工作

理解既是人类交往的手段又是目的。全球需要在一切方面的相互理解。鉴于教育理解对于所有教育层次和所有年龄的受教育者的重要性，发展理解需要一个全球性的思想状态的改革。这应该是未来的教育的工作。

——[法]埃德加·莫兰著，陈一壮译：《复杂性理论与教育问题》，

北京大学出版社 2004 年版，P84

这段文字是第六章的最后总结性文字。莫兰认为，理解既是人类交往的目的，又是人类交往的手段。也就是说，人类彼此交流交往的目的就是为了达到互相理解，而互相理解又是人类交往的手段，即人类只有互相理解，交往交流才能够更加和谐顺畅。有人研究过，人与人之间的矛盾与冲突，90% 以上是由于沟通不够、理解不够造成的。前些天正好读到好友发

来的一个很有意思的材料：斯坦福研究中心曾经发表一份调查报告指出，一个人赚的钱，12.5% 来自知识，87.5% 来自关系。这个数据颠覆了我们的认知。相对于专业知识的竞争力，一个人在人际关系上的优势，就是我们定义的人脉竞争力。我们所赚到的钱大部分来自自己的人脉圈子，而非知识。"人脉其实就是人与人之间建立起来的可以互相分享信息的有效联系，良好的人脉关系网，可以最大限度地发挥自身的可能性和潜在因素。"理解是建立人际关系的基础，也是建立国家与国家、民族与民族以及文化与文化之间良好关系的基础。也正是在这个意义上，莫兰把互相理解作为未来教育的中心工作，认为这是"所有教育层次和所有年龄的受教育者"都需要学习的课程，需要掌握的本领。莫兰认为，理解也需要一定的制度性保障。"社会之间的理解以开放的民主社会为条件，这意味着不同文化、民族和国家之间的理解之路要经由开放的民主社会的普遍化。"但是，并不是有了民主的制度就必然有理解，民主只是必要条件，不是充分条件，理解同样有一个理解的认识论的问题，有一个"思想的原结构"问题，我们只有真正放弃自我中心主义，只有真正学会换位思考，只有真正建立起整体性思维与复杂性思维，真正建立人类命运共同体意识，真正的理解才会发生。无疑，这也是未来教育的使命。

"个人←→社会←→族类"在丰富的意义上彼此维系

　　人类的复杂概念包含着"个人←→社会←→族类"的三联式。个人不仅是人的族类的繁殖过程的产物，而且这个过程也是由个人在每一代中生产的。个人之间的相互作用产生了社会，而社会又反馈作用于个人。文化，在总体的意义上从这些相互作用中涌现，又重新连接这些相互作用和给予它们以价值。因此，"个人←→社会←→族类"在丰富的意义上彼此维系：相互支持、相互滋养和相互连接。

　　——［法］埃德加·莫兰著，陈一壮译：《复杂性理论与教育问题》，

北京大学出版社 2004 年版，P85

　　从今天起，我们学习第七章《人类伦理学》。这也是莫兰这本书上半部

分的最后一章，主要是讲人类整体利益和全球共同命运问题。人是动物的一种，所以，这里说"人的种类"其实是"人这一物种"的意思。当然，个人不仅是人这一物种的肉体繁殖的结果，人的真正诞生（这里的人就同时指肉体＋精神文化），其实和每一个时代的文化都密切相关。人与人在一起共同形成了社会。人与人在一起又产生了风俗、文化、思潮等精神事物（这就是社会在精神层面的作用），这些又反过来影响人、激发人也制约人。文化就是从人与人的相互作用之中涌现的。当人与人产生了文化也就是精神的连接时，才形成了真正意义上的人类社会生活。个人、社会、族类，这三者因此构成了一个共同体，彼此共生：社会因为有了多个的个人才能有所依托成为社会；个人因为族类而诞生，因为有了社会才有精神层面的更高享受和追求；族类作为个体的组合，更因为社会的存在，而超越了肉体的脆弱短暂得以更长久地繁衍生息。它们三者不是两两的关系，而是多重的组合，因此是"丰富的意义上"的关系；它们三者互相依存、缺一不可，因此叫"彼此维系"。因此，不存在脱离社会的个体，也不存在离开个体的社会，而整个人类也离不开一个个个体与一个个社群，他们是相互支持、相互滋养、相互连接的。人类命运共同体，就是建立在这样的支持、滋养与连接的基础之上。

人类伦理学：培养超越个人性的个人意识

"个人←→社会←→族类"不仅是不可分割的，而且彼此是共同产生者。每个这一项都既是其他项的手段又是其他项的目的。人们不能将其中任何一项绝对化和使它单独成为三联式的最高目的；是三联式本身旋转地成为它自己的目的。这些要素又不能因此被理解为是分离的——任何人类的概念都意味着个人的自主性、对社会共同体的参与和归属于人的族类的感情这三者的联合的发展。在这个复杂的三联式中涌现了意识。从而，一个特有的人类的伦理学，亦即人类伦理学（anthropoéthique），应该被考虑是"个人←→社会←→族类"这三项的圆环的伦理学，从这里涌现了我们的意识和我们特有的人类精神。这就是教授未来伦理学的基础。

——[法] 埃德加·莫兰著，陈一壮译：《复杂性理论与教育问题》，

北京大学出版社 2004 年版，P85

如前所述，"个人←→社会←→族类"三者的关系是密不可分，相互支持、相互滋养和相互连接的。莫兰在这里强调了它们彼此是"共同产生者"，也就是说，社会是由个体组成的，族类是由社会构成的，个体又属于族类的基本单元。它们都是彼此的目的和手段，不可能也不应该强调任何一个因素。所以，一个理想的社会，一个理想的人类，应该是把"个人的自主性、对社会共同体的参与和归属于人的族类的感情"有机结合、和谐发展的，这就是所谓的人类意识或者人类精神。建立在人类意识和人类精神基础之上的人类伦理学，就超越了传统伦理学只是在个体和社会的层面来思考人际关系，而是站在更高的角度，即整个人类以及三者的联合发展的角度来看待和思考人的问题。未来的伦理学，也要基于这样的立场。也就是说，未来的人类伦理学，要能够肩负起"作为全球的意识和公民资格的人类性的期望"，自觉地接受"个人←→社会←→族类"的人类处境，"在我们的个人意识中完成我们身上所具有的人类性"，同时承受人类命运的矛盾性和复杂性。据此，莫兰提出了7条新千年的人类使命：1.为人类的人性化而努力；2.实现全球的两个示范工作——顺从生命，引导生命；3.实现全球在多样性中的统一性；4.尊重他人与自己的区别和与自己的同一性；5.发展相依共存的伦理学；6.发展相互理解的伦理学；7.教授人类的伦理学。一句话，人类伦理学，就是要培养人们超越个人性的个人意识。

民主制度同时要求一致性、多样性和对立性

民主制度同时要求一致性、多样性和对立性，它是一个政治的组织和文明的复杂的系统。它滋养着个人的精神的自主性、他们的持有个人意见的和表达的自由、他们的公民责任感，又被这些东西所滋养。它滋养着"自由←→平等←→博爱"的理想，又被这个理想所滋养，这个理想包含着它的不可分离的三项之间的创造性的对立。

——[法] 埃德加·莫兰著，陈一壮译：《复杂性理论与教育问题》，

北京大学出版社2004年版，P87

个人和社会是相对存在的。在莫兰看来，民主制度和民主教育是保证

"个人←→社会"这个圆环顺利运转的前提。"民主制度使得个人←→社会之间可能存在丰富和复杂的关系,在其中个人与社会相互帮助、相互促进、相互调整、相互控制。"在民主制度中,个人一方面要表现自己的意愿和利益,另一方面又是负责任的公民,与社会和国家休戚与共。民主制度要求一致性,即尊重大多数人的选择和意见,遵守民主规则;民主制度也需要多样性,要像保护物种的多样性以捍卫生态圈一样,容忍"少数派和抗议者的存在和表达的权利";民主制度还需要对立性,观念的冲突和意见的对立体现了生命力和创造性,所以,要用"观念的战斗来代替肉体的战斗",通过辩论和投票来确定冲突和对立的观念与意见中的暂时的胜利者。"自由←→平等←→博爱"的理想,在某种程度上正式对应着"个人←→社会←→族类"的关系。莫兰特别指出:"现有的民主政体并不完满,还是不完全的或未完成的。"也就是说,世界上并没有完美的民主制度,西方的三权分立、选举票决并不是民主的唯一形式,仍然需要各个国家探索最适合国情的民主制度。二十大报告中提出,全过程人民民主是社会主义民主政治的本质属性,是最广泛、最真实、最管用的民主。中国特色的社会主义协商民主,同样可以为世界民主政治提供可资参考的经验。

超级专业化对民主的挑战

在超级专业化的深奥的科学技术和公民之间的加深的鸿沟,造成了认识者——他们的知识是被分割的,不能背景化和总体化——和无知者亦即全体公民之间的二元性。这样,在一个"新阶级"和公民之间的社会分裂被创生,同样的过程也在富国和穷国之间在掌握新的通信技术方面进展。公民被抛离日益由"专家们"大权独揽的政治领域,"新阶级"的统治实际上阻止了认识的民主化。在这种条件下,把政治还原为技术和经济,把经济还原为增长,失去了方位标和视野。所有这些导致公民的爱国心和责任感的削弱,逃避到私人生活中,交替处于麻木状态和激烈反叛中。这样,民主的制度尽管被保持着,民主生活在衰败。

——[法]埃德加·莫兰著,陈一壮译:《复杂性理论与教育问题》,

北京大学出版社 2004 年版,P90

　　莫兰指出，21世纪的民主制度，将越来越面临由庞大的国家机器的发展所产生的巨大问题。"在这个机器中科学、技术与官僚制度紧密联结"，其结果是在产生知识和明智的同时，也产生了无知和盲目。由于学科的细化与分化，知识越来越成为只有少数专业人士掌握的"行业性"的和"非人化"的东西，"公民失去了认识的权利"。西方的疫苗之战，包括前不久欧洲议员对辉瑞疫苗的质疑，也从某些方面证明了莫兰观察的正确性。他以核武器为例，指出在某些国家，核武器的控制按钮掌握在国家最高领袖的手中，"完全剥夺了公民思考它和控制它的可能性"，也不需要咨询任何正规的民主机构的意见，这就不可避免地造成了"政治愈是变成技术的，民主的权能愈是倒退"。莫兰用大量的事实表明，西方的民主其实是非常脆弱的，企业仍然是等级制的"专制的系统"，军队仍然存在着"民主化的极限"，"破裂的政治失去了对生活、痛苦、忧虑、孤独、不能量化的需要的理解"。在由"专家们"和"新阶级"掌控的政权下，政治被还原为简单的经济与技术，而经济则还原为简单的GDP增长。所有这些促进了民主的巨大倒退，公民变得"被剥夺了关心国家的基本问题的权利"，从而产生普遍的无力感、麻木感。所以，他提出了"民主的再生"，即建立一种"新型的民主"的可能性："民主的再生以公民感的再生为条件，而公民感的再生以共生意识和责任心的再生为条件，而这就意味着发展人类伦理学。"

学校可能成为民主生活的实验室

　　我们最后考虑可以思考学校是否可能实际地和具体地成为民主生活的实验室。当然，这涉及有限的民主，因为教师不能由他的学生们来选举，学生必要的集体的自律不能取消要求他们服从的纪律，这也是因为不能取消在教导者和学习者之间的原则上的不平等。但是（总而言之，少年人的班级所获得自主性也有这个需要），权威不能是无条件的。并且还可能建立一些规则对被认为是专断的决定进行质疑，这主要由建立被学生选举出来的班级委员会来进行，或甚至借助一个外部的仲裁机构。在1999年进行的法国中学的改革建立了这种机制。但是班级尤其应该是这样一个场所，学生在那里学习进行论证的辩论，掌握辩论所必要的规则，意识到理解别人的思想的必要性和程序，倾听和尊重少数者和异议者的声音。因此，学习理解应该在对民主的学习中起一个极其重要的作用。

——[法]埃德加·莫兰著，陈一壮译：《复杂性理论与教育问题》，

北京大学出版社 2004 年版，P91

这段文字不是原文正式发表的，而是作者用注释的形式呈现的。是作者在解释发展人类伦理学的路径时的一段文字。莫兰明确表示，学校是"民主生活的实验室"，是民主教育的重要场所。虽然学校本身不是一个真正的民主机构，因为师生关系本身蕴含着某些不平等，学生也很少具有选择教师和课程的权利。但是，学校本身应该成为学习民主的重要机构，成为民主制度的真正摇篮。一方面，教育民主化本身是政治民主化的一个重要内容，如教育机会的公平与教育权利的均等，教育管理和行政的民主决策与运行，师生关系的民主化，教育活动、教育方式、教育内容等的民主化等。另一方面，教育民主化也是民主制度建立的基础，如在班级活动和教学过程中培养学生的民主意识与行为，帮助他们学会倾听不同意见，尊重少数人的意见，懂得相互尊重、相互理解、相互包容、相互欣赏、相互学习等。学校就是一个小社会，今天的学生就是未来的公民。没有校园的民主，就不可能有未来社会的民主。所以，在学校生活中，如何建立科学民主的决策体系和平等和谐的师生关系，如何树立以教师和学生为中心的意识，如何建立学生自治的管理制度等，都是教育民主的重要内容。

通过实现人类性来拯救人类

人类已停止成为一个单纯生物学的概念，同时又应该充分地承认它是被不可分离地包含在生物圈中的。人类也停止成为一个无根的概念：它是扎根于一个"祖国"，即地球的，而地球是一个处于危险中的祖国。人类已停止成为一个抽象的概念：这是一个生存的实在，因为今后它将第一次被死亡所威胁。人类也已停止作为一个仅仅是理想的概念，它变成了一个命运共同体，而只有对这个共同体的意识可以把它引向成为一个生命共同体。人

类性今后尤其是一个伦理学的概念：它是那应该被全体人和所有每个人实现的东西。当人类在自我毁灭的威胁下继续他的探险的时候，伦理学的绝对律令变成：通过实现人类性来拯救人类。

——[法]埃德加·莫兰著，陈一壮译：《复杂性理论与教育问题》，
北京大学出版社 2004 年版，P92

　　如果说，真正的民主制度是解决"个人←→社会"圆环的路径的话，那么教授地球公民资格则是解决"个人←→族类"圆环的路径。在莫兰看来，人是一个具有多重属性的存在。人虽然早已经不是一个单纯的生物学的属性，但是人始终不可分离地生活在生物圈之中。人虽然有属于自己的祖国，但是他同时属于一个更大的"祖国"——地球。而且，这个地球祖国已经处于非常危险的状态之中，已经遭受死亡的威胁。这个时候，人类并不是一个抽象意义的存在，也不再是一个理想的概念化的存在，而是一个真正的命运共同体。如果我们没有真正的人类命运共同体的意识，不能够形成真正的生命共同体，人类就难以逃脱自我毁灭的厄运。莫兰指出，"我们没有打开一个更好的未来的大门的钥匙。我们也不知道被画好的路线"，但是我们可以看到一个清晰的目标，那就是"经由获得地球公民籍，从原人进化过程（hominisation）进入到人类进化过程（humanisation）"。他认为，未来的真正的"联合国组织"，应该是一个被组织起来的"全球共同体"，它不是代表一个个国家或者一个个区域、联盟、集团的利益，而是整个人类的根本利益。正如解决"个人←→社会"圆环需要民主教育与教育的民主化一样，解决"个人←→族类"圆环则需要加强人类命运共同体教育和国际理解教育，这也是未来教育的重要课题。

　　到今天为止，《复杂性理论与教育问题》这本书的上半部分《未来教育所必需的七种知识》已经共读完成。明天开始，我们一起读下半部分《构造得宜的头脑》。

第五章　读莫兰《复杂性理论与教育问题》(下)

知识被学科分离、肢解和箱格化

我们的知识是在学科之间被分离、肢解和箱格化的，而现实或问题愈益变成多学科性的、横向延伸的、多维度的、跨国界的、总体性的和全球化的，这两者之间的不适应变得日益宽广、深刻和严重。

——[法]埃德加·莫兰著，陈一壮译：《复杂性理论与教育问题》，

北京大学出版社 2004 年版，P101

从今天开始我们一起读这本书的下编《构造得宜的头脑》。与上编一样，这本书仍然是用复杂性理论来解决教育问题的。作者对此也"供认不讳"。他自嘲地说，许多人认为他的思想古怪，提出了一种"名为复杂性的神奇药水作为包医精神百病的药剂"，但是，他的确认为复杂性是一种必须迎接的新挑战。在这本书的献词中，他特地献给了教师和学生，即"教育者和被教育者"，他对学生们说：当他们有幸看到这本书的时候，"如果正值教育令他们感到厌倦、沮丧、被压垮或绝望之际，他们可以利用本书的提示把他们的自我教育掌握在手中"。也就是说，这本书可以成为学生自我教育的重要读物。作为法国国家研究中心的"社会学、人类学、政治学多学科研究中心"主任，莫兰是享誉世界的思想家，但是也一直关注教育问题，1977 年夏季，他受聘担任《教育世界》杂志的大学专刊特邀主编，不久后又受法国教育部部长邀请主持一个旨在改革中学教育的"科学委员会"，对教育问题进行了比较系统的思考，这本书就是在这个背景下完成的。

《构造得宜的头脑》第一章分析了教育所面临的整体性、复杂性、知识

不断膨胀的三大挑战及其产生的一系列"连锁性挑战"。在这一章的引言部分，莫兰引用了法籍波兰裔数学家里希纳诺维奇的一段评论："我们当前的大学在全世界培养了比例过大的各个学科的专门家，这些学科是预先被确定的，故而是人为地被限制了的。然而当今的大部分的社会活动，包括科学的发展本身，都要求既具有广阔的多视角、又能够深刻地对问题进行聚焦的人才。此外新的进步也在不断地打破学科间历史的疆界。"引言的这段文字，正好成为上述这段文字的注解。莫兰认为，我们的知识体系被学科分离、肢解和箱格化，但是现实却不断地融合、延伸和整体化，这就限制和遮蔽了我们对事物的认知，我们再也看不到"复杂的整体""部分和整体之间的互动和反馈作用""多维度的实体"以及"最根本的问题"。

整体性的挑战同时是复杂性的挑战

整体性的挑战因此同时是复杂性的挑战。确实，当构成一个整体的不同部分（比如经济的、政治的、社会的、心理的、情感的、神话的因素）不可分离时，当在部分和整体之间存在着相互依存、相互作用和相互反馈的组织时，就存在着复杂性。而为我们的世纪和我们的全球纪元所特有的各种发展使我们愈来愈经常地和愈来愈不可避免地面对复杂性的挑战。

——[法]埃德加·莫兰著，陈一壮译：《复杂性理论与教育问题》，

北京大学出版社 2004 年版，P102

如前所述，超级专业化既是科学技术进步的结果，也是科学技术进步的障碍。因为，超级专业化的结果往往使学科被"剪切"，被孤立，被分离，使人们看不到整体性的东西（被分割为许多碎片）和根本性的东西（被碎片消解了）。整体性同时也表现为复杂性，当整体中的不同部分错综复杂地被交织在一起时，部分与部分、部分与整体之间就存在着相互依存、相互作用和相互反馈的关系。所以，整体性的挑战同时也必然是复杂性的挑战。莫兰提出，"根本性的问题从来不是片段的，而总体问题愈来愈带有根本性"，超级专业化"扼制了理解与反思的可能性，也消除了获取一个可修正的判断或一个长远的观点的可能性"。在全球化的时代，世界的整体性和

复杂性也愈来愈对人类的智慧与胸怀提出挑战性。"一个不能考虑背景环境和全球复杂性的理智将导致盲目、轻率和不负责任。"也就是说，如果只考虑某个国家某些区域自己的利益，只强调某国利益至上，其实是不可能实现自己的利益的。气候问题是如此，金融问题是如此，产业问题也是如此。只有用全球共同体的理念思考全球性问题，用人类命运共同体理念思考人类的未来，才能够找出真正的解决问题的办法。

教育训导我们把复杂化归于简单性

我们的教育体系不是用起矫正作用的东西来抵制这个发展，而是服从于它。从小学起它就教我们孤立对象（于其环境）、划分学科（而不是发现它们的联系）、分别问题（而不是把它们加以连接和整合）。它训导我们把复杂化归为简单性，也就是说分解联系起来的东西，进行解析而不是进行合成，消除任何给我们的知性带来无序和矛盾的东西。在这种形式下，年轻的头脑会失去他们把知识加以背景化和在它们的总体中把它们加以整合的自然的禀赋。

——[法]埃德加·莫兰著，陈一壮译:《复杂性理论与教育问题》，

北京大学出版社 2004 年版，P103

在科学技术的发展超级专业化的同时，教育不仅没有有效地遏制这个趋势，相反起了推波助澜的作用。莫兰指出，我们的教育从小学阶段就开始把复杂的东西简单化，把研究对象脱离它赖以存在的环境进行孤立的观察分析；把学科区分得越来越细以致井水不犯河水，忽略了它们之间的内在联系，如医学专业的分科，细致到了每个器官都有专门的科室，彼此间也是"隔科如隔山"，没有关注到人体的整体性和复杂性。莫兰认为，人们的认识其实主要不是依靠"精确化、形式化和抽象化而进步的，而是依靠实行背景化和整体化的能力而进步的"，也就是说，人们的认知活动如果没有把对象与背景结合起来、把部分与整体联系起来，就难以真正把握事物的本来面目和本质特征，认知水平也难以得到真正的提高。所以，我们的教育要把这样的思维方法与认知方式教给学生，帮助他们形成复杂性思维与

整体性思维。莫兰用经济学科的案例进行了说明。他指出，经济学科现在是人文社会科学中最精确化和最形式化的，无数字不经济，看似科学严谨，其实也往往走到了另外一个极端，造成了经济学"不能思考不能量化的东西，也就是说人类的热情和需要"。他还引用了一位英籍奥裔经济学家海克的评论："一个只是经济学家的经济学家会变得有害无益，甚至构成一个真正的危险。"也就是说，如果经济学家眼里只有数字数据，而不考虑人的情感需求与社会因素，是不可能真正把握经济的规律与趋势的。正因为如此，莫兰建议对于教育问题的思考要防止知识的箱格化，而要学会背景化和整合的能力。

知识的空前激增愈来愈逃脱人类的控制

在整体性和复杂性的挑战的后面还隐藏着另一个挑战，这就是不可控制的知识膨胀的挑战。知识的不间断的增长建起了一座巨大的巴别塔（tour de Babel），其中散发出不和谐的各种语言的喧嚣。塔楼统治着我们，因为我们不能统治我们的知识。T.S.艾略特（Eliot）说："我们在信息中失去的知识在哪里？"知识只是作为信息间建立联系和把信息纳入背景的组织才成为知识。信息则构成分散的知识的碎片。到处，在科学中如同在传播媒介中，我们被信息所淹没。甚至最狭小的学科内的专家最终也不能理解他们领域中的信息。知识的空前激增愈来愈逃脱人类的控制。

——[法]埃德加·莫兰著，陈一壮译：《复杂性理论与教育问题》，

北京大学出版社2004年版，P104

知识膨胀、信息爆炸是我们这个时代的重要特征。英国学者詹姆斯·马丁的研究表明，人类知识的倍增周期不断缩短，在19世纪为每50年翻一番，20世纪前半叶为10年左右，到了70年代，缩短为5年，而到了20世纪80年代末，则几乎是3年翻一番。有人统计，近30年来，人类生产的信息已超过过去5000年信息生产的总和，而近10年来出现的创造发明比以往2000年的总和还要多。全世界每天发表的论文达13000—14000篇，每年登记的新专利达70万项。新观点、新理论、新材料、新工艺、新方法

的层出不穷，使知识老化的速度不断加快。知识膨胀和信息爆炸对人们的认知能力提出了新的挑战，按照莫兰的说法，它建造了一座巨大无比的巴别塔。巴别塔见于《圣经·旧约·创世记》第11章，诺亚的子孙在往东迁徙的过程中，准备在巴比伦的示拿修建一座能通往天堂的高塔。为了阻止人类的计划，上帝让人类说不同的语言，使人类相互之间不能沟通，计划因此失败。此后人类各散东西，各说各的方言。莫兰用巴别塔来形容人们在知识膨胀、信息爆炸的时代已经无法驾驭这些知识和信息，被大量垃圾信息所淹没，面对海量的信息茫然无措，甚至连最狭小的学科内的专家也不能理解他们领域中的信息。所以，我们需要面对知识膨胀、信息爆炸的复杂性思维与整体性认知，需要把知识和信息整合起来的能力，需要"滋养一种能够考察人类在生命内部、在大地上、在世界中的地位和能够迎击我们时代的伟大挑战的思想"。一句话，需要防止在信息中失去知识，在知识中失去智慧，陷入有知识无智慧的境地。

人文文化和科学文化之间的巨大分裂

人文文化和科学文化之间的巨大分裂从19世纪开始而在20世纪更加严重，这给两者都招致了严重的后果。人文文化是一种总体文化，它通过哲学、杂文、小说滋养了一般智能，回应人类的伟大探询，刺激对知识的思索和促进认识的个人的整合。科学文化具有另一种本性，它分割了认识的领域；它产生了可赞叹的发现、天才的理论，但是没有导致对人类的命运和科学本身的变迁的思考。人文文化趋于变成失去被磨的谷粒而空转的磨盘，这些谷粒原是由关于世界和关于生命的科学研究的成果构成的，后者本应滋养人文文化的伟大探询；而科学文化失去了对普遍的和整体的问题的反思性，甚至变得没有能力反思自身和思考它提出的社会的和人类的问题。

——[法]埃德加·莫兰著，陈一壮译:《复杂性理论与教育问题》，

北京大学出版社2004年版，P105

正如莫兰所说，人文文化和科学文化的分裂是从近代开始的。古代的很多学者都是身兼科学和人文的大家，如亚里士多德的著作就涉及物理学、

形而上学、诗歌（包括戏剧）、动物学、哲学、逻辑学、政治学以及伦理学等，恩格斯称他是最博学的人，但丁称他是"博学的大师"。文艺复兴时期也出现过许多百科全书式的人物，如达·芬奇就身兼雕刻家、建筑师、音乐家、数学家、工程师、发明家、解剖学家、地质学家、制图师、植物学家和作家角色。但是，近代以来，随着实验科学的发展和工业革命的兴起，人文文化与科学文化开始逐步分化、分裂，甚至分道扬镳。这种分化使人文文化与科学文化各自迅速发展，科学的专业化、精致化使科技人才分工更加精细，这无疑有其积极意义，也在很大程度上促进了科学创新，攻克了很多科学技术方面的疑难问题。正如莫兰所说："两种主题、两种学科、两种文化或这个更广泛地说两种星系的冲突应该能产生创造性的机会。在人类思维的活动历史上，一些突破正是来源于这种冲突。"

但是，这样的分化分裂同样也产生了新的问题，在很大程度上又阻碍了人文文化与科学文化的各自发展。1936 年，美国科学史学家萨顿在他的《科学与新人文主义》中指出：科学与人文主义之间已经存在着严重的隔阂，而这种隔阂将会使整个人类文明受到伤害。一方面，人文主义者忽视了科学给世界带来的巨大改变，对科学无动于衷甚至视而不见；另一方面，科学主义者忽视了美和人文知识的重要性，认为艺术家和历史学家是毫无用处的梦想家。莫兰在这里继续了萨顿和斯诺的思考，强调了两者各自不可替代的功能和两者分化分裂带来的问题。如科学文化虽然产生了"可赞叹的发现、天才的理论"，但由于缺乏人文文化的支持，导致其"对人类的命运和科学本身的变迁的思考"严重不足，也"失去了对普遍的和整体的问题的反思性"。而人文文化则由于缺乏科学文化的滋养也"变成失去被磨的谷粒而空转的磨盘"，无法真正地把握世界的本质。其实，在教育上的文理分科也正是人文文化与科学文化分化、分裂的表现，而教育上的文理分科，又加剧了人文文化与科学文化的分化、分裂。真正的大师和真正的创造往往需要跨界融合，教育上的文理融合也势在必行。

教育的改革与思想的改革

只有思想的改革使我们可以充分运用我们的智能来回应这些挑战，并使我们可能把两个分离的文化连接起来。有关的改革不是程序上的，而是范式上的，它关系到我们组织知识的能力。迄今设想的所有改革都是围绕着这个黑洞旋转的。在这个黑洞中存在着我们的精神、我们的社会、我们的时代，从而还有我们的教育的深刻的需要，这些改革没有觉察到这个黑洞的存在。因为它们源出于需要加以改革的那个类型的理智。教育的改革应当导致思想的改革，而思想的改革应当导致教育的改革。

——［法］埃德加·莫兰著，陈一壮译：《复杂性理论与教育问题》，

北京大学出版社 2004 年版，P107—108

这是第一章最后一段文字。在这一章中，莫兰分析了面对全球化和不确定性的社会，知识在各个学科之间"被分离、肢解和箱格化"所经受的挑战。这些挑战既有整体性与复杂性的挑战，也有知识膨胀与信息爆炸造成的挑战，还有对文化的挑战、对社会学的挑战和对公民的挑战。莫兰指出，"知识变得越来越深奥（只有专家可以问津）和抽象（量化和形式化）"，专家和技术人员把对日益增多的极其重要的问题的处置权掌握在自己的手中，导致公民"失去了认识的权利"以及"民主的亏损在不断增长"。也就是说，由于公民对整体性知识和信息掌握的欠缺，既造成了他们责任感的削弱，也造成了他们共存意识的削弱，"每个人不再感受到他与他的国家和同胞的有机的联系"。面对挑战，唯一的出路在于改变思维和改造教育，而这两种又是相辅相成、彼此依赖的。莫兰提出的对策就是必须打破人文文化与科学文化的分离隔绝，必须学会整体性思维和复杂性思维。他认为，现在的所有改革之所以成效甚微，是因为我们所有的努力，包括我们的精神、我们的社会、我们的时代、我们的教育等都陷入了德国数学家卡尔·史瓦西提出的"黑洞"之中。根据史瓦西的理论，在黑洞周围的任何东西无论是信号、光还是物质都无法逃逸，时空在这里成了一个无底洞，这是一个看不到、摸不到，也探测不到的地方。所以，避免围绕黑洞旋转和陷入黑洞，就要改变我们的思维范式。要改变我们的思维范式，就需要教育的改革，而教育的改革又依赖于思想的改革。由此，引出了本书的一个重要主题：构造得宜的头脑。

一个构造得宜的头脑胜过一个充满知识的头脑

教育的第一个目标是由蒙田（Montaigne）提出的：一个构造得宜的头脑胜过一个充满知识的头脑。"充满知识的头脑"的含义是清楚的：在这个头脑里知识被堆积、装满，但不具有一个给它们以意义的选择和组织的原则。"构造得宜的头脑"意味着：与其积累知识，更重要得多的是同时具有下述两者：提出和处理问题的一般能力，一些能够连接知识和给予它们以意义的组织原则。

——[法]埃德加·莫兰著，陈一壮译：《复杂性理论与教育问题》，

北京大学出版社 2004 年版，P109

从今天开始我们一起学习第二章《构造得宜的头脑》。在这一章的开头，莫兰引用了法国数学家、哲学家帕斯卡（Pascal）和西班牙作家笔下的胡安·德·迈雷纳（Juan de Mairena）的两句名言来佐证自己的观点。帕斯卡的名言是："人们并未教人们如何做一个明哲的人，而教了他们所有其他的东西。"迈雷纳的名言是："我们学校的目标是教会对思想进行反思，重新审察以为已知的东西和怀疑自己的疑问，这是开始相信某种东西的最好方式。"这两句话其实都是强调思想和思维方式的重要性。正如帕斯卡另外一句名言所说的那样："人是一根会思考的芦苇。"在正文部分，作者又引用了法国作家蒙田的一句名言"一个构造得宜的头脑胜过一个充满知识的头脑"，并且把这句话作为全书的灵魂和纲领。在这里，莫兰界定了"充满知识的头脑"和"构造得宜的头脑"之间的本质区别，前者就是知识被杂乱无章地装进大脑之中，被堆积、装满，就像一间房子或者一个柜子被塞满了各种各样的东西，没有分类，没有选择，这样的知识自然是没有多大意义的。后者则是经过认真选择和有效组织的知识和能够提出问题与解决问题的能力。这是让学生成为一个"明哲的人"的前提，也是反思性思维的最显著的特点。毫无疑问，教育的目的不是把知识装进学生的头脑里，而是让他们学会运用知识解决问题的能力。

应该刺激和唤醒儿童的好奇心

一般的智能愈是强，处理特别的问题的能力就愈是大。教育应该促进精神的提出和解决问题的自然的禀赋，和相应地激励一般智能的充分运用。这个充分运用必然包含着幼年期和青少年期的最充沛和最生动的天性的自由的发挥；这涉及十分经常地被训导所扑灭的好奇心，而问题是应该相反地刺激这个好奇心，或者唤醒它（如果它仍沉睡）。问题是从早年起就要鼓励和磨砺探询的禀赋，并把它引导到关于我们自身地位和我们时代的基本问题上去。这种品质当然不能被编写在一个程序中，它只能由教育者的热忱来激发。

——[法]埃德加·莫兰著，陈一壮译:《复杂性理论与教育问题》，

北京大学出版社 2004 年版，P110

莫兰特别重视"一般能力"的问题，也就是心理学家西蒙所说的 GPS，这个 GPS 不是指定位系统，而是指提出问题与解决问题的一般能力，在心理学上一般称之为智力。教育从关注知识传授走向关注智力发展，是当代教育的重要主题之一。这是因为，只有发展一般能力即智力，才能够具有解决一个个具体的特色问题的能力。同时，莫兰认为，人的一般能力的发展与人的好奇心有着非常密切的关系。人与生俱来就具备好奇心，具备探索世界的自由的天赋，所以，父母和教师应该在人的幼儿期和青少年时期努力地去唤醒它，呵护它，滋养它，刺激它，而不是忽视它，嘲笑它，扼杀它，扑灭它。儿童的这种好奇心虽然是一种禀赋，但是如果我们无法满足他们探索的需求，我们拒绝回答他们的问题，或者对他们"幼稚"的问题冷嘲热讽，好奇心就会被扼杀。这种好奇心也很难被刻意地去培养，不能"被编写在一个程序中"，难以通过正规化的课程体系加以培训，只能够通过父母和教师的热情，鼓励孩子们调动自己的内在力量去探寻，去追问。

一般智能的发展需要怀疑精神

一般智能的发展需要把它的发挥与怀疑联系起来，后者是任何批评行动的酵母，它如同胡安·德·迈雷纳所指出的，使得我们能够"反思思想"，而且它还包含着"对于自身的怀疑的怀疑"。它需要借助 ars cogitandi，后者包括正确使用逻辑、演绎、归纳——推理和论辩的艺术。它还包含着古希腊人称之为 metis 的智能，即"思想态势的总体……它组合了嗅觉、洞察力、预见、思想的灵活性、多谋、警惕、窥视机会"。还必须借鉴伏尔泰（Voltaire）和柯南·道尔（Conan Doyle）的机智，然后研习古生物学家和史前学家的技艺，以便学会"发现意外珍奇事物的本领"（sérendipidité），这是把表面上不起眼的细节转变为一些可以再现整整一段历史的征象的艺术。

——[法] 埃德加·莫兰著，陈一壮译：《复杂性理论与教育问题》，

北京大学出版社 2004 年版，P110—111

与人的好奇心一样，怀疑精神也是一般能力发展的重要条件。陈先达先生曾经说过，做学问要培养两种能力：提问的能力和怀疑的能力。提问的能力即问题意识决定研究方向，没有问题意识，不知朝哪儿钻；怀疑的能力即怀疑精神决定研究深度，没有怀疑精神，即使抓对了问题也可能浅尝辄止。莫兰说，怀疑精神是任何批评行动的酵母，包括对我们自身行为与思想的反思与怀疑。一般能力还需要发展思维的方法，莫兰用拉丁文 ars cogitandi 来表述，即思想的艺术，诸如推理和论辩的具体方法。同时，需要发展古希腊文 metis 的能力，译者将之译为"杂拌"，莫兰将之解释为"思想态势的总体……它组合了嗅觉、洞察力、预见、思想的灵活性、多谋、警惕、窥视机会"。我理解这其实就是一种"机智"，一种灵活的智慧。而后面谈到的伏尔泰和柯南·道尔的机智，则可以理解为"洞察力"。同时，需要像古生物学家和史前学家一样，具有"把表面上不起眼的细节转变为一些可以再现整整一段历史的征象的艺术"。其实，无论是推理还是"杂拌"，无论是机智还是洞察力，这些都是一般能力的体现，是思维方式的体

现。莫兰说，要构造得宜的头脑，其实就是要培养人的复杂性思维与整体性思维能力。而怀疑精神，是培养思维能力尤其需要注意的。

数学思维与科学认识发展之间的相互影响

显然包含计算的数学教育将既在计算之内又在计算之外进行。它应该表明数学内在的探索的本性。计算是数学推理的工具，而数学推理实施于problem setting（建立问题）和 problem solving（解决问题），而这都关系到表明"完美的严谨性和不可更易的逻辑"。在整个教学的年代里，应当逐步阐明数学思维与科学认识发展之间的相互影响，最终说明形式化和量化的极限。

——[法]埃德加·莫兰著，陈一壮译：《复杂性理论与教育问题》，

北京大学出版社 2004 年版，P111

著名的数学史家克莱因（M. Klein）曾说："音乐能激起或平静人的心灵，绘画能愉悦人的视觉，诗歌能激发人的感情，哲学能使思想得到满足，工程技术能改善人的物质生活，而数学则能做到所有这一切。"我国著名数学家华罗庚也指出："宇宙之大，粒子之微，火箭之速，化工之巧，地球之变，生物之谜，日用之繁，无处不用数学。"数学在人们的日常生活中有着非常广泛的作用。在论述一般能力时，莫兰也给予数学特别的重视。他认为，数学虽然包括计算，但远远不仅仅是计算，数学具有探索的本性，具有高度的抽象性和严密的逻辑性，对于培养抽象思维和逻辑推理具有重要的作用。正如美国国家研究委员会（NRC）在研究报告《人人关心数学教育的未来》中所指出的那样："除定理和理论外，数学提供了有特色的思考方式，包括建立模型、抽象化、最优化、逻辑分析、由数据进行推断以及符号运算等。它们是普遍适用的、强有力的思考方式，应用这些数学思考方式的经验构成了数学能力——在当今这个技术时代里日益重要的一种智力。它使人们能批判地阅读，能识别谬误，能探索偏见，能估计风险，能提出变通办法。数学能使我们更好地了解我们生活在其中的充满信息的世界。"的确，数学是人们认识世界和改造世界的重要工具。所以数学在整个

教育体系中具有不可替代的重要作用，莫兰提出，要充分重视数学对于发展人的科学认识能力的价值，在未来的教育中，应该重视培养学生的数学思维能力。同时，也要让学生知道数学的局限性（"形式化和量化的极限"），防止过分夸大数学的作用。

哲学应该协助发展质疑的精神

哲学应该卓异地协助发展质疑的精神。哲学首先是一个探询和反思的力量，指向关于认识和人类地位的重大问题。哲学在今天已经窄化为一个基本关闭在自身之中的学科，它应该重建与自亚里士多德到柏格森和胡塞尔视为自身使命的那个哲学使命的联系，而并不因此抛弃它特别的研究。因此，哲学教授在进行他们的教学的整个过程中，应该既在科学知识上又在文学和诗歌上实施他们的反思和探询的能力，同时又以科学和文学滋养自身。

——[法] 埃德加·莫兰著，陈一壮译：《复杂性理论与教育问题》，
北京大学出版社 2004 年版，P111

与数学一样，哲学也是人们认识世界和改造世界的重要工具。哲学在古希腊是"爱智慧"的意思，亚里士多德认为，哲学始于惊奇。一开始是对身边不解的东西感到惊奇，继而对更重大的事情产生疑问，一个感到困惑和惊奇的人，便自觉其无知，哲学思维就开始产生了。哲学是一种世界观和方法论，是一种不断批判与怀疑的精神，是一种透过现象看本质的思维方式。正因为如此，18 世纪德国浪漫派诗人诺瓦利斯指出：哲学是全部科学之母，哲学活动的本质原就是精神还乡，凡是怀着乡愁的冲动到处寻找精神家园的活动皆可称之为哲学。我国著名科学家钱伟长先生在谈到哲学时也说："哲学很重要，很多学问做深了，都会碰到哲学问题。数学是这样，物理、化学、生物、计算机，都是这样。所以科学家一定要研究一点哲学，要懂哲学。"莫兰在这里谈到的哲学思维，也是把质疑、反思和探询作为主要特征。他认为，哲学要指向对于人的认识过程和人类地位等重要问题，不应该"窄化为一个基本关闭在自身之中的学科"。要做到这一点，哲学就应该关注科学和文学，用思想的光芒照亮科学与文学前行的道

路，让科学与文学更多地关注人类与宇宙的重大问题，同时也要从科学和文学之中去寻求滋养。英国哲学家罗素曾说，一个未经哲学熏陶的人，他的终生将限制在各种偏见中，这些偏见或得自普通观念，或得自年龄与国籍形成的习惯性信仰，或得自"未经理性作用"而在脑中塑成的见解。所以，他提出了"自由思想的10诫"：1.不要凡事妄下断语；2.不要蓄意隐瞒证据，因为事实终将真相大白；3.不要畏惧求索，因为你一定会走向成功；4.不要遭到反对就用权威压人，即使反对者是你自己家人，而应努力以理服人，因为靠权威取得的胜利是虚幻的；5.不要迷信什么权威，因为总是可以找到与其相对立的权威；6.不要用权力压制你认为用心险恶的意见，因为如果你这样做，反而会深受其害；7.不要害怕标新立异，因为现在的公理无一不曾是离经叛道的；8.不要随声附和，比之更觉得愉悦的是理智地表达不同意见，因为如果你珍视理应如此的智慧，后者比前者意味着更大程度的赞同；9.不要粗暴地对待真相，即使它让人为难，因为掩盖真相会更令人难堪；10.不要嫉妒愚者天堂的幸福，因为只有愚者才以为那是幸福。我想，这对于我们更好地理解哲学与哲学思维，也许是有益的。法国中小学为什么对哲学课高度重视，也许正是因为它与数学都是人们认识世界与改造世界不可或缺的重要工具。

避免分解和无联系地积累知识

所有的知识同时构成一种翻译和一种重构，它们从信息、符号和象征出发，采取表象、概念、理论、表述的形式。知识的组织（它依据的原理和规则不在此处审视）包含连接（结合、包含、蕴涵）和分解（区别、对立、选择、排除）的操作。过程是循环的：从分解过渡到连接，从连接过渡到分解；此外，从分析过渡到综合，从综合过渡到分析。换言之，认识同时包含着分解和连接，分析和综合。我们的文明从而我们的教育注重分解而忽视连接，注重分析而忽视综合。连接和综合在这里处于不发达的状态。因此，分解和无联系地积累知识受到重视，以致忽略了连接知识的组织的作用。

——[法]埃德加·莫兰著，陈一壮译：《复杂性理论与教育问题》，

北京大学出版社2004年版，P112

我们知道，人们的学习（接受知识）的过程也是一个建构的过程，不是一个毫无规则地把知识装进头脑的过程。按照皮亚杰的理论，这个过程实际上就是个体认知结构（图式）的建构过程。在学习中，个体原有的认知结构（图式）与新的信息之间以同化或顺应的方式相互作用，使之得以扩充或重组，建构为新的认识结构（图式）。所谓同化，是指把新信息整合到原有认知结构（图式）的过程；所谓顺应，是指改造原有的认知结构（图式）以接纳新信息的过程。个体通过同化与顺应这两种方式来实现与周围环境的平衡：能够用现有认知结构（图式）去同化新信息时就处于一种平衡状态，而当现有认识结构（图式）不能同化新信息时，平衡即被破坏，就要修改或创造新的认知结构（图式）。顺应的过程就是寻找新的平衡的过程。个体的认知结构就是在"平衡—不平衡—新的平衡"的循环中得到不断的丰富、提高和发展。在这段文字里，莫兰从大脑对信息加工的两种方式进行了比较。他认为，人们组织知识包括连接与分解、综合与分析两种基本形式，由于学科知识的日益分化，人们越来越倾向于用分解与分析的方式，趋向于"把对象彼此分开"，"孤立于它们的自然环境和它们构成其部分的整体"。这样的知识组织方式无疑是不利于建构得宜的大脑的。他明确指出，认知心理学的研究表明，认识的进步主要不是由于特殊知识的精确化、形式化和抽象化，而是由于"愈益能够把这些知识整合到它们的背景中和它们的总体中"。所以，"发展把知识背景化和整体化的能力变成教育的绝对要求"。因此用"生态学"的视野和方法，把握事物之间的内在联系，尤其是现象与背景、整体与部分之间的相互作用，就成为教育的一项重要任务。

一种新的科学精神

科学的学科在以前的发展一直是愈益分割和隔离知识的领域，以致打碎了人类的重大探询总是指向它们的自然实体：宇宙、自然、生命和处于最高界限的人类。新的科学如生态学、地球科学和宇宙学都是多学科的或跨学科的：它们的对象不是一个部门或一个区段，而是一个复杂的系统，形成一个有组织的整体。它们重建了从相互作用、反馈作用，相互——反馈作用出发构成的总体，这些总体构成了自我组织的复杂实体。同时，它们复苏了自然的实体：宇宙（宇宙学）、地球（地球科学）、自然（生态学）、人类（经由研究原人进化的漫长过程的新史前学加以说明）。

——[法]埃德加·莫兰著，陈一壮译：《复杂性理论与教育问题》，

北京大学出版社 2004 年版，P114—115

一般认为，在科学思想史上有两次重要的革命。第一次科学革命在 20 世纪初发生于微观物理学领域，是以还原论为指导思想的科学认识论。第二次科学革命从 20 世纪后半叶开始，是以系统论为指导思想的科学认识论。这是一种新的科学精神。一般系统论由美籍奥地利理论生物学家贝塔朗菲（Ludwig Von Bertalanffy）提出，他认为，物理学、天文学、生物学和社会学的大部分事物以及原子、分子、细胞、机体、社会、天体、星系都形成系统，系统是由一系列不同的部分构成的有组织的整体，一个整体大于构成它的部分的总和。系统论的出现，改变了以前的科学研究一直局限在"愈益分割和隔离知识的领域"的现象，出现了一些新的跨学科、多学科的研究，形成了新的系统论的科学。莫兰详细地考察了生态学、地球科学、宇宙学等新的科学的发展情况，认为这些科学"打破了用基本元素进行解释的陈旧的还原论的教条"，取得了令人鼓舞的成效。如生态学，以一个生态系统作为研究对象，借助多种物理学科来认识群落的生态环境，借助生物学的动物学、植物学、微生物学等考察生物群落，还应该借助人类科学来考察人类世界和生物圈的相互作用。再如地球科学，把地质学、气象学、火山学、地震学等联系起来，把行星看作"一个自我产生和自我组织的复杂系统"。莫兰遗憾地说："不幸的是多学科合并的革命远没有普遍化，在许多领域里它只是刚刚开始，特别是在关系到人类存在的学科中。"也就是说，在关于物质科学、自然科学的研究中，人的缺位是一个值得重视的重要问题，否则，包括生态学、地球科学、宇宙学这样的新的科学仍然是不完善的系统。

不要忘记人文文化的精神

由于新的科学精神的出现，我们可以认为一个真正的思想改革正在进行，但它在各部门的进展是不均衡的。根据这个精神必须把促进一般智能和探询的能力、实施知识的连接作为目标。在新的科学精神的上面应再加上被更新的人文文化的精神。我们不要忘记人文文化会促进向所有重大问题开通的才能，反思和把握人类复杂性的才能，这种才能反思知识和把它整合于自己的生活之中，以便相应地更好地启迪自我的行为和认识。因此我们应该考虑在当代的条件下重新找到可能实现培育构造得宜的头脑的目的的途径。事关贯串不同的教育等级的整个连续的过程，在其间应让科学文化和人文文化都充分发挥作用。

——[法]埃德加·莫兰著，陈一壮译：《复杂性理论与教育问题》，

北京大学出版社 2004 年版，P120

莫兰敏锐地发现，新的科学精神催生了许多跨学科的新领域，也催生了一个真正的思想改革运动。复杂性思维与整体性思维，有效地促进了一般智能和探询的能力、实施知识的连接。但是，仅仅有新的科学精神是不够的，离开了人文文化的科学仍然是跛足的巨人，必须改变这样的现状。"人类存在作为在自然和文化之间、动物性和人性之间的巨大分割的牺牲品，一直被置于研究他的生活本性的生物学和研究他的心理的和社会的本性的人类科学之间。"所以，他提出应该在新的科学精神的基础之上，再加上新的人文文化的精神。他特别提示，不能够忘记人文文化会促进许多重大问题的解决，帮助我们更好地反思和把握人类的复杂性，更好地认识自己。不过，莫兰也清晰地指出，"严格意义上的人类科学本身却是被箱格化的：历史学、社会学、经济学、心理学，关于虚拟事物的科学、神话和信仰，它们只在某些非主流的研究者那里是相通的"。也就是说，人文科学本身也是被分割的，在大中小学，语文、历史、地理、政治等学科，也是各自分离的。他建议，应该尽快结束两种文化之间的分离，"使得受教育者变得胜任日常的、社会的、政治的、国家的和世界的生活中存在的整体性

的和复杂性的问题提出的巨大挑战"。系统观的建立，不妨从中小学的大科学大人文开始。其实，多年以来，新教育实验一直在探索融合学科的问题，提出了大生命、大科学、大人文、大德育、大艺术的课程建构理念，与莫兰的观点不谋而合。

人类既在自然之内又在自然之外

我们既在自然之内又在自然之外。我们同时是宇宙的、物理的、文化的、大脑的、精神的……存在。我们是宇宙的孩子，但是由于我们的人类性本身，我们又是我们的文化、我们的精神、我们的意识的孩子。我们变成了我们所从出的宇宙的异乡人，而这个宇宙同时仍然隐藏地对我们是很密切的。使我们认识这个物理世界的我们的思想、我们的意识又从而使我们疏远它。理性地和科学地考察宇宙这一事实本身把我们与它分开。

——[法] 埃德加·莫兰著，陈一壮译：《复杂性理论与教育问题》，

北京大学出版社 2004 年版，P124

从今天起我们一起学习第三章《人类地位》。莫兰开宗明义，指出对于人类地位的研究，不仅属于人类科学的范围，也不仅属于哲学和文学的对象，它同时是"被更新了和合并了的自然科学即宇宙学、地球科学和生态学的研究课题"。人类所处的行星，只是处于宇宙郊野的一个太阳的卫星，而太阳则是银河系的数亿恒星中"迷失的侏儒小天体"，银河系本身又处于没有中心的膨胀的宇宙的周边地带。人类作为水、大地和太阳的孩子，只是"宇宙扩散中一个微不足道的事物，是太阳系存在中的一些碎屑，是地球存在中的一颗细小的萌芽"。所以，要认识人类，不能把人从宇宙中分离，而是要把他"放置在宇宙中"，把人类的命运既整合到宇宙之中又加以区别。之所以要加以区别，这是因为人又是我们自己的文化、精神和意识的孩子，是这个地球上所有生物中"唯一拥有超级复杂的神经—脑器官的，唯一拥有双重分节的语言在个人和个人之间进行通信的，唯一有意识的"生命体。人类认识自己，一直在路上。

人的概念有两个入口

人类存在在其复杂性中向我们显现：既是完全生物的又是完全文化的。我们用以思想的头脑，我们用以讲话的嘴巴，我们用以写字的手都同时是完全生物性的和完全文化性的器官。最为生物性的东西——性、出生、死亡又同时是最被文化浸透的东西。我们的最基本的生物行为，吃、喝、便溺都紧密地与规范、禁忌、价值、象征、神话、礼仪相连，也就是说与最为特定的文化的东西相连；而我们最为文化性的行为——说话、歌唱、跳舞、恋爱、沉思，又调动我们的身体和我们的器官，其中包含大脑。今后人的概念有两个入口，一个生物—物理学的入口，一个心理—社会—文化的入口，两个入口互相依赖。我们以全息点的方式在我们的个别性的内部不仅蕴藏着整个人类、整个生命，而且还有几乎整个宇宙，包括宇宙的可能潜藏在人性深处的神秘。

——[法] 埃德加·莫兰著，陈一壮译：《复杂性理论与教育问题》，

北京大学出版社 2004 年版，P126

在人类地位这一章，莫兰是从三个维度论述对于人类认识的贡献的：一是科学文化的贡献，二是人类科学的贡献，三是人文文化的贡献。科学文化主要是指自然科学的贡献，人类科学主要是指社会科学的贡献，而人文文化则是指人文科学的贡献。他认为，人的复杂性决定了研究人、认识人也必须用多学科跨学科的方法来进行。人的许多生物学的行为，背后有许多社会、文化的东西；而人的许多文化性行为，背后也有许多生物性的内容。你中有我，我中有你，难分难解，所以需要有两个重要的入口。无论是社会学、经济学、历史学等社会科学，还是语言文学、小说电影、诗歌、艺术、哲学等人文科学，与自然科学一起，就可以更深入、更细致、更全面地洞察人性。其实，正如从一滴水中可以看见太阳的光辉一样，在我们每个人身上也可以窥见整个人类、整个生命乃至整个宇宙的秘密。也许，在人性深处还有许多蕴藏的宇宙密码，等待着我们不断地探寻和发现。莫兰对此仍然抱有极大的期待，而且他把希望放在教育的肩上。他说：尽管现

在尚无一门关于人的科学来协调和连接许多门关于人的科学，但是教育可以有效地把自然科学、人类科学、人文文化和哲学汇聚到对人类地位的研究上来。只要教育更多地关注人类问题、人类命运，更多地用系统、复杂、整体的方法研究人的问题，就一定能够"导致对我们全球纪元特有的命运共同体的意识，在这个共同体中所有人类面临同样的生死存亡的问题"。

把信息转化为知识，把知识转化为智慧

如同杜尔克姆（Durkheim）说得极为出色的，教育的任务不是给予学生不断增多的知识，而是"在他那里形成一种内部的深刻的状态，一种类似灵魂的聚焦的东西，使他不仅在童年而且在一生中朝着一个确定的方向前进"。他清楚地指出了学会生活不仅需要知识，而且需要在学生自己的精神存在中把获得的知识转变为智慧和把这个智慧融入他的生活中。艾略特说："我们在信息中失去的知识是什么，我们在知识中失去的智慧（wisdom）是什么？"这涉及在教育中要把信息转化为知识，把知识转化为智慧；而这样做是根据这本书中确定的目标取向的。

——［法］埃德加·莫兰著，陈一壮译：《复杂性理论与教育问题》，

北京大学出版社 2004 年版，P133

从今天开始我们一起学习第四章《学会生活》。在这一章的开头，莫兰引用了两位思想家的论述。一位是法国实证主义社会学家杜尔克姆（中文一般译为涂尔干，也有人译为迪尔凯姆或者杜尔凯姆），他认为教育的任务不是简单地灌输知识，而是给予生活的智慧，帮助人们拥有人生的方向。一位是美国作家艾略特，他的这段文字其实是他的一首诗中的名句："到哪里去找回我们在信息中丢失的知识，到哪里去找回我们在知识中丢失的智慧？"莫兰借两位名家之口，谈到了一个教育的基本观点：智慧比知识更重要，知识比信息更重要。因为，智慧是活的，是能够解决我们现实生活问题的洞见；知识是死的，但是它比零碎的信息具有体系，知识恰到好处地应用，也能够帮助我们更好地面对生活和工作。而学校教育的关键，是要帮助学生把信息转化为知识，把知识转化为智慧。把信息转化为知识，把知

识转化为智慧，是对现代教育提出的一个重要课题。

人文文化是进入生活的预备教育

在我们考察"人文文化"这个词组时，应该注意从其人类学的含义上来理解"文化"一词：一个文化提供为人类生活确定方向和指引道路的知识、价值、象征。人文文化曾经是和现在仍然是进入生活的预备教育，但今后它应变得不再只是对于精英人物而是对所有人都是如此。文学、诗歌和电影应该被看作主要不是进行语法的、句法的或符号学的分析的对象，而是如同生活的学校。

　　——[法]埃德加·莫兰著，陈一壮译：《复杂性理论与教育问题》，

北京大学出版社 2004 年版，P134

为什么说人文文化是进入生活的预备教育，是一所真正的"生活的学校"呢？莫兰从四个方面讲述了文学、诗歌和电影等人文文化为什么是"生活的学校"的理由：第一，它是"语言的学校"。"通过作家和诗人的作品揭示语言的所有特质和可能性，使得正在吸收这些财富的青少年能够在与他人的关系中充分地表达自己"，也就是说，文学作品能够丰富学生的语言，帮助他们发展沟通与表达能力。第二，它是"发现自我的学校"。"青少年可以通过小说或影片中的人物的主观生活发现他们自己的生活"，也就是说，文学作品通过帮助学生通过书中人物的性格及其命运来发现和体认"对他们的憧憬、他们的问题、他们的真情的揭示"。第三，它是"人类复杂性的学校"。也就是说，文学作品能够通过人物的内心世界，帮助学生认识人性的"深刻的不稳定性"以及"同一个人物有多重内心世界"。莫兰以巴尔扎克的《高老头》和托尔斯泰的《战争与和平》为例，讲述了书中的人物"面对社会的或历史的命运，被事件的激流卷走，这些事件可以使人们变成英雄、烈士、懦夫或刽子手"。第四，它是"人类的学校"。"在日常生活中我们对所见的形体上或精神上的悲惨现象几乎无动于衷，但是在阅读小说或观看电影时我们会感到同情、怜悯和天良发现"，也就是，文学作品能够培养学生"对所有人类的痛苦的同情和真正的理解"。也正是在这个意义上，

莫兰断言:"文学、诗歌、电影、心理学、哲学应该汇聚起来以变成理解的学校。"事实上,我们对于人文学科的重要性认识,还停留在工具性的价值上,其对于真正的人的养成的意义,远远还没有发现。

书籍在我们身上构成"对真情的经验"

书籍在我们身上构成"对真情的经验",提示了我们在心中一向怀有而不知道的、被掩蔽的、深刻的、未定型的真情并将之明确显示。这使我们获得双重的喜悦,因为我们在对一个外在于我们的真情的发现中又发现了我们自己的真情,这个外在的真情和我们的真情汇合、融为一体并变为我们的真相。

——[法]埃德加·莫兰著,陈一壮译:《复杂性理论与教育问题》,

北京大学出版社 2004 年版,P134

在论述"发现自我的学校"时,莫兰有上面这段关于书籍与阅读价值的论述,而且,他为这段文字加了一个有意思的注释。他写道:"愿读者允许我吐露关于书籍和生活的关系的心里话:我从未停止被生活推着走,但是书籍在我的生活中无时不在并影响着它。书籍总是激励、照亮、指引我的生活;反过来,我的生活永远是保持讯问的,它不停地求助于书籍。"也就是说,书籍在莫兰的生活中起着非常重要的作用,不断地激励、指引和照亮他的人生旅程,在遇到各种问题时,他也不断去求助于书籍,努力从书籍中寻找答案。书中的人物往往就是一面镜子,通过他们这些"外在的真情",我们可以更好地发现自我,"发现了我们自己的真情"。同时,书中那些英雄人物,又成为我们的生命原型,人生的榜样。

学习自我批评才能客观认识自己

学习自我批评构成了学习清醒意识的一个组成部分。人类精神的反思能力使他能够自我双重化和考察他本身。这种能力被某些作者像蒙田和梅纳·德比朗(Maine de Biran)卓绝地行使过,它应该在所有人那里被鼓励

和激发。可能应该经常教导学生每个人怎样会产生欺骗自己的谎言或 self-
deception。需要不断举例说明自我证明有理的自我中心主义和诿过于人的倾
向如何导致这种幻觉，筛选记忆时清除使我们难堪的东西和美化对我们有
利的东西的做法也促成了这一点（为了激励自己可能要每天写日记，在其
中反思经验过的事件）。最后需要说明学习理解和学习清醒意识的过程不仅
永远不会完结，而且应该不断地重新开始（更新）。

——[法] 埃德加·莫兰著，陈一壮译：《复杂性理论与教育问题》，
北京大学出版社 2004 年版，P139

苏格拉底说，认识自己，方能认识人生。自我认识是诸种认识中最难
的，正因为如此，莫兰把它称之为"对清醒意识的启蒙教育"的最重要的内
容之一。他提出，人们在认识客观世界和认识自我的过程也是"由大脑实行
的重构性的对现实的翻译"，即对人们感知的世界进行解释的过程。这个过
程中不可避免地要犯错误，各级教育要让学生了解犯错误的原因，并且尽可
能加以注意。如在小学阶段，不完善的知觉"或者是按惯例行事没有注意
或注意不充分，或者是对一个被认为无足轻重的细节没有当心，或者是对
一个不常见的因素做了仓促的解释，特别是没有看到全景或者缺乏深思"，
等等。在中学阶段，则要热爱并理解"合理化、缺乏经验基础的解释性逻
辑系统，和努力把经验与和谐性结合起来的合理性"之间的对立。而在高
等教育中，则应该讲述逻辑学的局限性和"一个不仅是批评的，而且是自
我批评的合理性的必要性"。也就是说，自我反思与自我批评，应该是一个
人学习清醒意识不可或缺的重要内容。莫兰提出，要让学生理解，每个人
都有"自我证明有理的自我中心主义和诿过于人的倾向"，在筛选记忆时，
也都有"清除使我们难看的东西和美化对我们有利的东西的做法"，包括在
写日记的时候也会不自觉地如此做。所以，学会客观地认识与评价自己，
是一个长期的、永无止境的修炼，也是教育工作的一项非常重要的内容。

为了帮助学会生活，哲学的教育将会复兴

学习生活应该同时被赋予两个意识：其一是兰波所说的"真正的生活"

并不是存在于无人能够脱离的种种实际的需求中，而是存在于自我的充分发展和生活的诗意的特点中；其二是生活需要每个人既有清醒意识又有理解心，更广而言之是让所有的人类潜能得到调动。因此为了帮助学会生活，哲学的教育将会复兴。……哲学不是一个学科，它是探询和思索的力量，不仅指向认识和人类地位，而且指向生活的重大问题。在这个意义上哲学家应在到处激励批评和自我批评的能力——清醒意识的不可替代的酵母，并在到处鼓励人类的理解——文化的基本任务。

——[法] 埃德加·莫兰著，陈一壮译:《复杂性理论与教育问题》，

北京大学出版社 2004 年版，P140

在本章的结束语部分，莫兰提出学习生活应该同时被赋予两个意识。其中之一就是 19 世纪法国诗人兰波所说的"真正的生活"。我们知道，兰波曾经提出过一个非常著名的口号"生活在别处"。米兰·昆德拉曾经以此作为他的著作的书名。为了寻找"真正的生活"，兰波一生多次出走，从法国小镇到巴黎，再到英国，最后去了非洲。所以"生活在别处"，其实是一个不断探索生活中未知的美好事物的永无止境的过程，生活永远在别处，人生永远在路上。在这里，"真正的生活"其实代表着理想的世界，它在现实的生活中是难以寻觅的，只存在于"自我的充分发展和生活的诗意的特点之中"。第二，真正的生活需要每个人"既有清醒意识又有理解心"，能够调动和实现所有人的潜能。做到这两点，哲学具有不可替代的重要作用，因为，哲学体现了探索与思想的力量，哲学不仅仅关注人们的日常生活，更关注人们的认识过程，关注人类的命运与生活的重大问题。"哲学因此在促进对于人类地位的意识和学会生活中，重新找到了它伟大而深刻的使命。"法国教育长期以来有着关注哲学的传统，对我们的中小学教育是很有启示作用的。例如，法国昂热的维克多·雨果小学在开展的哲学课程中，讨论的话题包括:"人是一种动物吗？""人为什么会害怕？""什么是美？""什么是公平？什么是不公平？"法国把哲学作为高中生的必修课和会考科目，以下是他们的试题:"通过工作我们获得什么？""所有信仰都违背理性吗？""我们是否有责任寻求真理？""没有国家我们是否会更加自由？"在四小时的考试中，考生就这些问题给出他们的思考答案。莫兰呼

吁复兴哲学教育，是有着深刻的远见卓识的。

认识到认识的极限

20 世纪认识的最伟大成就是认识到认识的极限。它所给予我们的最大确定性是关于不仅在行动里、而且在认识中的不确定性之不可消除性的确定性。

——[法] 埃德加·莫兰著，陈一壮译：《复杂性理论与教育问题》，

北京大学出版社 2004 年版，P141

从今天开始，我们一起学习第五章《迎战不确定性》。作者把这一章视为第四章学会生活的续篇，也就是说，迎战不确定性，本身就是学会生活的重要组成部分。世界的不确定性与人类认识的有限性是密切相关的。正是由于人类认识的有限性，我们无法完全看清自己与世界的真相，无法预知世界的未来。我们知道，认识是主体和客体通过各种形式的中介而得以进行的一种极为复杂的交互作用，是人类精神生活的高阶活动。已有知识的有限性、技术条件的有限性、认识方法及其运用水平的有限性，都可能造成认识系统中的短板或者破缺，造成认识的极限。人类认识的极限是无法改变的客观事实，这并不可怕，它会让我们更加心存敬畏，用心迎战各种不确定性。可怕的是没有认识到认识的极限，盲目地相信确定性。所以，莫兰主张我们应该努力"迎战每个个人和全体人类的不确定的命运"。为了做到这一点，就要"汇集各种教育，调动多门科学和学科，以教导迎战不确定性"。为此，莫兰还引用了德国存在主义哲学家马丁·海德格尔的一句话："全体教师应该走向最前哨，面临世界的永恒的不确定性所构成的危险。"号召教师们充分认识世界永恒的不确定性，并且在教育的过程之中，把这样的理念传达给孩子们。

我们处在不可知的探险之中

从人类的黎明起，从历史纪元的黎明起，我们已经处于不可知的探险

之中；现在我们比任何时代都更是这样，而我们应该对这种处境有清醒的认识意识。全球纪元的历史所遵循的进程根本脱离了传统文明时代的可重复行事的轨道，从而进入了不是"进步"的被保障的道路，而是不可探测的不确定性之中。

——[法]埃德加·莫兰著，陈一壮译：《复杂性理论与教育问题》，

北京大学出版社 2004 年版，P146

在这一章，莫兰先后分析了物理学和生物学的不确定性以及人类的不确定性。我们知道，在 19 世纪，牛顿力学已经发展成为一门理论严密的科学体系。许多科学家相信，牛顿力学是解释宇宙所有奥秘的完美理论。如法国科学家拉普拉斯就认为，世界上的一切，从太阳系的行星到人体的原子，都精确地遵循相同的力学定律："可以想象，关于自然的知识已经达到了这样一个水平，整个世界的过程都可以用一个简单的数学公式来表达。从一个庞大的联立微分方程组中，可以随时计算出宇宙中每个原子的位置、方向和速度。"无疑，这是一种"决定论"的原则。既然一切都是可以事先预测的，科学理论的发展就不可能了。但是，从奥地利物理学家玻尔兹曼的热力学提出用"熵"来描述物体从有序到无序的变化程度，到爱因斯坦的相对论和普朗克的量子力学，都彻底推翻了主宰世界的"秩序"。而生物学的研究也同样证明"所有地球上珍贵的东西都是脆弱的、罕见的和注定遭受不确定性命运的"，虽然我们可能"保有了和发现了新的确定性的群岛，我们不应忘记我们是在不确定性的海洋中航行"。人类的不确定性也是如此。莫兰认为，人类的不确定性主要表现在两个方面，一是认识的不确定性，二是历史的不确定性。从认识的不确定性来看，主要受大脑、心理和认识论三个方面的制约。人的大脑永远不是简单地对现实直接反应，而总是进行"翻译"和"重构"，人的心理也会受到情绪情感等因素的影响，所以人类的认识本身是充满不确定性的。历史的不确定性更是大量存在，莫兰指出，20 世纪几乎所有的重大事件，从第一次世界大战的爆发，到 1989 年柏林墙的倒塌，都是"出乎意料的"，一直到今天，我们仍然处在"黑夜和浓雾中"，"没有人能够预言明天"。人类认识问题的性质也在不断地变化：从研究存在的自然界发展到研究演化的自然界，从研究具有必然性、

精确性、有序性和规则的自然现象，发展到研究具有偶然性、模糊性、无序性和不规则性的自然现象。所以，在一个世界联系更加紧密，影响因素更加多元复杂的背景下，与农业时代"可重复行事"的传统相比，我们已经深深地陷入"不可探测的不确定性之中"。只有随时为应对不确定性的世界做好准备，随时警惕意外事件的发生，才能防患于未然，把握事物的主动权。

迎战不稳定性要防止在怀疑主义中听天由命

准备好自己面对我们的不确定的世界与在被普遍化的怀疑主义之中听天由命是相反的。这是努力完善地思考，这是使我们变得善于制订和实施策略，最后，这是全神贯注地进行我们的博弈。努力完善地思考，就是实行这样一种思考方式：不断尽力地使自己获得的信息和知识背景化和整体化，不断注意与错误和自欺的假象作斗争，这再一次把我们引回有关"构造得宜的头脑"的问题。

——[法]埃德加·莫兰著，陈一壮译：《复杂性理论与教育问题》，
北京大学出版社 2004 年版，P147

在不确定的世界里，有人容易陷入怀疑主义或者听天由命的泥淖，或者干脆躺平，无疑这不是正确的路径。莫兰在这里提出了"三个借以获取成功的手段"，这就是"努力完善的思考"，"善于制订和实施策略"和"全神贯注地进行我们的博弈"。所谓"努力完善的思考"，就是不能够孤立、零碎地看待信息和知识，而是要不断地把获得的信息和知识背景化和整体化，不断地和各种错误与假象做斗争，去伪存真，去粗取精，同时要能够在行动过程中及时调节、随时纠正不正确的判断与行动。莫兰特别强调了"行动的环境论"。也就是要重视不仅要注意事物的不可预见性，且要注意事物的不可控制性。尤其是不可控制性，要意识到任何行动一旦发起，就进入了一个"在它被实施的环境内部的许多相互作用和反馈作用的游戏之中，这个游戏可能使它脱离它的目标和甚至导致一个与预定结果相反的结果"。如法国 18 世纪末的贵族的反动却引发了一场民主革命，1935 年至

1936 年的西班牙革命却在推进过程中导致了一场反动的军事政变。虽然说"凡事预则立",但是并不是所有的事情都会按照我们的"预"而"立"的,我们的任务就是能够尽可能努力"完善的思考",更好地"预",增加"立"的概率。

教育:导向程序还是要求策略

我们的任何教育都是导向程序,而生活向我们要求策略,如果可能的话甚至是发现意外珍奇事物的本领(sérendipidité)和艺术。这确实是为了准备迎接不确定性的时代而必须实行的一个观念的颠倒。

——[法]埃德加·莫兰著,陈一壮译:《复杂性理论与教育问题》,

北京大学出版社 2004 年版,P148

在莫兰看来,所谓程序,就是为了实现一个目标预先决定的行动的序列。一般情况下,程序对于我们提到办事的效率和提高行动成功的概率是有效的,尤其是外部条件是"可以确切确定的稳定的"情况下更是如此。但是,外部条件经常是不以人们的意志转移的,一些"最微小的扰动都会使程序的实行失常,从而不得不停止下来"。这个时候,策略就显得非常重要。策略与程序一样也都是为了实现某个目标而建立的,但是,它将建立"若干可能的行动方案",并且根据对各种不确定的环境的了解而选择实行其中之一。这就是我们通常所说的"预案"。也就是说,策略需要不断努力搜集信息,不断检验信息,并且"根据在进展途中搜集到的信息和遭遇到的偶然事变改变其行动"。莫兰发现,我们的教育往往是线性思维,倾向于程序,一切都是用标准的程序进行,标准化的考试,标准化的评价,用标准答案评判学生的成绩。但是,我们的生活往往是非线性的,不确定的,需要用策略思维。如果只是强调程序,就是本末倒置。这就要求我们的教育更多地从程序走向策略,进一步走向生活,靠近生活,更好地迎接不确定性时代的到来。

每个人都在参与人类的探险

每个人都应该充分意识到他的个人生活是一场冒险，即使他认为他被公务员的职业保障所封闭着。任何人的命运都包含着不可化解的不确定性，包括处于绝对的确定性中的事即他的死亡，既然他不知道死亡的日子。每个人都应充分意识到在参与人类的探险，这个探险活动今后将以愈益加快的速度把我们投入未知的领域。

——[法]埃德加·莫兰著，陈一壮译：《复杂性理论与教育问题》，

北京大学出版社 2004 年版，P149

如前所述，对于人类来说，确定性是偶然的，不确定性是必然的。就像我们在一个不确定性的海洋中航行，虽然知道有一些确定性的岛屿，但是，不确定性的天气以及未知的岛屿，决定了我们的航行总体仍然是不确定的。在运用策略应对不确定性时，另外一个借以获取成功的手段就是"博弈"。按照莫兰的说法，"博弈，这是把不确定性整合到信念中或期望中"。博弈的思想及其运用在中国古代就已经有之，庄子的"子非鱼"与田忌赛马都是博弈的经典案例。这种思想在现代已经发展成为"博弈论"（game theory），作为一种数学的运筹学方法，已经广泛应用在经济、社会、政治生活中，著名的"懦夫游戏"（chicken game）、"囚徒困境"、"美女硬币"、"智猪博弈"等均是如此。充分认识人生的不确定性，意识到每个人的生活都是一场冒险，并不是要我们去做一个"赌徒"，更不是让我们对人生采取虚无主义的态度，就像我们知道死亡一直在对岸等着我们一样，只有"向死而生"，我们才能够看到生命的价值，具有人生的紧迫感，选择更好的生活方式。同时，我们也才能更积极地投入到"人类的探险"中，为我们的地球，为整个人类做更有意义的工作。

教育应该对学会成为公民做出贡献

教育应该对人格的自我形成（懂得和担承人类的地位、学会生活）和

学会成为公民作出贡献。一个公民,在一个民主制度中,是通过他与祖国的休戚与共的关联和对祖国的责任性来决定的。这意味着国家的本征扎根在他身上。

——[法]埃德加·莫兰著,陈一壮译:《复杂性理论与教育问题》,

北京大学出版社 2004 年版,P150

从今天开始我们一起学习第六章《公民的学习》。如果说前面的《学会生活》与《迎战不确定性》更多是从个体成长的角度论述的话,那么这一章则更多是作为公民对社会和国家的责任和义务。莫兰惊讶地发现,在许多教学大纲或教科书中都找不到对于"什么是祖国""什么是国家"这类问题的答案,虽然在宪法和国际法中可以找到相关的提示,"但没有本质的东西"。所以,他主张,教育应该关注公民的问题,学校要加强对于公民问题的学习和教育,应该对学会成为公民做出贡献。与公民相关的民族与国家问题,如何形成民族认同与国家认同的问题,就是这一章重点讨论的问题。

教育对命运共同体的形成有重要作用

共同体具有文化/历史的特质。由于共同的价值、风俗、礼仪、规范、信仰,它是文化的;由于在时间长河中遭逢的曲折和考验是历史的。根据奥托·鲍威尔的用语,这是一个"命运共同体"。这个命运共同体在家庭、歌曲、音乐、舞蹈、诗歌和书籍中被记忆、怀念,一代一代流传下去。最后学校把民族的过去融入孩子的思想,使国家历史上的痛苦、悲悼、胜利、光荣以及烈士和它的英雄的功绩在其中复生。于是对往昔的自我认同使命运共同体成为永远是现存的。

——[法]埃德加·莫兰著,陈一壮译:《复杂性理论与教育问题》,

北京大学出版社 2004 年版,P152

莫兰在这里提到了奥托·鲍威尔提出的"命运共同体"概念。认为它既是一个文化的,又是一个历史的概念。说它是文化的,因为共同体具有共同的价值、风俗、礼仪、语言、规范、信仰等；说它是历史的，因为共同体在时间长河中遭遇了许多曲折和艰难的考验。奥托·鲍威尔（Otto Bauer，1881—1938）是奥国社会民主党的领导人，"奥地利马克思主义"的主要理论家和社会主义工人国际的领导人之一。他关于"命运共同体"的观点发表在 1907 年奥地利马克思主义者主办的《马克思研究》丛刊上，这是一篇长达 500 页、题为"民族问题和社会民主党"的论文，其中明确提出："民族是通过命运的共同性而结成一个性格共同体的人们的整体。"共同体的文化通过家庭、歌曲、音乐、舞蹈、诗歌、书籍等被记忆和怀念，并且代代相传，成为历史的记忆。同时，通过学校教育，把这种记忆融入教材与教学工作之中，强化了人们对于命运共同体的认同。因此，教育在命运共同体的形成与发展、巩固与完善过程中发挥着非常重要的作用。

作为神话实体的命运共同体

命运共同体由于被一种神话中的手足之情所凝聚而更加深刻。确实，国家—民族是一个祖国、一个母亲 / 父亲同体的实体，在它的女性中包含着父系的男性。它把属于同一起源地的人们之间的亲如一家的温暖感情扩展到常常出自十分多样的民族的包含数百万人口的广大的群体中。民族，作为女性的实体，在它身上包含着大地—母亲（母亲—祖国）和家园的性质；它在共同体的环节中引起人们经常自然地对母亲体验到的眷恋的感情。国家，它则是父性的实体；它拥有人们必须加以服从的父亲—家长的绝对的和无条件的权威。对于国家—民族的敬父爱母的联系当面对敌人时，在"祖国的孩子"身上激起神奇的同仇敌忾的感情。

——[法]埃德加·莫兰著，陈一壮译：《复杂性理论与教育问题》，

北京大学出版社 2004 年版，P152

所谓神话，一般是由人们集体口头创作，表现对超能力的崇拜、斗争及对理想追求及文化现象的理解与想象的故事。莫兰在这里引入"神话的实体"概念，来解释关于民族与国家观念与信仰的形成。他认为："完整的国家——民族的概念同时是一个领土的、政治的、社会的、文化的、历史

的、神话的和宗教的存在。"民族先于国家而存在，是具有共同的生活地域、共同的文化语言、共同的经济生活、共同的社会风俗的共同体。国家是人类社会生活发展到一定程度的产物，国家应具备定居的人民、确定的领土、政府、主权四个要素。国家是一个政治权力机构，民族是构成国家的基本条件之一，国家是由同一民族或者有共同认同感的多民族构成的。民族和国家之所以如此温暖而具有凝聚力，是因为我们赋予它"一种神话中的手足之情"。我们把民族与母亲、大地、家园联系起来，作为"女性的实体"，对她产生眷念、依恋、亲切的情感；我们把国家与父亲、权威、尊严联系起来，作为"父性的实体"，对他产生服从、敬畏的情感。而当两个实体雌雄合二为一的时候，我们则会有着"敬父爱母"的"祖国的孩子"情感。这种情感在面对异族或他国入侵的时候，表现得就更为强烈，会激发起"神奇的同仇敌忾的感情"。莫兰指出，这种神话是"产生团结精神和共同体的东西"，是"任何社会都需要的凝聚剂"，也是"对付个人的离散倾向和人际争斗的破坏性的扩展的唯一有效的解毒剂"。当然，这也为从事爱国主义精神教育提供了可能。

历史教育有助于国家认同感的扎根

历史的教育对于国家本征的扎根的作用是不可替代的。因此国家历史的重要性应该被充分恢复。它可能使孩子被融合到祖国所构成的复杂而生动的整体中。或者不如说，孩子和青少年被融入充满波折、胜利、失败、悲悼、光荣的历史中，真正地把他们变成了"祖国的孩子"。

——[法]埃德加·莫兰著，陈一壮译：《复杂性理论与教育问题》，

北京大学出版社 2004 年版，P155

莫兰是在"法兰西本征"的标题下讲述这个问题的。如前所述，本征（identité），既可以理解为本质特征，也可以理解为认同、同一性等。对于民族和国家的认同感，以及真正的爱国主义精神的培养，是离不开历史教育的，针对"法国历史拥有一种被教科书所忽略的独特性"，莫兰提出，"国家历史的重要性应该被充分恢复"，应该把它"突现出来"。讲到法国的爱

国主义教育，我印象最深刻的是阿尔丰斯·都德的短篇小说《最后一课》。在普法战争中被普鲁士强行割让的领土上，一所乡村小学正在上着告别自己母语的最后一堂课。教室里不再乱糟糟一片，而是鸦雀无声；老师韩麦尔先生也不再那么严厉，而是和蔼可亲。小弗郎士震惊之余对以前读书的不努力感到后悔。在这堂课结束时，老师在黑板上写下了"法兰西万岁"。所以，历史教育并不是枯燥无味的历史事件的罗列与记忆，并不是背景、过程、意义三段论的演绎，而是应该尽可能呈现历史本身的复杂性、丰富性与整体性，通过"充满波折、胜利、失败、悲悼、光荣的历史"，让青少年学生领略国家与民族的兴衰存亡，了解个人命运与国家命运的休戚与共，真正地把他们变成"祖国的孩子"。

我们需要了解人类的历史

我们需要了解人类的通史，它不是开始于 1492 年，而是已经有好几万年，随着智人散居在整个行星上（包括在太平洋的岛屿上）而开始的。在这次散居之后，人类的各部分之间发生了巨大的分离。亚洲和欧洲基本上彼此封闭，非洲的中心、大洋洲和两个美洲都闭锁地生活着。但是各处都有伟大的文明在形成。一个新的全球历史随着哥伦布和伽马而开始。应该说明，从 16 世纪起已经有两个世界化在进行，它们既联系又相对抗：一个是控制的、殖民化的和剥削的世界化，另一个是人道主义的、解放的、国际主义的理念的世界化，它蕴藏着人类的共同意识。

——[法]埃德加·莫兰著，陈一壮译：《复杂性理论与教育问题》，

北京大学出版社 2004 年版，P160—161

在论述了"法兰西本征"之后，莫兰又详细分析了法国的四次诞生、法兰西化的进行、确定的法国概念以及融合入境移民的法兰西化等问题，对法国历史的发展进行了回顾与研究。接着又讨论了"欧洲本征"问题，因为法国国家的历史不可能孤立于欧洲的历史被理解。然后，按照逻辑，自然就进入了"地球本征"阶段。在这个问题上，研究人类的历史非常重要。我们知道，前几年有一本很火的书，叫《人类简史：从动物到上帝》，

是以色列年轻的学者尤瓦尔·赫拉利撰写的。这本书将从石器时代至今天智人的演化历史分为了四个阶段：认知革命（智人演化产生了想象力，出现能够描述故事的语言）、农业革命（农业开始发展，智人开始驯化动植物）、人类的融合统一（智人在政治与经济上逐渐走向融合与统一）、科学革命（承认人类的无知，并希望通过以观察和数学为中心的科学研究，补救他们的无知、获得新的能力）。莫兰认为，让学生了解法国历史，就必须让他们了解欧洲历史和人类历史，这样才能更好地理解法国史。他提出，虽然一个全新的全球历史是从哥伦布 1492 年发现新大陆和达·伽马发现好望角赴印度的航线作为分水岭，人类开始从封闭走向开放，但是人类的历史不是从这个时候开始的，而是有着数万年的历史。近代的资本主义即殖民主义始于 15 世纪末西班牙、葡萄牙等国的海盗式劫掠。从 16 世纪开始，各主要资本主义国家先后使一系列落后国家不同程度地丧失独立地位，成为其依附国，导致了一个"控制的、殖民化的和剥削的世界化"，与此同时，另一个"人道主义的、解放的、国际主义的理念的世界化"也在悄然形成，而且，随着殖民主义的破产，后者愈来愈成为发展的潮流，因为它蕴藏着人类的共同意识，符合人类的根本利益和发展方向。这在第二次世界大战之后，表现得更为突出。作者引用了法国法兰西学院院士莱伊·德尔马-马尔蒂（Mireille Delma-Marty）的一句话概括："五十年以来我们开始把我们考虑为一个人类。"我们的教育，也应该为传播这种人道主义的、解放的、国际主义的理念而努力。

人类所面临的威胁

所有的人类都遭受（继续在扩散的）核武器的同样的致命的威胁，同样，随着二氧化碳在空气中的增长引起的"温室效应"而更加严重的生物圈中的生态灾难，产生我们的共有的氧气的巨大热带森林被大规模砍伐，养育我们的海洋和河流的贫瘠化，无数的污染，无边界的灾难。在这些之外还要加上新病毒和老的增强了的微生物在世界范围内的蔓延，世界经济的不可控制的变化，最后特别是掩饰和产生两种野蛮之间的联盟的多种形态的威胁——这两种野蛮一是来自古远年代的破坏和死亡的野蛮，二是技术—经济世界的非人性的和冷酷的野蛮。

——[法] 埃德加·莫兰著，陈一壮译:《复杂性理论与教育问题》，

北京大学出版社 2004 年版，P161

　　我们知道，广岛和长崎的两次原子弹毁灭事件，是人类首次把核武器这个"妖魔"放出瓶子。虽然《核安全公约》（*Convention on Nuclear Safety*）已于 1994 年 6 月 17 日正式通过，但是人类面临的核武器威胁一直没有真正消失过，从古巴导弹危机到中苏冲突，再到俄乌冲突，打开核武魔咒的危险三次擦肩而过。人类，仍然时刻处于核武器攻击的危险之中。与核武器威胁同时存在的是人类的生态灾难。2021 年，联合国教科文组织又发布了《一起重新构想我们的未来：为教育打造新的社会契约》这份报告提出，我们迫切需要改变方向，因为人类的未来取决于地球的未来，而这两者都处于危险之中。当下迫切需要一项新的教育契约，一份旨在重建我们与彼此、与地球、与技术之间的关系的社会契约。这份报告，将教育从人类中心到生态中心进行了拓展。在 2021 年发布的这份报告中，揭露了许多令人震惊的事实：现在的大气化学成分变化的速度，比整个哺乳动物时代变化最极端的时期还要快 10 倍；现在是地球自 12.5 万年前最后一次冰期开始以来最热的时期；人类活动加速了气候变化，也导致了地球上多达一半的热带珊瑚礁死亡；10 万亿吨冰川融化和海洋酸化加剧。气候变化产生的影响已经深入我们的生态系统之中，并且将在未来的 30 年继续影响地球上的生命。人类目前的生态足迹表明，我们大约需要 1.6 个地球来支撑我们的生活。这对莫兰在书中描写的生态危机又增加了许多新的证据。2015 年，全世界 178 个国家共同签署了应对气候变化的《巴黎协定》（*The Paris Agreement*）。《巴黎协定》的长期目标是将全球平均气温较前工业化时期上升幅度控制在 2 摄氏度以内，并努力将温度上升幅度限制在 1.5 摄氏度以内。但是总体来说成效甚微。去年以来，全世界五大洲同时发生了许多灾难性极端天气。我国河南郑州突发千年来最强降雨、西伯利亚森林野火、欧洲致命的洪水、北美的高温等，以及今年世界范围的高温，以及局部地域的洪水和干旱，都一再向人类敲起警钟：留给人类的时间不多了。岌岌可危的地球也已经向我们教育发出了 SOS，报告明确提出："学校应成为实现可持

续发展和碳中和目标的典范，以塑造我们所期望的未来。""教育必须促使人们意识到环境、社会和经济之间内在的相互联系。课程必须汲取各种形式的知识，帮助学生及其社群认识到人类与这个并非有人类多想的世界存在不可分割的联系。从而使其能够适应、缓解和扭转气候变化。"报告明确指出，学校是更大的教育生态系统的中心支柱，应该通过保障人权和成为可持续发展及碳中和的示范机构来塑造美好的未来。所以，面对两种野蛮，面对多种威胁，我们的教育何去何从，值得深思，更需要力行。

共同的人类本征

尽管对基因、地域、共同体、礼仪、神话和观念的归属上有如此诸多的差异，智人（Homo sapiens）具有一个它的所有的代表者共有的本征：他们从属于族类的遗传统一性，这使得在所有的男人和女人之间，无论他们的"种族"是什么，都可能通过交媾而繁殖；这种遗传学上的统一性延伸为形态学的、解剖学的、生理学上的统一性。智人的脑的统一性表现在他的大脑相对于其他灵长类动物的卓异的组织上。最后存在心理学上的和情感上的统一性：当然，欢笑、眼泪和微笑是根据文化多样性地被规定、禁止或展现的，但是无论加于其上的这些文化和性格类型所造成的极端多样性，欢笑、眼泪和微笑是普遍的；它们的内在性的特点特别表现在天生的聋、哑、盲人身上，这些人微笑、哭泣、欢笑不可能是模仿任何人。

——[法] 埃德加·莫兰著，陈一壮译：《复杂性理论与教育问题》，

北京大学出版社 2004 年版，P161—162

研究表明，目前生活在地球上的人类都是 20 万年前出现在地球上的智人。他们是最早能够制造并且使用工具的人类，这些智人的后代现在虽然分散在世界的不同区域，有着肤色、语言、文化等方面的差异，但是他们有着人类共同的特点：一是遗传的统一性，这种遗传的统一性表现在形态、解剖、生理等方面，无论他们属于什么"种族"，他们都可以顺利通婚并且繁衍后代。二是大脑的统一性，研究发现，智人的大脑大约有 1000 亿个神经细胞（小白鼠大脑只具有 13 个神经元），相当于 77 亿 TB 的内存，换算

成 G 也就相当于 78848 亿个 G 左右。它们之间互相连接，形成了复杂的网络，如果把脑神经的连接展开，能够达到 9.6 万公里，人脑的功能超过了所有灵长类动物。三是心理与情感的统一性，智人的喜怒哀乐情绪情感的表达虽然受到文化和个性的影响，但是他们的"欢笑、眼泪和微笑是普遍的"，是能够用体态语言彼此交流沟通的。这些共同的人类本征，是建立人类命运共同体的前提。古人说人同此心，心同此理，同理心和共情力，应该成为未来教育的重要内容。

人类意识与地球祖国意识

关于我们的归属和我们的地球本征的意识和感情在今天是极其重要的。只有这种归属于我们的地球祖国的意识的进展和扎根，使得可能通过多种途径，在地球的不同地区，发展一种使人类关系文明化所必需的互相联合与休戚与共的感情 [各种非政府组织如"国际幸存者"（Survival international）"大赦国际"（Amnesty international）"绿色和平"（Green peace），等等，都是地球公民资格的开拓者]。这是第二个世界化的灵魂和心脏，它是第一个世界化的对立产物，唯一可能使这个世界化变得人道的力量。

——[法] 埃德加·莫兰著，陈一壮译：《复杂性理论与教育问题》，

北京大学出版社 2004 年版，P162

莫兰认为，作为"起源于地球的共同体"，可以追溯到我们的祖先和类人猿的、哺乳动物的、脊椎动物的前身，"它们使我们成为生命的孩子和地球的孩子"。也就是说，我们每个人都有自己的家乡和祖国，这是我们的根，是我们的归宿。但是，我们有一个更大的家乡和祖国，有一个更深的根，有一个更加根本的归宿，那就是地球。"环球同此凉热"，在现在交通和通信变得越来越便捷，经济社会融合越来越紧密，地球已经成为一个"村落"的情况下，需要培养"地球祖国的意识"，需要发展一种"使人类关系文明化所必需的互相联合与休戚与共的感情"。没有这样的地球祖国意识，没有人类命运共同体的情怀，就很难走出以邻为壑、以自我利益为中心的

泥淖。习近平总书记在二十大报告中提出了全球发展倡议、全球安全倡议，真诚呼吁"世界各国弘扬和平、发展、公平、正义、民主、自由的全人类共同价值，促进各国人民相知相亲，尊重世界文明多样性，以文明交流超越文明隔阂、文明互鉴超越文明冲突、文明共存超越文明优越，共同应对各种全球性挑战"，并且表示中国人民愿同世界人民携手开创人类更加美好的未来。我想，这就是一种"使这个世界化变得人道的力量"，对于消弭狭隘的民粹主义思想，是很有裨益的。

什么是真正的公民

我们说，当人们感到休戚与共和负责任的时候人们才真正是公民。休戚与共和责任心不能来自好心的劝诫和对公民的训导，而只能来自一种深刻的归附的感情，对于母国的爱情。这种感情应该以同心圆的方式环绕法国、欧洲、地球加以培养。

——[法]埃德加·莫兰著，陈一壮译：《复杂性理论与教育问题》，

北京大学出版社 2004 年版，P163

这是第六章《公民的学习》的最后一段文字。也可以说是本章的一个小结。作者莫兰提出了作为公民的两个基本特征：休戚与共和责任心。在中文里，休戚与共是一则来源于历史故事的成语，最早出自《三国志·吴志·吴主传》"荣福喜戚，相与共之"，现在则用来形容人们关系紧密、利害相同，忧喜祸福共同承担。责任心，则是指对某件事情或机构、实体具有责任感的心态，是个人对自己和他人、对家庭和集体、对国家和社会所负责任的认识、情感和信念，以及与之相应的遵守规范、承担责任和履行义务的自觉态度。毫无疑问，好公民对于他所属的群体、地区、国家乃至于地球，都应该有这样的公民意识，这是一种以同心圆的方式展开的"深刻的归附的感情"。这种感情不是靠劝诫和外在的强制来实现的，而是发自内心的深刻的情感体验，需要我们的教育，从小培养孩子们爱父母、爱老师、爱同学、爱学校、爱家乡的情感，用同心圆的方式，扩展到爱祖国、爱人类、爱地球的情感，形成人类命运共同体的意识。

把儿童的好奇心引向深入

与其粉碎任何刚觉醒的意识所具有的自然的好奇心，不如把它引向最初的探询：什么是人类、生命、社会、世界、真理？"构造得宜的头脑"的目标将由一个探询的教学大纲来促进，后者从人类存在出发。

——[法]埃德加·莫兰著，陈一壮译：《复杂性理论与教育问题》，

北京大学出版社 2004 年版，P164

从今天开始，我们一起学习第七章《三个等级的教育》。顾名思义，三个等级分别讲述的是小学、中学和大学，从这一章开始，莫兰与我们具体讨论学校教育的课程、教材、教育目标与方法等相对微观的问题，与一线教师的实际相关度也会更高一些。莫兰认为，对于小学阶段的少年儿童来说，最重要的是激发和尊重他们与生俱来的好奇心，而且要把这种好奇心引向"最初的探询"，即关于人类、生命、社会、世界、宇宙、真理等根本性的问题。要培养"构造得宜的大脑"，不妨就从"何为人类、人类从何而来"这样的根本问题开始。这个时候，我们必然会发现人的双重属性：生物的和文化的。因此，一方面帮助儿童从生物属性了解人，辨别生物组织的物理和化学特征，而物理科学又会引入到基本粒子的形成、宇宙的演化等问题；另一方面帮助儿童发现人类存在的心理的、社会的、历史的方面内容。"这样，从一开始，各门科学和学科将是连接的，彼此成为对方的分支，教学将可以在对各局部的认识和对真的认识之间穿梭运行。"从小学开始，就把这种整体性思维教给孩子，物理、化学、生物等仍然可以相互区别，用不同的教材，但是它们彼此不再互相隔离，而是置于同一背景之中。

学会考察事物和原因

在各教材相互区分和独立的同时，要学会在既区别又联结、既分析又综合中进行认识。人们由此将学会考察事物和原因。

——[法]埃德加·莫兰著，陈一壮译：《复杂性理论与教育问题》，

北京大学出版社 2004 年版，P165

从小学开始，我们的学习就开始分科了。即使是相对综合的科学课程，也是把自然科学与人文、社会科学、艺术等分得清清楚楚的。这其实既不符合事物本身的客观规律，也不完全符合学生认识形成的规律。因此，莫兰提出了整体性思维的培养问题。现在流行的跨学科阅读与项目式学习为什么很重要？因为这样才能培养学生的整体性思维，培养他们的分析与综合能力，有助于学生学会考察事物本身的特点与原因。莫兰认为，事物本身不仅仅是事物，而且是"连接不同部分形成一个统一体的系统"。事实上，没有完全封闭的物体，只有与其环境不可分割地相连的实体，"它们只有在被纳入其背景中时才能真正被认识"。而关于事物的原因，莫兰主张要学习超越"原因—结果"的线性因果性，而学习掌握"双向的相互关联的因果性、循环的因果性（反馈的、回归的），以及因果性的不确定性"等，用复杂性思维看待因果关系，分析事物之间的复杂联系。

学习生活的内部途径

学习生活可以按照两条途径进行，一个内部的途径和一个外部的途径。内部的途径经由自我审察、自我分析、自我批评。自我审察应该从小学开始教授并延续这整个阶段。人们特别要讲授在最真诚和最可信的见证中出现错误或曲解的可能性；人们应该学习自己的精神遮蔽不利于他对事物的看法的事实的方式，这表明这个对事物的看法更多地取决于思想模式的结构方式而不是来自事物的信息。

——[法]埃德加·莫兰著，陈一壮译：《复杂性理论与教育问题》，

北京大学出版社 2004 年版，P166

这里所说的学习生活，主要是指小学生的认识活动过程。莫兰认为，小学生的学习生活必须关注两个重要的问题，即所谓"内部的途径"和"外部的途径"。内部的途径，主要指对于自己认识过程的自我审察、自我分析和自我批评，而外部的途径则是指如何认识传播媒介的问题。所谓内部的自我审察、自我分析和自我批评，主要是指要了解人的认识的局限性，人

们经常以为眼见为实，但恰恰会"在最真诚和最可信的见证中出现错误或曲解"；人们经常觉得自己的判断非常正确，却不知道我们经常会被自己的精神遮蔽而无法看到真相。所以，帮助学生学会对自己的认识进行反思，学会透过现象看本质，学会审辨性思维，是教育的一项非常重要的任务。

学习生活的外部途径

外部的途径将是引导认识传播媒介。由于孩子们很早就被沉浸在传播媒介文化、电视、电子游戏、广告等等之中，教师的作用不是揭露，而是让学生认识这种文化的生产方式。应该说明对被拍摄的或被电视播放的影像的处理、特别是剪辑，怎么可能任意地给予一个现实的印象（比如在一系列连续的镜头中人们本是孤立地分别看到捕食的动物和它的猎物在奔跑，但是却可以给予人一个印象：人们同时看到追捕者和被追捕者的竞逐）。教师可以对学生在课外收看的电视节目和所玩的游戏进行分析和评论。当然，对法语、拼写、历史、计算的教学在小学阶段中仍完整地加以保留。

——［法］埃德加·莫兰著，陈一壮译：《复杂性理论与教育问题》，

北京大学出版社 2004 年版，P166

学习生活的外部途径，说的是人们的认识过程受外部传播媒介的影响，这就涉及小学生的媒体素养的教育问题。美国媒体素养研究中心曾经对媒介素养下了如下定义：媒介素养是指在人们面对不同媒体中各种信息时所表现出的信息的选择能力、质疑能力、理解能力、评估能力、创造和生产能力以及思辨的反应能力。莫兰指出，我们应该让学生知道，不是媒体上所说的东西都是正确的、可信的，因为其中有许多是经过加工处理过的。他用电影的拍摄过程说明，媒介的真实与现实的真实其实是不一样的。尤其是在自媒体的时代，信息的来源进一步多元化、广泛化，真假难辨和泥沙俱下的情况更加突出。美国传播学家莱文森在《新新媒介》（*New New Media*）一书中专辟一章"新新媒介的阴暗面"，详细描绘了当代媒体存在的问题：对知识产权的侵犯、信息垃圾（spam）、流言（gossip）、讨厌（flaming）、煽动（trolling）、欺凌（bullying）、盯梢（stalking）和恐怖活

动等。所以，让小学生不盲从和迷信媒体，学会独立思考，形成良好的媒介素养，也是教育的一项重要使命。

中学是学习真正的文化的场所

中学是学习真正的文化的东西的场所，它建立人文文化和科学文化之间的对话，在这样做的时候不仅对科学的成果和变迁进行反思，而且把文学看作生活的学校和经验总汇。历史学应该在中学教育中起一个关键的作用，使学生能够把自己融入他国家的历史中，进而在欧洲的和人类的历史变动中确定自己的位置，在他身上发展一种掌握人类现实的多方面的或复杂的特点的认识模式。应该用方向指导代替现行的教学大纲，以便让教师能够在新的背景——宇宙、地球、生命、人类——中确定各学科的位置。

——[法] 埃德加·莫兰著，陈一壮译：《复杂性理论与教育问题》，

北京大学出版社 2004 年版，P167

这段文字讲述了中学学习的三个重要问题。第一，中学教育要建立人文文化和科学文化的对话。第二，中学教育应该重视历史学科的学习。第三，中学教育应该用方向指导取代教学大纲。莫兰认为，中学教育的一个重要任务，就是让学生真正理解文化的意义，这靠各个学科的孤立的教学是无法实现的，需要打破学科之间的边界，建立人文文化与科学文化的对话，加强文理之间的融合与沟通。这样做的话，科学就富有了人性，文学也就有了根基。莫兰特别强调要加强中学历史学科的学习。历史为什么重要？为什么要到中学才开设历史课程？因为通过学习历史，能够帮助我们透过现象看到本质，通过过去认识现在和未来。学习历史需要一定的知识储备。正如英国著名历史学家约翰·托什在《历史学的使命》中所言："了解过去，使得我们处于一个更有利的位置，能够以更敏锐的眼光观察现在的情况，并对现在与过去可能存在的差异，以及将来可能会发生的变化保持敏感。"他坚定地认为，历史并非只是被束之高阁的僵死知识，而应该成为一个合格公民必备的理性素养。而且，学习历史的最终目的，是要在学生身上"发展一种掌握人类现实的多方面的或复杂的特点的认识模式"，也

就是说，历史应该是一种思维方式，一种把握事物发展趋势的方法论。至于中学教育为什么要用方向指导替代现行的教学大纲，莫兰也是主张要超越具体的学科，帮助教师和学生建立起学科整合的意识，帮助他们在宇宙、地球、生命、人类的大背景下重新审视自己的学科，确定各个学科的位置。

中学教育最主要的任务之一就是保护人文文化

人类科学的合并教育应该根据各个学科围绕下述轴心建立：人类存在的个人的命运、社会的命运、经济的命运、历史的命运、想象的和神话学的命运。如同我们已经指出的，人文科学的教育应该不是被牺牲，而是被提升。（中学教育最主要的任务之一就是保护人文文化）。

——［法］埃德加·莫兰著，陈一壮译：《复杂性理论与教育问题》，

北京大学出版社 2004 年版，P167

由于文理分科，在我们的许多中学里，文科生是二等公民，是中学教育的失败者，学习文科是理科学不下去之后的无奈选择。其实，人文科学对于人的发展具有非常重要的作用。麻省理工学院（MIT）艺术、人文和社会科学学院历史学教授黛博拉·菲茨杰拉德说过，MIT 的使命是为学生解决世界上最具挑战性的问题做好准备。要解决这些问题，仅仅依靠科学知识和技术能力是远远不够的，因为"世界的问题从来都不是局限于实验室或电子表格"。许多重要的问题"总是嵌入更广泛的人类现实中"。这也是 MIT 的所有本科生都要用四分之一左右的时间学习文学、历史和音乐等科目的原因所在。其实，科学总是追求确定性，而人文总是具有颠覆性；科学总是追求普遍性，而人文总是强调个别性。科学总是努力回答问题，人文总是喜欢提出问题。更重要的是，人文学科往往关注一些根本性的问题，如生命的意义，人生的价值，幸福的生活等，这些问题没有标准答案，但是每个人都必须找到自己对这些问题的答案。有人说，人文学科的真正关键和魅力在于人不为自己对确定性的渴望所困。也正是这个原因，莫兰强调，人文科学的教育不仅不应该被削弱、被牺牲，而且应该得到加强和提升，尤其是在中学阶段，是人生观、价值观、世界观形成的关键时期，更

应该加强人文教育，培养学生的人文情怀与人文精神。在这样的框架之下，莫兰强调了哲学、数学和历史等学科的学习。他没有把数学作为纯科学的学科，而是作为一种逻辑思维方式，这也是很有深意的考虑。

教育应该帮助学生认识传媒文化

教育领域不应该关闭于自身，如同在传媒文化汹涌澎湃的形势下被围困的城堡。这种传媒文化外在于学校，被知识世界所不理睬和鄙视。但是认识这种文化很有必要，不仅有助于理解多种形态的文化的产业化和超级商业化的过程，而且有助于了解传媒的主题所反映的和透露的我们的"时代精神"所特有的向往和顽念。在这个问题上，教师与其不加理睬而让他们的学生任其滋养，不如说明这些电视系列片透过它们的俗套和千篇一律的观点，如同戏剧和小说一样讲述的是我们生活中的憧憬、担忧和顽念：爱情、仇恨、不理解、误会、邂逅、分离、幸福、不幸、疾病、死亡、希望、权力、狡诈、野心、欺骗、金钱、逃避、毒品。

——[法]埃德加·莫兰著，陈一壮译：《复杂性理论与教育问题》，

北京大学出版社 2004 年版，P168—169

莫兰分析了我们的教育体系在传媒文化面前的"悖论"。一方面，知识世界和教育界对于传媒文化往往采取"不理睬和鄙视"的态度，认为它们是不登大雅之堂的东西；另一方面，传媒文化却"汹涌澎湃"，四处渗透，对学生的影响甚至超过了我们的正规教育体系，教育在这样的情况下已经成为"被围困的城堡"。所以，莫兰主张，学校教育和家庭教育不仅不应该对传媒文化不理不睬，"任其滋养"，而应该让学生了解传媒文化的特点与规律，认识传媒文化的利与弊，形成良好的传媒素养。的确，在互联网和人工智能的时代，如果没有良好的网络素养，我们就会寸步难行甚至上当受骗。中国青少年新媒体协会、清华大学新闻学院教授沈阳团队联合发布的《青少年互联网平台参与风险研究报告》显示，青少年参与社交平台遭遇的网络违法侵害风险中，网络诈骗占比高达 46.67%。中国社科院发布的《中国当代青少年网络素养调查报告》显示，有接近六成的青少年没有掌

握使用网络工具来甄别网络信息真伪的技能。专家们向中小学生提出以下三个问题："微信朋友圈的消息是真的，可以相信""短视频里的内容是现实生活中真实发生的""点击率越高的网站，内容质量也一定越好"。结果居然有 35.9%、59.2%、55.4% 的中小学生分别选择了认可的选项。调查显示，只有 9.8% 的大学生表示学校开设过传媒的相关课程，67.8% 的学生表示没有接受过媒介素养相关课程教育。所以，对待传媒文化，我们既不能做鸵鸟视而不见，也不能一概拒绝、排斥，而是需要让学生认识传媒文化的特点，培养分清真假信息的能力，掌握互联网学习的技能。

大学是保存者、再生者、创造者

　　大学保存、记忆、整合、持守知识、观念、价值的文化遗产：它通过把后者重新研究、实现、传授而不断再生后者；它也产生将归入遗产中去的知识、观念和价值。因此大学是保存者、再生者、创造者。以此身份，大学具有穿越世纪的久远使命和功能，使之从过去经由现在走向未来。它具有不顾现代国家的民族主义的关闭倾向而保留下来的跨国使命。它拥有使它可能实行这一使命的自主性。

　　——[法] 埃德加·莫兰著，陈一壮译：《复杂性理论与教育问题》，

北京大学出版社 2004 年版，P169

　　一般认为，现代大学主要有三大功能，即人才培养、科学研究和服务社会。其中，人才培养是大学最基本、最传统的功能，也是最核心的工作。科学研究是大学的重要职能，也是人才培养的重要载体。服务社会是人才培养和科学研究功能的延伸。大学的这三大功能是在大学发展的不同阶段逐步形成并完善起来的，它们相互联系、相辅相成又不可分割。同时，大学的这三大功能又是围绕知识问题或知识材料而进行的。正如克拉克所指出的那样："知识材料，尤其是高深的知识材料，处于任何高等教育系统的目的和实质的核心。"大学最初的功能是知识的传授与传播。在知识传授和传播的过程中，逐渐形成了知识集聚与保存的功能，大学逐渐成为地方或国家的知识中心。19 世纪初叶，德国开启了近代大学的深度转型，大学

开始成为高深学问探究的场所，从而拓展了知识的生产与发现这一新的功能。20 世纪初叶，美国威斯康星大学校长范·海斯提出，大学应致力于无疆界的知识探索及社会服务，国家的边界就是大学的边界，大学的知识功能得到进一步扩展。莫兰在这里提到大学是知识的保存者、再生者、创造者，正是指出了大学在知识的传播、保存、生产和创造过程中的重要作用，揭示了大学作为知识机构的基本特征。从这个意义上说，大学是过去、现在和未来的桥梁，它"具有穿越世纪的久远使命和功能，使之从过去经由现在走向未来"。为了更好地实现大学的使命和功能，需要大学具有较强的"自主性"与"跨国使命"，也就是说，要健全现代大学制度，落实好大学的办学自主权。无疑，近年来美国对中国留学生的专业限制，是不符合莫兰的上述原则的。

大学不能沦为生产和消费的机器

大学应该既适应现代社会的需要，又实行它的穿越世纪的保存、传播、丰富文化遗产的使命，没有这些文化遗产我们将不过是生产和消费的机器。

——[法]埃德加·莫兰著，陈一壮译:《复杂性理论与教育问题》，

北京大学出版社 2004 年版，P171

"大学应该适应社会还是社会应该适应大学？"莫兰认为，这两者实际存在着互补性和对立性，也就是互相适应性。"二者互相凭借形成一个应该是创造性的圆圈。问题不仅是使文化现代化，而且是使现代性文明化。"也就是说，正是这种大学与社会互相适应的张力，对双方都形成了约束与挑战，从而产生出一些新的创造性的可能。一般而言，传统与行政、社会的巨大力量要求大学具有"超级适应性"，"它促使教育和研究顺应此刻的经济的、技术的、管理的需求，使自己符合最新的方法、社会上最新的模式，缩小通才教育，把人文教育排挤到边缘"，但是，这样做的结果很可能就会让大学失去生命力，"失去发明和创造的活力而走向衰老和死亡"。所以，大学需要具有自己的自主性，需要社会也适应自己的需要，需要"在社会的和政治的世界中捍卫、说明和促进内在于大学文化中的价值：意识的自主

性，探索精神（其后果是研究应保持为开放的和多元的），真理高于功利。知识的伦理学"。如果大学没有这样的精神气质，没有这样的文化遗产，大学就会沦为生产和消费的机器。

思想的改革要求大学的改革

大学改革不能满足于大学教育的民主化和学生地位的普遍化。需要的是这样一种改革，它关系到我们组织知识的能力，亦即思想的能力。思想的改革要求大学的改革。

——[法]埃德加·莫兰著，陈一壮译：《复杂性理论与教育问题》，

北京大学出版社 2004 年版，P171

莫兰在分析当代大学的问题时，一方面提到了"超级适应性"压力的问题，认为如果大学屈服于这种压力，很容易是自己堕入功利化，失去发明和创造的活力。另一方面提到了学科之间存在的知识的根本的分离，科学文化与人文文化的分离，造成了"在这些学科之间建立常规的桥梁遇到巨大的困难"。所以，大学的改革，当然不能够停留在行政治理体系的民主化和提高大学生的地位与话语权层面，更重要的是思想自身的改革。这种改革关系到我们组织知识的能力，涉及通过建立一些新的学院、系或研究机构来进行"普遍重组"，他提出打破现在文理工学院的常规模式，建立一些跨学科、多学科的院系，如宇宙学院、地球学院（包括地球诸科学、生态学、物理的和人文的地理学等）、认识学院（认识论、哲学、认知科学等）、人类学院（史前学、生物人类学、文化人类学、人类学、社会学、经济学等）。他还特别提出要在所有大学建立一种"**认识论的或超学科的什一税制**"，即使用 10% 的时间用于共同教育，探讨不同知识的前提条件和使它们彼此沟通的可能性。他还建议，要在每一所大学设立一个关于复杂性和超学科性问题的研究机构，来推进学科的融合与沟通，发展整体性、复杂性思维的能力。

我们确实需要一种新的思想方式

　　我们现在确实需要一种思想方式：它懂得对部分的认识依赖于对整体的认识和对整体的认识依赖部分的认识；它能够辨识和处理多方面的现象，而不是以肢解的方式使每个方面孤立于其他的方面；它能够辨识和处理既相互关联又相互斗争的实在（如民主政体本身，它是一个以对立和对对立的调节滋养自身的体制）；它既尊重差异性又看到统一性。对于一个进行孤立和分割的思想，应该代之以一个既区分又连接的思想。对于一个分解的和还原的思想，应该代之以一个关于复杂性的思想；按照 complexus 一词的原始含义，复杂的东西是被交织在一起的东西。

　　　　　　——[法]埃德加·莫兰著，陈一壮译：《复杂性理论与教育问题》，

　　　　　　　　　　　　　　　　　北京大学出版社 2004 年版，P175

　　从今天开始，我们一起学习第八章《思想的改革》。这是接着第七章结尾的话题继续展开的重要问题。这个问题仍然万变不离其宗，是关于整体性与复杂性的大问题。这是一种新的思想方式或者思维方式，这种思想方式，主要是处理好四个关系：一是部分与整体的关系，这就是对于部分的认识离不开对于整体的认识，反之亦然；不能够只见树木不见森林，也不能够只见森林不见树木。二是一方与多方的关系，它不同于部分与整体的关系，而是不属于整体的各个方面，看起来彼此没有关系，但也应该认识到它们之间的关联性，不能够"以肢解的方式使每个方面孤立于其他的方面"；三是关联（依存）与斗争的关系，这就是能够看到事物既互相依存关联又互相矛盾斗争的辩证关系，不能够只看到依存关联看不见矛盾斗争，也不能只看到矛盾斗争无视依存关联；四是差异性与统一性的关系，这就是既要看到事物之间存在的差异，也要学会在差异性中寻求和发现统一性。一句话，就是要抛弃"孤立与分割""分解和还原"的思想模式，用起"既区分又连接"的复杂性思想的模式。

系统论的或组织性的原则

　　系统论的或组织性的原则：它把对于部分的认识和对于整体的认识联结起来，根据帕斯卡的指示进行来往穿梭的认识："我认为不认识整体就不可能认识部分，同样地，不特别地认识各个部分也不可能认识整体。"系统论的观念对立于还原论的观念，指出："整体大于部分之和"。从原子到恒星，从细菌到人类和社会，一个整体的组织产生被孤立看待的各部分所没有的崭新的性质或特性：涌现（émergence）。因此生物的组织产生在它的物理—化学的构成成分的层次上未知的特性。我们补充指出整体也同样小于部分之和，这时部分的特性被整体的组织所抑制。

　　——[法]埃德加·莫兰著，陈一壮译：《复杂性理论与教育问题》，

北京大学出版社 2004 年版，P180

　　在讨论了科学、文学和哲学领域发生的思想的变革之后，莫兰指出，20 世纪的两次科学革命为思想变革奠定了重要的基础，复杂性的理解原则逐步形成，合理性与科学性开始被重新定义和复杂化。同时，"所有的文学杰作都是关于复杂性的杰作"，因为文学给自己的任务就是"揭示被掩藏在简单表象之下的人类复杂性"，揭示"个人受欲望、热情、梦想、癖好的支配，投入爱情的、竞争的、仇恨的关系之中，沉浸在他们的社会的或职业的环境里，遭遇事件和变故，经历他们不确定的命运"。哲学也是如此，伟大的思想、伟大的哲学，从根本上来说，都是"对复杂性的一个发现"。基于此，莫兰提出了"进行连接的思维方法的七个指导原则"。其中第一个原则就是"系统论的或组织性的原则"，所谓系统论和组织性原则，其实是和还原论（Reductionism）相对应的。还原论认为，现实生活中的每一种现象都可看成是更低级、更基本的现象的集合体或组成物，可以用低级运动形式的规律代替高级运动形式的规律。因此，可以对研究对象不断进行分析，恢复其最原始的状态，化复杂为简单。而系统论则把对于部分的认识和对于整体的认识联结起来，强调"整体大于部分之和"。莫兰在这里引入了系统论哲学的一个重要概念——"涌现"。按照《牛津哲学指南》的定

义，涌现是指不可预测和不可还原的："一个复杂系统的属性被说成是'涌现'的，是因为尽管它是从表征较简单成分的属性和关系中产生的，但它既不能从这些较低层次的特征中预测出来，也不能被还原成这些特征。"还有哲学家区分了"描述性涌现"（Descriptive émergence）和"解释性涌现"（Explanatory émergence），前者指整体（或更复杂的情形）的一些属性不能通过部分（或更简单情形）的属性来定义，后者则认为"系统中更复杂情况的规律，不能通过任何构成或共存规律从更简单或最简单情形中推导出来"。莫兰同时指出，其实整体不仅大于部分的总和，也可以小于部分的总和，因为这是部分的特性被整体的组织所抑制。其实，一言以蔽之，要培养学生的系统论思维，必须要把握好事物的部分与整体之间的辩证关系。

"全息的"原则

"全息的"原则：它展现了复杂组织的这个明显的悖论：不仅部分存在于整体之中，而且整体也被吸纳部分之中。因此，每个细胞是一个整体（总的机体）的一个部分，而整体本身也存在于部分之中：全部遗传材料存在于每个个别的细胞之中；社会作为整体也通过其语言、其文化、其规范存在于每个个人之中。

——[法] 埃德加·莫兰著，陈一壮译：《复杂性理论与教育问题》，

北京大学出版社 2004 年版，P180

全息论的提出，最初源于物理学上的"全息照片"。一般的照片只能看到物件一个角度的影像，但全息照片的每个点包含了它所代表的物体的几乎全部信息。物理学家戴维·玻姆（David Joseph Bohm）最早提出了"全息宇宙理论"，诺贝尔物理学奖得主赫拉尔杜斯·霍夫特发扬光大了全息理论，认为宇宙是一个不可分割的、各部分之间紧密关联的整体，任何一个部分都包含整体的信息。莫兰认为，全息理论不仅适用于物理现象和自然科学界，同样适用于人类与社会科学领域，"社会作为整体也通过其语言、其文化、其规范存在于每个个人之中"，当然，通过每个人的言谈举止也能够窥见社会整体的特征。《华严经》说："于一微尘中，悉见诸世界。"全息的原则，

就是要让学生学会以小见大，通过一滴水见太阳，透过一粒沙看世界。

反馈圆环的原则

反馈圆环的原则：这个原则曾被诺伯特·维纳引入以便认识自我调节的过程。它与直线因果性原则决裂：原因作用于结果，结果也作用于原因，如同在一个供暖系统里恒温器调节锅炉的工作。这个调节机制使得一个套房可能有对抗外部寒冷的热自主性。以更加复杂的方式，一个生物机体的"体内环境稳恒态"是建立在多种反馈作用基础上的调节过程的整体。反馈（feedback）的圆环在其负形式下可能减少偏差，从而保持一个系统的稳定；在其正形式下，反馈作用是一个放大机制，如同一个肇事者的暴力行动引起了一个暴力行动的反应，而后者又轮到它引起一个更加暴烈的反应。无论是起扩大作用的还是起稳定作用的，反馈机制在经济的、社会的、政治的和心理的现象中大量存在。

——[法]埃德加·莫兰著，陈一壮译：《复杂性理论与教育问题》，
北京大学出版社 2004 年版，P180—181

莫兰所说的第三个思维方法的原则，是反馈圆环。反馈是控制论的一个极其重要的概念。1932 年，美国通信工程师奈奎斯特（Harry Nyquist，1889—1976）发现了负反馈放大器的稳定性条件，提出了著名的奈奎斯特稳定判据。1945 年，维纳把反馈概念推广到一切控制系统，把反馈理解为从受控对象的输出中提取一部分信息作为下一步输入，从而对再输出发生影响的过程。也就是说，反馈就是由控制系统把信息输送出去，再把其作用结果返送回来，并对信息的再输出发生影响，起到控制的作用，以达到预定的目的。这就是莫兰所说的反馈圆环：原因产生结果，结果又构成新的原因、新的结果，反馈在原因和结果之间架起了桥梁。反馈通常可以分为负反馈和正反馈。负反馈使输出起到与输入相反的作用，使系统输出与系统目标的误差减小，从而使系统趋于稳定。正反馈使输出起到与输入相似的作用，使系统偏差不断增大，使系统振荡，可以放大控制作用。莫兰用肇事者的暴力行动引起的反应说明了正反馈的特点。其实，反馈机制存在于所

有的控制系统之中，存在于经济的、社会的、政治的和心理的所有现象之中，这需要我们及时把握和建立相关的机制，运用好反馈圆环的原则。

回归圆环的原则

回归圆环的原则：它超越了自我产生和自我组织的调节的概念。这是一个生生不息的圆环，在其中产物和结果本身又产生和引起产生它们的东西。于是，我们，作为个人，是来自久远的过去的一个繁殖系统的产物；但是这个系统之所以能够继续繁殖，是因为我们通过交媾又变成了它的生产者。许多人类个体在他们的相互作用之中和通过他们的相互作用产生了社会，但是社会作为涌现的整体，又通过带给他们所有的语言和文化，产生了这些个人的人类性。

——[法]埃德加·莫兰著，陈一壮译：《复杂性理论与教育问题》，

北京大学出版社 2004 年版，P181

回归圆环的原则从另一个角度说明了事物的普遍联系性。作为一个生生不息的圆环，其中的结果本身又会"产生和引起产生它们的东西"。就像时间如同圆环一般，过去、现在与未来相交，过去的终点便是未来，未来的终点便是回到过去。作为个人，我们都是来自遥远过去的某个生物系统的产物，而我们自己又通过交媾变成了这个系统的生产者，使得这个繁殖系统能够生生不息。个人与社会的关系也是如此。马克思说，人是一切社会关系的总和。个人是社会中的个人，社会是由个人组成的社会。正如莫兰所说，个人与个人通过他们之间的相互作用产生了社会，而社会作为一个"涌现的整体"，通过语言、文化、习俗等方面影响，使个人拥有了人类性和社会性。

自主/依赖（自我的—依靠环境的—组织）原则

自主/依赖（自我的—依靠环境的—组织）原则：生物存在是自我组织的存在，它们不断地自我产生，因此，消耗能量以维持它们的自主性。由

于它们需要从它们的环境中汲取能量、信息和组织，它们的自主性与这种依赖性是不可分割的，因此必须把它们看为自我的—依靠环境的—组织性的存在。自我的—依靠环境的—组织的原则显然分别以特殊的方式对人类和社会有效：人们依赖他们的文化发展其自主性，社会则依赖其地理—生态环境自我发展。

　　——[法]埃德加·莫兰著，陈一壮译：《复杂性理论与教育问题》，

北京大学出版社 2004 年版，P181

　　莫兰所说的第五个思维方法的原则，是自主／依赖（自我的—依靠环境的—组织）原则。人和所有的生物都是一个自组织，他们通过自己的生命运动，消耗自身的能量，以维持其自主性。但是，人和所有的其他生物也是紧密地依靠环境，依赖其他的生物和物质的，这就需要人和其他生物都要能够"从它们的环境中汲取能量、信息和组织"。因此，人和所有的生物都是一个自主与依赖的辩证统一体，是依靠自我和依靠环境的统一体。对于人来说，除了依靠自己的思考与劳作等自主性活动，也不能不依靠自己所生活其间的社会与文化环境。而作为人类赖以生存与发展的社会自身而言，也要依赖特定的地理与生态环境。自主与依赖这一对立统一的关系，体现在事物的所有方面，因此必须作为观察与思考事物的基本思维方式。自主与依赖的原则，对于我们处理人与自然、人与社会以及人类与宇宙等关系有着非常重要的意义，2021 年，联合国教科文组织发布了报告《一起重新构想我们的未来：为教育打造新的社会契约》。这份报告明确指出，岌岌可危的地球也已经向我们发出了 SOS，人类的未来取决于地球的未来，而这两者都处于危险之中。所以，迫切需要一项新的教育契约，一份旨在重建我们与彼此、与地球、与技术之间的关系的社会契约。

两重性逻辑的原则

　　两重性逻辑的原则：它正好刚刚被赫拉克利特的格言所说明。它把两个本应互相排斥的原则或概念结合起来，这两个原则或概念在同一实在中是不可分离的。人们应该设想自宇宙一诞生就发生的有序／无序／组织之间

的两重性逻辑的关系：从热动荡（无序）开始，在某种条件下（偶然的相遇）有序的原则使得可能形成原子核、原子、星系和恒星。有序、无序和组织之间的两重性逻辑以最为多样化的形式，通过无数的相互——反馈作用经常地在物理的、生物的和人类的领域发生作用。

——[法]埃德加·莫兰著，陈一壮译：《复杂性理论与教育问题》，

北京大学出版社 2004 年版，P182

我们知道，赫拉克利特是古希腊著名的哲学家，列宁曾经称他为"辩证法的奠基人"。赫拉克利特因为"一切皆流"的论断而闻名于世，他认为，人不能两次踏入同一条河流。一切都在流动，没有什么是静止的。他还说过：太阳每天都是崭新的，整个世界就是燃烧又熄灭的永恒活火，自然界与人类皆如此。其实，这就是矛盾的对立统一学说的开端。所谓的两重性逻辑的原则，就是矛盾双方的不可分离和对立统一的思维方法。莫兰用宇宙的发生发展说明了无序与有序之间的对立统一关系，也就是从无序的热动荡开始，在某种条件下通过有序原则的作用形成了原子核、原子、星系和恒星。这样的现象不仅发生在物理世界，也同样发生在生物和人类社会的生活之中。莫兰用玻尔的基本粒子理论做了一个比喻：个人在一定的观点下就好像自主的粒子，而在另一个观点下他们在两个连续性——一个是族类、一个是社会——的内部消失了。"这是因为当人们考察族类或社会时，个人不再存在；当人们考察个人时，族类和社会不再存在。"所以，我们的思想应该用两重性逻辑的方式接纳趋于互相排斥的两项。也就是说，我们的思维要学会"合理地接受矛盾概念的不可分离性以便认识同一复杂现象"。

把认识者重新引入任何认识中的原则

把认识者重新引入任何认识中的原则：这个原则实行对主体的恢复，并对认识的中心问题进行解蔽：从知觉开始到建立科学理论，任何认识都是一个精神／头脑在一定的文化和时代的背景中所作的重构／翻译。

——[法]埃德加·莫兰著，陈一壮译：《复杂性理论与教育问题》，

北京大学出版社 2004 年版，P182

认识是离不开认识者的主体作用的。如果不考虑认识过程中作为认识者主体的特点与状态，就不可能真正弄清楚认识本身。所以，莫兰提出的"把认识者重新引入任何认识中的原则"，重视认识者在认识过程中的主体性，有着十分重要和积极的意义，因为不同的时代、不同的人，在不同的文化环境中的认识过程无疑是大不相同的。就像同一部作品，由不同的人翻译，可能就是完全不同的作品。一般而言，有两种可能性：一是同一个人在不同的时空、不同的心理状态下，对同一问题的认识可能有所不同；二是不同的人在同样时空下、同样的心理状态下，对同一问题的认识也有可能不同。所以，考虑人的个别差异性，考虑学生认识的个体差异性，考虑学生在不同时空不同心理状态下的认知过程，本身也是教育工作者必须认真思考的问题。

思想的改革将造就存在的、伦理的、公民的后果

一个能够连接分离的知识和使之彼此相关的思想方式，还能够延伸为一门关于人类之间的联合和休戚与共的伦理学。一个不自闭于局部的特殊事物之中而能够考虑整体的思想，将适于促进责任感和公民意识。思想的改革因此将产生存在的、伦理的和公民的后果。

——[法] 埃德加·莫兰著，陈一壮译：《复杂性理论与教育问题》，

北京大学出版社 2004 年版，P183—184

在这段文字之前，莫兰分析了欧洲人本主义的发展历程。他指出，欧洲的人本主义有两个重要的传统：一是来自雅典的遗产，认为公民享有城邦的最高权力，理性享有思想的最高权力；二是犹太—基督教的遗产，认为人是按照上帝的形象塑造出来的，而上帝又化为肉身、降世为人。但是，自哥白尼以来，四个重要的科学发现在很大程度上重新塑造了传统的以人类为中心的人本主义。首先是哥白尼的"日心说"，取消了人类居于宇宙中心的特权；其次是达尔文的进化论，使人类变成了类人猿的后代，不再是按照其造物主的形象造出来的创造物；再次是弗洛伊德的精神分析学说，使人类

的精神失去了崇高神圣的地位；最后的哈勃的天文学说，把人类流放到宇宙最偏僻的郊野之一。人本主义因此不再成为"统治宇宙的骄傲意志的载体"，而是变成了"人类之间休戚与共的意识的载体，而后者又蕴含着对自然和宇宙的脐带关系"。这样的新的人本主义的立场，使人类不再自我中心、趾高气扬、目空一切，而是怀着卑微的态度与外部世界交流交往，具有整体观、责任感和公民意识。所以，思想的变革是所有变革的前提。

教育改革存在着强大的阻力

事实上现有的改革规划在围绕着这个它看不见的黑洞旋转。只有精神被改革了它才是可见的。在此我们到达一个绝境：人们不预先改革精神就不可能改革制度，但是人们不预先改革制度又不能改革精神。这是一个形成双重障碍的逻辑的不可能性。对于这个既是一重的又是二重的改革存在着强大的阻力。巨大的教育机器是刚硬的、僵化的、固执的、官僚化的。许多教员固守着他们的习惯和他们的学科最高权力。这些人，如同居里昂（Curien）所说，仿佛用排尿来标志它们的地盘的狼群，咬伤所有走入其中的动物。存在着一种顽固的抵抗，包括在精敏的头脑那里。挑战对于他们是看不见的。

——[法]埃德加·莫兰著，陈一壮译：《复杂性理论与教育问题》，

北京大学出版社 2004 年版，P185

从今天起我们一起学习第九章超越矛盾。莫兰认为，教育和人类社会一直处于矛盾之中，这些矛盾像一个个看不见的"黑洞"，我们经常被它们遮蔽，只有用精神的火炬才能真正照亮我们前行的方向，"只有精神被改革了它才是可见的"。莫兰一开始就指出，现在的教育改革趋向于关注一些"可量化的项目"，如更多的教育经费，更多的教师，更少的约束、更少的课程教材、更轻的学习负担、更合理的班级规模等，这些固然很重要，但是，"如果仅有这些改革，那么它们只不过是遮蔽思想改革的更大的必要性的小改小革"。也就是说，如果仅仅把目光聚焦于这些"小改小革"，而看不见思想改革的意义与价值，教育也难以取得真正的突破。其实，超越矛

盾的根本办法，也是思想的改革，思维方式的变革。问题在于，思想的改革也很难，因为它受到制度变革的严重制约，"人们不预先改革精神就不可能改革制度，但是人们不预先改革制度又不能改革精神"。这就陷入了一个蛋与鸡的悖论。这也是教育改革步履艰难的原因所在。美国联邦教育部部长邓肯曾在国际教育技术领域提出了"乔布斯之问"：为什么在教育领域信息技术的投入很大，却没有产生像生产和流通领域那样的变革效果？世界上所有政府对教育信息化的投入之巨，是所有其他行业不能匹敌的，但是为什么没有生产和流通那样的效率，投入与产出不成比例？邓肯认为，原因在于教育没有发生结构性的改变。也就是说，制度性的变革没有真正发生。反过来看，制度性变革没有发生又与思想的变革没有真正发生有关，其中的原因之一，就是"巨大的教育机器是刚硬的、僵化的、固执的、官僚化的"，许多拥有话语权的既得利益者不愿意放弃他们的"地盘"，进行着"顽固的抵抗"。所以，应该双管齐下，从思想和制度的层面同步推进教育变革。

封闭的专业化的模型

由于大部分人的头脑都是在封闭的专业化的模型中铸造出来的，超出这种专业化的认识的可能性在他们看来是荒诞不经的。但是即使专业领域最狭窄的专家都有着他确信的关于生活、关于世界、关于上帝、关于社会、关于男人、关于女人的普遍观念。实际上，这些专家、行家们也依靠着普遍的和总体的观念生活，只是他们的这些观念带有任意性，从未加以批评的考察，从未加以反思。其实专家们的统治就是最空洞的普遍观念的统治，所有观念中最空洞的观点是如下概念：不需要有普遍观念。

——[法]埃德加·莫兰著，陈一壮译：《复杂性理论与教育问题》，

北京大学出版社 2004 年版，P186

除了既得利益，专业的偏见无疑也是变革的一大障碍。我们知道，"专业化"是社会治理和国家管理过程中的一大进步，它比世袭制以及少数利益集团的统治更有优越性。从 20 世纪 20 年代开始，"专业化"的呼声日渐

高涨，1919 年，T.B. 维布伦（1857—1929）发表《工程师与价格制》，提出社会现象是可以预测的，要使科学家和工程师参与社会的计划、管理。尤其是在 1929 年世界经济危机期间，专家治国的观点广泛流行。但是，随着时代的发展，"专业化"也带来了一些弊端。人们发现，专家们往往只具备某一专业领域的知识，不能理解全局性复杂的多种因素的相互影响，容易陷入工具理性主义，只见树木不见森林，头痛医头脚痛医脚。德国思想家哈贝马斯就曾经指出，技术专家治国存在着合理性不足和合法性缺陷的问题。合理性不足主要表现在以控制模式为核心原则，往往不能照顾到民众在现实生活中的多面的需求；合法性缺陷主要表现为它是试图通过改造人民而获得一种合法性，而非一种自发的、真实的合法性。所以，他专门提出用程序主义的协商政治超越技术专家治国论。莫兰的这段文字从另外一个方面让我们重新审视"专业化"的问题，他认为大部分专家都是"在封闭的专业化的模型中铸造出来的"，这在一定程度上让他们形成了思维定势和专业成见，凡是不符合他们认知结构的东西在他们看来都是错误的，荒诞不经的。专家也是人，只要是人，就不可能摆脱认识主体的局限性。但是，如果固执己见，不对自己的认识过程进行反思，不注意倾听各种不同的声音，专家们的统治就会沦为"最空洞的普遍观念的统治"，甚至会抛却社会的整体利益，抛却具有全局性的"普遍观念"。所以，如何尊重专业化而又防止专业化走向极端，确实是我们科学决策精准实施需要关注的大问题，作为一种思维方式，也是我们在教育中需要注意的。

改革学校与改革社会

在改革思想以便改革制度和改革制度以便改革思想这种必要性所引起的障碍之外，还要加上一个关系到社会和学校之间的关系的更庞大的障碍。这种关系不是像镜子似的反映式的，而是全息式的和回归式的。全息性：如同全息图像上的一个个光点在它身上含有被表现的图像的整体，学校在其特殊存在中含有整个社会的存在。回归性：社会产生学校，而学校又产生社会。从而，如果人们不改革社会如何改革学校，但是如果人们不改革学校又如何改革社会？

——[法]埃德加·莫兰著，陈一壮译：《复杂性理论与教育问题》，

北京大学出版社 2004 年版，P186

　　在学校与社会之间，也存在着思想与制度之间一样的"悖论"。一方面，思想的变革才能导致制度的变革，另一方面，没有制度的变革思想的变革也非常艰难。同理，没有学校的变革很难有社会的变革，没有社会的变革也很难有学校的变革。莫兰用全息式和回归式两个特点，揭示了学校与社会的辩证关系。所谓全息性，是说学校本身就是一个社会，在学校可以发现社会的所有特征。杜威说，学校就是社会，也是强调了学校的社会特征。所谓回归式，是说学校与社会是彼此影响、相互造就的。学校作为一种特殊形式的小社会，它本身就是社会生活的重要组成部分，社会思潮、社会事件、社会舆论都会对学校产生这样那样的直接或间接的影响。另一方面，学校也不是完全被动地接受社会的影响，不仅仅今天的学生是未来的社会公民，学校通过自身的教育活动使自己的教育理想、自己的价值观通过影响学生而影响未来的公民，而且，学校当下的许多活动，也会直接影响社会。青年学生充满理想和激情，作为社会变革的推动者，在历史上，很多社会运动都源自学校。所以，对于究竟是通过改革学校来改革社会，还是通过改革社会来改革学校，并没有最终的结论，也许最好的办法就是双向发力，正如莫兰所说：虽然这个矛盾"在逻辑上是不可能被克服的，但是生活总是不介意这种不可能性"。

教育是一种使命

　　教育的职能的特点导致把教师归结为公务员。教育的职业的特点导致把教师归结为专家。但是教育应该重新变得不仅仅是一种职能、一种专业、一种职业，而是一个济世的任务：一项使命。这首先是一个传授的使命。传授显然需要技能，但它也在技术之外需要一种艺术。

——[法]埃德加·莫兰著，陈一壮译：《复杂性理论与教育问题》，

北京大学出版社 2004 年版，P187

　　教育作为一项基础性的公共服务事业，它的职能特点要求把教师作为公职人员，享受政府公务员的待遇。而教育的职业特点，又注定了教师职业是面对世界上最复杂的对象——人，具有很强专业性。但是，这两者都不足以概括教育的本质特点与教师的价值意义，因为，教育、教师不仅仅是一种职能、一种专业、一种职业，而是一个济世的任务、一项使命。按照莫兰的观点，使命是非常崇高和非常困难的，因为"它必须同时以艺术、信念和爱为前提条件"。莫兰认为，虽然教师职业需要的东西"在任何教科书里都没有提示"，但是柏拉图早就认为有一样东西是任何教育都不可缺少的条件，这就是所谓的Éros——欲望、快乐和爱，即传授的欲望和快乐，对于知识的爱和对于被教育者的爱。爱是教育的源头活水，"在没有爱的地方，对于教育者只有职业和挣钱的问题，对于被教育者只有厌倦的问题"。信念，是指对某些观念和事情坚定不移的信任和信仰，莫兰认为，作为教师，关键还是要有"对文化的信念和对人类精神的可能性的信念"。莫兰提出，使命与Éros、信念构成了"非宗教性的三位一体的回归的环路，其中每一项都滋养着其他项"，也就是说，要形成教育的使命感，需要对教育事业，对受教育者有着深厚的爱，对传授知识有着幸福感、愉悦感，对于人类的文化和精神的信念，这对于成就教育事业，对于成为一名优秀的教师，都是非常重要的。

教育的使命的基本特点

　　我们来概括一下教育的使命的基本特点：

　　提供这样一种文化，它使得可能进行区分、背景化、整体化，谋求解决多维度的、总体的和根本的问题；

　　培养迎战不断增长的不确定性的头脑，不仅使他们去发现宇宙、生命、人类的不确定的和随机的历史，而且在他们的身上促进策略性的智能和为着实现一个更美好的世界而进行博弈的精神；

　　为着在无论亲疏的人类之间的相互理解进行教育；

　　教育归心于法国，归心于它的历史，归心于它的文化，归心于共和国的公民资格，并引入对欧洲的归属感；

培育地球公民身份，为此教授人类在人类学上的统一性和在文化和个人方面的多样性，以及人类所处的全球纪元特有的命运共同体，在其中全体人类面临同样的生死存亡问题。

——[法]埃德加·莫兰著，陈一壮译：《复杂性理论与教育问题》，

北京大学出版社 2004 年版，P188

在莫兰看来，教育的使命与爱、信仰和艺术相关。与此相联系，教育的使命具有五个基本特点：一是能够提供一种帮助人们进行区分对象与背景、部分与整体，学会解决多维度、整体性和根本性问题的文化；二是培养人们能够迎战不断增长的不确定性的头脑；三是增进人类互相理解；四是培养爱国主义的情怀以及对欧洲的归属感；五是培养地球公民的意识。这五点内容，也是贯穿全书的基本要点。前两个方面，是关于思维或者思想的方法论，希望我们的教育能够培养学生的复杂性思维与整体性思维，学会看到世界的统一性、事物的联系性，能够有效地进行科学的决策。后三个方面，主要是关于处理主体间关系的方法，希望我们的教育能够帮助学生加强对于"无论亲疏的人类之间的相互理解"，加强对于祖国历史、文化的学习，培养"归心于共和国的公民资格"和对于欧洲的归属感，培养人类命运共同体的意识。其实，这也是前者的思维或思想的方法论在处理主体间关系的应用。既要热爱祖国，又要超越民粹的狭隘的爱国，真正维护我们共同的家园地球的安全，才能够让爱国主义行稳致远。

教育的五个目标

教育的五个目标——给予我们组织知识的能力的构造得宜的大脑，对人类地位的教育，学习生活，学习迎战不确定性，公民教育——是彼此相互关联的，而且它们应该相互促进。

——[法]埃德加·莫兰著，陈一壮译：《复杂性理论与教育问题》，

北京大学出版社 2004 年版，P188

莫兰这里所说的教育的五个目标，其实也是教育的五个重要内容，与前面谈到的教育的使命的五个特征有重复交叉的部分。"给予我们组织知识的能力的构造得宜的大脑"，这其实是一种学习知识的方法论，也就是说，教育不应该让学生消极地接受知识，而是要主动地建构知识。"对人类地位的教育"，是要认识到人的复杂性，认识到人在整个宇宙中的地位，认识到人类命运共同体的意义。也就是说，教育要关注人，关注人的命运与人类的未来。"学习生活"，也就是说，教育要关注人的日常生活，帮助人们学会反思，能够具有把获得的知识转变为智慧以及把这个智慧融入自己的生活中，既有清醒意识又有理解心。"学习迎战不确定性"，就是要充分认识到认识的不确定性和历史的不确定性，学会运用策略和博弈的方法。也就是说，教育不是简单地告诉人们对与错，而是要把智慧的解剖刀交给学生，以增强他们的辨别力、思考力。"公民教育"，一方面是要有对于祖国的归属感，一方面是要有地球—祖国的意识，有着对于国家、人类和地球的休戚与共的情感与责任感。这五个方面是相互关联、相辅相成、彼此促进的。

思想的改革也是民主的关键需求

思想的改革也是民主的关键需求：培养能够迎战他们时代的问题的公民，这正是制止民主制度的衰败；这个衰败是由在所有政治的领域里各种专家、内行的权威的扩张而引起的，这造成公民们的权能被逐步缩小。公民们不得不盲目接受被认为懂行的人们的决策，而这些懂行者们的智能是近视的，因为它是被切分为小块的和抽象的。认识的民主制的发展只有在重组知识的条件下才是可能的，而后者要求思想的改革，使得不仅可能通过分解来认识，而且可能连接已被分离的东西，以便以新的方式重新产生被学科的瓜分所轧碎的概念：人类、自然、宇宙、现实。

——[法]埃德加·莫兰著，陈一壮译：《复杂性理论与教育问题》，
北京大学出版社 2004 年版，P189

思想的改革与民主也是相辅相成、互为条件的。邓小平曾经指出："民主是解放思想的重要条件。"如果不发展民主，就没有真正的解放思想。解

放思想，就要百花齐放、百家争鸣，就不能够只有一种声音，也不能只有一种专家的意见。莫兰这里再一次提到了如何对待专家的意见的问题。在日常生活中，我们也经常谈到不同专家的不同声音，让我们无所适从。我们也经常感觉到莫兰提到的这样的情况出现的可能性——"公民们不得不盲目接受被认为懂行的人们的决策，而这些懂行者的智能是近视的，因为它是被切分为小块的和抽象的。"所以，思想的改革，思想的解放，就需要不同的声音，就需要对称的信息，就需要理性的讨论与争鸣。而思想的改革、思想的解放，本身也会推进民主的进程。只有能力提高全社会的认知水平，提高公民的科学素养，让公民具有更加开阔的视野和更加宽广的胸怀，能够用整体性思维和复杂性思维看待和处理问题，民主的社会就会到来。

思想改革是历史发展的关键需求

思想改革是历史发展的关键需求。我们今天是两种封闭思想的受害者：一种是官僚化的技术—科学的切分为小块的思想，它把现实的复杂的组织切割为红肠片；另一个是愈益封闭的蜷缩在种族或国家之内的思想，它把地球—祖国的组织分割为拼图版。因此我们需要在智力上重新武装我们自己，学习思维复杂性，迎接公元第二个千年和第三个千年交接期的挑战，努力思索全球纪元的人类的问题。这是对于新千年的公民们的极其重要的改革，它将使得他们可以最充分地运用他们的思想能力，并构成我们走出不开化状态的肯定不是唯一的但确实必要的条件。

——[法]埃德加·莫兰著，陈一壮译：《复杂性理论与教育问题》，

北京大学出版社 2004 年版，P189—190

这是全书最后的一段文字。莫兰在这里再次强调了思想改革对于历史发展的意义和价值。他认为，现代社会中有两种封闭的思想或者思维方式，一种是把现实的复杂的组织切割为"红肠片"，这是一种官僚化的技术——科学地切分为小块的思想，也就是说，这是类似于盲人摸象的思维方法，每个专家只看到自己的专业领域的那方天地，看不见整个的辽阔无垠的天空。另一种是把地球—祖国的组织分割为"拼图版"，这是一种封闭的蜷缩

在种族或国家之内的思想，也就是说，这是狭隘的自我中心主义，看不见自己的祖国只不过是一个更大的地球祖国的一块"拼图"，人类命运是一个唇亡齿寒的共同体。两者的共同特征，就是"封闭"。所以，当人类进入了一个互联网和现代通信技术高度发达的时代，如何努力思索全球纪元的人类的问题，如何思考地球与人类的共同命运的问题，这的确是摆在新千年的公民面前的关键问题。我们拥有怎样的胸怀，我们拥有怎样的思维，将决定我们拥有怎样的地球，怎样的未来。

非常巧合，今天是 2023 年新年第一天，也是"读与思"的第 500 篇。虽然近十年来我一直在和大家一起读书，读蒙台梭利，读杜威，读苏霍姆林斯基，读陶行知，读叶圣陶，但是像这样正式"打卡"，才整整 500 天。我们即将结束与莫兰的对话。从 9 月 1 日起，我们用了三个多月的时间，读了这本不到 200 页的"小书"。我不敢说已经完全读懂了，但是我们一直在努力走进莫兰的世界。我想即使我们没有完全读懂也没有关系。但是，如果我们因此知道，在这个充满不确定性和复杂性的世界，如何运用整体性思维思考问题，如何培养学生从一个更加宏大的视角处理人与自我、人与自然、人与社会、人与宇宙的关系，如何真正地成为地球——祖国公民，我们也就没有白费功夫。

参考文献

A．1 图书

[1] 巴赫金. 巴赫金全集：第五卷 [M]. 白春仁，顾亚铃，译. 石家庄：河北教育出版社，1998.

[2] 巴赫金. 陀思妥耶夫斯基诗学问题 [M]. 白春仁，顾亚铃，译. 北京：生活·读书·新知三联书店，1988.

[3] 曹丕. 魏文帝集全译 [M]. 易健贤，注. 贵阳：贵州人民出版社，2008.

[4] 陈鼓应. 庄子今注今译：上册 [M]. 北京：商务印书馆，2016.

[5] 谌启标. 比较教育与管理 [M]. 福州：福建教育出版社，2016.

[6] 程树德. 论语集释 [M]. 北京：中华书局，2017.

[7] 段玉裁. 说文解字注 [M]. 上海：上海古籍出版社. 1981.

[8] 滕尼斯. 共同体与社会 [M]. 张巍卓，译. 北京：商务印书馆，2019.

[9] 管金麟. 文章写作原理 [M]. 郑州：河南大学出版社，1986.

[10] 黄寿祺，张善文. 周易译注 [M]. 上海：上海古籍出版社，2004.

[11] 罗杰斯. 论人的成长：第二版 [M]. 石孟磊，等译. 北京：世界图书出版公司，2019.

[12] 梅特里. 人是机器 [M]. 顾寿观，译. 北京：商务印书馆，2011.

[13] 李梦生. 左传译注 [M]. 上海：上海古籍出版社，2014.

[14] 李再湘. 教师专业成长导引综合素质与专业素养 [M]. 长沙：国防科技大学出版，2008.

[15] 李镇西. 李镇西教育知行录 [M]. 太原：山西教育出版社，2019.

[16] 刘勰. 文心雕龙译注 [M]. 王运熙，等译注. 上海：上海古籍出版社，2012.

[17] 鲁迅. 鲁迅全集：第六卷 [M]. 北京：人民文学出版社，2005.

[18] 钱仲联，马亚中. 陆游全集校注：第九册 [M]. 杭州：浙江教育出版社，

2011.

[19]海德格尔. 海德格尔选集（上卷）[M]. 孙周兴，译. 北京：生活·读书·新知三联书店，1996.

[20]海德格尔. 在通向语言的途中 [M]. 孙周兴，译. 北京：商务印书馆，2015.

[21]格拉德威尔. 异类 [M]. 苗飞，译. 北京：中信出版社，2020.

[22]范梅南. 生活体验研究：人文科学视野中的教育学 [M]. 宋广文，等译. 北京：教育科学出版社，2003.

[23]马正平. 高等写作学引论 [M]. 北京：中国人民大学出版社，2011.

[24]潘新和. 不写作，枉为人 [M]. 福州：福建教育出版社，2014.

[25]申小龙. 语文的阐释 [M]. 沈阳：辽宁教育出版社，1991.

[26]沈从文. 文学课 [M]. 成都：四川人民出版社，2019.

[27]《十三经注疏》整理委员会. 十三经注疏：毛诗正义 [M]. 北京：北京大学出版社，1999.

[28]石义堂. 初中语文课堂的有效教学 [M]. 北京：北京师范大学出版社，2007.

[29]宋濂. 宋濂全集：翰苑别集卷三 [M]. 杭州：浙江古籍出版社，2021.

[30]苏霍姆林斯基. 给教师的建议 [M]. 周蕖，等译. 武汉：长江文艺出版社，2014.

[31]Spenser. 写作是最好的自我投资 [M]. 北京：中信出版集团，2018.

[32]王力. 王力文集：第一卷 [M]. 山东：山东教育出版，1984.

[33]魏小娜. 真实写作教学研究 [M]. 北京：人民出版社，2017.

[34]吴毓江. 墨子校注 [M]. 北京：中华书局，1993.

[35]徐振东，李保初，桂青山. 汉语写作学 [M]. 北京：北京师范大学出版社，1995.

[36]徐正英，邹皓. 春秋穀梁传 [M]. 北京：中华书局，2016.

[37]亚米契斯. 爱的教育 [M]. 张向伟，译. 成都：四川科学技术出版社，2018.

[38]荀子. 荀子 [M]. 杨倞，注. 上海：上海古籍出版社，2010.

[39]杨天宇. 仪礼译注 [M]. 上海：上海古籍出版社，2004.

[40]杨天宇. 周礼译注 [M]. 上海：上海古籍出版社，2004.

[41]叶圣陶. 叶圣陶集：第十五卷 [M]. 南京：江苏教育出版社，1993.

[42]赫拉利. 人类简史：从动物到上帝 [M]. 林俊宏，译. 北京：中信出版社，2022.

[43] 曾国藩. 曾国藩家训译注：上册 [M]. 张天杰，译注. 上海：上海古籍出版社，2019.

[44] 曾国藩. 曾国藩全集：书札下 [M]. 石家庄：河北人民出版社，2016.

[45] 中共中央宣传部. 习近平新时代中国特色社会主义思想三十讲 [M]. 北京：学习出版社，2018.

[46] 中国社会科学院语言研究所词典编辑室. 现代汉语词典：第 5 版 [M]. 北京：商务印书馆，2007.

[47] 中华人民共和国教育部. 义务教育语文课程标准：2011 年版 [M]. 北京：北京师范大学出版社，2012.

[48] 中华人民共和国教育部. 义务教育语文课程标准：2022 年版 [M]. 北京：北京师范大学出版集团，2022.

[49] 钟传祎. 学科作文教学的理论与实践 [M]. 北京：语文出版社，2010.

[50] 钟传祎. 写中学：让学习更有效的学科写作教学 [M]. 南京：江苏教育出版社，2013.

[51] 周敦颐. 周子通书 [M]. 上海：上海古籍出版社，2000.

[52] 周国平. 人文精神的哲学思考 [M]. 武汉：长江文艺出版社，2015.

[53] 朱光潜. 谈写作 [M]. 北京：北京教育出版社，2014.

[54] 朱永新. 新家庭教育论纲：新教育在家庭教育上的探索与思考 [M]. 长沙：湖南教育出版社，2020.

[55] 朱永新. 新教育 [M]. 北京：文化艺术出版社，2010.

[56] 朱永新. 新教育年度主报告 [M]. 武汉：湖北教育出版社，2014.

A．2 报刊等

[1] 蔡育曙. 历代学人论"辞达" [J]. 黄冈师专学报，1990（04）.

[2] 丁松虎，马武林. 教育传播学视野下的电脑写作概念厘定 [J]. 电化教育研究，2009（09）.

[3] 董洁，谢超香. 美国"国家年度教师"的优秀特征与制度反思 [J]. 教师教育论坛，2019（3）.

[4] 高慧敏. 从口语日记到 Vlog：身体视域下的一种自我传播形态演变 [J]. 中国地质大学学报（社会科学版），2020（01）.

[5] 郭晶. 语用学视野下中学鲁迅作品教学研究 [D]. 辽宁师范大学，2019.

[6] 李若愚. 治疗灵魂的哲学方法 [D]. 山东大学，2020.

[7] 刘正伟，庄慧琳，陈恬妮. 美国真实写作评估的理论和实践 [J]. 中学语文教学，2022（04）.

[8] 罗绍和. 中学作文教学的语用学策略研究 [D]. 重庆三峡学院，2020.

[9] 欧本珍. 当代写作学学科述评 [J]. 社会科学家，2006（S1）.

[10] 钱理群. 对话与发现：中小学写作教育断想 [J]. 教师之友，2004（12）.

[11] 荣天竞. 写作评价量表及其开发 [J]. 语文教学通讯，2022（07）.

[12] 孙素英，肖丽萍. 认知心理学视域中的写作过程 [J]. 北京师范大学学报（人文社会科学），2002（01）.

[13] 王奕婷，陈霜叶. 芬兰"现象学习"的发展与启示：访"现象学习"的创建者科丝婷·罗卡（Kirsti Lonka）教授 [J]. 全球教育展望，2022（04）.

[14] 先刚. 书写与口传的张力：柏拉图哲学的独特表达方式 [J]. 学术月刊，2010（07）.

[15] 杨清鹏. 基于中学生心理特点的作文教学策略研究 [D]. 西北师范大学，2013.

[16] 杨浧元. 整合性"学科写作"："研究性写作"教学的新资源 [J]. 基础教育研究，2004（8）.

[17] 曾祥娟. 美国 NWP 对我国英语教师职业发展的启示 [J]. 海外英语，2010（11）.

[18] 张松祥. 学科写作的教改价值与实施策略 [J]. 教学与管理，2014（06）.

[19] 张增田，靳玉乐. 论新课程背景下的对话教学 [J]. 西南师范大学学报（人文社会科学版），2004（05）.

[20] 赵珂，周成海. 教师写作小组：美国教师专业发展的重要组织形式 [J]. 当代教师教育，2019（01）.

[21] 郑倩芸. 教育文化学视域下高中语文阅读教学的信息化教学设计研究 [J]. 广西师范大学，2018.

[22] 钟传祎. 学科写作教学的"四化" [J]. 语文教学通讯，2021（36）.

[23] 周爱保，马小凤，李晶，崔丹. 提取练习在记忆保持与迁移中的优势效应：基于认知负荷理论的解释 [J]. 心理学报，2013（08）.

[24] 周采. 柏拉图的未成文学说与书写批判及其教育意义 [J]. 清华大学教育研究, 2011（01）.

[25] 最新人群:"Z 世代"的生存状态 [J]. 中国青年研究, 1999（03）.

[26] 朱永新. 家校合作激活教育磁场:新教育实验"家校合作共育"的理论与实践 [J]. 教育研究, 2017（11）.

[27] 朱永新. 新教育实验二十年:回顾、总结与展望 [J]. 华东师范大学学报（教育科学版）, 2021（09）.

主题索引

A

AI 写作　010、014-019 页

B

八股文　011 页

白话文写作　012 页

柏拉图　060、061、073、322 页

榜样示范　124 页

本体论　059 页

C

晨诵　024、077、084、086 页

成长力　114 页

传播史　011 页

创造空间　019 页

存在论　059、060、061 页

D

大众化　002、006、013、032 页

地缘共同体　075 页

缔造完美教室　071、112、124 页

读写技能　012 页

读写结合　007、008、129 页

读者意识　146 页

对话存在论　059 页

对话录　010、061 页

多元文化论　059、061 页

F

反思性　025、026、072、268、269、271 页

泛写作时代　012 页

父母日记　115、116 页

G

感知人工智能　015 页

《给教师的建议》　020 页

共读共写　022、024、042、047、090、112、113、118、120、127、142、184、200 页

沟通力　114 页

观察者　020 页

国家年度教师　021 页

国家阅读形象大使　019 页

过一种幸福完整的教育生活　022、023、025、074、078、090、092、112、119、120、126、127、130、131、143、165、

166 页

H

核心素养　002、085、096、099、151 页

互联网时代　012、014、038、039、078、110 页

互联网写作　002、003、010、012、013、141、142 页

J

基本立场　017 页

基本权利　012 页

家风建设　037、038、115 页

家庭教育　026、037、113-116、306 页

家庭日记　037、116、142 页

家庭书信　037 页

家校便笺　124 页

家校共写　042、113、117、118、119、120、125、147、166 页

家校共育　023、124、125、137、138 页

家族月报　115、117 页

价值主张　007 页

建设数码社区　022 页

教师发展观　021 页

教师写作共同体　074、130、131、132 页

教师专业发展　021、107、126、136、139、140、143 页

教育生活　020、021、024、025、026、027、035、041、042、055、072、095、108、112、120、130、137、139、140、142、144、166 页

教育史　008、055、106、107、166 页

教育叙事研究　020 页

教育智慧　109、110、141 页

精神共同体　075 页

精英写作　002、013、020、039 页

K

课堂参与度　096 页

口头写作　010、166 页

L

理想目标　023 页

立言不朽　006、007、008、032、166 页

M

媒介　003、006、011、012、022、048、084、099、139、140、141、165、267、302、303、304、307 页

民间故事　010 页

母语写作　062、063 页

暮省　024、077、084、085、086 页

P

培养卓越口才　003、022、059、077、083 页

平面媒体　002、019、126 页

评价量规　150、151、152 页

Q

亲子通信　114、116 页

情动辞发　008 页

情境教学　055 页

情境性　148 页

全景观写作　025、026、165 页

全媒体写作　028、165 页

全民化写作　026、032、042、165 页

全民阅读　019、020、039 页

全体式写作　027、165 页

全心性写作　026、165 页

全学科写作　027、165 页

R

人际交流　038 页

人类命运共同体　037、040、074、205、207、208、241、242、244、256、257、258、263、266、299、300、323、324 页

人类文化　005 页

人文合一　008 页

人文教育　005、306、308 页

新人文教育　024、025 页

认知人工智能　015 页

日记课程　083 页

S

三表法　007 页

三维解析　149、151、152、153、155、157 页

"三专"模式　023、024 页

生命成就　073、074 页

生命传奇　024、032、041、055、070、109、165 页

生命共同体　039、073、074、075、235、263 页

生命叙事　020、024、026、033、034、036、046、059、069-073、111、112、118、138、140、142-144、149、190 页

生命原型　070、284 页

生命遭遇　070、071 页

师生共写随笔　003、022、023、024、059、077、091、112、125、130、145 页

书面写作　010、011、166 页

数字原住民　014 页

说写课程　089、093、094 页

思维导图　093、098、100、101、102、103 页

思想劳动　046 页

随笔（日记）接龙　124 页

T

听读绘说　089、090 页

团队精神　131 页

W

网络师范学院　023、145、179 页

网络写作平台　023、146 页

文化工具　040 页

文化力　114 页

文化人类学　005、061、309 页

文气　009 页

文以载道　008、011 页

文章学　004、150 页

午读　024、077、084、086、088 页

X

习作课程　076、082、083 页

现代写作　012、064 页

写作共同体　022、026、038、039、074、075、130、131、165 页

写作能力　002、003、005、012、021、027、029、031、077、083、095、097、140、147、148、149、151、153、155、160、161、165 页

写作评价　106、146-153、155、156、157、160、163、165 页

写作史　010、055、107 页

写作原理　069 页

写作圆锥论　065 页

新教育儿童写作　025、058 页

新教育家庭写作　057、113-116 页

新教育家校共写　042、113、117、118、119、125 页

新教育师生共写　113、125、126 页

新教育网络教师学习中心　140、142、143 页

新教育网络写作　113、139、140、141、142 页

新教育阅读　005、012、019、023、060、061、166 页

新媒体写作　012、139、146 页

新生命教育　071、072 页

行动研究　109 页

学科写作　027、046、047、094-099、104、105、106、146 页

"学习金字塔"理论　046 页

血缘共同体　075 页

Y

研发卓越课程　071、112、130 页

雁群效应　130 页

以读促写　007、008 页

以写促学　027、031、046、095 页

以学促写　095 页

《义务教育语文课程标准》　003、004、079、095、096 页

英雄史诗　010 页

营造书香校园　022、036、112、130 页

语言密码　070、088、125 页

语用表达论　059、066、067 页

元语言　063 页

阅读史　005、010、179 页

阅读水平　005、188 页

运算人工智能　015 页

Z

Z 世代　013 页

真实性写作评价　149、**150 页**

整体联动论　059、063、**064**、065 页

智能化平台　014 页

终身学习　030、031、073、085、096、099 页

朱永新成功保险公司　023、056、057、073、074、132、135 页

主观意识　004 页

主流文化　013 页

主体性　025、026、071、084、099、317 页

专业交往　132、140、143 页

专业写作　023、024、059、081、097、106、107、126、127、132、136、137、141、143 页

专业阅读　023、081、141、143、192 页

自媒体　031、039、131、303 页

自我价值　109、147 页

后 记

这本书包括上下编两个部分。

上编《新写作教育论纲》是 2022 年我在新教育年会上的主报告，阐述了我关于写作问题的一些基本观点，我一直认为，写作最重要的目的不是为了培养作家，而是培养善于思考的人。

下编是我读英国作家钱伯斯和法国思想家莫兰的读书笔记，因为内容与阅读、写作和思维训练有关，所以收录在此与大家分享。我关于陶行知、叶圣陶、蒙台梭利、杜威和苏霍姆林斯基的读书笔记已经由商务印书馆正式出版，其中也有许多关于阅读与写作的论述，各位可以参照阅读。

非常感谢新教育写作主报告研制组的李庆明、许卫国、林忠玲、管童、李筱寅、杨帆、李东琴等各位老师为本书撰写和修订做出的贡献。

非常感谢漓江出版社文龙玉老师和她的团队的辛勤而卓有成效的工作。

2022 年 12 月 18 日

"朱永新教育作品"后记

10年前，我的"朱永新教育作品"16卷由中国人民大学出版社出版。

不久，这套文集就被麦格劳－希尔教育出版集团引进英文版版权，陆续出版发行。迄今为止，我的著作已经被翻译为28种语言，在不同国家有87种文本。

在版权到期之后，多家出版社希望重新出版这套文集。最后，漓江出版社的诚意感动了我。

长期以来，漓江出版社的文龙玉老师一直关注和支持新教育事业，《新教育实验年鉴》以及一批新教育人的作品都先后在漓江出版社出版，文老师也先后担任了我的《新教育》《教育如此美丽》《我的教育理想》《我的阅读观》《致教师》等书的责任编辑。这套文集在漓江出版社出版，也就成了顺理成章的事情。

这套"朱永新教育作品"沿用了中国人民大学出版社的文集名称和南怀瑾先生的题签。主要是想借重新出版之际，感谢南怀瑾先生对我的帮助和关心。在苏州担任副市长期间，我曾经多次去太湖大学堂与南怀瑾先生见面交流，请教教育、文化与社会问题。先生的大智慧经常让我茅塞顿开。

新的"朱永新教育作品"虽然沿用了原来的名称，但是内容还是有许多不同。原来的16卷，大部分都进行了不同程度的修订，其中一半是重新选编。全套作品按照内容分为四个系列。

一是教育理论系列，包括《滥觞与辉煌——中国古代教育思想的成就与贡献》《沟通与融合——中国近现代教育思想的起源与发展》《嬗变与建构——中国当代教育思想的传承与超越》《心灵的轨迹——中国本土心理学思想研究》《校园里的守望者——教育心理学论稿》五种。

二是新教育实验系列,包括《新教育实验——中国民间教育改革的样本》《做一个行动的理想主义者——新教育小语》《为中国而教——新教育演讲录》《为中国教育探路——新教育实验二十年》《享受教育——新教育随笔选》五种。

三是我的教育观系列,包括《我的教育理想——让生命幸福完整》《我的教师观——做学生生命的贵人》《我的学校观——走向学习中心》《我的家教观——好关系才有好教育》《我的阅读观——改变从阅读开始》《我的写作观——写作创造美好生活》六种。

四是教育观察与评论系列,包括《教育如此美丽——中国教育观察》《寻找教育的风景——外国教育观察》《成长与超越——当代中国教育评论》《春天的约会——给中国教育的建议》四种。

虽然都是现成的文字,但是整理文集却颇费时间。几年来的业余时间和节假日,大部分都用于这项工作。好在,我所在的中国民主促进会是一个以教育、文化、出版传媒为主界别的参政党,60% 的会员来自教育界,无论是调查研究、参政议政,教育一直是我们的主阵地,本职工作与业余的教育研究不仅没有矛盾,反而相辅相成。

感谢漓江出版社的文龙玉老师和她的团队认真细致和卓有成效的工作。

2022 年 10 月 17 日